编委会及主编名单

编委会：丁为祥　丁　耘　干春松　王中江　王学典
　　　　方旭东　方松华　白彤东　朱汉明　孙向晨
　　　　贡华南　杨国荣　杨泽波　李存山　李承贵
　　　　吴根友　吴　震　何　俊　何锡蓉　余纪元
　　　　余治平　张汝伦　张志强　陈卫平　陈少明
　　　　陈　来　陈　赟　林宏星　郁振华　倪培明
　　　　徐洪兴　高瑞泉　郭齐勇　郭晓东　唐文明
　　　　黄　勇　梁　涛　彭永捷　董　平　景海峰
　　　　曾　亦　谢遐龄

主　　编：陈来
副 主 编：吴震　曾亦
本辑主编：郭晓东

现代儒学

复旦大学上海儒学院 编

多元视角下的康有为问题

生活·讀書·新知 三联书店

Copyright © 2018 by SDX Joint Publishing Company.
All Rights Reserved.
本作品版权由生活·读书·新知三联书店所有。
未经许可，不得翻印。

图书在版编目(CIP)数据

多元视角下的康有为问题/复旦大学上海儒学院编.—北京：生活·读书·新知三联书店，2018.11
（现代儒学）
ISBN 978-7-108-06321-2

Ⅰ.①多… Ⅱ.①复… Ⅲ.①康有为(1858—1927)-儒家-政治思想-文集 Ⅳ.①B258.5-53

中国版本图书馆CIP数据核字(2018)第101137号

责任编辑　杨柳青
特约编辑　蒋　爽
封面设计　米　兰
责任印制　黄雪明

出版发行　生活·讀書·新知 三联书店
　　　　　（北京市东城区美术馆东街22号）
邮　　编　100010
印　　刷　常熟文化印刷有限公司
版　　次　2018年11月第1版
　　　　　2018年11月第1次印刷
开　　本　720毫米×1020毫米　1/16　印张　20
字　　数　333千字
定　　价　68.00元

发刊辞

殷周之际，中国文化的基石逐渐奠定；孔子祖述尧舜，而有从周之志，更确定了中国文化的基本风貌，可谓圣之时者。此后两千多年，孔子以及儒家思想对中国文化传统影响之巨，远非先秦诸子所可比拟。"天行健，君子以自强不息；地势坤，君子以厚德载物。"这已然成为中国文化传统的精神特质。然明末以来，中国开始面对西方世界的种种挑战，更有现代性的步步进逼，遂有三千年未有之大变局。孔子以及儒家思想在中国的地位，亦受到强烈冲击。面对此种变局，仁人志士前赴后继，挽狂澜于既倒，扶大厦之将倾，然传统社会的现代转型，以至于西方思想的次第引入，渐为大势所趋。

自辛亥以至人民共和，各种现代性变革持续深入，由政治继而经济、社会，终之于文化及观念诸领域。新文化运动以建立新道德、新文化为鹄的；中国革命改变了中国社会的基本结构。百年来，现代中国各派思想，皆欲将现代性进行到底，儒家面临巨大压力，然亦不绝如缕，欲以存续先王之道，其声音常在或明或暗间缭绕。

一个健全的现代社会当以传统为根，更以文化自信立基。包括儒学在内的传统思想与学术在当代中国逐步复活，自是应有之义。20世纪90年代以来，越来越多的学者致力于儒学的现代复兴，成就斐然。复旦大学成立上海儒学院，其宗旨就在进一步推动儒家多元传统的研究，面向现代世界阐发儒家健朗的思想，更强调全球化时代的天下情怀。中华文明的伟大复兴，须在学术和思想上作新的奠基。故本刊之创办，欲以有此志焉。

复旦大学上海儒学院
二〇一六年八月

目 录

特辑　多元视角下的康有为问题

康有为《大同书》对国家价值的反思和世界秩序的设想 …………… 干春松 / 3
近代中国转型时代"政教关系"问题
　　——以反思康有为"孔教"运动为核心 ……………………… 吴　震 / 21
中国革命的历程和现代儒家思想的开展 ………………………… 唐文明 / 68
《公羊》微言与康有为的《孔子改制考》 …………………………… 曾　亦 / 80
维新与守旧之争：论《春秋董氏学》与《春秋繁露义证》
　　对董仲舒的不同诠释 ……………………………………… 郭晓东 / 111
浅论康有为对"孝悌"观念的重新诠释 …………………………… 王江武 / 135

专题论文

中国传统知识谱系中的知识观念 ………………………………… 何　俊 / 149
作为修身学范畴的"独知"概念之形成——朱子慎独工夫新论 …… 陈立胜 / 178
寓大同、小康于仁道之中：《礼运》与后帝王时代的政教典范问题 …… 陈　赟 / 196
《新唯识论》第四稿谜案考索 ……………………………………… 李清良 / 212
试论董仲舒的改制理论 …………………………………………… 黄　铭 / 224

专题讨论

儒学与古代中国宗教 …………… 谢遐龄　范丽珠　陈　纳　余治平　陈　赟
　　　　　　　　　　　贡华南　朱　承　吴新文　洪　涛　曾　亦　郭晓东 / 255

读书评论

《孝经》中的政治学——读陈壁生《孝经学史》 ………………… 陈姿桦 / 295

儒学动态

儒学与时代——复旦大学上海儒学院首届年会综述 ………………… 何益鑫 / 305
回顾与展望:"东亚儒学视域中的朱子学与阳明学"
  国际学术研讨会会议综述 ………………………………… 唐青州 / 309

编后记 ……………………………………………………………… 郭晓东 / 315

特辑　多元视角下的康有为问题

康有为《大同书》对国家价值的
反思和世界秩序的设想

干春松

在中国逐步融入全球社会的时刻,全面陷入危机的儒家该如何继续拥有其价值的普遍性面相?这对先于时代而觉醒的康有为而言既是迫切的问题,也是十分棘手的问题。中国在与西方竞争中的失败,意味着在一个以胜负作为评判标准的世界格局中,儒家价值丧失了解释现实的威力。因此,在康有为看来,仅仅是从信念上来强调儒家伦常的永恒性并不能真正解决儒家所面临的价值危机。由此他选择了具有开放性解释力的公羊学作为改变儒家价值形态安置的框架:这个以三世说为基础的儒家历时性模式,既可以使儒家的话语与作为常道的经学产生关联,也可以为儒家适应西方挑战而需要获得新形态获得发展的可能空间。

在重构儒家普遍性话语的过程中,孔教的论说和孔子教主形象的建立也是康有为的着力点,康有为要借此为孔子在现代文明格局中确立一个超越于民族性局限的新的角色,即"大地教主",而并不仅仅是汉族或作为民族国家的"中国"的"制法"者。所以,他在1892年之后撰写的《孔子改制考》的序言中,就强调孔子"为神明,为圣王,为万世作师,为万民作保,为大地教主",并批评汉儒之后的儒生掺杂霸杂之道于孔子的思想,致使孔子改制而求大同的思想暗而不彰。[1] 然而,以孔教论述为基础的康有为重建儒家普遍性格局的努力,在现实中亦遇到十分巨大的困难,对此需要专文讨论。

我在本文中主要要将讨论的重点聚焦于康有为在此基础上进行的《大同书》的

---

[1] 康有为:《孔子改制考·序》,载姜义华、张荣华编,《康有为全集》第三集,中国人民大学出版社,2007年,第3页。(下文简注为《康有为全集》以及集数和页码。)

写作,如果孔教的建立主要是关涉价值的连续性的话,那么,大同秩序的设计则体现了康有为在制度层面对于普遍性的一种探索,对于"国家"这一新生事物的批评和"去国界"论的提出,既可以反映康有为对于现代民族国家体制的不满,亦可以看作基于儒家天下观而描绘的新世界的蓝图,本文则主要从这个角度展开。

一、"国家"价值的批判以及"公理"世界的展开

学界一般认为康有为是现代中国最早具有"国家意识"的人。他在对于中国危机的认识中,指出现代中国困局的最大根源在于中国不再是一直以来自己所认定的世界中心,而变为只是由众多国家构成的世界的一个组成部分,甚至是一个比较低端的边缘性存在。这个自我认知的变化是如此之大,以致当时的人们共同认识到这是一个"三千年未有之大变局"。在写于1895年的《上清帝第四书》中,康有为指出,目前的西方与古代曾经统治过中国的周围民族不同,他们的力量来自于建立在"智学"基础上的"法治文学",康有为认为竞争的关键在于要透过那些坚船利炮,认识到在物质产物背后的精神性因素。

康有为对于国家的认识,以及如何在中国建立一个现代国家的思考,我在《保教立国》一书中,做了一些初步的探讨,①但是从康有为思想的整体格局来看,对于"国家"问题的思考只是康有为意识到这个问题切近当时中国的实际需要,即使到中华民国成立,他试图纠正民国初期的政治设计的时候,他的思考依然是清楚地区分"切时"和"未来"两个维度的。他在写作于1912年的《中华救国论》中说:"重民者仁,重国者义;重民者对内,重国者对外。虽然,重民者无所待于外,天下一统策也;重国者无不对于外,列国竞争策也。今吾国已无君主,无君民之争,法国重民之义已为过去矣。今为列国,非复一统之制,古者天下之义,更不切矣。列强竞峙,力征经营,心慕力追,日不暇给,少迟已失,稍逊即败。然则以国为重,乃方今切时之义。则吾中国欲生存强立于大地间者,应知所择矣。"②

---

① 关于康有为对建立现代中国的相关思考可参看干春松:《保教立国:康有为的现代方略》,生活·读书·新知三联书店,2015年。
② 康有为:《中华救国论》,《康有为全集》第九集,第311页。

固然,康有为在现实策略的选择上,明确提出当时的中国应该从救国入手,不过在价值的评判上,他却不认同国家是一种高阶次的价值。按照康有为依据公羊学而建立起来的由"据乱世"向"升平世""太平世"转化的历史阶段论,"国家"的正当性是阶段性的和暂时的,只有在据乱世和升平世阶段,国家的价值才会被人推崇。

这一价值设定来自于儒家的"公"思想。儒家所讨论的公自然有其层次,比如对于个体而言,家即是公;对于国家而言,家即是私;那么对于天下而言,国家便会成为私。康有为在流亡期间对此所进行的系统性的经典解释,①就是试图通过对经典的重新理解,发展出儒家的"天下学"。

要确立天下学,康有为首先要重新厘定"人"的角色和地位。在《中庸注》中解释"天命之谓性"这一章的时候,康有为提出,"人非人能为,天所生也。性者,生之质也,禀于天气以为神明,非传于父母以为体魄者,故本之于天"。② 这客观上让我们意识到康有为是要将秩序的基点落实到个体化的人之上。

康有为在《论语注》中,就着重强调了通行本的《论语》是由曾子一派的学者所编定,主要反映的是孔子因时立说而展开的"小康"时期的一些思想,在康看来,这不能反映孔子思想的全貌,更为严重的是,曾子系的学生将孔子大同论的面相遮蔽了。③ 这样,为了突出春秋公羊学托古改制的思想,长期以来被认为最为集中体现了孔子思想的《论语》,在康有为所构想的儒家经典体系中却被边缘化了。

因此,康有为不再从家庭伦理来讨论仁的意义,而是直面仁所具备的普遍性的态度,即对于"公"的追求。在写于1901年的《春秋笔削大义微言考》一书中,他以仁为基础,对儒家的精神做了新的阐述:"孔子之道,其本在仁,其理在公,其法在平,其制在文,其体在各明名分,其用在与时进化。夫主乎太平,则人人有自主之权;主乎文明,则事事去野蛮之陋;主乎公,则人人有大同之乐;主乎仁,则物物有所得之

---

① 康有为在离开日本之后,有一段时间进行经典解释,包括《中庸注》(1901)、《孟子微》(1901)、《礼运注》(1901—1902)、《论语注》(1902)和《大学注》(1902),这个时期的经典解释活动,一方面是要将公羊三世说融贯到这些宋以后的儒家核心经典中,另一方面是阐发儒家的万物一体之境界,并突出《礼运》,而来与他同时期所集中完成的《大同书》的精神相统一。
② 康有为:《中庸注》,《康有为全集》第五集,第369页。对于《中庸注》中"人本于天"对康有为孔教思想的影响的问题,受宫志翀论文的启发,特此说明。
③ 康有为认为《论语》"只为曾门后学辑纂,但传守约之绪言,少掩圣仁之大道"。所以《论语》,不足以反映孔子思想的全貌。《康有为全集》第六集,第377页。

安；主乎各明权限，则人人不相侵；主乎与时进化，则变通尽利。故其科指所明，在张三世。其三世所立，身行乎据乱，故条理较多，而心写乎太平，乃神思所注，虽权实异法，实因时推迁，故曰孔子圣之时者也。"①在这段话中，我们可以看到，由仁为起点，其政治秩序体现为"公""平""文""分"，在进化的原则下，康有为用现代社会中的"自主其权"和"各明权限"等说法来表明他对儒家精神本质的重新定位。

康有为对儒家精神的重新定位，引发了一个极其重要的论断，就是他将现存的儒家经典视为孔子为"小康"时期所立的法，而儒家对未来世界的构想，则在孔子的口说中。

"我国从前尚守孔子据乱之法，为据乱之世，然守旧太久，积久生弊，积压既甚，民困极矣。今当进至升平，君与臣不隔绝而渐平，贵与贱不隔绝而渐平，男与女不压抑而渐平，良与奴不分别而渐平，人人求自主而渐平，人人求自立而渐平，人人求自由而渐平。其他一切进化之法，以求进此世运者，皆今日所当有事也。此董子所谓'以奉仁人'。虽以据乱之法不同，乃正以救其弊，子思所谓'并行而不悖'。若守旧法，泥古昔，以为孔子之道尽据乱而止，是逆天虐民，而实悖乎孔子者也。《春秋》三世之法，与《礼运》小康、大同之义同，真孔子学之骨髓也。"②沿此逻辑而言，尊奉传世的经典，反而是对孔子思想的背离。在康有为看来，刘歆等人伪造古文经典，导致公羊学有书无师，否则，中国在魏晋时期，就已经可以进入升平世，而到现在则可能已经是太平世了。③

在1898年戊戌变法失败后流亡海外的最初几年里，康有为试图通过重新解读经典的方式来发现孔子的"口说"，所以，他对《论语》《孟子》《中庸》等作品的解读侧重于两个方面，一是将一些西方的价值灌注到经典解读中，二是以大同的价值作为儒家价值排序的基准。这两点的结合，使他在对儒家价值的定位中，尤其关注"仁"和"礼"作为不同"世"的价值规范，并突出"仁"作为普世性的"爱"。后一点，他在《中庸注》和《孟子微》中都有特别强调。他说孟子以不忍人之心，是隐然自任地默默传播孔子的大同思想，而不是如其他的儒家传人一般只是传递孔子的小康之教。④而小康之教，与老子的以天地为不仁的态度接近。"孔子以天地为仁，故博爱，立三世

---

① 康有为：《春秋笔削大义微言考·序》，《康有为全集》第六集，第3页。
② 康有为：《春秋笔削大义微言考》，《康有为全集》第六集，第17—18页。
③ 康有为：《春秋笔削大义微言考》，《康有为全集》第六集，第18页。
④ 康有为：《孟子微》，《康有为全集》第五集，第505页。

之法,望大道之行。太平之世,则大小远近如一,山川草木,昆虫鸟兽,莫不一统。大同之治,则天下为公,不独亲其亲,子其子,务以极仁为政教之统,后世不述孔子本仁之旨,以据乱之法、小康之治为至,泥而守之,自隘其道,非仁之至,亦非孔子之意也。"①虽然,康有为流亡初期的经典注释,并不如《新学伪经考》时期那样,将许多儒家的经典直接判定为刘歆伪造的,但是这样的解读,本质上依然会贬低许多儒家经典的意义,从而对经典的神圣性产生消解。

在仁本论的基础上,他对于"天下国家"的理解并没有像以往儒家那样天下国家不分,并以国家的视野来理解"天下"。在康有为那里,"天下"与"国家"是两个不同阶段的行为准则。

> 岂知国士之所为,仅私其国,而圣人之所为,乃为天下。当国界分明之时,众论如饮狂泉,群盲共室,但知私其国,不知天下为公。至国界既平时,即觉其私愚可笑。今欧美诸国并立,其论议行事,自私其国,而不求天下公益,与战国同,故有议孔孟为天下学,而无国家学者。夫圣人以天下为一体,何为独亲一国,而必独私之哉?②

在仁本论的思路之下,康有为突出了人有自主之权,并从"公理"的角度指出,一个人的身体虽然由父母生养,但如果因此失去了人生的自主权利,这就是与公理相违背的。而未来的世界必将是公理的世界:"至于平世,则人人平等有权,人人饥溺救世,岂复有闭门思不出位之防哉?若孔子生当平世,文明大进,民智日开,则不必立纲纪,限名分,必令人人平等独立,人人有权自主,人人饥溺救人,去其塞,除其私,放其别,而用通、同、公三者,所谓易地则皆然,故曰'礼时为大'。"③

康有为在讨论孟子的思想时,用"乱世"和"平世"来梳理孟子的思想,认为在乱世,人们不免会有家和国的观念,但这并不是圣人之大道。因此,针对大家所肯认的欧美国家这样的类型,他亦提出了自己的反思,认为这些新型的"民族国家"自私其国,不求天下公益,因此在普遍性上有所缺失。

---

① 康有为:《中庸注》,《康有为全集》第五集,第379页。
② 康有为:《孟子微》,《康有为全集》第五集,第499页。
③ 康有为:《孟子微》,《康有为全集》第五集,第422页。

儒家一旦讨论超越父母和家庭的爱，必然要面对儒墨之别，因为这也是孟子所不得不然的事情，对此，康有为的态度就比较含混。他肯定墨子的观点。"就老、墨二教比，墨子'非攻''尚同'，实有大同太平之义，与孔子同，胜于老、杨远矣。但倡此说于据乱世，教化未至，人道未立之时，未免太速。犹佛氏倡众生平等，不杀不淫之理于上古，亦不能行也。盖夏裘冬葛，既易其时以致病，其害政一也。凡'非攻''尚同''兼爱'之义，众生平等戒杀之心，固孔子之所有，但孔子无所不有，发现因时耳。"①

但是，在此问题上，康有为较为犹豫，他要思考这样一些问题：诸如兼爱是否是要否定差等之爱，或者在将仁理解为万物一体的普遍之爱的情况下，亲亲之理该如何安顿？在试图将儒家的价值根基立足于更为现代的价值之时，如何安顿儒家之理？因此，他肯定兼爱，但反对墨子爱无差等的观点。"爱无差等，与佛氏冤亲平等相近。平等之义，但言人类平等则可。孔子所以有升平太平之说。若爱，则虽太平大同亦有差等。盖差等乃天理之自然，非人力所能强为也。父母同于路人，以路人等于父母，恩爱皆平，此岂人心所忍出乎？离于人心，背于天理，教安能行？故孟子以墨子为无父也。孟子直指礼教之本，发明其天良，于是夷子怃然。盖亦知其教不可行矣。"②

在这里康有为所采用的证明方式是诉诸"天良"，而他反复强调的"公理"在某种程度上却是要规避"天良"这样的内心情感的。

为了阐发大同小康的思想，康有为尤其重视《礼运》篇，他在人们所熟悉的四书之外，特别强调《礼运》篇对于理解儒家思想特别是孔子的政治设计的重要性。与将《论语》判定为仅仅是传小康之道所不同的是，康有为认为《礼运》所描绘的是孔子的"大同之道"。在《礼运注》的序言中，康有为以一种他擅长的略带夸张的语气说，他在读周世孔氏遗文和各种经传作品，乃至宋儒的作品时，经常觉得内容"拘且隘""碎且乱"，直到读到《礼运》，才觉得孔子"三世之变，大道之真"都在这里。由此，他甚至做了进一步推论道："吾中国二千年来，凡汉、唐、宋、明，不别其治乱兴衰，总总皆小康之世也。凡中国二千年先儒所言，自荀卿、刘歆、朱子之说，所言不别其真伪、精粗、美恶，总总皆小康之道也。其故则以群经诸传所发明，皆三代之道，亦不离乎小康故也。"③康有为做这番总结的核心意图是，中国已经是小康世了，现在时

---

① 康有为：《孟子微》，《康有为全集》第五集，第493页。
② 康有为：《孟子微》，《康有为全集》第五集，第497页。
③ 康有为：《礼运注》，《康有为全集》第五集，第553页。

变世移,要从小康进入大同,这就意味着对于荀子以后儒家的著作,包括朱熹的思想,甚至一直被视为儒家政治理想的三代之治,都不再值得重视,而真正需要发掘的,则是从孔子的口说中,获取他为未来世界所制之法。

为此,康有为在解读《礼记》时,提出了五德之运的说法,也即仁义礼智信各应时而行运,由此,礼运亦只是小康之道,而仁运才是大同之道。我们知道,康有为区分礼运和仁运的关键是小康和大同之别,他进一步将数千年来的儒家理想归之于小康的范畴。在康有为看来,既然我们面对的是三千年未有之大变局,那么我们所要建构的就是三千年所未曾有过的儒家理想。

在《礼运》的叙述框架中,康有为虽然将尧舜单列,但认为禹汤文武是要解决"大道既隐,天下为家"的状况,其本意是指圣王提出了一套应对天下为家局面的社会价值规范,而在康有为的解释中,圣王因为所面对的是据乱世的社会混乱、风俗不善、人种不良的局面,所以只能提出与这种状况相对应的治理之道。"故禹、汤、文、武、周公之圣,所谓治化,亦不出此,未能行大道也。不过选于乱世之中,较为文明而已。"①因为这些圣王注重礼,所以不但没有达到"仁运",连智、义、信运都没到。虽然康有为并没有具体地描述他心目中的义运、智运、信运的状况,但似乎都要高于礼运。

在《礼运注》中,康有为认为家、国和个人,因为有其各自的边界即为"私",受爱和亲的范围的限制,建立在这些私的范围内的伦理规范,危害着公理世界的建立,阻碍社会进化。在这里他提出了与《中庸注》以"天为生人之本"一致的对于人的意义的理解,进而完成了由天理向公理的转变,并为公天下的观念建构起形上的基础。他说:"天下国家身,此古昔之小道也。夫有国、有家、有己,则各有其界而自私之。其害公理而阻进化,甚矣。惟天为生人之本,人人皆天所生而直隶焉。凡隶属天之下者皆公之,故不独不得立国界,以至强弱相争。并不得有家界,以至亲爱不广。且不得有身界,以至货力自为。故只有天下为公,一切皆本公理而已。"②

在这段话中,康有为采用了与传统儒家不同的论证方式,这一论证方式的基础在于"天为生人之本",这就把人的生命意义做了一个转换,即"人人皆天所生",就人的本性而言,不应该归属于某一个国、某一家。在家国的理解之下,人的爱心就

---

① 康有为:《礼运注》,《康有为全集》第五集,第556页。
② 康有为:《礼运注》,《康有为全集》第五集,第555页。

被界限所局限。因此,要突破这样的限制,就要回归天下为公的"公理"。

传统儒家所讨论的公,有时存在着一种相对性。即对于个人而言,家就是公,对于国家而言,家就是私,这一公私的范畴问题,其实是通过某种比较范围的变化而建立起来的,而康有为所建构的"公",则是要排斥所有现实中存在的不平等的秩序,建立没有贵贱、贫富,甚至人种差异的"无差别"的世界。康有为进一步解释"公"的概念说:"公者,人人如一之谓,无贵贱之分,无贫富之等,无人种之殊,无男女之异。分等殊异,此狭隘之小道也。平等公同,此广大之道也。无所谓君,无所谓国,人人皆教养于公产,而不恃私产,人人即多私产,亦当分之与公产焉。"①

就此而论,国家、家族和自身,皆是陷于私而不及公。康有为认为国家的存在是战争和争夺的根源,而父子兄弟夫妇之亲情,虽较之乱世的不明人伦也是一种进步,但是这样的进步并没有达至社会之理想状态,而只是"自营其私"而已。圣人虽然知道私的局限,但缘情制礼,不能超越人们的道德水准,只能应其俗,顺其势,整齐而修明之。按照这样的标准,为历代儒家所推崇的三代之治,在康有为这里也只能算是小康之道,而未能进于大同之道。当然,小康也是一种可以接受的秩序,起码让百姓得到安定,在没有实现大同的目标之前,小康的秩序也是一个必要的过渡。"礼运之世,乃当升平,未能至大同之道,然民得以少安。若失之,则祸乱繁兴。故次于大同,而为小康也。"②

升平世作为人类进化的一个环节,康有为对其通过礼制来制约人的欲望的社会治理原则表示有限度的接受。在这里康有为依然采用"天生人"的证明方式,肯定了人的情欲的合理性,所以,圣人会顺情而不去禁止,只是会反对纵欲。

> 夫圣人岂不欲人类平等哉?然而时位不同,各有其情,各有其危。礼者,各因其宜而拱持其情,合安其危而人已各得矣。夫天生人,必有情欲。圣人只有顺之,而不绝之。然纵欲太过,则争夺无厌。故立礼以持之,许其近尽,而禁其逾越。尽圣人之制作,不过为众人持情而已。夫与人必生危险,常人日求自安,不知所以合之。然自保太过,侵人太甚,故立礼以合之。③

---

① 康有为:《礼运注》,《康有为全集》第五集,第555页。
② 康有为:《礼运注》,《康有为全集》第五集,第556页。
③ 康有为:《礼运注》,《康有为全集》第五集,第569页。

传统儒家对于社会制度的设计中,最有影响的当数《礼运》篇中的大同和小康之别。然而如何在大同小康与三世之间建立某种对应性呢？康有为是通过孟子对于乱世和平世的区别来弥合三世与大同小康两者之间的不对应。他的做法是将小康视为乱世,大同视为平世。

"《礼运》记孔子发大同小康之义,大同即平世也,小康即乱世也。故言父子之义,平世不独亲其亲,子其子。乱世则各亲其亲,各子其子。言夫妇,平世则男有分,女有归。分者有所限,归者能独立,男女平等自立也。乱世则以和夫妇。言君臣,则平世天下为公,选贤与能。乱世则大人世及。言兄弟,平世则老有所终,壮有所用,幼有所长,矜寡孤独废疾有所养,乱世则以睦兄弟而已。言货力,则平世货恶其弃于地也,不必藏于己,力恶其不出于己身也,不必为己,乱世则货力为己。凡此道皆相反,而尧、舜大同,禹、汤、文、武小康,亦易地皆然也,《中庸》所谓'道并行而不悖'也。……《春秋》三世,亦可分而为二。孔子托尧、舜为民主大同之世,故以禹、稷为平世,以禹、汤、文、武、周公为小康君主之世,故以颜子为乱世者,通其意,不必泥也。"①这个划分虽然部分解决了历史分期的一些落差,但有一个致命的问题,传统中国的理想社会三代之治被一分为二,尧舜时期是平世,而禹汤文武却成为乱世。

无论是采用三世的框架,还是乱世、平世的框架,康有为在某种看似混乱的地方却有基本一致的方向,即基于其天生人的理论,建立起超越所有基于血缘、性别或其他的利益共同体的全新秩序,这种需要被超越的秩序中,也包括"国家",即使,这与他实际所思考的有一定差异,他的这种矛盾体现为他在对国家建制进行批评的同时,亦对如何建构一种超越国家的"公"体制进行了设计。

从国家存在的必要性的角度,康有为认为只有在乱世的时候,才需要有国家。到了治平之世,国家这样的组织就没有必要了,应该改变成为类似于公司的组织,每个人都拥有股份。到太平世,虽然大公司也仍然存在,但是所有的一切尽为公有。"故乱世之封建曰国,平世之封建曰公司。乱世之封建以兵力,平世之封建以财力。乱世之封建在据地,平世之封建在聚人。有国大公司,皆小民所托以为食,孔子封建井田之意,固不能废也。今仅萌芽耳,积久则举大地尽归大公司,而成一

---

① 康有为:《孟子微》,《康有为全集》第五集,第422页。

新封建之世。于是纷纷为均贫富之说以散之,然必至太平大同世,天下为公,始能变之。"①

或许从目前世界的结构来看,全球化的公司在某种程度上超越于国家管理权限,但是在康有为的设计中,公司和国家代表着两种不同的治理原则,即以武力还是以经济手段来进行治理,不过经济的竞争依然存在着不合理的地方,只有以井田制原则而建立的分工合作的公司,才能消灭剥削和垄断,而达到人类的平等。

二、《大同书》对于未来公理世界的构建

从康有为接受公羊学的基本立场起,他就开启了一种以开放的姿态对待儒学的态度:在现实的层面,他强调"保国",力图将中国转变为一个现代意义上的国家,从而实现保教和保种的"强国"任务。而从价值层面,他又试图以一种更为宏阔的价值基础,使儒学不仅仅停留于对于民族困境的解决,而指向全体的人群,以至于更大的目标。

除了通过前述经典诠释的方式,来确立儒学的"全球性"视野之外,他更以《大同书》的撰写,来集中反映他对国家和超国家的新秩序的思考。

按照康有为自己的叙述和梁启超等人的追忆,康有为的大同思想至早可以追溯到1884年,在万木草堂时期,他就跟梁启超等人讲起大同的理想。但一般而言,主体部分的写作应该成书于1902—1903年,大约与前述对儒家四书和《礼运》篇进行注释的时间重合,从前述对于四书中言论的解释我们亦可以看到其在思想上与《大同书》的呼应之处。但亦有人认为"康有为对《大同书》的思考、撰述、修订、增补持续了二三十年的时间,这一事实说明该书既是他的思想的出发点,也是他最终抵达的目标"②。这样的结论自可以从康有为思想的逻辑中找到根据,不过就对国家的思考而言,康有为的确存在着一种"反国家"的国家观,其根基就是对"公天下"的追求。

---

① 康有为:《孟子微》,《康有为全集》第五集,第470页。
② 汪晖:《帝国与国家》,《现代中国思想的兴起》上卷第二部,生活·读书·新知三联书店,2004年,第759页。

康有为对"公"的强调,可见于在1888年前的《实理公法全书》中,他说人立之法,本无一定,唯有最有益于人的法则,才堪称"公法"。他在解释人的时候,所强调的是人的"自然属性",即"人各分天地原质以为人",因此,人所立之法,唯有平等才是符合"公理"的。① 基于对西方政治哲学中的个体观念和平等观念的吸收,康有为在其经典诠释活动中,有明确的呈现,并系统化地体现在《大同书》这样一本对未来社会所做的设计作品中。

《大同书》中对国家问题的思考主要集中在第五部中,它首先就对"国家"的存在之"害"做了梳理。其害之最烈者乃是国家之间的战争。"夫自有人民而成家族,积家族吞并而成部落,积部落吞并而成邦国,积邦国吞并而成一大国。凡此吞小为大,皆由无量战争而来,涂炭无量人民而至,然后成今日大地之国势,此皆数千年来万国已然之事。"②这与同书中对"家"所产生的负面作用的批评的逻辑相一致,即这样的团体因为其"私"而必然产生争夺,目前世界上成立的国家,都是经由无数次战争而后形成的。国家发展到更大规模后,就可以动员更多的力量,进而国家之私为害更甚。"然国域既立,国义遂生,人人自私其国而攻夺人之国,不至尽夺人之国而不止也。或以大国吞小,或以强国削弱,或联诸大国以攻灭一小国,或联诸小国以抗一大国,其究也,卒并于一大国而已。然因之相持之故累千百年,其战争之祸以毒生民者,合大地数千年计之,遂不可数,不可议。"③

国家的合法性因为建立在对于国家内部的利益的强调基础之上,所以在国与国的矛盾发生冲突的时候,国家的利益就成为衡量利弊的最高标准,那些试图吞并别的国家、积极扩展自己的领土的政治和军事领袖就会被视为国家英雄,而且在当时的国际格局之下,国家内部的秩序可以由法律来制约,国家之间的争夺却难有真正的制约力量。"国者,人民团体之最高级也,自天帝外,其上无有法律制之也。各国私益,非公法所可抑,非虚义所能动也。其强大国之侵吞小邦,弱肉强食,势之自然,非公理所能及也。"④康有为意识到在以民族国家为基础的国与国之间并没有有效的机制来制约大国对于小国的侵凌,因此需要在意识和制度上进行转变。

在更高价值的衡量之下,首先要反思国家的正当性。康有为认为,将国家利益

---

① 康有为:《实理公法全书》,《康有为全集》第一集,第148页。
② 康有为:《大同书》,《康有为全集》第七集,第118页。
③ 康有为:《大同书》,《康有为全集》第七集,第119页。
④ 康有为:《大同书》,《康有为全集》第七集,第128页。

视为最高的错误认识在数千年中被人视为天经地义,而不知反省。这就是因为人们不能超越对国家的认识局限。康有为认为,站在"大同"的立场上,国家的正当性需要重新思考,因为国家只是据乱和升平时期的"自保之术"。"是故国者,在乱世为不得已而自保之术,在平世为争杀大害之道。而古今人恒言皆曰天下国家,若人道不可少者,此大谬也。今将欲救生民之惨祸,致太平之乐利,求大同之公益,其必先自破国界而去国义始矣。此仁人君子所当日夜焦心敝舌以图之者也,除破国界外,更无救民之义矣。"①由此,康有为对《中庸》和《孟子》中对于"天下国家"合用的方式提出了异议,他认为国家并非是"人道不可少",要摒弃基于国家利益而发生的争杀,就要"破国界"。

在制度设计方面,康有为认为破除国界的构想并不是一种难以实现的乌托邦,是"实景而非空想",其理由有如下:其一是世界进化是一个由分而合的过程。康有为认为国家的数量是随着社会的发展而不断减少的,因此,大国不断兼并小国并最后定于一是可能的。其二,民权进化也会促使公益意识的建立。康有为说,如果是君主制国家,因为国家属于君主私有,所以难以合一。而到了民权时期,则人们容易建立起公益意识。"故民权之起、宪法之兴、合群均产之说,皆为大同之先声也。"②

康有为的逻辑在于,国家的形态是由君主制国家向民权国家发展的,在君主制度下面,国家是君主的私产,所以国家之间的争夺实际上是君主之间的私利的体现。到了民权社会,国家成为百姓的公产,因此,大家所关注的是如何改善生活,而不是去侵害别人的利益,所以,这时候的国家有类于股份制的公司,合作共赢的意识就可以达成,并成为向大同发展的阶梯。

康有为梳理了建立大同世界的步骤,并认为这是根据国家发展历史总结而成,"今欲至大同,先自弭兵会倡之,次以联盟国缔之,继以公议会导之,次第以赴,盖有必至大同之一日焉"③。可能是受到当时俄罗斯倡议成立万国和平会的启发,康有为特别看重"弭兵会",即各国限制自己的军事开支和军事活动,然后逐渐建立起一个国与国之间的联邦,成立"公议政府",最后过渡到"公政府"。

康有为概括说联合邦国之体有三类:有各国平等联盟之体;有各联邦自行内

---

① 康有为:《大同书》,《康有为全集》第七集,第128页。
② 康有为:《大同书》,《康有为全集》第七集,第129页。
③ 康有为:《大同书》,《康有为全集》第七集,第129页。

治,而大政统一于大政府之体;有削除邦国之号域,各建自由州郡而统一于公政府之体。在康有为看来,各国平等联盟是联合的据乱世之体,其例子是春秋战国时期的诸侯国结盟。而联邦内自治的则属于联合升平世之体,例子是德国的联邦制。康有为认为美国和瑞士属于联合太平世,这种体制以"公政府"作为治理中心,"公政府既立,国界日除,君名日去。渐而大地合一,诸国改为州郡,而统于全地公政府,由公民公举议员及行政官以统之。各地设小政府,略如美、瑞。于是时,无邦国,无帝王,人人相亲,人人平等,天下为公,是为大同"①。将美国和瑞士作为未来联合政府的范型多少有一些违背了康有为此前对于国家的批评,而且他对于公政府和公议政府的设计也多少有一些混杂,但是,很显然,康有为更多是从趋势的角度来看待国家间联合的可能性,并最终提出他的以"度"为基础的未来政体安排。

在达到大同世界之前的国家间联合体,还不能视之为是理想的联合体,因此,需要有一个公议政府来作为过渡。在康有为看来,这是大同的初级阶段。他提出:

初设公议政府为大同之始
一、各国力量同等,体制自同等,则联邦政府之体,自当如美不如德也。以不设统领,但设议员也,故不可谓公政府,但谓公议政府。且各国主权甚大,公政府不过为遣使常驻常议之体。……
一、公议政府执政议事者,其始必从各国选派,或每国一人,或每国数人,或视国之大小为派人之多少,如德制。然恐大国益强,此制或未能行也,此为第二三等国言也。……②

这个公议政府的设计,十分接近于当下世界的最大的国际组织——联合国的架构,即在理论上各国地位平等,各国派代表参与这个组织,而联合国的秘书长则不同于国家首领,只是一个协调各国关系的人员而已。不过康有为开始担心各国之间因为力量不均衡而导致的国际组织的"国家化"。这一点其实康有为在不同的地方的表述有所差异,比如有时他会认为大国合并小国,是走向大同世界的必需步骤。

---

① 康有为:《大同书》,《康有为全集》第七集,第130页。
② 康有为:《大同书》,《康有为全集》第七集,第133页。

因各国主权很大,公议政府主要讨论的问题就在于国际的语言文字、计时方式的统一,还有包括交通方式在内的统一,这有类于书同文、车同轨的大一统的思路。所不同的是,他认为在这个阶段保持国家的主权是十分必要的。"公议政府专议万国交通之大同:公议政府当各国主权甚大之时,则专议全地交通同一之大纲,其余政事皆听本国之自主,略如德国之各邦。"①

这个阶段比较复杂的问题在于,如果有一些国家违背了国家间关系的一些原则,或者有的国家内部出现了不公平不文明的举动时该如何处置?在这个问题上,康有为赋予了公议政府比较大的权力,即首先可以通过"责备"等方式让其改正,但如果依然无效的话,则可以集合不同国家的兵力进行武装干涉,直到改变其政府。康有为认为,公议政府的一个重要的工作是进行武器控制和削减兵力。所以他在设计中提出:"公议政府以弭各国兵争为宗旨,各国现有兵数、军械及械厂、战舰,皆应报告公政府。除其国必应自保外,有议增者,公议政府得干预之,太多者得禁止之,并岁议减兵之法。其两国交界,彼此重兵严防者,公政府既有公地公民,当练公兵代为镇守两界之间,以免两国之互严防争,则兵数可以日减矣。"②

很显然,康有为赋予了公议政府更大的干预权,甚至认为可以对一些破坏公共安全和幸福、违背万国公约的国家进行攻伐和颠覆。他说:

第六,各国有不公不平、不文明之举动,公议院得移书责之,令其更改。

第七,各国有大破坏文明及破坏公共之安乐,背万国之公法者,公议院得以公调合各国之兵弹禁之,若仍不从,则得攻伐其国土,改易其政府。③

公议政府的财政来自于各国的交纳和一些尚未归属于一个具体国家的地球公共土地和资源的产出。他提出:"公议政府有预算之资费,当由各国分力供给,各国当依岁定之,供给拨给之。"④康有为的设想中比较有特点的是他预想了一些小国自愿加入公政府的状况,以及所谓并不属于某一个具体国家的国际"公地"的管理问题。他说:

---

① 康有为:《大同书》,《康有为全集》第七集,第134页。
② 康有为:《大同书》,《康有为全集》第七集,第135页。
③ 康有为:《大同书》,《康有为全集》第七集,第135页。
④ 康有为:《大书同》,《康有为全集》第七集,第135页。

第九，公政府既有公地，其人民来住公地者，许脱其国籍，准其为世界公政府之人民。

第十，各小国有愿归公议政府保护者，其土地人民皆归公政府，派人立小政府以统之。

第十一，各国瓯脱之地，皆归公政府派人管理。

第十二，大地之海，除各国三十里海界外，皆归公政府管理，其海作为公政府之地。凡未辟之岛皆为公地，居者即为公民。其渔于海及舟之自此诣彼经过公海者，皆纳税焉。[①]

康有为未必能够想到一百年之后地球上的公共区域所可能带来的争端问题，比如南极洲和北极冰盖融化之后的土地归属问题。甚至地球之外的星球和国际空间的权益问题都成为我们目前世界的重大争端问题。即使在今天，如何处理超国家的公共空间和大气层的保护问题，依然是以国家利益为基准的当下国际游戏规则中的"制度空白"地带。

既然公议政府只是由民族国家发展到大同世界的必要的过渡，康有为必然有一个更为理想的制度设计，这就是"公政府"和"度政府"。

所谓的度政府，主要是要针对现实中国家产生所依据的地理环境的决定性影响。客观地说，一个国家所处的地理环境，亦是人类不平等的原因之一。如果你身处一个地理环境优越，资源丰富的国家，你就有更大的可能获得幸福生活的机会。如果你居住在资源匮乏、自然条件恶劣的区域，则要承受更多的艰苦。这样的先天的不公平，也是不同的国家之间为争夺资源而进行战争的重要原因。康有为提出，现在的国家的存在主要是依据其所处的地理环境，因此造成了人种、物产等不平等，据此，他设想的未来政治架构是"度"政府。这个度是将地球按经纬度东西南北各分为一百度，以度为单位设立一些管理机构，即所谓的度政府。"以大地圆球剖分南北，赤道南北各五十度，共为百度。东西亦百度。每度之中分为十分，实方百分，每分之中分为十里，实方百里。每度、每分、每里皆树其界，绘其图，影其像。凡生人皆称为某度人，著其籍可也。即以里数下引为量，每里之中分为十量，每量之中分为十引，每引之中分为十丈，每丈之中分为十尺，每尺之中分为十寸。古衡容

[①] 康有为：《大同书》，《康有为全集》第七集，第135页。

皆以寸金之轻重大小起算焉,凡全地共为一万方度,一兆方分,一垓方里,一壤方量,一涧方引,一载方丈,一恒方尺,一沙方寸,每度约将倍今度之二。一切称谓界限之主,皆以度为差。若大地人满时,既无分国之争,亦无阴阳之别,各自治政府即以度为主。"①

在这个度政府之下的行政机构是"州"。"分大地为十州:欧罗巴自为一州;中国及日本、高丽、安南、暹罗为一州,曰东亚州,南洋属焉;西伯利部为一州,曰北亚州;里海东印度、缅甸为一州,曰中亚州;里海西俾路芝、爱乌汗、波斯、阿剌伯、西土耳其为一州,曰西亚州;南、北、中美各为一州;澳洲自为一州;阿非利加南北为二州,共十州。每州置一监政府焉,令其州内各旧国公举人充之。若国已灭尽,不立监政府亦可矣。"②这个设计看上去并没有完全消除"国"的痕迹,"每旧大国,因其地方形便自治之体析为数十小国,每国因其地方自治之体而成一小政府焉。皆去其国名,号曰某界。每州大概百数十界"③。只是将国的界限虚化为州,而且康有为也没有说明各州的人口是否可以互相流转。

在康有为对公政府的思考中,他依然十分看重军事力量,毕竟现代国家与传统国家的最大差别就在于其有更强的军事组织能力。所以,彻底消除军事设施是公政府的首要任务。他的公政府大纲中,前三条就是关于如何处置军事力量的。

第一,岁减各国之兵,每减必令各国同等,减之又减,以至于无。计每年国减一万,不及数十年,可使各国无兵矣。夫各国并争,兵税之费最重,若能去兵,其利有六。一、移万国之兵费,以为公众兴学、医疾、养老、恤贫、开山林、修道路、造海舰,创文明之利器,资生民之乐事,其利益岂可计哉?二、既减兵费,可轻减各税,又可省全世界人民之负担,其仁无量。三、全世界数千万之兵,移而讲士农工商之业,其增长世界之利益不可穷议。四、全世界人不须为兵,可无阵亡死伤,"一将功成万骨枯"之惨,全地球皆为极乐世界,无战场可吊矣。五、全世界人无战争之惨,无兵燹之祸,不知干戈枪炮为何物,不知屠焚凶疫流离之苦,其保全全地之人命不可以数量,保全世界之事业器物不可以数量。

---

① 康有为:《大同书》,《康有为全集》第七集,第137页。
② 康有为:《大同书》,《康有为全集》第七集,第137页。
③ 康有为:《大同书》,《康有为全集》第七集,第137页。

六、全世界枪炮军械厂皆废而无用,移其杀人之工而作文明之器,移其杀人之料以为有益世界之料,其大仁大益又无量。古今第一仁义慈悲之政未有比于是者,必如是,乃可为济世安民也。

第二,各国之兵既渐废尽,公兵亦可渐汰,及于无国,然后罢兵。

第三,各君主经立宪既久,大权尽削,不过一安富尊荣之人而已。其皇帝、王后等爵号虽为世袭,改其名称,曰尊者,或曰大长可也。或待其有过而削之,或无嗣而废之,无不可也。且至此时,平等之义大明,人人视帝王君主等名号为太古武夫、屠伯、强梁之别称,皆自厌之恶之,亦不愿有此称号矣。①

在大同世界,一切可能阻碍人类公共认知和公共利益的机构和观念都要逐步改变,比如日历、宗教信仰。在康有为的思考中,大同世的时期,基督教、伊斯兰教和儒家思想因为其理念有太多涉及世间法的内容,所以不再有实际的作用。按他的说法,基督教以原罪为基础,而到大同世,因为自能爱人,自能无罪,就无须末日审判。而伊斯兰教以国家、君臣、夫妇为纲统,所以至大同世,也没有发挥作用的空间。"大同太平,则孔子之志也,至于是时,孔子三世之说尽行,惟《易》言阴阳消息,可传而不显矣。"②

但神仙之学和佛学则可以大行,"而仙学者长生不死,尤世间法之极也。佛学者不生不灭,不离乎世而出乎世间,尤出乎大同之外也。至是则去乎人境而入乎仙佛之境,于是仙佛之学方始矣"③。并最后发展到他的天游之学。

在这样的背景下,所有与国有关的观念和文字都要尽行消除。"禁'国'之文字,改之为'州'或为'界'可矣。盖大地自太古以来,有生人而即有聚落,有聚落而渐成部众,积部众而成国土,合小国而成一统之霸国。盖有部落邦国之名立,即战争杀人之祸惨。而积久相承,人人以为固然,言必曰家国天下,以为世界内外之公理不能无者;陈大义则必曰爱国,故自私其国而攻人之国以为武者。在据乱世之时,地球未一,为保种族之故,诚不得不然。"④

---

① 康有为:《大同书》,《康有为全集》第七集,第136页。
② 康有为:《大同书》,《康有为全集》第七集,第188页。
③ 康有为:《大同书》,《康有为全集》第七集,第188页。
④ 康有为:《大同书》,《康有为全集》第七集,第136—137页。

三、结语

　　康有为对于大同世界的思考,是其对于人类处境及如何解脱人类困境的系统性和整体性的思考。这一思考的基点是儒家公羊学的三世说和《礼记》的《礼运》篇,并结合了进化论等一系列思想资源。然而其思考又是超越现实的,建构与批判的结合构成了他对于中国的制度史和儒家价值观的重新思考,同样也展开了对于西方价值和秩序的重新思考,在这样的批判性的立场下,康有为的价值追寻,既超越了儒家传统的家国天下的伦理秩序,也解构了现代民族国家以及西方现代性传统中最为重视的国家利益和国民幸福的问题。也正因此,康有为将自己置身于一种复杂的视野下,他既不能被追寻现代性的国人所接受,也不能被儒家价值的坚守者引为同道。所以在某种意义上康有为属于他自己,而非一个既定的"名"之下。

　　就本文所涉及的"国家"价值以及"国家间秩序"而言,康有为首先否定了国家的终极价值,这样的否定,从某种层面上是对西方殖民侵略的一种抗争,从更进一步的思考中,我们却可以看到康有为对于人类所当为的理想社会做出的思考。也就是说,如果我们将我们的视野建立在人类的利益的基础上的时候,人类所设计的一切以私有观念为基础的制度和伦理秩序,都不具备终极性,从而引发他对于未来社会的新的理解,由此,康有为的思考由政治走向了哲学。

（作者单位：北京大学）

近代中国转型时代"政教关系"问题

——以反思康有为"孔教"运动为核心

吴 震

19世纪末的戊戌变法尽管失败,但给中国传统社会带来了剧烈冲击,至少表现出两个重大的后果:一是中国传统政治秩序已难以维持常态而开始崩坏,从而引发了空前的中国政治秩序危机;一是中国传统文化开始遭到普遍质疑,进入了"怀疑一切"的时代。自1895年到20世纪20年代的约三十年间,对中国而言,不仅是社会转型期,更是观念变革期。[①]人们觉得中国无论是政治还是教化、制度还是道德,都出现了严重的问题。于是,围绕各种问题爆发了种种"思想战"(杜亚泉语),导致"问题符号漫天飞"(蒋梦麟语),五四之后,胡适(1891—1962)更是直呼中国进入了尼采所说的"重新估定一切价值"的时代,甚至以为这八个字是对新时代的"最好解释"。[②]

另一方面,自"后洋务运动"以来,以"保国""保种""保教"的三大口号为标志,政治上或文化上的保守派以及维新派就已呈现纠缠交错的态势。戊戌变法之际,康有为(1858—1927)倡议重建"孔教",以为由此可以在中西文化冲突的背景下,一并解决"保国"与"保教"的问题。辛亥革命初建"共和"之后,康氏仍不放弃自己的理念,鼓动其弟子陈焕章(1880—1933)于1912年底建立了全国性的"孔教会"组织,还

[①] 关于1895年以后的三十年间,中国进入了"转型时代",是张灏提出的一个重要论述,参见张灏:《时代的探索·前言》,"台湾中央研究院"、联经出版事业公司,2004年,第3页。关于这一论述的讨论,则可参见丘为君:《转型时代——理念的形成、意义与时间定园》,载王汎森等著,《中国近代思想史的转型时代——张灏院士七秩祝寿论文集》,联经出版事业公司,2007年,第507—530页。

[②] 胡适:《新思潮》(1919年冬),转引自张灏著,《重访五四:论五四思想的两歧性》,载氏著,《时代的探索》,第114页。

发动了两次(1913年和1916年)向国会要求立孔教为"国教"的立宪运动,结果都未成功。由于袁世凯(1859—1916)和张勋(1854—1923)的先后两次帝制"复辟"均对"孔教"势力有所利用,更使孔教运动"身败名裂"。与此同时,1916年以《新青年》为代表的"新文化运动"也增强了批孔的火力,从此康有为等"孔教"徒被视作旧文化、旧势力的代表,再也无望在中国政治舞台上重新出场。

可以看到,从戊戌变法到新文化运动,在各种"主义主张""问题符号"激起的"思想战"此起彼伏的历史进程中,"孔教"问题始终隐伏其中。表面看,参与"孔教"论战的双方在争执两个问题:儒教是否是宗教?[①] 共和政体是否需要孔教?然而事实上,在孔教问题的背后存在一个更为本质性的问题是:应当如何处理"政教"问题以重建中国政治社会秩序。

本来,"政教"一词在中国传统文化的语境中,无非是指政治与教化,两者关系并不构成严重的冲突,因为儒家既非宗教,更无教会,国家权力与儒家集团处在一种互相利用又彼此制约的微妙关系当中。然而到了19世纪末的"转型时代",在西化思潮的不断冲击下,随着各种外来的政治学说、宗教势力的广泛渗入,政教问题的性质发生了重要转变——政治与宗教究竟应当互不干涉还是应当携手合作?不少人意识到中国传统文化不行的原因是由于缺乏宗教,因而应当模仿西方也在中国重建宗教,由此改善文化体质,增强抵抗外力的机制。于是,政教问题陡然成为与文化革新、体制变革密切相关的一项重要议题而广受关注。

特别是在当今"康有为热"的背景下,政教问题也在随之升温,相关的探讨似已不能满足于历史性的描述,更应进入理论上的重建。那么,究竟何谓"政教"?两者的理想状态究竟应当如何调适?不过,本文的探讨并不是建构性的,而是采取描述性的策略,以反观历史上各种有关"政教"问题的论述特质,并对此略做反思性的探讨。

一、"政教"问题何以成了"显题"?

举例来说,21世纪初就有专门探讨"政教合一与中国社会"的论著,将中国传统

[①] 需说明的是,本文所用"儒教"一词,主要指儒家的一套教化思想体系,故与"儒学"属同义词。只是本文并不刻意地区分使用。

社会的整个历史描绘成"政教合一"的形态;①更早,在20世纪八九十年代有关儒教是否是宗教的学术论辩过程中,相似论调就已出现。② 时过境迁,在当下21世纪,随着"政治儒学"研究的兴起,最近仅仅两年就有三部厚重的学术专著的书名中堂而皇之地采用"政教"一词。③ 那么,"政教"之"旧瓶"能装进什么"新酒"呢?一方面,仍有一些学者自觉或不自觉地使用"政教合一"概念来覆盖秦汉以来二千年中国文明史;另一方面,一些学者站在一定的理论自觉的高度,试图对未来中国的政教走向重新规划蓝图。这预示着学界的关注点在变化,政教问题正成为"显题"。

我们先从十年前的一篇文章说起。该文运用当代西方政治宗教学的理论,对"政教关系"(State-Church Relationship)④问题进行了类型学考察,作者认为中西历史上主要存在四种不同类型的"政教关系",而历史上中国政教的形态则属于"政教主从"形态——非严格的"合一"或"分离"亦非宽松的"依赖"形态,中国宗教发挥的是"阴翊王化"的作用,王朝视宗教是可以辅助王权的工具,故政教关系又表现出"祭政合一"的特征。⑤ 这个观点或为一家之言,因为"政教关系"在不同的历史文化体当中,确有类型不同的表现。但是,这种类型归纳法显得过于笼统。就中国历史而言,我们必须以先秦春秋时代为限,设定两个历史时期:春秋以前的上古中国以及春秋以后特别是秦汉以来的(包括宋以后)帝国时期,二者在政教形态上是有所不同的。

质言之,上古中国——在"轴心突破"之前,宗教神权与国家权威在"天命"观

---

① 杨阳:《王权的图腾化——政教合一与中国社会》,浙江人民出版社,2000年。
② 例如何光沪:《论中国历史上的政教合一》,载任继愈主编,《儒教问题争论集》,宗教文化出版社,2000年。原载《文化:中国与世界》第4辑,生活·读书·新知三联书店,1988年。
③ 陆胤:《政教存续与文教转型——近代学术史上的张之洞学人圈》,北京大学出版社,2015年。张广生:《返本开新:近世今文经与儒教政教》,中国政法大学出版社,2016年。陈畅:《自然与政教——刘宗周慎独哲学研究》,上海人民出版社,2016年。
④ 根据《布莱克维尔政治学百科全书》的解释,"政教关系"盖指教会与国家的体制关系:"教会与国家之间的关系可以看作一种体制现象,然而,从根本性的观点出发,也可以将其看作存在于人类之中精神或内心生活与社会或集体生活之间的密切联系。"(〔英〕戴维·米勒、韦农·波格丹诺编:《布莱克维尔政治学百科全书》,邓正来译,中国政法大学出版社,1992年,第108页。)因此根据英文的表述,应该是 separation of state and church——国家与教会的分离;而不是 separation of state and religion——国家与宗教的分离。顺便指出,在中文语境中,"政教"一词具有多义性,"政"既指政府权力,又可指礼法典章制度,而"教"既指一般意义上的教化,又可泛指儒教、道教、佛教等各种人文教义以及宗教教义。至于"政教分离"概念,其实来自日本的译名,详见后面有关梁启超的讨论。
⑤ 参见张践:《论政教关系的层次与类型》,《宗教学研究》,2007年第2期。特别是第139—140页。

的笼罩之下,处在"合一"的形态,用中国史的特殊说法,亦即"官师治教合一";而"轴心突破"之后,随着上天观念的人文化转向以及道德理性主义的崛起,特别是儒家文化的形成,政教关系被置于"天道"观的主宰之下,发生了重大的改变,帝王权威相对于儒家而言,固然拥有"主导"的地位,然而儒家的政治哲学中也有"从道不从君""威武不能屈"等"以道抗势"的传统、以"仁"为核心的仁政王道的观念、"以德配天"的天命转移观念,汉代董仲舒则建立了"德主刑辅"的一套政治学体系以及利用"天意谴告"说来制约王权的观念,唐宋以后更有采用"道统"观念反过来制约王权的传统。要之,儒家高举"天道",要求君主共同遵守,从而构成政教关系的内在紧张,这就无法采用政主教从的谱系归类法来充分说明中国政教传统的特质。按照我们的看法,先秦之后中国文明在"政教关系"上的表现形态属于政教二元论下的"依赖"形态,关于这一点,我们在后面还会谈到,这里暂不细说。

值得关注的是,在2016年,大陆与台湾有两份重要的学术杂志不约而同地出版了讨论"政教"问题的专号,先是台湾的《思想》杂志第30辑以"宗教的现代变貌"为专辑,刊登了一组文章,其中的一篇标题有点耸人听闻:《两岸政教关系的发展及新局:过去与未来之间》,认为两岸在历史上曾经共享着"相同的过去","承继了中华帝国内政教关系的特色",只是从今往后,正在发生以及必将发生与以往"迥然不同"的政教"样貌","更面临相异的发展轨道及各自的危机"。[①] 但是作者显然对于21世纪以后,中国大陆在儒学复兴过程中,有关"政教"问题的新探索缺乏全面的观照。接着,大陆的《原道》杂志为了回应"宗教中国化"这一时代课题,组织了一期"'宗教中国化的多维视域'专题",刊登了《导言:政教关系的多维建构与对话》以及《政教关系——基督教对儒教建构的启示》等专题论文,试图从理论上探讨如何重构当代中国的"政教关系"。[②] 看来,政教问题正变得炙手可热,特别是对于那些偏向于政治性复古思想立场的人来说,从政教问题着手,似乎是解决重建儒教为"国教"的一个突破口。

按照现代宗教政治学的一般理解,"政教关系"既包含"政教合一"又包含"政教

[①] 黄克先:《两岸政教关系的发展及新局:过去与未来之间》,载《思想》第30辑,联经出版事业公司,2016年5月。
[②] 陈明、朱汉民主编:《原道》2016年第3辑(总第31辑),新星出版社,2016年9月。

分离"①等各种形态,即便近代以来西方主要政体原则的"政教分离"也存在形态各异的现象,其中主要有三种类型的区别,在宗教事务与国家行政互不干涉的原则前提下：1.国家对宗教采取柔和姿态的形态(如法国);2.国家对宗教采取中立姿态的形态(如美国);3.国家对宗教采取严厉压制的形态(如苏联)。② 但是其基本精神则是国家(政府行政权力)不能承担宗教的功能,更不能设立"国教",而宗教也不能涉入国家权力,可称为政教"限制原理";另一方面,在政教分离的原则前提下,国家必须保护各民族宗教的活动自由以及国家对信仰自由的承诺,可称为政教"建构原理"。偏向于第一原理的政教分离属于"严格的分离主义",偏重于第二原理的政教分离属于"中立的宽容主义"。③ 在当今世界,大多数现代国家(包括我国)的政教政策都表明"政教分离"乃是一种主流的价值观念。只有极个别的地区国家(如某些伊斯兰国家)由于将政治视作实现宗教信仰的必要手段,而宗教则是政治的唯一合法性基础,因此依然奉行"政教合一"的传统体制。除此之外,大多数现代民族国家在经历了"现代性"转化之后,已不可能背离政教分离的原则而重返政教合一的时代。

从历史上看,"政教分离"的进程在西方始于 16 世纪,经过 17 世纪宗教改革以及启蒙运动之后,迟至 18 世纪才逐渐定型为民族国家的立国原则。当代美国政治学家沃格林(E. Voegelin, 1901—1985)指出："实际上开始的是,精神生活从公共代表中被剪除,以及相应地政治被缩减为某种世俗的内核。……在这个过程中,如果真的可以确定某个重要日期的话,那么它大概必须是《威斯特伐利亚条约》(Treaties of Westphalia)得到签署的 1648 年。该条约的条款深刻影响了教会的利益。……从此以后,精神秩序的公共代表,至少从国际舞台上被剪除了。"同时他也指出,在整个西方,严格主义的政教分离政策的"完全首次出现于一个西方国家,就是 1789 年的美国宪法"。④ 质言之,《威斯特伐利亚条约》标志着以主权、民族为核心的、摆

---

① 关于"政教分离",〔英〕洛克(John Locke, 1632—1704)的著名定义已成常识："我以为下述这点是高于一切的,即必须严格区分公民政府的事务与宗教事务,并正确规定二者之间的界限。"(《论宗教宽容》,吴云贵译,商务印书馆,1981 年,第 5 页。)
② 参・井上修一：《フランスにおける政教分離の法の展開》,・佛教大学《教育学部論集》第 21 ・,2010 年 3 月,第 1—18 ・。
③ 参见森本あんり：《ロジャー・ウィリアムズに見る政教分離論の相剋》,大西直・、千叶真・,《歴史のなかの政教分離：英米におけるその起源と展開》,彩流社,2006 年,第 45—71 页。
④ 〔美〕沃格林：《政治观念史稿》卷五《宗教与现代性的兴起》,霍伟岸译,华东师范大学出版社,2009 年,第 23 页。

脱教会控制的现代性主权国家的产生,而美国《宪法》的规定则是指第一修正案:"国会不能立法建立一个国教,或禁止宗教的自由实践。"这既防止了特定宗教成为国家政治意识形态,也有效地保证了各宗教发展的自由。要之,"政教分离"原则不是简单地向"前基督教文明"的政教二元形态的回归,①而是在理性的基础上,将宗教神学与国家政治剥离开来,以建构理性法则为上的现代国家,从而使宗教回到其自身的本位,负担其指导个人精神生活的责任。

在学术史上,"政教合一"来自英文 Caesaropapism 的译名,顾名思义,这是指恺撒与教皇的合一,即政治权威与宗教权威的合一。严格说来,这是公元4世纪之后的欧洲中世纪社会的特有现象。故有学者指出,基于这一概念的历史性,任何企图超出这一传统背景,而在其他文化传统当中去寻找"政教合一"的政治文化因素,并以此为由来讨论某种文化传统究竟是"政教合一"还是"政教分离"的问题,都不过是"食洋不化"的"假议题",例如在传统中国,儒家从来不是教会组织,因此不可能发生"政教合一"的问题。②这个论断无疑是正确的。但是,这个判断却可能遮蔽了非西方社会例如包括中国在内的东亚社会在历史上所存在的宽泛意义上的"政教合一"现象,而其中的"教"主要不是指宗教,而是指一套社会"教化"体系,如"儒教"。的确,儒家文化属于一种教化系统而非制度宗教,即便是汉代董仲舒(前179—前104)提倡"独尊儒术"之后,儒学被提升为国家意识形态,具有笼罩整个社会生活的功能,但是儒学也从来没有成为一种真正意义上的严格宗教。

再看中国的东方——日本,在历史上也从来不是"政教合一"的国家政体,然而到了近代的明治帝国时期——严格来说,即以1890年《帝国宪法》为标志,成功地建构起国家威权主义的"政教合一"体制,这一特殊时期出现的政体怪胎(日本史上称

---

① "政教二元"其实是早期基督教主张的一个观点,见诸《新约圣经》的一句话:"把恺撒的事情交给恺撒,把上帝的事情交给上帝。"早期罗马教皇吉莱希厄斯一世(Delasius I)在公元496年,将其比喻成不能用一只手掌握和使用的两把宝剑:"既然上帝赋予了我们和身体分离的灵魂,那么教会与国家就应彼此独立地存在,因而皇帝行使精神权力与教皇控制世俗的事务都是不正确的。上帝将其分离的东西,没有人可以将它们合二为一。"(〔美〕莱斯利·里普森:《政治学的重大问题》,刘晓等译,华夏出版社,2001年,第140页。)然而事实上,早在公元313年罗马皇帝君士坦丁一世宣布的"米兰敕令"为标志,早期遭受国家权力迫害的基督教获得了"公认",380年罗马帝国皇帝狄奥多修斯一世发布敕令,基督教正式成为"国教",欧洲中世纪"政教合一"的时代自此拉开了序幕。
② 李明辉:《评论台湾近来有关"中华文化基本教材"的争议》,《思想》第25期,联经出版事业公司,2014年,第277页。这是李明辉针对张灏《政教一元还是政教二元》一文(详下)所提出的批评。

为"国体"后来成为侵略战争的一架机器并为此付出了沉重的代价,这就说明"政教合一"在某种特定条件下是可以建构的,历史上不存在并不等于现实上不可能,因为在现实世界中,人类行为通常会受到人的"利益"与"意见"的影响,其中,往往"意见"(或称"观念")在控制"所有的人类事务"中具有重要角色(哈耶克语);①反过来看,康有为的"孔教"设想与其君主立宪的建国方略也只不过是一种"意见",但它差一点在民国元年(1912年)之后便在中国政治上得以实现,倘若当时在"国会"上得以通过"国教"议案,那么此后的中国政教体系便有可能走向"政教合一"。当然,还是一句老话,历史不可假设。但是,中国人历来相信"历史"是一面镜子,可以照见当下的"自己"并对未来具有警示的意义。

从"政教关系"的视域看,政教既是教会与国家之间建立联系的一种"体制现象",同时在一种宽泛的意义上,也是人类精神生活与社会团体生活之间的"密切联系"。因此,在基督教文化以外的其他文化传统中亦存在广义上的"政教合一"形态,例如春秋前的上古中国,便存在以巫史文化为特征的、以"官师合一"为形态的政教一元现象。只是春秋以后,随着人文主义的崛起,这种原始的政教一元现象发生了中断,以儒家为代表的中国传统文化并没有产生制度宗教,因而也无法实现"政教合一"体制,所以,将二千年中国历史文化称为"政教合一"形态的观点是不能成立的。②

众所周知,"政教"是春秋公羊学的核心概念,也是后世今文经学家据以论述政教思想的出典所在。据《春秋公羊传·隐公第一》篇首载:

元年,春,王,正月。元年者何?君之始年也。春者何?岁之始也。王者孰

---

① 原话是:"虽然人们常常受到利益控制,但是即便是利益本身,和所有的人类事务,也是完全被意见所控制。"(转引自黄克武:《一个被遗弃的选择:梁启超调适思想之研究》第一章《导论》,新星出版社,2006年,第2页。"意见"两字的着重符号为原文所有。)
② 如有学者指出,上古社会且不论,秦汉以降的中国社会尽管政教结合的程度有所缓和,但是基于"天子"制度的"政教合一"形态则一直延续了二千年之久(何光沪:《论中国历史上的政教合一》,载任继愈主编,《儒教问题争论集》,第178页)。杨阳《王权的图腾化——政教合一与中国社会》亦持此说。张广生也用"政教合一"概念来指称中国历史文化的基本形态,姑举一例:"中国的'文明-国家'有着政教合一的传统,和西方相对照,中国文明的传统不是政治与文化的分裂,而是政治与文化的合一。西周的王官学与国家立法体系是中国政教合一国家文明的源起。"(见氏著:《返本开新:近世今文经与儒教政教》,第188页。)然而,由于"政教合一"的用语具有浓厚的西学含义及其特殊的宗教背景,因此,当我们使用这一概念来思考中国问题时,则需要慎之又慎。

谓？谓文王也。曷为先言王而后言正月？王正月也。何言乎王正月？大一统也。

东汉今文经学家何休(129—182)《春秋公羊传解诂》注曰：

> 统者,始也,总系之辞。夫王者,始受命改制,布政施教于天下,自公侯至于庶人,自山川至于草木昆虫,莫不一一系于正月,故云政教之始。①

这是说,文王必是受天之命,以正朔改制为始,即"受命改制"之意,同时又"布政施教"于天下,包括整个社会乃至自然界无不以此为开端,这就叫作"政教之始"。这里的"政教"上承"布政施教"而来,未点明"教"的含义,大致指一整套礼乐法度的体系,则无可疑。至于"政教"的关系,依其文脉看,应当构成一套结构系统而不可分而为二的。据此,从公羊学的立场出发,"政教"本来就是一元而非二元的存在关系,应当是可以确定的。

然而,公羊学的政治哲学并不能笼罩此后整个儒学发展的历史,更不能以此来取代儒家政教思想的立场,这一点同样是毋庸置疑的。像康有为(1858—1927)为"变法"而"炮制"的《新学伪经考》所说的那样,古文经全都是刘歆(前50—23)为助王莽篡汉编造的"伪经",只有今文经才是孔子的真传,所以连清朝一代的汉学也无非是变乱孔子之道的"新学",则显然都是经不起历史验证的"臆说",诚如其弟子梁启超(1873—1929)所揭示的,康氏的《伪经考》及其后来的《改制考》,都不过是"借经术以文饰其政论"②,说的是实情。

二、晚年朱子何以从政教二元转向了一元？

那么,何休苦心拈出的"政教之始"说,在此后的儒学史上,有否后续的讨论呢？

---

① 何休解诂、徐彦疏：《春秋公羊传注疏》,《十三经注疏》本,上海古籍出版社,2014年,第6—12页。
② 梁启超：《清代学术概论》,朱维铮校注,《梁启超论清学史二种》,复旦大学出版社,1985年,第64页。另参朱维铮：《重评〈新学伪经考〉》,载氏著,《中国经学史十讲》,复旦大学出版社,2002年,第192—205页。

说实话,直至清代中叶孔广森(1751—1786)《春秋公羊经传通义》为止,恐怕公羊学就一直处在默默无闻的境地而少有人问津。① 原因很复杂,要之,公羊学杂糅了《春秋纬》等谶纬思想的资源,对《春秋》做了一些大胆的"神秘性"(梁启超语)解释,令后人望而却步。当然,公羊学的一些重要观念如"大一统"思想并未被历史完全湮没。

前几年,张灏撰文(以下简称张文)②特别以朱子(1130—1200)为例,考察了儒家思想传统中有关"政教关系"问题的看法,值得重视。他根据殷商时期巫史文化的宗教性特征,指出这一时期的"教"是早期天命观的反映,属于一种特殊的宗教观念,尽管先秦之后儒家的"教"概指"教化"而有别于宗教的含义,然而,张文认为政教一元抑或二元的问题在传统儒家文化是长期存在的。他将问题的焦点聚集在朱子的两篇文章《中庸章句序》和《皇极辨》,指出朱子思想中的政教观既存在一元论又存在二元论的倾向。由此可见,中国传统文化的"政教关系"相当复杂而不可一概而论。张文的这一审慎态度是可取的,但是其观点论述仍有一些可以拓展和深思的议题,另待细究。

张文指出,历来对儒家思想中究竟持政教一元还是政教二元的问题聚讼纷纭,大致有两派意见,一派意见认为儒教自晚周以来就自视为独立于现实政治权威的一个精神传统,因此政教二元或政教对等是儒家自觉意识的一个基本特征;另一派意见则认为,自晚清张之洞(1837—1909)提出"政教相维"的看法以来,这种观点在晚清得以流行蔓延,直至五四之后大张其帜,竟演变成"学界的主流看法"。张文认为这两种看法都有片面性,若从一种纵览全局的认识出发,儒家文化中既有主张政教一元又有主张政教二元的思想因子。

按张文的分析,朱子1189年的《中庸章句序》表现出二元道统观,三年后1192年(按,应是1196年)的《皇极辨》中的"皇极意识"却集中表达了一元论观点。我们知道,《中庸章句序》阐发的"道统观"隐含着一层重要的含义:自尧舜至孔孟的道统

---

① 民国初唐文治门生陈柱(1890—1944)撰述《公羊家哲学》(撰于1928年,刊于1929年),在《撰述考》一章中,引韩愈之说"近世公羊学几绝"之后,断言:"公羊之说,久成绝学,至清孔广森始著《公羊通义》。"此后罗列了六位治公羊学者之名:庄存与、庄述祖、刘逢禄、宋翔凤、陈立、皮锡瑞,但对他们的学说未及一字;后面又提到廖平和康有为,则以"说尤奇诡""益失其本真"斥之,表示不足为取(陈柱:《公羊家哲学》,李静校注,华东师范大学出版社,2014年,第148—149页)。
② 张灏:《政教一元还是政教二元?:传统儒家思想中的政教关系》,载《思想》第20期,联经出版事业公司,2012年,第111—144页。下引此文,不再出注。

传授之后,发生了突然的中断,任何一个朝代的君主尽管都以"天子"名义来为自身的政治合法性提供依据,然而他们却无一例外地被排除在"道统"的谱系之外。这个说法首见于韩愈(768—824)《原道》,及至北宋道学的兴起,程颐(1033—1107)提出孟子之后的接续者是其兄程颢(1032—1085),南宋朱子则将道统谱系做了重新安排,道统接续者为周敦颐(1017—1073)、程颢和程颐。自此,儒家"道统"说得以确立。

张文认为《中庸章句序》的道统中断说以及道统新谱系,意味着政教二元的道统观,即道统与政统发生分裂,因为秦汉以后任何一位君主都没有资格接续道统。这一观念与朱子的历史二元论有关,即"三代与三代之后"的历史发生了断裂,呈现出两种不同发展趋向。也就是说,三代之后除了孔孟这些"有德无位"的先圣大贤尚能接续道统以外,秦汉以降的历史处在一片黑暗之中,既不可能出现担当道统的儒者,也不可能出现接续道统的圣君。于是,圣人之道便与世俗政治发生严重断裂,唯有等到自觉接续圣人之道以及圣人之学的"儒者"出现,才能有望打破这一局面。这一历史的关键时刻便发生在 11 世纪北宋道学兴起的年间,严格地说,即发生于周程传承的谱系当中。

但是,张文指出朱子《中庸章句序》的叙述存在一个难以自圆其说的问题。倘若孔孟与周程作为"有德无位"的儒者能身担道统的重任,而秦汉以降的任何一个朝代的君主都没有资格承担道统,以此说明中国历史上存在政教二元的思想因子,那么,导致这种局面的最终原因究竟在儒者身上还是在君主身上?换种问法,道统的承担者何以是儒者而不能是人君?这个问题的实质是:道统的预设根据究竟何在?顺此问题追问下去,结论是明确的,由于程颐和朱子是观念预设先行,故其有关道统的忽断忽续的判断也就未必等同于真实的历史。

的确,儒教道统说虽然有不同类型的表述,[①]但是却有一点达到高度的一致:孟子之后直至宋代以前的一千余年的历史发展过程中,没有一个朝代的君主有资格将"道""政"两统集于一身。也就是说,在宋代道学家看来,君臣一体虽是一种理想,但是现实状态却表现为君臣的互相制约;尽管"君臣共治天下"或者"得君行道"是一种理想的政治状态,然而现实是道统与政统往往是二元的而非一元的关系。

---

① 唐以后至少有三种类型的道统说,参见吴震:《心学道统论——以"颜子没而圣学亡"为中心》,载《浙江大学学报》2016 年第 3 期(网络版)。

这种观念发生扭转则要等到清初康熙年间,例如在康熙看来,宋儒的"君臣共治天下"的政治主张狂妄至极,与"天下家法,乾纲独断"的帝王政治背道而驰,另一方面,传统儒家所谓的道、政、学"三位一体"已经在"时王"康熙身上实现了高度集中。① 这显然是康熙的"政教合一"论,不仅赢得了当时"理学名臣"如熊赐履(1635—1709)、李光地(1642—1718)等人的一片喝彩,即如稍后的清朝中期的民间史学家章学诚(1738—1801)也竭力提倡"君师政教合一"论,此有待后述。要之,政与教或道与政,两者之间究竟是一元还是二元,从儒学发展的全局来看,确如张灏所言,不同时代的儒者主张并不是一成不变的。但是至少从先秦之后的儒学发展史来看,儒家有一个基本立场是不能否认的:儒家圣人之道绝非王权所能独占的。

然而,依张文,朱子思想有惊人的快速转变,因为就在《中庸章句序》完成的三年之后(1192),朱子继而在《皇极辨》②这篇自誉为"一破千古之惑"的得意之作中,却表明其念念不忘的却是:回到三代社会"政教一元"的理想状态。张文援引《皇极辨》中的一段朱子语以证之:

> 今以余说推之,则人君以眇然之身,履至尊之位,四方辐凑,面内而环观之;自东而望者,不过此而西也;自南而望者,不过此而北也。此天下之至中也。既居天下之至中,则必有天下之纯德,而后可以立至极之标准。故必顺五行、敬五事以修其身;厚八政、协五纪以齐其政,然后至极之标准卓然有以立乎天下之至中,使夫面内而环观者莫不于是而取则焉。语其仁,则极天下之仁,而天下之为仁者莫能加也;语其孝,则极天下之孝,而天下之为孝者莫能尚也。是则所谓"皇极"者也。③

---

① 黄进兴便指出清初统治者善用汉化政策,特别是在意识形态上强调道统与治统合于一身的政治权威只能由帝王承担,详氏著:《优入圣域:权力、信仰与正当性》所收《清初政权意识形态之探究》,允晨文化出版有限公司,1994年,第88—124页。
② 张文此说有误。一般认为,《皇极辨》有先后两本,初本撰于淳熙十六年(1189),即与《中庸章句序》的撰述年代一致,收在宋本《晦庵先生文集》后集;定本(即传世本)则成于庆元二年(1196),收在《朱子文集》卷七十二。根据陈来的考察,前后两本略有文字差异,但其基本思想并无差异(见陈来:《"一破千古之惑"——朱子对〈洪范〉皇极说的解释》,载《北京大学学报》2013年第1期)。据此,就不存在朱子思想有所谓1189年至1192年的发展变化之说。另参吴震:《宋代政治思想史上的"皇极"解释——以朱熹〈皇极辨〉为中心》,《复旦学报》2012年第6期。
③ 《朱子文集》卷七十二,《朱子全书》第24册,上海古籍出版社、安徽教育出版社,2002年,第3454页。

这是说,作为人君位居"至尊之位",犹如位居中央即处在四方辐凑之中央,四方得以环视仰望之,以此为"天下之至中"故也;既然位居"天下之至中",则人君"必有天下之纯德,而后可以立至极之标准",具体而言,就是人君以纯德为据、以身作则,通过顺五行、敬五事、厚八政、协五纪等政治行为,为天下树立标准,以使"面内而环观者"无不以人君之标准为标准,此即所谓"皇极"之本意。可见,朱子推翻了汉唐以来经学家释"皇"为"大"、释"极"为"中"的传统解释,由于"皇"为"人君","极"为"标准",故"皇极"便是指人君为天下树立标准而不能有其他的解释。

然而,张文却从中读出另一层重要意思,并据此推定整部《皇极辨》就是发挥两个观点:第一,君主或天子是据宇宙秩序中央的一块"神圣空间",为四方仰望;第二,君主又代表着最高最纯的道德标准,为世界树立一个精神楷模。由此两点,进而推论《皇极辨》"基本是回到天命说里'三代圣王政教合一'的理念。这是朱子思想与整个道学的一个关键性发展",并指出朱子不出三年便修正了《中庸章句序》的"政教二元分离"的观点,朱子认为这种"分离"现象是"三代以下的堕落与反常",而《皇极辨》则表明朱子的"最后立场仍然是要由三代以下的反常回到三代的正常,恢复三代所树立的历史原始典范:圣王之治与政教合一"。但是,作为理想的政教合一与作为现实的政教分裂之间存在相当大的落差,而朱子却无法找到一个圆满的解决方案。

那么,张文是如何理解"政教合一"的呢?按其判断,中国政教合一的传统源自"天命说",在上古中国的唐虞三代,人类有关宇宙以及社会的想象被笼罩在天命说的阴影之下,三代圣王的政治形态与宗教权威密切结合,这是由于三代时期的"帝"或"天"显然具有政治性与宗教性的双重身份,而宗教性又是君主统治的政治合法性来源,正是在这种天命观的笼罩之下,政教合一便成了三代社会的政治常态。朱子思想的内在紧张则表明:一方面,在道统论述中,朱子预设了三代社会是圣王政教合一的理想时代,在三代之后特别是秦汉以降,政教二元的"反常"现实直至朱子那个年代依然没有得到根本的改观,因此三代以后的历代君主被排除在道统谱系之外,这就意味着否定历代君主的道德正当性,使得朱子的道统论含有强烈的政治批判性;但是另一方面,《皇极辨》又表明朱子向往三代、恢复政教一元的强烈政治愿望,而这才是朱子晚年最成熟的思想,也是朱子留给后世的最为重要的政治思想遗产。此后,南宋末真德秀(1178—1235)的《大学衍义》以及明初邱濬(1418—1495)的《大学衍义补》都继承和发挥了朱子政教合一的政治理念。

以上是张文对朱子"政教"观的思想分析,看似言之成理,然而我们发现张文对《皇极辨》的文本解读另有仔细推敲的余地。

三、"回向三代"并不意味回归"政教合一"

由张文上引《皇极辨》"今以余说推之……是则所谓皇极者也"一段表述来看,朱子强调作为天下之至尊的人君必位居天下之中央,相应地,也就必须以天下之纯德为天下示范、树立榜样,换言之,也就是要求人君在"修其身""齐其政"——道德与政治或内圣与外王两手一起抓,以垂范于天下,这才是"皇极"概念的真实内涵。朱子对"皇极"的上述解释,与其在政治上力图主张回归"天命说里'三代圣王政教合一'"的社会模式有何关联,其实是两回事,因为这个提问方式本身并不成立。

依张文的判断,任何要求君主在为政与为德上实现统一,必然是"三代圣王"时代"政教合一"之理念的反映。倘若这一判断成立,那么也就意味着任何一个时代的儒家士大夫无一例外地都必然主张回到"天命说里'三代圣王政教合一'的理念",换言之,儒家思想的整体历史便可被"政教合一"观念所笼罩。因为,向往"三代"对于儒者而言,几乎就是一个必然"命题"。

余英时曾敏锐地指出"回向三代"是宋代儒者士大夫的普遍诉求,也是士人的终极政治理想。① 事实上,反对政治与道德的二元分化,主张两者存在必然延续,本来就是儒学的一贯立场,正如孔子所言"为政以德"一般;反之,我们不可想象另一种情况的发生,即可以允许在人君身上存在为政与为德的人格分裂。然而,朱子《皇极辨》的核心关怀在于要求君主在道德上率先垂范,而并不意味朱子要求人君应当或必须将政治权威与宗教权威集于一身,用以展示居高临下的王权威严;这也是朱子推翻汉儒释"皇"为"大"、释"极"为"中"的传统解释,进而提出"皇"为"君"、"极"为"标准"这一新诠释的良苦用心之所在。

至于张文认为朱子《中庸章句序》与《皇极辨》两文恰好代表两种政教观——前

---

① 余英时:《朱熹的历史世界》第一章《回向"三代"——宋代政治文化的开端》,生活·读书·新知三联书店,2004年。

者主张政教二元而后者主张政教一元,以此说明朱子思想有内在的紧张,存在一个"思想发展"的轨迹及其脉络,这是由于张文误认《皇极辨》的撰述年代为1192年,而不了解该文的撰述有初稿和定稿两个版本的文献史实,初稿本与《中庸章句序》为同一年即1189年,而定稿本则完成于"庆元党禁"之后的1196年,两稿文字虽有少异,但基本观点并无根本的改变。故由《中庸章句序》到《皇极辨》并不能证明朱子思想发生了戏剧性的大转变:由政教二元转向了一元。但若假设不存在这种转变而是朱子思想中本来就有的两种观点倾向,则会给人以一种印象:朱子的头脑有点混乱,说话不免自相矛盾。现在,张文判定这是朱子思想的转变,以免后人用思想矛盾来贬低朱子。

然而依然令人不解的是,朱子晚年何以会在政教一元抑或二元这种关涉"政治正确"的大问题上发生自我否定式的大转变?结论是,根据我们对《中庸章句序》和《皇极辨》的文本解读,可以判定,朱子的道统观念及其皇极意识与政教一元抑或二元的立场问题无关,而是反映了儒家政治学的一个基本观念:一方面,圣人之道绝非王权所能窃据,另一方面,君主可以通过"为政以德"的努力,为天下"示范",以展示儒家圣人之道的意义,由此为自身的政治合法性奠定基础。但是即便如此,也并不意味着任何一个朝代的帝王统治都可以与"三代圣王政教合一"的理想直接同一。为了明确这一点,有必要回过头来对中国语境中的"政教"问题再做稍详的探讨。

事实上,"政教"问题在传统中国的语境中,主要指儒教的王道政治与教化体系的关系,而非指西方意义上的世俗王权与宗教权威之间的关系。即便是西周之前的早期中国宗教,其内涵所指也主要由三组概念所构成:祖先神、自然神以及凌驾两者之上的"上帝"。正如张文所指出的,"上帝"尽管是宇宙间的最高神,"但这最高神并不代表超越,他与其他神灵只有量的差异而非质的差异",这个论断极为敏锐。意思是说,殷商时代的"上帝"其实与西方神学的那种外向超越的绝对人格神在内涵上是存在根本差异的。当周代的"上天"逐步取代"上帝"观念之后,"天"的人格神色彩更趋淡薄,及至晚周,"天"已经发生人文化的转向,这在当今学界已成一般常识。

尽管如此,"天"仍然具有最高政治权威和道德权威的双重意味,世俗社会的君主受命于天而被称为"天子",成为世俗政权的宗教性、合法性的一种证明,而"天子"制度、王权意识必已内含一种基本预设:政治教化同出一源,都是"天降神授"的结果。故从历史上看,章学诚认定三代社会"君师政教皆出于天"①,不是没有理由的。

章氏依据的主要是《周礼》等上古文献。根据《周礼》的记载,西周时期有"师儒""师保"等职,既是官又是师,两种职能集于一身,负责国学和乡学的德行道艺等教化。由此判定古者"官师合一""治教合一",是有历史依据的。但是这种说法并不能适用于晚周儒学兴起以后的历史。根据《礼记·儒行》记孔子答哀公问儒之行,孔颖达(574—648)《礼记正义》称为"孔子说儒十七条",孔子论述了儒者的各种人格特征,并对儒者的总体精神有一重要归纳:

> 儒有不陨获于贫贱,不充诎于富贵,不恩君王,不累长上,不闵有司,故曰"儒"。今众人之命儒也妄,常以儒相诟病。②

陨获,郑注:困迫失态之貌。充诎,郑注:欢喜失节之貌。不恩、不累、不闵,郑注:言不为天子诸侯、卿、大夫、群吏所困迫而违道。可见,孔子所谓的儒者风范,恰能套用孟子指称"大丈夫"之人格精神的三句话:"富贵不能淫,贫贱不能移,威武不能屈。"这三句话突显出儒者精神以服从"道"为最高原则和理想,具有不屈从权贵意志的独立精神,同时也是儒家"从道不从君"这一政治思想的生动体现,更是独立于"君王""长上""有司"的人格自觉意识。

由此可见,若用"官师合一"或"政教合一"来概括儒家思想的整体价值取向,显然有悖事实,反而会遮蔽孔孟儒学"以道抗势"的政治诉求及其价值理想。事实上,"回向三代"蕴含着两层意义:一是儒家士大夫借助"三代社会"的历史描述,表现出对理想社会的一种依托,因而具有未来指向,而绝不意味着重返上古时代"官师政教合一"的旧传统;一是儒家士大夫通过对"三代社会"的追忆和想象,旨在增强对现实社会失序现象的批判,因而表现出强烈的现实关怀精神。一言以蔽之,以批判性的历史建构作为改变现实的手段,同时,未来指向也有必要以"三代"为标准,这才是"回向三代"这一普遍诉求的真实意图及其意义所在。犹如晚清维新派往往以

---

① 《文史通义·原道下》末附"族子廷枫"识语,《章氏遗书》卷二,文物出版社,1982年,第12页。又如,"治教无二,官师合一"(《文史通义·原道中》,《章氏遗书》卷二,第11页),"古者官师政教出于一"(《文史通义·感遇》,《章氏遗书》卷六,第53页)。
② 《礼记正义》卷五十九,《十三经注疏》本,中华书局,1980年,第1669页。

"复古为革命"一样,以"复古"为手段而以"革命"为目标,同样,宋代儒者"回向三代"的诉求也是以此为手段,目的则在于社会秩序的重建。

因此我们可以说,朱子的政治哲学尽管也有"回向三代"的祈愿,但其目标并不是回归政教合一的三代社会,他的皇极意识表明,王权统治的合法性基础就在于一个"极"字——为天下树立道德典范。这与"政教合一"问题并无关联。

四、章学诚的历史想象:回归"政教合一"

为进一步了解章学诚的有关"官师合一""政教合一"的历史描述,有必要回到思想史的语境中来具体考察。① 历史上,在孔孟时代,尽管并没有出现"政教"一词,但是在孔孟原典儒学中,重视"礼乐刑政"等政与教的问题则是毋庸置疑的。其实,儒家经典《中庸》"修道之谓教"的观点,已然涉及"政教"问题的领域,其所谓"道",既有修身意义又有政治意义,即儒家的"王道"政治。那么,"政"与"教"究竟是什么关系呢?

根据儒家传统的说法,孔子的"政者正也"(《论语·颜渊》)以及《说文解字》的"政,正也",是对"政"字的一般解释,概指端正自己的行为。所以,孔子接着说:"子帅以正,孰敢不正?"显然,其中含有修身的道德意味,所谓"为政以德"也是要求以"德"来约束自身。另一方面,"政"又泛指政事或政体,大致属于《大学》"治国"的范畴,如"礼乐刑政"中的"政"既指政事又指政治制度。至于"教",如"儒教"一词所表明的那样,其含义非常宽泛,主要指"教化",而非严格意义上的"信仰宗教",这是毋庸置疑的。即便儒家所说的"神道设教",也只是指以"神道"之名来推行"教化",而非指制度宗教的建构。

在先秦儒家典籍中,"政教"一词的出现频率属《荀子》最高,大致都是从"教化"角度而言的,如"政教习俗,相顺而后行"(《大略》),"本政教,正法则"(《王制》)等,其中的"政教"概指政治行为与教化措施,而"广教化,美风俗"(同上)则是荀子政教观的典型表述。在荀子看来,教化就是最大的政治,而政治的目标是"美风俗",为达

---

① 关于章学诚的"官师政教合一"论,参看吴震:《章学诚是"近代"意义上的"学者"吗?——评山口久和〈章学诚的知识论〉》,澳门大学《南国学术》2014年第1期,第146—162页。

此目标就须以"广教化"为基础,反过来说也一样,"教化"的目标在于"美风俗"。在这个意义上可以说,政教"相顺"乃是荀子政教观的典型观点。然而,"相顺"的前提是政教二元,正是在二元的基础上,才能实现两者"相顺"的理想状态。

在前孔子时代,即雅斯贝尔斯所谓的"轴心时代",一般被认为普遍存在宗教意识特别强烈的现象,无论是古代埃及、巴比伦、波斯,还是古印度以及上古中国,都经历过"神权"笼罩一切的时代。在这一时代,各种神灵之间有一种特殊的联系,构成神灵的宇宙秩序与人间的世俗秩序的连接点在于"普遍王权",基于王权源于神圣世界的信仰,建构起"政教合一"的人间秩序。[①] 根据历史记载,"有夏服天命"(《尚书·召诰》)、夏禹"致孝乎鬼神"(《论语·泰伯》),而且每事必问卜筮,政令则假神意天命,故有学者断定,夏商周三代社会乃是典型的神权政治形态的"政教合一"体制,这就表明王者既是政治领袖又是群巫之长,甚至"帝"直接就是"王"(如商王)的祖先神灵的表征。[②] 按照史华慈(1916—1999)的观点,上古时代的"政教合一"的社会秩序存在作为应然(as it ought to be)和作为实然(as it actually is)之间的张力,在西周早期随着"天命"新观念的出现,两者之间不得不发生了"断裂",[③]其结果出现了神权与王权各得其所的政教二元现象。

事实上,在上古中国,如《尚书·虞书·皋陶谟》所载:"天叙有典,敕我五典五惇;天秩有礼,自我五礼五庸哉……天命有德,五服五章哉;天讨有罪,五刑五用哉。"此所谓"有典"即指"五典",据载,在帝尧时代,尧命舜担任司徒,执掌教育,教以百姓"五典"——父义、母慈、兄友、弟恭、子孝这五种美德。及至帝舜时代,舜命契为司徒,推行的也是"人伦"美德的教育。《孟子·滕文公上》记载:"人之有道也,饱食暖衣,逸居而无教,则近于禽兽。圣人有忧之,使契为司徒,教以人伦:父子有亲,君臣有义,夫妇有别,长幼有序,朋友有信。"讲的就是儒家伦理的"五伦",这是"司徒"的主要职责。班固《汉书·礼乐志》说:"古之王者,莫不以教化为大务,立大学以教于国,设庠序以化于邑。"也是说尧舜时代的古之圣王非常重视"教化",其主要内容应当就是上述的"五典"或"五伦"。另据《礼记·王制》的记录,司徒主管"修六礼以节民性,明七教以兴民德,齐八政以防淫,一道德以同俗,养耆老以致孝,恤孤

---

① 参见张灏:《从世界文化史看枢轴时代》,载《二十一世纪》2000年4月第58期。
② 参见张光直:《中国青铜时代》,生活·读书·新知三联书店,1999年,第415页。
③ 〔美〕本杰明·史华慈:《古代中国的思想世界》(程刚译、刘东校),江苏人民出版社,2004年,第53—54页。

独以逮不足,上贤以崇德,简不肖以绌恶"①。可见,司徒执掌的教育范围非常宽泛,包括礼、教、政、德等各个方面。

章学诚正是依据上述这些历史记载,认为在前孔子时代,学无私学,只有官学,更无私人著述,"学者所习,不出官司典守,国家政教"②,春秋以降,王官失于野,学术下私人,历史进入了诸子时代,于是,教育从"官司典守"分裂出去,"国家政教"也面临二元分裂,"官师合一"的传统终被打破,而章氏的理想是回归三代社会的"官师合一"的社会政治体制,他指出:

> 盖君师分,而治教不能合于一,气数之出于天者也。周公集治统之成,而孔子明立教之极,皆事理之不得不然,而非圣人故欲如是,以求异于前人,此道法之出于天者也。③

> 教之为事,羲、轩以来,盖已有之。观《易·大传》之所称述,则知圣人即身示法,因事立教,而未尝于敷政出治之外,别有所谓教法也。虞廷之教,则有专官矣;司徒之所敬敷,典乐之所咨命;以至学校之设,通于四代;司成师保之职,详于《周官》。然既列于有司,则肄业存于掌故。其所习者,修齐治平之道,而所师者,守官典法之人。**治教无二,官师合一**,岂有空言以存其私说哉?④

这里的"气数论"有点历史命定论的味道。章学诚认为周公至孔子之间发生的"官师分而治教不能一"的现象,乃是"事理之不得不然"的历史趋势所使然,并非"圣人故欲如是以求异于前人"的结果。反过来说,在章看来,周公孔子之前的三代社会,官师治教本身是"合一"的,只是到了晚周以及春秋的时代,面对官师治教渐趋分离的现状,不得已周公和孔子分别完成了"集治统之成"和"明立教之极"的伟业。

显然,章氏所描绘的是政教官师合为一体的历史场景,他依据伏羲、轩辕以来的"虞廷之教"以及《周礼》所载"司成师保之职",判定"师者"同时就是"守官典法之人",故说"治教无二,官师合一"。由此看来,"治教合一"盖指三代社会"政治-文教"体制而有别于"政治-神权"体制。自后世儒家成为传统文化主流之后,儒家教化系

---

① 孙希旦:《礼记集解》卷十三《王制第五》,中华书局,1989年,第361页。
② 《文史通义·原道上》,《章氏遗书》卷二,第10页。
③ 《文史通义·原道上》,《章氏遗书》卷二,第11页。
④ 《文史通义·原道中》,《章氏遗书》卷二,第11页。

统及其祭祀礼仪系统更为成熟,与国家政治组合成一套"礼乐刑政"的典章制度。然而,依章学诚,他欲强调的是古代王官之学"出于公"而不出于"私"的观点,故回到"官师合一"也就意味着所有私人著述活动都必须为"公家"服务。

显然,章氏对于上古时代"官师合一"的社会充满了想象和期望。令人颇感兴味的是,人们在讨论中国历史上是否存在政教合一体制问题时,几乎都以章氏的上述说法作为依据,不仅认定三代社会是政教合一的体制,而且以此推论中国社会长期以来一直奉行政教合一的政体。其实,章学诚是托古论今,他是出于对春秋之后官学变私学、政教发生分离直至他所生活的社会现状的不满,为从根本上扭转社会失坠的颓势,故而重提"治教无二,官师合一"的社会理想。可见,章氏期望重新"回向三代"的政教不分、官私著述统一于"时王"的体制之下,目的在于实现其将经史之学、官私之学统一起来的学术主张,与此配套,官师合一之政体也必须加以重建。故章氏又说:

> "以吏为师",三代之旧法也;秦人之悖于古者,禁《诗》《书》而仅以法律为师耳。三代盛时,天下之学无不以吏为师。《周官》三百六十,天下之学备矣;其守官举职而不坠天工者,皆天下之师资也。东周以还,君师政教不合于一,于是人之学术,不尽出于官司之典守;秦人以吏为师,始复古制,而人乃狃于所习,转以秦人为非耳。秦之悖于古者多矣,犹有合于古者,"以吏为师"也。①

这里一连出现了四处"以吏为师"的概念,成为整段叙述的核心概念,意同"官师合一"。在章看来,"以吏为师"是三代社会之"旧法",东周以降虽已渐趋消失,然而秦朝却曾一度恢复这一"古制",尽管秦始皇的许多举措荒谬至极,但是其"以吏为师"的政策主张却值得肯定,因为这与章氏对上古历史的考察若合符节。

须指出,"以吏为师"确是法家为战国时代百家争鸣打上终止符的一个观点主张,也是法家为实现"车同轨,书同文"——"同文为治"这一政治理想的一个实践步骤。最早出自秦朝丞相李斯(约前284—前208)之口,他在秦始皇三十四年(前213)所上的奏议中首先指出当时存在"私学而相与非法教之制,人闻令下,则各以其学议之"的社会现象——即官师分离、政教分离之现象,这里的"私学"便是指战

---

① 《文史通义·史释》,《章氏遗书》卷五,第41页。

国时代的诸子之学。李斯认为"若有欲学法令,以吏为师"(《史记·秦始皇本纪》)。此即说,一国法令得以顺利实行,必须以"以吏为师"的国家政策为前提。

另一位法家思想家韩非子(前280—前233)也明确主张:"故明主之国,无书简之文,以法为教;无先王之语,以吏为师。"(《韩非子·五蠹篇》)可见,在法家思想的主导下,吏师、政教都必须统合起来、合二为一,而且其间有主从之别,"师"出于"吏","教"出于"政",而不能反过来。此即章学诚津津乐道的作为秦朝国家政教体制的所谓"以吏为师"。然而,由于秦朝短命而亡,因此,并不能证明秦朝推行的"以吏为师"的政教合一主张便是中国传统政治的常态。这一点就连章学诚也不得不承认,他说:"至战国,而官守师传之道废,通其学者,述旧闻而著于竹帛焉。"①这表明战国时代,"官师分职""治教分途"的现象已成定局。于是,人们纷纷以私人著述的方式,将上古政教典章的"旧闻"记录在"竹帛"之上,而人们已经不再了解"竹帛之外,别有心传"。这里的"心传"是指圣王相传的"口耳转授"之"道",章氏指出"口耳转授,必明所自,不啻宗支谱系不可乱也"。②也就是说,到了战国时代,这个原本"不可乱"的"宗支谱系"随着"官守师传之道废"便已不复存在。王汎森指出,战国时代百家争鸣,在今人看来是思想的黄金时代,但是在章氏看来是"文化堕落"③,讲的是实情。如章氏明确指出:

> 官师既分,处士横议,诸子纷纷著书立说,而文字始有私家之言,不尽出于典章政教也。④

也就是说,"文化堕落"与否的一个判立标准,端在于"官师合一"还是"官师分途"。由前者,则上古的"典章政教"犹有存焉;由后者,则必导致"处士横议"而"典章政教"湮没不闻。时势文运、一盛一衰,端赖于此。因此,可以确切地说,章氏的史学思想或者说他的政治哲学的整个基础就建立在一个支撑点上:"官师合一""治教合一"。无论是36岁时开始构思的《文史通义》还是晚年的《校雠通义》,都开宗明义

---

① 《文史通义·诗教上》,《章氏遗书》卷一,第5页。
② 《文史通义·师说》,《章氏遗书》卷六,第51页。
③ 王汎森:《权力的毛细管作用》第九章《对〈文史通义·言公〉的一个新认识》,北京大学出版社,2015年,第451页。
④ 《文史通义·经解上》,《章氏遗书》卷一,第8页。

地表示他是从"官师合一"的立场出发来审视上古时代的典籍史、文化史的。

的确,进入汉代之后,被认为是荀子后学的著名儒者贾谊(前200—前168)便对政、教、道的关系提出了新看法,反映了此后传统儒家有关政教问题的基本观点:

> 夫民者,诸侯之本也;教者,政之本也;道者,教之本也。有道,然后教也;有教,然后政治也;政治,然后民劝之,然后国丰富也。①

显而易见,从位序上看,道在上,教在中,而政在末。另外还有一个位序,则是民、诸侯、国家,从"民者诸侯之本"、"民劝"而后"国富"的叙述脉络看,这应当是孔孟儒家传统的民本思想之反映。

若将两者合起来看,则在民本思想的前提下,政治属于为民服务的从属性存在,为达此目标而有必要实行"教化",而教化得以成立的依据在于"圣人之道"。可见,道、教(学)、政三者具有差序性特征,这就完全颠覆了秦代法家的"以吏为师"、政教合一的主张,将"教"置于治理国家、安顿秩序的第一序的地位。质言之,此便是儒家"政由教出""教为政本"的传统政治学,充分表明儒家政教观属二元论下的依赖关系。

照余英时的判断,法家所谓的"以吏为师","也许比三代的政教合一更为严厉。但是事实证明,政教既分之后已不是政治势力所能强使之重新合一的了"②。洵为不刊之论。另一方面,余英时在分析汉代酷吏现象时则敏锐地指出,这与秦朝的"以吏为师"的政策有着思想渊源:"'以吏为师'使循吏的出现在事实上成为不可能。相反地,它却为酷吏提供了存在的根据。"③也就是说,尽管"以吏为师"的法家主张已不可能迫使社会的走向将已经分离的政教实现重新合一,但是法家思想仍在中国社会的传统体制中留下深刻的烙印,这也是不可否认的历史现象。

那么,向汉武帝建议"独尊儒术"的董仲舒在政教关系问题上又持何看法呢?事实上,在他提出的著名的对策中,其主张是政教分立、官师分离,而且强调"师"应在"吏"之上:

---

① 《新书·大政下》,《百子全书》所收扫叶山房1919年石印本,浙江人民出版社,1984年影印本,无页码。
② 余英时:《士与中国文化》,上海人民出版社,1987年,第170—171页。
③ 余英时:《士与中国文化》,第171页。

> 臣愿陛下兴太学,置明师,以养天下之士,数考问以尽其材,则英俊宜可得矣。今之郡守、县令、民之师帅所使承流而宣化也。故师帅不贤,则主德不宣,恩泽不流。今吏既亡教训于下,或不用主上之法,暴虐百姓,与奸为市,贫穷孤弱,冤苦失职,甚不称陛下之意。①

这是主张"置明师"为国家教育的第一义,若要得"天下英俊",必须以"师"为重,以"师"为治理地方的第一要务,能起到"承流宣化"的重要功能,而那些"教训于下"的"吏"的功能则居于次要的地位。这就表明在他的观念中,政治秩序有赖于教化秩序。这里的"教化"基于"太学""明师"的基础上,则显然是指儒家教化而不可能是法家意义上的"以法为师"的教化系统。

可见,政教、吏师已经分途,若无特殊的社会重大变化,一旦分途之后而欲将其重新"合一",则显然已无可能。至少从制度史的角度看,汉代以郡县替封建之后,"以吏为师"已完全失去制度的依托,与此同时,随着汉代儒者的地位上升,教育的普及以及官员的知识化趋向,也必使"师"的身份从政治剥离出来而拥有了独立的地位。故余英时指出,中国传统社会的知识分子的历史性格"自始即受到他们所承继的文化传统的规定,就他们管恺撒的事这一点来说,他们接近西方近代的知识分子;但就他们代表'道'而言,则他们又接近西方的僧侣和神学家"②。这是很有见地的论断。此即说,"道"才是高于"政教"而又能连接"政教"的终极存在,而"道"的承担者则是传统儒家的士人。

总之,章学诚所谓的"治教无二,官师合一","古者官师政教出于一",③既是对春秋前的一种史学描述,同时也是对未来社会的观念想象,并不是先秦之后的中国社会历史的实际状况,更不是孔孟为代表的儒家政治文化的立场。至于儒家政治文化的基本立场,则可一言以蔽之:"以政统言,王侯是主体;以道统言,则师儒是主体。"④也就是我们所说的二元论下的政教依赖形态,表现为道统与政统、王权与师儒之间的彼此牵制或互相依赖的关系。

---

① 《汉书》卷五十六《董仲舒本传》。
② 《中国知识分子的古代传统——兼论"俳优"与"修身"》,见《士与中国文化》,第119页。
③ 《文史通义·原道中》,《章氏遗书》卷二,第11页;《文史通义·感遇》,《章氏遗书》卷六,第53页。
④ 余英时:《士与中国文化》,第102页。

五、晚清的政教忧虑:"道出于一"与"政教相维"

根据王汎森的考察,章学诚的"官师合一""同文为治"这一偏向于文化专制主义的激烈思想在当时乾嘉时期显得孤掌难鸣、鲜有响应,但很快在嘉、道以降的晚清政治思想的新动向中得到热烈反响,其轨迹大致有二:一者,与章氏思想产生共鸣的原因在于有相当一部分人开始不满清代中期盛行的考据之风,他们关心时局,提倡经世,想着如何重整社会秩序,于是便以章的思想作为他们的模范;一者,另一批人更为关心如何重整思想与文化的秩序,收拾清季越演越厉的多元思想带来的"淆乱",于是他们为章氏的"官师合一""治教合一""同文为治"回到古代的理想击节拍掌。①

除与章氏同时的汪中(1745—1794)之外,稍后的龚自珍(1792—1841)以及与龚齐名的魏源(1794—1857)均在自己的著作中力阐"官师合一"的理想,特别是龚自珍在著名的《乙丙之际箸议第六》这篇文章中,不仅表达了"治学合一"的思想,而且明确主张:"是道也,是学也,是治也,则一而已矣。"②这实际上便是"道""学""政"三位一体的政治哲学主张。及至清季,如谭献(1832—1901)、郑观应(1842—1922)等保守派或开明思想家,也都表示"官师合一"才是救世良方。③ 由晚清动向来反观章学诚史学思想的经世意义,我们可以发现,章氏史学的经世指向是要标举一套有关加强思想言论管控的社会模式,而根据他的历史考察,最为理想的管控模式无非就是"治教合一""官师合一""同文为治"。

然而,当历史步入晚清,"西学"愈演愈烈而"中学"却在风雨飘摇的动荡之中,人们对于传统中国的认识有了一个巨大的"参照物"——作为"他者"的西方文化,使人发现原来世界上还存在另一种与中国传统完全不同的文化类型,而且似乎更为"先进",更为"文明"。面对列强夹带着武器而输入的政教文化的新局面,有一种

---

① 王汎森:《权力的毛细管作用》,第460页。
② 《龚自珍全集》上册,中华书局,1959年,第4页。按,根据梁启超的说法,龚自珍和魏源"皆好作经济谈","故后之治今文学者,喜以经术作政论,则龚、魏之遗风也"(梁启超:《清代学术概论》,朱维铮校注,《梁启超论清学史二种》,复旦大学出版社,1985年,第63页)。
③ 以上分别见魏源:《默觚上·学篇九》,《魏源集》,鼎文书局,1978年,第23页。谭献:《复堂日记》,河北教育出版社,2000年,第20页。郑观应:《郑观应集》上册《道器篇》,上海人民出版社,1982年,第244页。这些资料线索均见王汎森《权力的毛细管作用》,第460—462页。

观点就认为,西方的政教分离不可模仿,因为中国传统讲的是"道通为一"的理念,例如向来以为文化立场非常保守的代表人物孙宝瑄(1874—1924),在戊戌变法之前一年,就明确指出:

> 愚谓居今世而言学问,无所谓中学也,西学也,新学也,旧学也,今学也,古学也,皆偏于一者也。惟能贯古今,化新旧,浑然于中西,是之谓通学,通则无不通矣。①

这是主张"道"具有普遍性,用"道"可以打通"古今中西"或"新旧内外"的问题。所谓"道无不通",就是"道通为一"的意思。

直至辛亥革命之后,文化立场日趋保守的王国维(1877—1927)对中国历史的一个总结性判断中,明确提出了"道通为一"的观点:

> 臣窃观自三代至于近世,道出于一而已。泰西通商以后,西学西政之书输入中国,于是修身、齐家、治国、平天下之道乃出于二。②

这是说,近代以来,"道出于一"的中国文化传统被西方文化所打破,不得不走向"道出于二"的分裂。③ 如果欲超越所谓"中西""古今""新旧""内外"的种种对立,就理所应当地回归中国文化"道出于一"的传统。

但是,其所谓的"传统"其实不是真传统,毋宁是站在近代立场回看"传统"的一种"后见之明"。因为从历史上看,晚周以来发生了"道术将为天下裂"之后,不仅诸子百家的思想异彩纷呈,此后的儒释道三教也存在有张有弛的张力,而儒家理想的道统、学统、政统也从来没有实现过真正的合一。因为,儒家的"从道不从君"的政治原则,意味着儒家政治哲学的立场是,道统在政统之上而不能相反。不过,若从清末民初的时代背景看,正是由于有了西方这面巨大的"他者",所以才会

---

① 孙宝瑄:《忘山庐日记》1897 年 3 月 15 日,上海古籍出版社,1983 年,第 80 页。
② 王国维:《论政学疏稿》(1924 年),见《王国维全集》第 14 卷,浙江教育出版社、广东教育出版社,2009 年,第 212 页。
③ 以上关于晚清民初的"道出于二"的思想现象,参见罗志田:《道出于二:过渡时代的新旧之争》,北京师范大学出版社,2014 年。

对自身的历史产生一种新认知,王国维的"道出于一"以及张之洞的"政教相维"的历史描述,其实蕴含着他们的政治理想的依托,反衬出他们对现实的不满以及对未来的焦虑。正是为了解除这类不满和焦虑,于是,人们开始想象以往的"历史"或悠久的"传统"是多么优秀,以求得到心灵上的抚慰。譬如晚清中国,在国门被打开之后,中国的"道术"早已被各种各样的西洋思潮分裂得支离破碎,于是开始怀念"三代至于近世"的"道出于一"的中国老传统。可是,光是想念,于事又有何补呢?

1898年,为对抗维新势力日益上涨的势头,保守派的中坚人物张之洞写了一部《劝学篇》的书,其中曾两次提到"政教"一词,即卷下外篇《会通第十三》"中土之学术政教"条,以及下面引文中所见的"政教相维"主张。张之洞在《劝学篇·序》开宗明义地指出:"窃惟古来世运之明晦,人才之盛衰,其表在政,其里在学。"①这里的"政学"相对之词,可与"政教"一词互换,意思基本一致。不过,在"政教"问题上,他认为"政教相维"乃是贯穿"古今""中西"的"普世价值",他称之为"常经"和"通义"。不过,他的叙述方式属于历史性的描述而非理论性的建构,他说:

> 吾闻欲救今日之世变者,其说有三。一曰保国家,一曰保圣教,一曰保华种。夫三事一贯而已矣。保国、保教、保种,合为一心,是谓同心。保种必先保教,保教必先保国。……我圣教行于中土数千年而无改者,五帝、三王明道垂法,**以君兼师**;汉唐及明,宗尚儒术,**以教为政**;我朝列圣,尤尊孔、孟、程、朱,屏黜异端,纂述经义,以躬行实践者教天下。故凡有血气,咸知尊亲。**盖政教相维者,古今之常经、中西之通义**。我朝邦基深固,天之所祐,必有与立。假使果如西人瓜分之妄说,圣道虽高虽美,彼安用之?②

这是在"三千年未有之变局"发生之后,在面临"保国""保教""保种"这三大时代危难的局面下,张之洞苦心思索而得出的一个力挽狂澜的政治主张。他对中国政教传统的历史观察是:"五帝三王"时代是"明道垂法,以君兼师"——"君师合一";汉唐及明为止,则表现为"崇尚儒术,以教为政"——"政教合一";及至清朝,更是承继

---

① 《张之洞全集》第12册,河北人民出版社,1998年,第9704页。
② 《劝学篇》卷上内篇《同心第一》,《张之洞全集》第12册,第9708页。

了孔孟程朱的一贯道统。最后,纵观自古以来的历史传统,张之洞用"政教相维"来归纳上古的"以君兼师"以及中古的"以教为政",并且强调"政教相维"才是"古今之常经,中西之通义"。张氏的旨趣显然在于,当今之世的晚清帝国所面临的"古今中西"问题可用"政教相维"四字来获得解决,因为,"政教相维"正是贯穿"古今中西"的普世价值。

从表面看,所谓"政教相维",意在调和政教的紧张关系,含有以"政"辅"教"、以"教"辅"政"的含义,然而这个说法的矛头指向当时从西方输入的"政教分离",因为"分离"显然将政教置于"二元"的境地,而"相维"则以"一元"作为前提,在这个意义上,"政教相维"是政教一元论下的政教依赖形态。其实,近代西方的"政教分离"原则并不意味着政教完全"割裂",相反,国家政府正是在"政教分离"的前提下,旨在维护"信教自由",这就是上面提到的政教关系论中的"建构原理",也是"政教分离"的本意所在。也就是说,"分离"不是绝对的,正可起到"相维"的作用。

然而,细观上述张之洞的说法,按其前后文脉看,其所谓"政教相维"显然偏重在泯除政教二元的对立,与"以君兼师""以教为政"的传统保持一致,在此意义上,这是偏向于政教一元论下的"依赖"说,而不同于政教二元论下的"依赖"说。有学者认为张之洞的"政教相维"说不同于"合一"说也不同于"分离"说,而是类似于"政教关系"第三种形态的"依赖"说。① 但是,即便是"依赖"形态,其实也有不同的偏重。若细做分疏,张氏理想中的政教关系应当是君与师、政与教的一元论下的依赖形态。②

问题是,时近清季,在西潮的刺激下,不少人觉得中国传统的"政法礼教"两个

---

① 林存光:《儒家式政治文明及其现代转向》,中国政法大学出版社,2006年,第113页。不过,在当时人的眼里可不一样,例如在保皇派叶德辉(1864—1927)对《劝学篇》的评价中,就指出:"君主兴则孔教昌,民主兴则耶教盛。……独忠君为孔教特立之义,西教不及知也。"(叶德辉:《叶吏部与俞恪士观察书》,载苏舆著、胡如虹编《苏舆集》,湖南人民出版社,2008年,第201页。)这是说,"君主"与"孔教"正可谓是命运共同体,两者不可偏废。西方那套耶教思想则是站在君主制的对立面——"民主"的基础上才得以成立,这与"忠君"为宗旨的"孔教特立之义"是无法比拟的。这无疑是将宗教权威等同于君主权威。
② 黄进兴指出元代曹元用(1268—1330)的一段话可为"政教相维"说提供一个注脚:"孔子之教,非帝王之政不能及远;帝王之政,非孔子之教不能善俗。教不能及远,无损于道;政不能善俗,必危其国。"〔孔贞丛:《阙里志》卷十,明万历年间刊本,第40页下。元文宗天历二年(1329)《遣官祭阙里庙碑》。转引自黄进兴:《从理学到伦理学——清末民初道德意识的转化》下篇第一章《研究儒教的反思》,允晨文化出版公司,2013年,第246页。〕

方面已经到了不得不大动手术的时候了。① 近代最早针对中国传统"政教"展开猛烈批判的是谭嗣同(1865—1898),他在《仁学》一书中不仅屡提"政教"一词,而且指出"教主"与"君主"的"大一统"的理想状态唯有从"据乱世"经"升平世"直至"太平世"逆转上遂才有望实现,而"三代之法""周孔之法","自秦时即已荡然无存",所以他断言:"二千年来之政,秦政也,皆大盗也;二千年来之学,荀学也,皆乡愿也。"②这句话后来不胫而走,竟为20世纪初启蒙运动中的全面反传统埋下了伏笔。③ 值得注意的是,谭嗣同所运用的其实就是今文经公羊学的思想资源。

同样是晚清著名的公羊学家苏舆(1874—1914),其立场是极端保守主义,与谭嗣同完全不同,他明确主张"政教合一"才是最为理想的政治状态。他在重新诠释董仲舒《春秋繁露》之际,充分发挥了自己的历史想象,认为董仲舒的思想宗旨就在于扳回"春秋以来,王教废坠"的局面而重归"政教合一"的传统,他说:

> 自春秋以来,王教废坠,在下之君子起而明之,而其力常微。董生归教化之责于王,欲政教合一,而其化易行矣。④

依其上下文,此"教"盖指"教化"而非"宗教",故所谓"政教合一"显然不是西学的"政教合一",同样也不是董仲舒的旨意,而是苏舆根据公羊学的立场而得出的一种诠释结论。

这里既然提到了董仲舒,那么我们再稍做衍生的讨论,以便澄清晚清公羊学家对董仲舒的一些误解。按照对董仲舒的一般理解,他一方面固然强调"王者承天意以从事"(《汉书·礼乐志》),"受命之君,天意之所予也"(《春秋繁露·深察名号》)等观点,表明"天意"才是君主政治的合法性来源,然而另一面,我们切不可忘了董仲

---

① 如同情维新派的宋恕(1862—1910)对于时人"盲贬唐虞三代"的政教传统提出了批评:"今我国之政法礼教风俗大都起于元、明以后,于宋前且绝少相涉,何况唐虞、三代! 谈新者多盲贬,宜禁其于会所妄演。"(宋恕:《代拟瑞安演说会章程》,1902年12月,胡珠生编,《宋恕集》,中华书局,1993年,第353—354页。)
② 谭嗣同:《兴算学议·上欧阳中鹄书》,见《谭嗣同全集》,中华书局,1981年,第160—161页;《仁学·二十九》,见《谭嗣同全集》,第337页。
③ 参见罗志田:《权势转移:近代中国的思想与社会》(修订版)所收《中国传统的负面整体化:清季民初反传统倾向的演变》,北京师范大学出版社,2014年,第186—187页。
④ 苏舆:《春秋繁露义证》卷十,中华书局,1992年,第302页。

舒所谓的"天意",是高居君主之上的人格神存在,对世间具有巨大的影响力和宰制力,因此"天意"的存在构成了对世俗王权的限制性原则。按照董仲舒的说法,人间的灾异现象其实是"上天"对人主失政的一种警示和谴告。故在董的观念当中,"天意"并不等于西方神学意义上的"神权",而是接近于上古中国宗教传统的"天人感应"观念中的"上天"这一宗教性存在。重要的是,他对"天意"的理解有一条底线原则:君主绝不能独揽"天意"于一身;因为"天不变道亦不变"的天道原则是超越于王权之上的,并非王权可以独占,君主纵使拥有再大的世俗权力,他也不能将"上天"等同于自己的直接化身。应当说,这不仅是董仲舒一人的想法而已,而应是儒家政治思想的传统。

从历史上看,例如商代暴君纣之所言"我生不有命在天"(《尚书·西伯戡黎》),就被后人视作悖逆天意的狂言,其结果就受到了上天的惩罚,使得自己的统治很快丧失了政治合法性。而人们耳熟能详的晚周以来的"皇天无亲,惟德是辅"(《尚书·蔡仲之命》)这一新政治观,成为后来儒家政治的主流观念,这一观念表明王权与上天的亲缘性已被切断,在王权与天意之间,注入了人文主义的道德因素。又如《左传·僖公五年》引《周书》云:"《周书》曰:皇天无亲,惟德是辅。又曰:黍稷非馨,明德惟馨。又曰:民不易物,惟德繄物。"这里非常明显地突出了"德"的重要性,天命转移或皇天无亲的唯一依据竟然在于"德",这是到了晚周以后出现的一个明显的文化转型现象,即从自然的原始宗教转向伦理性或人文性宗教。①

若按朱子的说法,这一转向发生在"平王东迁"之后:"谓平王东迁,而政教号令不及于天下也。"②朱子又说:到了孔子的时代,孔子由于"不得君师之位",因此也不能"行其政教,于是独取先王之法,诵而传之以昭后世"。③ 这里的不行政教,意味着"平王东迁"之后,政教已经失序分离,王者虽拥有世俗王权,但已无法推行"教"于天下,而孔子虽未得"君师之位",但他却承担起"教"的责任,取"先王之法"传诵后世。于是,"教"成了儒家的事业而非王者所能独揽了,后世史书常说"三代以上治

---

① 关于中国古代文明的"伦理宗教"问题,参见陈来:《古代宗教与伦理——儒家思想的根源》,生活·读书·新知三联书店,1996年。许倬云亦认为,周代的至上神——"天"已逐渐向"道德的神"发生转化,最终发展出伦理宗教的信仰系统(参见许倬云:《周人的兴起及周文化的基础》,"中央研究院"历史语言研究所集刊》第38本,1968年)。
② 《孟子集注》卷八《离娄下》,朱子:《四书章句集注》,中华书局,1983年,第295页。
③ 《大学章句序》,朱子:《四书章句集注》,第2页。

出于一,三代以下治出于二"(《新唐书·礼乐志》),讲的便是春秋之后中国社会政教一裂为二的历史状况。

当然,在汉以后的中国历史上,宗教从来未能凌驾于国家之上,儒教与王权也并没有构成水火不容的冲突关系,两者之间往往有成功结合的案例,正是借助于世俗王权的力量,儒教才在社会、政治、文化乃至制度等各个层面发挥重要的影响力。只是先秦以后,政教二元分离成为中国政治文化历史的常态,这与儒家政治学说成为中国文化主流是有重要关联的。

六、康有为变"孔教"为"国教"的政教设想

尽管,"政教"问题在中国历史上源远流长,但是正如本文开头所言,"政教"之成为时代课题,则发端于近代中国,19世纪末近代中国知识人在西方文化强势冲击下,"政教"问题始成为他们心头无法绕过的议题。在此过程中,康有为(亦含梁启超)对"政教"问题的思考,值得引起我们的关注。因为在人们的印象中,康氏的孔教运动无非是主张政治威严主义的政教高度合一,而倡议孔教的思想实质就在于主张文化专制主义,恰与新生的现代民族国家形态的"共和"体制背道而驰;若就康有为的个人言行看,过于乖张的高谈阔论也给人以一种印象,似乎关于"孔教"的发言权可以被他个人所垄断。①

然而事实上,康有为在政教问题上并不是"政教合一"论者,他一贯坚持的毋宁是"政教分离,信仰自由"的立场,尽管在有些场合,这只是一种宣传策略,而其对"政教"概念的理解在多数场合也并不清晰。②

我们知道,1911年康的女婿及门徒麦仲华编辑整理的《戊戌奏稿》在日本出版,约经半个世纪之后,被研究证明,其中所收的大部分奏折并非戊戌年的原作,而是

---

① 例如康有为曾坦承他有一段时期想当"教主":"吾少尝欲自为教主矣。"只是他后来意识到孔教乃是全球公理之学,所以还是奉孔子为"大地教主"为宜。见《康有为全集》第十集《参政院提议立国之精神议书后》(1914年),中国人民大学出版社,2007年,第206页。
② 王国维早在1905年就已洞穿康有为、谭嗣同等维新派"于学术非有固有之兴味,不过以之为政治上之手段",痛斥当时以学术"为政论之手段"的风气(《论今年之学术界》,《王国维文集》第三卷,第37、39页)。

后来的"另作"或"改写",特别是其中著名的《请尊孔圣为国教立教部教会以孔子纪年而废淫祀折》(通称《国教折》)其实是根据后来发现的档案资料《杰士上书汇录》所收的《请商定教案法律,厘正科举文体,听天下乡邑增设文庙,谨写〈孔子改制考〉,进呈御览,以尊圣师而保大教绝祸萌折》(通称《保教折》)改写的。① 另据《康南海自编年谱》戊戌五月一日条的记载:"凡有教案,归教会中按照议定之教律商办,国家不与闻,以免各国借国力要挟。"披露了康氏撰写此《折》的一个重要背景:戊戌一月山东胶州湾发生德国士兵上岸即墨孔庙而引发全国抗议骚动的事件。为防今后此类事件再次发生,康氏建议政府应尽快制定"教会",再由教会制定"教律",今后若有教案发生,就有法可据,而不必由国家(政府)出面干涉,由此可避免外国势力常以各地教案为由,动辄向清廷发难。康的这个设想,在后来改作的《保教折》中具体表述为"政教各立,双轮并驰"这一观点(详见后述)。

在康有为看来,外国势力借教案向清廷追责的理由就在于他们总以为教案背后存在政府的支持,也就是说,教案的发生完全是由于中国政府仍在推行"政教一体"的缘故。因此,为从根本上防止外国势力借教案生事,康认为唯有通过"教会""教律"来独自处理,作为国家权力机构的清廷政府不宜再在教案事件中充当责任角色,这就是上引《自编年谱》所谓"国家不与闻"的真意所在。但是,为了做到这一点,有必要向外国学习,建立"政教分离"的政治原则,由此才能使"政教"两不相害以收"以相救助"的效果。那么,如何立"教会"、定"教律"呢?《保教折》建议:

> 查泰西传教,皆有教会,创自嘉庆元年,今遂遍于大地。今其来这,皆其会中人派遣而来,并非其国所派,但其国家任其保护耳。……今若定教律,必先去其国力,乃可免其要挟,莫若直与其教会交,吾亦设一教会以当之,与为交

---

① 最早怀疑《戊戌奏稿》为"伪"者,是黄彰健(见其著《戊戌变法史研究》所收《康有为〈戊戌奏稿〉辨伪》,"中央研究院"历史语言研究所,1970年,第555—557页)。后在20世纪80年代初由于故宫档案馆收藏的奏折原件《杰士上书汇录》被发现,《戊戌奏稿》为后来改作遂成铁案。特别是其中的《国教折》便是《杰士上书汇录》所收的《保教折》的改作。然而两篇文字完全不同。黄彰健认定为"伪作",黄明同等主编的《康有为早期遗稿述评》认为是"改写"(中山大学出版社,1988年,第186页),孔祥吉则以"增饰"一词来为此《折》定性(见氏著:《康有为变法奏章辑考》,北京图书馆出版社,2008年,第261页),茅海建认为是"作伪的另作"(见氏著:《从甲午到戊戌:康有为〈我史〉鉴注》,生活·读书·新知三联书店,2009年,第452页),此说可从。茅海建推测此《折》大致作于宣统年间,而唐文明根据诸多文献的内证,推测大致作于1904年或稍后(见其著:《敷教在宽:康有为孔教思想申论》,中国人民大学出版社,2012年,第151页)。今姑从之。

涉,与定合约,与定教律。

具体的组织结构及其操作办法是:

> 若皇上通变酌时,令衍圣公开教会,自王公士庶,有士负荷者,皆听入会,而以衍圣公为总理,听会中士庶公举学行最高(者)为督办,稍次者多人为会办,各省府县,皆听其推举学行之士为分办,籍其名于衍圣公。衍圣公上之朝,人士既众,集款自厚。听衍圣公与会中办事人,选举学术精深,通达中外之士为委员,令彼教总监督委选人员,同立两教和约,同定两教法律。……教皇无兵无舰,易与交涉,宜由衍圣公派人驻扎彼国,直与其教皇定约、定律,尤宜措词。教律既定,从此教案皆有定式。……①

简单地说,康氏设想经"皇上"指定,由孔子后裔"衍圣公"出任"总理",下层机构由地方精英组成,再由衍圣公委派人员与外国教皇直接交涉,共同制定两教"和约"及"教律",从此之后,便不会再有教案骚扰国政之忧了。这是一个十分美妙而诱人的计划,其中的关键处在于:为实现中国与外国的两教签订"合约",首先须在中国建立"教会",以便与外国教会能坐到一张谈判桌上来,而这个中国"教会"则非"孔教会"莫属。这一设想在戊戌当年并未实现,尽管等到1912年底最终实现,但也好景不长。

然而不得不说,"衍圣公"的身份有点特别,由其与"总理各国事务衙门"一起"会同"商议各种外交事务,是否可行,也颇值怀疑。② 按康的本意,意在"以教制教",但这不过是其一厢情愿,他对西方教会的历史也好像缺乏了解。③ 更重要的是,衍圣公或许只是虚名,其实是由"公举学行最高(者)为督办",此"学行最高"者,恐怕康有为设想的正是自己。顺便一提,在后来改写的《国教折》(见《戊戌奏稿》)

---

① 《杰士上书汇录》所收,载黄明同等主编:《康有为早期遗稿述评》,第289页。
② 茅海建批评此设想方案"亦近同于说梦"(《从甲午到戊戌:康有为〈我史〉鉴注》,第446页)。
③ 例如同情变法的保守派人士陈宝箴(1831—1900)便指出:"逮康有为当海禁大开之时,见欧洲各国尊敬教皇、执持国政,以为外国强盛之效,实由于此。……而不知……欧洲教皇之徒,其后以横行各国,激成兵祸战争至数十年,而其势已替,及政学兴、格致盛而其教益衰。"并奏请销毁《孔子改制考》。见陈宝箴:《奏请厘正学术造就人才折》,剪伯赞等编:《戊戌变法》第2册,上海人民出版社,1953年,第385—389页。

中,全然不见"衍圣公"一说,其由不明。①

通过对原折《保教折》与改作的《国教折》的比较考察,可以看出,原折中并没有出现"治教分途""信教自由"等说,而在改作的《国教折》中,康氏根据公羊学的"三世说",通过对中国政教史的考察,强调有必要由乱世的"治教合一"转向近世的"治教分途"。他说:

> 夫孔子之道,博大普遍,兼该人神,**包罗治教**,固为至矣。然因立君臣夫妇之义,则婚宦无殊;通饮食衣服之常,则齐民无异。因此之故,**治教合一**。奉其教者,不为僧道,只为人民。在昔一统闭关之世也,立义甚高,厉行甚严,固至美也。若在今世,列国纵横,古今异宜,亦少有不必尽行者。其条颇多,举其大者,盖孔子立天下义,立宗族义,而今则纯为**国民义**;此则礼规不能无少异,所谓时也。……故今莫若治教分途,则实政无碍而人心有补焉。②

本来,孔教具有"兼该人神,包罗治教"的普遍性,是"治教合一"的,是为"天下""宗族"而立的,时至今日,由于"国民义"新出,故不得不改变"礼规",基于此,康氏建议"故今莫若治教分途,则实政无碍而人心有补焉"。进而主张:"政教各立,双轮并驰,既并行而不悖,亦相反而相成。国势可张,圣教日盛,其于敬教劝学,匡谬正俗,岂少补哉?"③无疑,在康有为,国家重建须先解决政教问题,通过政教分离的方式,来确立孔教为国教,换言之,为实现政教分离,故有必要立孔教为国教,这才是《国教折》的核心思想。这一思想自戊戌至辛亥,并未发生根本的改变。④

在辛亥革命后,孔教会成立前,即1912年的五六月间,康有为作《中华救国论》,复申《国教折》的"政教分离"主张:

> 今则列国竞争,政党为政,法律为师,虽谓道德宜尊,而政党必尚机权,且

---

① 其实,康有为晚年仍未改变这一想法,如1911年12月《共和政体论》中,他设想的虚君共和制是:"夫立宪君主,既专为弹压不争乱而立,非待其治世也,诚合乎奉土木偶为神之义,则莫如公立孔氏之衍圣公矣。"(《康有为全集》第九集,第248页。)认为君主立宪当配以"土木偶为神"的宗教力量,而此宗教力量的象征性人物则非"衍圣公"莫属。
② 《康有为全集》第四集,第98页。
③ 《康有为全集》第四集,第98页。
④ 唐文明:《敷教在宽——康有为孔教思想申论》,第135、168页。

争势利,法律必至诈伪,且无耻心,盖与道德至反。夫政治法律,必因时地而行方制,其视教也诚,稍迂阔而不协时宜,若强从教,则国利或失。故各国皆妙用**政教之分离**,双轮并驰,以相救助。俾言教者极其迂阔之论以养人心,言政者权其时势之宜以争国利,两不相碍而两不相失焉。今吾国亦宜行**政教分离**之时矣!

故以他教为国教,势不能不严定**信教自由**之法。若中国以儒为国教,二千年矣,听佛、道、回并行其中,实行**信教自由**久矣。然则尊孔子教,与**信教自由**何碍焉?①

依康氏,预设"政教分离"的逻辑是,因"各国皆妙用",故"吾国亦宜行"。表明这是一种策略性措施,是为了应对当今世界的大势所趋。有学者指出:"因此在制度和仪式的层次,孔教的构想除了部分源于传统的祭孔和祭天之外,其他几乎完全仿自基督教。"②这是说,"孔教"无非是对外国宗教的模仿而已。然而,"政教分离"与"立孔教为国教"的思想立场如何衔接,则需另加细察。

在我们看来,在原作的《保教折》中并未出现而在后来的"改作"《国教折》中出现的"政教分离""信仰自由"等说,难以认定便是戊戌年康氏的真实想法,而是后来添加进去的(尽管何年添加,尚有争议)。日本学者村田雄二郎根据康有为同时期所作《日本政变考》,认为其中的文字与原折《保教折》一致,其设想"很可能是日本的神道国教化政策",康主张设立"教部"作为中央机构以取代"礼部",这个想法的实质"是毫无疑问的政教一致的统治原理"而不是所谓的"政教分离"。③ 此说当可从。

行文至此,似有必要了解一下康氏所谓的"教"究为孔教之"教"还是西教之"教"。其实早在戊戌变法前,康有为就开始关注西学,甲午之后更是"大搜日本群书",1896 年始撰《日本书目志》至次年完成,其中就专门辟有"宗教门"一类,在收罗的各种宗教书目中有一本值得注意,即 1884 年日本出版的《改订增补哲学字汇》(井

---

① 《康有为全集》第九集,第 327 页。
② 黄克武:《民国初年孔教问题之争论(1912—1917)》,载其著,《近代中国的思潮与人物》,九州出版社,2013 年,第 309 页。
③ 村田雄二郎:《孔教与淫祠——清末庙产兴学思想的一个侧面》,载沟口雄三、小岛毅主编,孙歌等译,《中国的思维世界》,江苏人民出版社,2006 年,第 555—556 页。

上哲次郎等著),①其中正式以"宗教"译 Religion。然而,在1912年的《孔教会序二》中(内容多采自此前的《中华救国论》),康氏在梳理"宗教"概念时,对日本译名表示了不满,并提出了他自己对"教"的独到理解:

> 今人之称宗教者,名从日本,而日本译自英文之厘离近(Religion)耳。在日人习用二字,故以佛教诸宗,加叠成词,其意实曰神教云尔。然厘离近之义,实不能以神教尽之,但久为耶教形式所囿,几若非神无教云尔。然教而加宗,义已不妥,若因佛、回、耶皆言神道,而谓为神教可也,遂以孔子不言神道,即不得为教,则知二五而不知十者也。……太古草昧尚鬼,则神教为尊;近世文明重人,则人道为重。**故人道之教,实从神教而更进焉。**要无论神道人道,而其为教则一也。譬如君主有立宪、专制之异,神道之教主独尊,如专制之君主焉;人道之教主不尊,如立宪之君主焉。不能谓专制之君主为君主,立宪之君主为非君主也。然则谓言神道者为教,谓言人道者非教,谓佛、耶、回为教,谓孔子非教,岂不大妄哉?②

"教"有两种:"神道"教与"人道"教。就历史言,太古尚鬼神,故以"神道"为教;近世重人道,故以"人道"为教。这一历史描述显然含有价值判断:近世的人道教比上古的神道教更显进步。而孔教就是"人道"教(尽管其中"兼存鬼神"),这应当是康氏对孔教的一项基本定义。但是到了辛亥共和之后,他把"政教分离,双轮并驰"敷衍成"教化之与政治,如车之双轮而并驰",③释"教"为"教化"而避言宗教,显然他意识到宗教的多义性,认为儒教的人道教有别于西学的神教。

由上所述,康有为在孔教运动中,宣称他在政教问题上不取孔子时代"据乱世"的"政教合一"立场,而取当代"升平世"各先进国的"政教分途,双轮并驰"的立场,

---

① 参见曾传辉:《宗教概念与移译与格义》,载《世界宗教研究》2015年第5期。
② 《康有为全集》第九集,第345—346页。按,这里提到日人译语"以佛教诸宗,加叠成词",这是实情。在日本最早的"英日辞典"1862年出版的《英和对译袖珍辞书》(作者堀达之助)当中,译宗教为"宗旨、神教"。然我们不能确定康有为是否读过此书。只是在康氏看来,"宗教"源自佛教的"宗之教",这显然以佛教即神教来理解 religion。其实,"宗教"传入中国另外还有一条中国传教士的途径,至少在19世纪中叶就已出现,如美国传教士卫三畏(1812—1884)1848年刊《中国总论》中指出:"中国没有通常意义上的'宗教'一词。"(陈俱译、陈绛校,上海古籍出版社,2005年,第717页。)
③ 《孔教会序》(1912年10月),《康有为全集》第九集,第343页。

而且按照康的说法,中国历史上向来就有儒、释、道、回并存的信仰自由传统,另一方面,他又表示"宗教"一词有"神道人道"这两种基本含义。这两种"教"有"上古草昧"时代与"近世文明"时代之别,上古"尚鬼"固然是"宗教",孔子"重人"而建的"人道之教"亦理应是"宗教",反映了其进化论式的宗教观。但是,他对西方的制度宗教显然缺乏知识上的深入了解,其所言"人道教"也缺乏进一步的内涵论证,故与现代新儒家如钱穆(1895—1990)、牟宗三所说的"人文教"不可相提并论。①

要之,辛亥以后,要求政与教、政与学进行严格分离的观念已渐深入人心,以民国政府教育总长蔡元培(1868—1940)所宣称的"忠君与共和政体不合,尊孔与信教自由相违"②为标志,自此以往,严格主义政教分离的观念遂成大势,最终,不论是保守派张之洞重返"政教相维"还是维新派康有为重建"国教"的主义主张都遭到了时代的唾弃。

七、梁启超"道德革命":向儒家传统文化的回归

在"孔教"问题上,"三十以后"(1902年)的梁启超(1873—1929)形成了自己的基本立场:孔教乃教育之教而非宗教之教,孔子乃教育家而非宗教家。因此,他在此后的政治活动生涯中,并不热衷于政教问题的讨论,而尤为关注于道德文化的重建,特别是以始撰于1902年的《新民说》为标志,他以"道德革命"为口号,在政治文化立场上开始趋向保守而反对一切"破坏主义",1904年《论私德》则标志其向儒家

---

① 钱穆早在1946年《灵魂与心》一文中便指出:"若要说东方人有宗教,宁可说是儒教而非佛教。……故若以儒家思想为一宗教,则不妨称之为人生教,或人文教,或圣贤教。"(钱穆:《灵魂与心》,广西师范大学出版社,2004年,第14页。)牟宗三更为明确地倡言儒教依据普遍而超越的道德精神实体"而得以成为人文教",并指出"人文教之所以为教,落下来为日常生活之轨道,提上去肯定一超越而普遍之道德精神实体。此实体通过祭天祭祖察圣贤而成为一有宗教意义之'神性之实''价值之源'"(《人文主义与宗教》,见氏著:《生命的学问》,广西师范大学出版社,2005年,第64、65页)。
② 《蔡元培全集》第二卷《对于新教育之意见》,浙江教育出版社,1989年,第135页。按,当然更激进的反对者当数陈独秀(1879—1942)和李大钊(1889—1927),如陈独秀已认识到"政教分途,已成公例,宪法乃系法律性质,全国从同,万不能涉及宗教道德,使人有出入依违之余地"(陈独秀:《独秀文存》卷一《再论孔教问题》,安徽人民出版社,1987年,第92页)。进而激烈主张推翻孔教、改革伦理,发出了"伦理的觉悟,为吾人最后觉悟之最后觉悟"(《独秀文存》卷一《吾人最后之觉悟》,第41页)这句名言;又如李大钊在1922年连续撰写《非宗教者宣言》《宗教妨碍进步》(《李大钊全集》卷四,人民出版社,2009年)两文,断定"宗教是妨碍人类进步的东西"。

传统文化的回归。

众所周知,梁氏也曾投身于孔教运动,只是其思想有一个由相信到怀疑的转变过程。他早年受康有为的绝对影响,盛赞康是中国的"马丁·路德",但是在1902年后,梁的思想发生了"陡然逆转"的现象,①他突然发表《保教非所以尊孔论》一文,且谓这篇文章的性质是"我操我矛以伐我者"的自我否定,②显示出与康氏孔教主张分道扬镳。原因何在呢?

根据法国汉学家巴斯蒂的考察,1899年梁启超流亡日本之后,接触到大量西方新知识,加深了对"宗教"概念的了解,大致自1901年末以后,他对"宗教"含义的理解已趋定型,"从此,他永远按宗教的西方意义,而不再按相当于'思想'或'意识形态'的同义语来使用此词。对他说来,宗教是在与国家领域不相混同的另外领域内自行运作的一种制度"③。这表明梁启超当时已认识到宗教只能是"个人宗教"(personal religion)而不能是"国家宗教"(state religion),关于这一点或许需要更多的例证才能明确。

我们知道,梁启超在日本创办的两份著名杂志《清议报》和《新民丛报》(尤其是后者)所发表的西学介绍性文章,大多来源自日本当时非常流行的一份刊物《日本人》(这是一本具有日本主义、国粹主义倾向的杂志,此且不论),其中有一段时期——梁启超刚渡日不久,宗教问题是该杂志的一个讨论热点,如《日本人》(1900年)第21卷刊载一篇题为《政教分離とは何の意義ぞや》(《政教分离有何意义?》)的文章,就曾被梁启超所采用。④ 这说明"政教分离"如同其他诸如"哲学""宗教"等日制汉语的西学译名一样,也是来自日本,而梁氏甫至日本便接触到"政教分离"的西方新知识。

根据《梁启超年谱长编》的记载,就在1902年2月《保教非所以尊孔论》发表后,梁启超与康有为发生了摩擦,为此,梁"数次致书南海,解释反对的理由和自己的立场",4月,梁在给康的书信中阐述道:"欧洲拉丁民族保教力最强,人皆退化,国皆日

---

① 〔法〕巴斯蒂:《梁启超与宗教问题》,载狭间直树编,《梁启超·明治日本·西方》,社会科学文献出版社,2001年,第429页。
② 梁启超:《饮冰室合集·文集》九,1936年原版,中华书局,2015年,第50页。
③ 〔法〕巴斯蒂:《梁启超与宗教问题》,载狭间直树编,《梁启超·明治日本·西方》,第417页。
④ 〔法〕巴斯蒂:《梁启超与宗教问题》,载狭间直树编,《梁启超·明治日本·西方》,第417页。

衰,西班牙、葡萄牙、意大利是也。条顿民族如英、美、德各国,皆政教分离,而国乃强。"①这里出现了"政教分离"的概念,值得关注。梁的观点是,保教未必能起到强国的作用,其因在于政教不分,而保教不强的民族反而国强,其因在于"政教分离"。换言之,保教导致政教不分,与"政教分离"正相背驰。梁氏强调他之所以反对保教,理由在于他相信"政教分离"才是强国之策,换言之,在梁看来,康氏"保教"运动之实质在于政教不分。

另有迹象表明,梁启超对宗教态度的转变与黄遵宪(1848—1905)有关。据传,1902年前后,两人之间的信函往来十分频繁,该年5月黄在函中规劝道:

> 向在湘中,曾举以语公,谓南海见二百年前天主教之盛,以为泰西富强由于行教,遂欲尊我孔子以敌之,不知崇教之说,久成糟粕,今日欧洲,如德、如意、如法,于教徒侵政之权,皆力加裁抑。居今日而袭人之唾余以张吾教,此实误矣!②

明确表明了其对康有为的孔教运动不以为然的态度,黄氏在信中进一步申说"政教分离"才是正道的主张:

> 泰西诸国,政与教分,彼政之善,由于学之盛。我国则政与教合。分则可借教以补政之所不及,合则舍政学以外无所谓教。今日但当采西人之政、西人之学,以弥缝我国政学之敝,不必复张吾教,与人争是非、校短长也。③

这里对"泰西诸国"的"政教分离"做了客观描述,并对此项原则的意义进行了分析,认为"分则两美,合则两伤",由"分离"才可收"教以补政"的效益。

---

① 丁文江、赵丰田编:《梁启超年谱长编》,上海人民出版社,2009年,第183页。
② 黄遵宪著,陈铮编:《黄遵宪全集》下册《致梁启超书九通(一)》,天津人民出版社,2003年,第486页。顺便一提,黄遵宪的思想属温和保守主义,主"君民共主"主义,据传,戊戌之后的六七年间,黄与梁启超的书信往还竟不下十余万言(散见丁文江、赵丰田编:《梁启超年谱长编》,第181—229页),梁启超的思想由激进转向温和保守,最终走向君主立宪立场,盖与黄氏之影响有莫大关联。参见张朋园:《梁启超与清季革命》,上海三联书店,2013年(原刊于1964年),第116页。
③ 黄遵宪著,陈铮编:《黄遵宪全集》下册《致梁启超书九通(一)》,第487页。

梁启超受其影响,①在同年撰写的《论佛教与群治的关系》一文中指出:"有心醉西风者流,睹欧美人之以信仰而致强也,欲舍而从之以自代,此尤不达体要之言。"② 批评那些倡导孔教者在表面上模拟西风,却根本未能体会西学要旨之所在,并断言"孔教者,教育之教,非宗教之教"。③ 观诸此后近代中国的思想发展,梁氏此论渐成主流。据黄进兴的观察,梁氏不意启动了清末民初"儒教去宗教化"的按钮,④这不是无根据的揣测。梁氏后来回顾道:

> 启超自三十以后,已绝口不谈"伪经",亦不甚谈"改制"。而其师康有为大倡设孔教会定国教祀天配孔诸义,国中附和不乏。启超不谓然,屡起而驳之。
>
> 康有为之大同,空前创获,而必自谓出孔子。及至孔子之改制,何为必托古?诸子何为皆托古?则亦依傍混淆也已。此病根不拔,则思想终无独立自由之望,启超盖于此三致意焉。然持论既屡与其师不合,康、梁学派遂分。⑤

以上两段叙述已充分表明梁与康的思想分歧之根源所在。"三十以后"指1902年后,"设孔教会定国教"是指1898年康有为的《国教折》,"祀天配孔"则指1913年康的《以孔教为国教配天议》,"屡起而驳之"是指梁自己的1902年《保教非所以尊孔论》。值得注意的是,梁启超清楚地表明他反对康有为的"托古""改制"的理由是,"此病根不拔"则终无思想独立自由之可能。

梁氏一生思想多变,特别是1903年游美之后以及1904年撰述《论私德》之际,他明确表示要与革命派的"破坏主义"决裂,并以"私德说"修正了1902年的"公德说",显示出向传统儒家文化以及保守主义的回归。在辛亥前后,他开始积极投身

---

① 当然,梁启超在日本所受影响的思想来源非常多元,如日本宗教学奠基者姊崎正治(1873—1949)的宗教理论以及德国政治学家伯伦知理(Bluntchli Johann Caspar, 1808—1881)《国家论》的"近代国家理论",都对梁氏有直接的思想影响(参见上揭〔法〕巴斯蒂《梁启超与宗教问题》;郑匡民:《梁启超启蒙思想的东学背景》,上海书店出版社,2003年)。姊崎正治于1899年5月邀请梁启超在"日本哲学会"的年会上发表演讲,梁的演讲题目为《论支那宗教改革》,成为其在日本学界的首秀。梁在文中竭力强调"宗教革命"的必要性,并为何谓"孔教"做了五点辩护(参见《饮冰室合集·文集》三,第54—61页)。
② 梁启超:《饮冰室合集·文集》四《论佛教与群治的关系》,第45页。
③ 梁启超:《饮冰室合集·文集》四《论佛教与群治的关系》,第45页。
④ 黄进兴:《从理学到伦理学——清末民初道德意识的转化》下篇第一章《研究儒教的反思》,允晨文化出版公司,2013年,第240页。
⑤ 梁启超:《清代学术概论》,朱维铮校注本,第70、72—73页。

立宪运动,但他不再考虑借助宗教来支持现行制度;1913年8月在那份请求宪法规定孔教为国教的请愿书上,梁氏虽然也参加署名,但没有迹象表明,梁氏在以后的文章中否定过自己1902年发表的对保教主张的批评,根据巴斯蒂的推测,梁氏署名是由于无法拒绝好友夏曾佑(1863—1924)的好意,而梁氏所认同的宗教是国民教义而非国家宗教。①

事实上,梁启超当时所关心的已经转向道德问题,这在1902年《新民说》当中就已显露,他倡议"道德革命",宣称要"发明一种新道德";②辛亥之后,他的立场更趋保守,在一系列文章如《中国道德大原》(1912)、《孔子教义实际裨益于今日国民者何在欲昌明之其道何由》(1915)等当中,一再强调孔子教义不属任何一种宗教,而是中国道德教育之本。直至1920年他游欧归来,更增强了复兴中国传统文化的信心,悟出了一个道理:"(欧洲)其固有基础与中国不同,故中国不能效法欧洲。""当知中国前途绝对无悲观,中国固有之基础亦最合世界新潮。"③这充分表明梁氏的思想立场已经重回儒家传统的轨道,但又不是主张退回至"旧"的政教传统。

根据以上的考察,我觉得陈来提出以"近代新儒家"为梁启超作历史定位,④应当是颇中肯綮的新见。由梁启超晚年对"新文化"运动的评估亦可略窥一斑:"儒家主义,可以说正合乎新文化。"⑤这表明梁氏坚持了1904年《论私德》以来的文化保守主义立场,尽管在"五四"后的一些激进知识人如胡适看来,晚年的梁氏思想发生了退步,感叹他"竟走上卫道的路上去"⑥。这是指梁氏晚年的文化立场日趋保守,而不是指梁氏晚年又倒向了孔教。

如果按照梁氏的自我评价,他自誉为"新思想界之陈涉",但在思想上"破坏"有余而"建设则未有闻",其因在于"屡为无聊的政治活动所牵率"而无法做"专精于一

---

① 参见〔法〕巴斯蒂《梁启超与宗教问题》,载狭间直树编:《梁启超·明治日本·西方》,第443页。
② 《新民说》第5节《论公德》,《饮冰室合集·专集》三,第15页。
③ 梁启超:《梁任公在中国公学演说》(载民国九年三月十五日《申报》),引自丁文江、赵丰田编,《梁启超年谱长编》,第578、580页。参见〔法〕巴斯蒂《梁启超与宗教问题》,载狭间直树编:《梁启超·明治日本·西方》,第444页。
④ 陈来:《梁启超的"私德"论及其儒学特质》,载杨贞德主编,《视域交会中的儒学:近代的发展》(《第四届国际汉学会议论文集》),台湾"中央研究院",2013年,第130页。
⑤ 梁启超:《什么是新文化》(1922年),夏晓红编,《饮冰室合集·集外文》中册,北京大学出版社,2005年,第908页。
⑥ 胡适:《胡适日记全编》(五),1929年2月2日(曹伯言整理),安徽教育出版社,2001年,第354页。

二点"的学术问题。① 这当然是梁氏一流的自知之明,但也应当是"近代新儒家"的一大局限。也就是说,在思想义理或学术创新上,近代新儒家对于"转型时代"的儒学发展缺乏深入的开拓和创新。这一点对康有为而言,亦可作如是说。

八、结语:关于"近代新儒学"的几点反思

在20世纪60年代的台湾,当代新儒家与自由主义的论战中,"政教"问题也曾经成为争论的一个焦点,反映出新儒家与自由派对儒学传统的看法几乎难以相容,值得今人反思。下面不妨略作介绍。

自由主义者林毓生对于台湾新儒家倡导的从儒家精神传统中可以开出西方民主的观点颇不以为然,他承认朱子"尧舜、三王、周公、孔子所传之道,未尝一日得行于天地之间"②的说法充分说明传统儒家的政教观是,三代之后道统与政统已发生严重断裂。但是,林毓生却认为不能仅看文字的表面还须从文字的背后来揭示儒家的"言外之意",在他看来,朱子此说并不意味他欲突破"人间最高理想的政教合一的观念"而"去建设政教分离的制度",相反,这表明传统儒者"只是慨叹理想之未能达成,并强调祀孔的礼仪与学校的重要,以及承担道统的士君子应该持有的自高、自尊的重要性,以便抗礼现实的统治者,使儒家理想得以维持于不坠。……所以政教合一的观念与理想在传统的中国从未动摇;在传统历史的脉络与资源限制之内也不可能动摇"。林毓生甚至断言:"政教合一的理想的合理性与作为文化中心象征与政治中心象征,秉承天命在结构上体现政教合一的天子制度,在传统中国从未崩溃。"③

根据林毓生的分析,儒家的"内圣外王"其实正可与"政教合一"的思想配套。因为,"内圣外王"有两个基本内涵,从中可以引申出政教合一的主张:第一,政治领

---

① 以上见梁启超:《清代学术概论》,朱维铮校注本,第73、74页。
② 《朱子文集》卷三十六《答陈同甫》第六书,《朱子全书》第21册,上海古籍出版社、安徽教育出版社,2002年,第1583页。
③ 林毓生:《政教合一与政教分离》,载其著,《政治秩序与多元社会》,联经出版事业公司,1989年,第96—97页。按,与林毓生同门的张灏(均为殷海光弟子)考察朱子思想由"政教二元"急转至"政教一元"的思路,可谓与此处林毓生的观点完全一致。

袖的道德资质远较制度更为重要,政治的清明归根结底是决定于最高政治领袖的人格与见识;第二,在实际政治层面,任何政治领袖都要强调他之所以能够成为政治领袖,是因为他具有最高道德成就与文化修养,所以他不但应该管理政治事务而且要指导文化与教育,并做国民的精神导师。① 根据这两项有关"内圣外王"的基本定义,可以推断早期中国的儒家"圣王"作为政治领袖的"圣人",同时也是道德上的"完人",故完全有资格承担治理天下国家的政治责任包括文化教育等义务,而在这个观念当中已经内含了"政教合一"的指向。故他认为传统儒家对于圣王在道德人格与政治资质的合一性理想,必然导致以"政教合一"作为制度要求的最高理想。

尽管林毓生非常清楚从西方政教分离的立场看,政府的意义与功能在于维持社会生活所需的外在秩序,而教会的意义与功能则是指导人生内在的精神生活,两者不能相互逾越;然而,按他对儒家传统的上述理解,儒家"圣王"概念以及孟子所谓"人皆可以为尧舜"的说法都是讲不通的,因为"任何人(包括孔子)——无论他的道德资质多高,无论他多么艰苦卓绝地努力——都不可能十全十美,都不可能成为儒家所谓的圣人。至于天命(或上帝的意旨),也只能传给教会,不能传给政治领袖"②。基于这一立场,他认定传统儒家的政治理想只能是政教合一,这与近代西方已成主流的政教分离显然南辕北辙,也与自由主义传统根本不契。比较之下,张灏在上述论文当中所持的观点,远没有林毓生那样"激进",他只是承认在传统中国存在政教一元或二元的曲折表现,而并不像此前学者以为的那样,儒家传统要么是"政教合一"要么是"政教分离"一边倒。

有趣的是,台湾"当代新儒家"的主将之一徐复观(1903—1982)却持完全相反的观点,他指出:

> 欧洲正式经教皇之承认及帝王之敕书而成立的近代大学的雏形,乃十四五世纪时之,我国早欧洲一千五六百年,即由政府创立雏形的大学,使政治本身包含一教育的因素,在人君之外另建立一"明师"的地位以实际对人民的教育负责,这是人类生活发展史上的一件大事。更值得注意的是,董生劝汉武立学,决不曾认汉武帝有无限的灵感,可以直接执掌教化的大权。而荒唐的汉武

---

① 林毓生:《政治秩序与多元社会》,第95页。
② 林毓生:《政治秩序与多元社会》,第97页。

帝,从他的用将及《秋风词》看来,虽然也确有些才量文采,但他也只满足于做皇帝,而决不像希特勒之流,疯狂得以为自己是教主。所以君师合一的"政教合一"的说法,这是比二千年前的专制更为专制的说法,儒家绝不能加以承认。①

这是对董仲舒《对策》中提出的"兴太学、置明师"的观点进行分析而引申出的一个判断,认为根据董仲舒兴教立学之主张,我们决不能得出"官师合一"(即"政教合一")乃是儒家传统的结论,相反,儒家对于政教合一的主张是决不能认同的。

向来以为,在20世纪50年代的台湾,以殷海光(1919—1969)、林毓生等人为代表的自由主义与以牟宗三、徐复观为代表的文化守成主义的当代新儒家分属两大思想阵营,彼此之间的政治文化主张颇有隔阂,但在一致反抗国民党的政治专制主义方面却又有互相声援的关系。然而在文化问题上,显然他们的见解出现了相当的分歧,不仅在如何看待整个中国传统文化问题上表现出不同的立场,而且更主要地表现为对近代中国历史及其文化思想的认知和判断也出现了相当大的落差。孰是孰非,姑且不论。

另一位"当代新儒家"牟宗三(1909—1995)向来有一个固执己见的观点,认为清代三百年的儒学精神或文化生命已经泯灭不见,儒学重振必有待其师熊十力(1885—1968)的出现才有可能,故按他的观点立场,只能承认有"现代新儒学"而不能有所谓"近代新儒学",因为在他看来,康氏思想可用"怪诞不经,大而不当"八字来概括,②所以没有必要正面看待的。更深一层的思想原因是:以牟宗三为代表的"现代新儒家"既不能认同近代中国革命派的激烈主义或乌托邦主义,也对康梁维新派的君主立宪式的英国自由主义不屑一顾,他们所认同的是20世纪20年代以后的文化保守主义,尤其是以熊十力、梁漱溟等"新儒家"为代表的对

---

① 徐复观:《儒家对中国历史运命挣扎之一例》,载氏著,《中国思想史论集》,上海书店出版社,2004年,第283页。
② 牟宗三:《生命的学问》,第86页。

传统文化的调适精神。然而,自广义的戊戌运动①所引发的社会危机及其观念转变的角度看,那么我们可以说,康、梁维新派的儒学思想亦可称为"近代新儒学"的形态,其特征在于他们的思想仍深受中国传统影响,而且自认为自己的思想并没有离开儒家传统,特别是梁启超更是相信传统价值与现代价值是可以结合起来的,用他的话来说,就是"新学输入,古义调和,通变宜民"②。只是此所谓"近代"须限定在广义上的戊戌运动之后至 20 世纪 20 年代新文化运动为止这一特殊时段。

而从事传统文化研究的一些华裔美国学者对康有为别有一种观感,例如萧公权(1897—1981),他在早年的巨著《中国政治思想史》当中,由于受当时革命史观的影响,对康氏思想评价甚低,谓其思想"貌似成理,而实多强词夺理",称其"立宪为保皇"故其实质是"假民权",又"托孔子以为变法之口实"故其实际是"假维新",③然而他在晚年发现了一批康有为未刊手稿,并在仔细审读之下,对康氏表露出更多的"同情",完成了最后一部英文学术专著《康有为思想研究》,改变了此前对康氏思想的评价。萧氏弟子汪荣祖在译后感言中坦露:"长久以来,国人视康有为'反动',因其反革命。但革命未及一世纪,终发觉必须回头走改革的路。改革之路,也就是康有为曾经提出的道路。"④

萧公权指出康有为的历史定位应该是:在"第四阶段"的儒学史上"占有极重要的地位"。⑤ 他认为儒学自先秦以来的发展经历了三个阶段,先秦孔孟荀为第一阶

---

① 取自张灏的说法。狭义的戊戌运动是指 1898 年的"百日维新",而广义的戊戌运动则是指 1895 年至 1898 年间的改革运动。从广义的角度看,戊戌运动就不仅是单纯的政治改革运动,同时也是一场思想文化运动。见氏著:《一个划时代的政治运动——再认戊戌维新的历史意义》,载《时代的探索》,第 243—244 页。依此,这场思想文化运动预示着整个传统文化体系即将发生丕变,也意味着传统文化体系的核心——儒家思想必将迎来自身的转变。下文我们所使用的"近代新儒家"便是在这个意义上而言的,这是 1895 年引发的社会转型必然带来思想转型的一个结果,换种说法,近代新儒学是广义戊戌运动所发生的思想文化巨变的一部分。
② 梁启超:《新民说》,《饮冰室合集·专集》四,第 22 页。黄克武虽未使用"近代新儒学"一词,但他对梁启超的评价显然更具"同情",认为其思想与儒家传统存在内在的连续性,例如儒家传统对个人的尊重,尤其是王阳明的良知观念,应当是梁氏非穆勒主义的个人自由观的基础。参见氏著:《一个被遗弃的选择:梁启超调适思想之研究》,新星出版社,2006 年,第 33—34 页。
③ 转引自汪荣祖《弁言》,见萧公权《康有为思想研究》(汪荣祖译)卷首,新星出版社,2005 年,第 1 页。按,汪荣祖自己亦撰有《康章合论》(新星出版社,2006 年。原刊于 1987 年),对康有为的积极评价更出乎师萧氏之右。
④ 转引自汪荣祖《弁言》,见萧公权《康有为思想研究》卷首,第 2 页。
⑤ 萧公权:《康有为思想研究》,第 83 页。

段,汉魏隋唐为第二阶段,宋代理学为第三阶段,至于康有为则从公羊学那里获得灵感,并用西学以及佛学给予儒家以普遍的意义,扩大了儒家的伦理与政治的学说,因此他实际上"开导了第四阶段的儒学发展,所以可说是在儒学史上占有极重要的地位"。这个说法与当代新儒家的"儒学三期说"完全不同,却与李泽厚的"四期说"貌合而实则有异。不过,萧氏并不认为康的思想属于一种"新儒学",他只是开风气之先,而其思想的局限性依然很大,因为他"自己或许在不知不觉中,不止一端地造成儒学的式微"①。有趣的是,这个看法倒是与康氏弟子梁启超对其师的评价有些许相似。《新学伪经考》"所生影响有二:第一,清学正统派之立脚点根本摇动;第二,一切古书皆须从新检查估价。此实思想界之一大飓风也"。此谓康氏思想开风气之先,另一方面,"《改制考》复以真经之全部分为孔子托古之作,则数千年来共认为神圣不可侵犯之经典,根本发生疑问,引起学者怀疑批评的态度"②。此谓康氏思想从根本上具有颠覆儒家经典传统的魔力,其后果不是发扬儒学,反而使儒学招人厌。

当然,今文经学的"怀疑批评的态度"是否与此后新文化运动引发的"重新估定一切价值"的怀疑批评精神有着某种内在或外缘性的关联,这是值得思索的另一问题,这里不能遽下推论。要之,如果我们摆脱"革命史观"的笼罩,或许能重新发现康有为思想在儒学史上的新意义及其局限性。其局限性正如牟宗三所说的"大而无当",即他的几乎所有著作和言论在严密的学术审视下,都会显得漏洞百出,这是由于他把"学术"当作了"政治"的工具,然而其思想的意义则表现为"怀疑批评的态度"以及渐进式改良主义的正面价值。事实上,康有为并不是顽固守旧派,他在思想上受西化的影响其实很深,唯其如此,迫使他认真思考一个问题:如何在传统文化被西化冲击得七零八落的危难时局中,重拾"其道无乎不在"的"孔子之道",③这进而变成了他一生的生命追求。他在政教问题上,提出"政教分离,双轮并驰"的观点,虽然缺乏具体的方案和细密的论证,但是至少比主张回归文化专制的"官师政教合一论"的章学诚要"进步"一些,显示出康氏改良主义政治学具有一定的时代气息。

---

① 萧公权:《康有为思想研究》,第84页。
② 梁启超:《清代学术概论》,朱维铮校注本,第64、65页。
③ 康有为:《孔教会序》(1912年9月),《康有为全集》第九集,第341页。

干春松的康有为研究亦取"同情了解"的立场,认为若从文化民族主义的角度看,我们应当更同情地了解康有为在孔教与国家意识和国民精神培养之间以及文化传统与政治之间的复杂情结,而当那些"孔教"批评者的观点变成"政治正确"的主旋律之后,却反而掩盖了康有为思路中对西方政治模式的省思,同时也忽视了其渐进主义式的、肯定文化传统的改良方案的正面价值。事实上,就其实质而言,康有为师徒倡导孔教的主张及其实践,与其说是一种宗教运动,不如说是一场希望借助宗教形式来推动的"国民道德运动"。[①] 纵览 1900 年近代中国社会转型之全局,此说当可成立。唯康氏倡孔教为国教的建国方略之实质及其根本旨趣而言,无疑在于将传统儒教向国教宗教(state religion)的方向扭转,这就严重违背了其所宣称的"政教分离,双轮并驰"的立场,结果必将带来文化专制的负面效应,对此却也不能置若罔闻。至于"国民道德运动"的概念其实源自日本,借由梁启超的《新民丛报》转而输入中国,亦未可知。[②] 然而明治晚期兴起的"国民道德运动",上有帝国政府的主导,下有御用学者(如井上哲次郎)的鼓动,其旨趣在于推动国民道德的"齐一化"(丸山真男语),以抵御西潮带来的精神污染,因而带有强烈的民族中心论、文化专制论以及国家威权主义的色彩。[③] 而近代中国出现的"道德革命"(梁启超)、"伦理觉悟"(陈独秀)等观点主张更多地带有"启蒙"色彩,故不可与日本的"国民道德运动"相提并论。

总之,在近代思想史上,"政教"问题备受关注,显然与康有为的孔教运动密切相关,他在汲取西方政治经验的基础上,提出"政教分离,双轮并驰"的政教主张,道理虽不错,却并非其本愿,因为其内心仍然无法放弃立孔教为"国教"的夙愿,然而他自己可能也不太了解"国家宗教"的设想是对现代国家"政教分离"原则的严重背离,因为任何一个奉行政教分离的现代国家都将禁止设立"国教"作为首

[①] 干春松:《保教立国——康有为的现代方略》,生活·读书·新知三联书店,2015 年,第 72—73 页。按,房德邻对孔教运动的评价则是:"民初的孔教运动,其实质不是一场宗教运动,而是一场保守的民族主义文化运动。"(房德邻:《儒学的危机与嬗变:康有为与近代儒学》,文津出版社,1991 年,第 177 页。)这类评价有可能低估了近代中国新兴的"宗教"关键词对于保守主义、民族主义运动的助推作用。参见葛兆光:《孔教、佛教抑或耶教?——1900 年前后中国的心理危机与宗教兴起》,载王汎森等著,《中国近代思想史的转型时代——张灏院士七秩祝寿论文集》,第 201—240 页。
[②] 1902 年 9 月梁启超在《敬告留学生诸君》一文中明确使用"国民道德"一词,强调"立国家政治之基础"的同时,"又当立社会道德之基础"(《饮冰室合集·文集》十一,第 25 页)。
[③] 参见吴震:《当中国儒学遭遇"日本"——19 世纪末以来"儒学日本化"的问题史考察》,华东师范大学出版社,2015 年。

务;他以孔子为"大地教主"、以"衍圣公"为"总理"的孔教会设想,也无不被世人惊为离经叛道莫此为甚的怪论;他意在用儒变法,采取渐进主义的方式,来重建"虚君共和"的体制,企图力挽传统儒学于狂澜既倒之势;但其思想又有理想主义的一面,如《大同书》(约成于1902年)便以公羊三世说为基础,杂糅西方的自由平等博爱等近代思想,主张消除国界、阶级、种族等等所有近代国际法的规则,实现无差别的大同主义世界秩序,尽管这种"大同主义"无非是一种乌托邦。①

历来以为"五四"以后中国步入激进的理想主义时代,对传统的反叛与颠覆是前所未有的,而康有为等保守派往往与保皇派一起构成了企图倒转历史的旧势力,因此新文化运动与孔教运动完全属于两股道上跑的车,甚至孔教运动反过来成了催发新文化运动的一个直接原因,这是历史的吊诡。然而在康的思想激情中其实并不缺乏理想主义,他对晚清帝制中守旧势力看不惯,如同他对共和新潮中激进势力看不惯一样,其根本原因或许在于:他既是一位政治保守主义者,又是一位社会理想主义者。故他的思想性格有时会表现出分裂的一面。但是,保守主义与理想主义的奇妙结合恰构成康有为的独特风貌,使其成为开风气之先的思想人物。正是在这一特定的意义上,康有为可谓是"近代新儒家",尽管有学者称其为"最后的儒家",②而其思想影响也为时甚短且多负面。客观地看,他的儒学思想囿于今文经学的狭窄范围,喜欢发挥"微言大义"般的宏论,既不屑于汉学的考镜源流的传统方法,也没有从西学那里学到严密的概念论证的方法,所以最终难以称得上是一位有学术建构力的思想家。③

---

① 《大同书》成书后,康有为出手非常谨慎,仅在《不忍》杂志上刊载了前三章,全书公之于众则在其过世之后。张灏认为康有为的乌托邦思想的特质是"软性"的,他的未来世界设计并不一概否定政治权威的制度,而是主张建构有政治组织的世界国家;与此不同,还有一种是"硬性"的乌托邦主义,列入这份名单的有谭嗣同、刘师培以及李大钊等。奇妙的是,这两种乌托邦主义都将自己的信念溯源至儒家"大同"理想。参见氏著:《时代的探索》所收《转型时代中国乌托邦的兴起》,第161—207页。关于近代中国兴起的乌托邦主义思潮及其传统根源的问题,可以参看墨子刻:《乌托邦主义与孔子思想的精神价值》,载《华东师范大学学报》2002年第2期,第18—23页。
② Lin Mousheng, *Men and Ideas: An Informal History of Chinese Political Thought*, p. 215. 转引自萧公权:《康有为思想研究》,第90页。
③ 萧公权认为康有为并不是一位"有创见的思想家"(《康有为思想研究》,第94页),这是一个重要论断。尽管如此,萧氏依然承认康氏是"第一个用西学来扩大与充实中国哲学的思想者……在重振中国哲学思想上具有重要的贡献"(同上)。不过这个论断可能会招致各方面的怀疑,还有待更系统的论证。

最后须指出，在康氏思想当中，孔教国教论与政教分离说、物质救国论①构成三足鼎立的关系，并非是简单的政教二元或政教一元论者，其思想特质表现为极端的文化民族主义，是毋庸置疑的。但是，那些不革命不足以建设共和新体制，不打破传统、不推翻礼教便无法实现"现代化"的五四运动以降的激进知识人，将孔子与专制简单等同，将传统文化视作中国文明落后之根源等等观点，显然也不免偏激而值得反省。另一方面，康氏孔教运动遭到惨败的原因也值得深思，其根本原因不在于他在政教观上未能坚守政教合一立场，而在于他过分自信地以为世俗儒教可以变身为如基督教一般的纯粹宗教，而且可以将孔教打造成君主立宪制的道德根基，然而事实上，在专制帝国已成崩塌之势的时代潮流下，他不依不饶地欲变世俗儒教为国家宗教是既无必要也不可能了。

发人深省的是，政教分离尽管是近代国家的立国原则，但是这一原则是否意味着国家不再需要宗教？倘若如此，是否意味着人类不再需要宗教？反过来说，如果宗教对于人类精神生活而言仍然是不可避免的，那么，国家应当如何对待和处理宗教事务？诚然，现代国家不再需要从宗教中寻求合法性，故无法在法律上规定某种特定宗教为"国教"，因为这会违反信教自由的律则，但是国家仍然面临如何对待人类精神领域中的宗教-文化问题。在当今世界的某些民主国家和地区，宗教势力开始被有条件地允许参加政治活动以及介入公共议题的讨论，而政府也面临如何善待宗教以维护民族文化尊严，严格主义的政教分离正受到新的挑战。我们知道在现代中国，儒教已经丧失前近代的制度依托，儒教也从来不是制度性的严格宗教，但是儒家作为一种文化传统，它的伦理价值观如对仁爱、正义、王道等等的执着信念依然存在，我们应当如何通过创造性转化来善待儒教？如何重建合理性的政教关系？这些都是我们今后思考中国文化未来走向时，不得不面临的严肃课题，需要我们认真思索。

(作者单位：复旦大学)

---

① 参见1905年康有为的《物质救国论》。文章表露出其对现代西方工业文明的积极态度。其后，他在1912年10月《孔教会序二》中亦明确指出："欧美今所以盛强，不徒在其政治，而有物质为之耶？欧美所以为人心风俗之本，则更有教化为之耶？教化之与政治、物质，如鼎之足峙而并立。"（《康有为全集》第九集，第343页。）这是政治、教化与物质的三足鼎立论，换成康氏语言，就是立宪（君主）救国、宗教（孔教）救国以及物质救国三论。只是关于这一点，本文已无暇申论。

中国革命的历程和现代儒家思想的开展

唐文明

一部中国现代史,革命是重头戏。而现代儒家思想的开展,与中国革命的历程密切相关。当然这首先是因为,中国革命的历程,也正是儒教中国没落的历程。不过,如果就此推论说,现代儒家思想的开展本质上是反革命的,那就大错特错了。实际情况恰好相反:现代儒家思想的开展,更多地表现为调动乃至挪用儒家传统思想资源顺应革命之潮流,而很少能够做到坚守儒家立场以反思、回应革命所带来之问题。与此相关的另一个历史事实是,恰恰是儒家传统中的某些思想资源,为中国革命提供了真实的精神动力,尽管儒教中国,正是革命的对象。

现代儒家思想开展的基本方向,是康有为所规定的。其中最重要的一点在于,康有为将古代公羊家的三世说与《礼记·礼运》中的大同小康说结合、改造成一个出于儒家话语的历史目的论。这个以大同理想为历史最后归宿的目的论思想,在中国现代史上产生了巨大的影响。康有为之后的儒家信奉者,无论其是否认同公羊家之学,也无论其如何理解大同、小康的意义与关系,都和康有为一样在历史目的论的框架中为儒学寻求新的定位。这就不得不提到历史哲学在中国现代思想史上的重要性。历史哲学着意于对历史进行哲学的考察,其主旨一言以蔽之曰鉴往知来,即,不仅在于提供一个规范性的思想框架以便能够合理地解释过去,更在于提出一种关于历史变化的哲学原理以便能够正确地指导未来。历史哲学之所以在中国现代思想史上居于至关重要的地位,其中一个很重要的原因在于,虽然中西问题与古今问题一直交织、纠缠在一起,但古今问题相对于中西问题显示了压倒性的优势,其最显著的表现是中西问题很快就被转化为古今问题。古今问题相对于中西问题的压倒性优势,使得历史哲学这个本来处于历史学与哲学之双重边缘的领域遂而成为一个受到持续关注的焦点领域。而康有为大同主义的历史目的论则在以历史哲学的方案解决中国问题的思路中具有奠基性的地位,之后的种种历史哲学构想,无论是梁漱溟的文化史观,还是牟宗三的道德史观,无论是国民党的民生史观,还是共产党的唯物史观,都在其笼罩之下。

不过,康有为的大同主义历史目的论虽然挪用了儒家经典中的话语,却与儒家经义相去甚远。其中最显而易见的,一是古代公羊家的"张三世"无论从其含义还是意旨上看都不同于康有为的大同主义历史目的论,一是《礼记·礼运》中对大同的描述与康有为对大同的构想有着本质的差别。就此而言,叶德辉批评康有为"其貌则孔也,其心则夷也"可谓一针见血。康有为思想中的另一个重要方面是他对儒家传统中心学一脉之思想的重视和调动。我们知道,诉诸良知是心学一脉的核心主张,其背景仍是以天理为根本的古典思想语境,或者说是由天、地、人的三才之道所维系的古典思想世界。这意味着,诉诸良知在工夫论的意义上将重心放在人心的纯然善意上,即以正心诚意为修养之最要,但在本体论的意义上仍表现为对天理的维护,即强调良知发用处就是天理流行处。此乃对"心即理"之命题之全面解释。然而,若仅就良知的纯然善意而言,则自然也可以脱离天理而成立,此在古代中国的思想语境中最接近佛教的立场,在现代思想语境中,则是我们熟悉的那种以同情他人之疾苦为要义的纯然善意的道德主义立场。于是,在调动儒家传统资源顺应古今之变之新局面的问题上,发挥其工夫论意义上的良知思想而祛除其本体论意义上的天理学说,就成为一种可能的选择。实际上,康有为就是这么做的,而现代以来的新儒家也大都是这么做的。如果说将儒家思想改造成一种大同主义的历史目的论意味着天理的历史主义化的话,那么,将儒家思想的核心概括为一种纯然善意的良知理论就意味着天理的道德主义化。而无论是天理的历史主义化,还是天理的道德主义化,站在纯正的儒家立场上看都意味着对天理的废黜,都意味着走向虚无主义。

康有为对心学传统的倚重往往不被学界重视,大概是因为他托古改制的公羊家形象对此有所遮蔽,但是,在这个方面我们仍然能够发现某些在思想史上具有重要意义的迹象。比如说,在将康有为称作"一佛出世""孔教之马丁·路德"的谭嗣同的思想中,心学的意义就被明确地强调,而这与康有为对他的思想影响密切相关。[①] 在谈到他的"仁学"时,谭嗣同说:"凡为仁学者,于佛书当通《华严》及心宗相

[①] 李泽厚明确地指出了这一点,见李泽厚:《谭嗣同研究》,载《中国近代思想史论》,人民出版社,1979年,第193页。

宗之书,于西书当通《新约》及算学格致社会学之书,于中国当通《易》《春秋公羊传》《论语》《礼记》《孟子》《庄子》《墨子》《史记》,及陶渊明、周茂叔、张横渠、陆子、王阳明、王船山、黄梨洲之书。"①这个书单虽然表面上看来似乎只是显示了谭嗣同思想来源的驳杂,但实际上,谭嗣同在这些思想来源之间建立了某种意义联系,才构成了自己的仁学。仅就儒家传统而言,这个书单实际上也预示了现代儒家思想的开展将主要表现为新公羊学与新阳明学的分进与互补。只不过,现代以来的新公羊学和新阳明学与古代的公羊学和阳明学实在是相去甚远:古代的公羊学是以《春秋》为大经大法的诠释学,现代的新公羊学则脱离了《春秋》经义的诠释学氛围而沦为一个只能"旧瓶装新酒"的、仅仅着意于维持儒家思想之话语权力的理论外壳;古代的阳明学是以天理为恒常之则的工夫论,现代的新阳明学则祛除天理而立论,良知学说实际上成了儒家传统为顺应古今之变而留下的一个思想剩余。

  与此相关的,正是康有为的孔教论。康有为以"孔教之马丁·路德"自居,这一称呼也得到了其弟子如梁启超、谭嗣同等人的认可。信徒通过诉诸良知这个内在的声音而与上帝直接沟通,是马丁·路德的宗教改革中的一个极其重要的思想支撑点。由此我们可以窥测,象山、阳明一脉以诉诸良知为要义的心学传统对于康有为的孔教论所具有的类似的支撑性意义。马丁·路德在基督教世界里以良知的名义革新了传统的教会制度,康有为则企图在儒教世界里以良知的名义革新传统的政治制度。所以,一方面是政治制度方面的种种变革主张,一方面是以宗教化的组织形式重新构想儒教的制度建设。以宗教形式重新构想儒教实际上意味着儒教的去政治化,这一思路也预示了后来一些儒家学者在解释历史时将儒家传统与古代中国的政治制度彻底剥离开来的过度做法。由于在康有为的思想里,三纲乃至五伦实际上已经没有任何实质性的地位,所以,将儒教去政治化就不会有任何问题,而且在他看来一定还是直面新的历史处境才是拯救儒教的唯一出路。行文至此,或许有人会正确地指出,无论是戊戌变法前后,还是辛亥革命前后,康有为留给世人的毕竟是一个企图挽救、维护君主制的保皇派形象。那么,如何解释这一点呢?实际上,康有为的保皇派形象并不意味着在康有为的思想中君主制具有必然的合理性,更不意味着他在儒教与君主制之间建立了某种必然的关联。他所做的,恰恰是要将儒教去政治化,在当时的处境下即是将儒教与君主制剥离开来而建立孔教

---

① 谭嗣同:《谭嗣同全集》,中华书局,1981年,第293页。

会。康有为对君主制的维护，在前期或许更多地出于得君行道的政治策略上的考虑，在后期则更多地关切于如何为一个大一统的中华国确立政治上的正当性，并不涉及他对儒教核心经义的理解。

而推翻君主制，正是中国革命的第一个重要任务。辛亥革命的成功与中华民国的建立，意味着儒家思想在政治领域的退却，是儒教中国没落的标志性事件。站在传统的儒家立场上看，君臣之义不再，儒家传统从此退出了历史舞台。但是，如上所述，通过有选择地调动儒家传统中的某些思想资源，康有为早已开出了一个去政治化的儒家发展方案，并由此规定了儒家思想之现代开展的基本方向。

推翻了君主制，建立了中华民国的政治革命，并没有为中国人民带来一个革命者所预想的良好的政治秩序，而且很快还发生了复辟。于是，理论上的反思与批判继续朝着纵深的方向发展，从而引发了一场史无前例的文化革命，这就是后来以"五四"命名的新文化运动。政治革命的目的是在被迫开放的地缘政治环境中参照西方的民族国家理念建立一个强有力的现代共和国，其基本历史任务正如严复所言，是"外争独立，内争自由"。但辛亥革命并没有真正完成这个任务。就建立现代民族国家这一点而言，最大的问题在于，革命既然是以各省独立的形式实现的，那么，共和国即使被建立起来，也非常脆弱。① 新文化运动在一定程度上可以理解为对共和危机的一种思想反应，意在产生与国家建构相适应的新国民或新公民，于是，一方面是民族主义的强烈情绪，一方面是个性解放的激进主张，而将革命的矛头对准了传统的伦常观念和家族制度。就此而言，谭嗣同在《仁学》中大谈"纲伦之厄"，呼吁"冲决网罗"的思想，乃至康有为以"毁灭家族"为"最要关键"（梁启超语）的大同思想，都是新文化运动中伦理革命的先声。站在传统的儒家立场上看，新文化运动的思想后果是父子之义疏离，意味着以"彝伦攸叙"为核心教义的儒家传统在承受了政治上的退却之后不得不继续承受伦理上的退却。但是，如上所述，在康有

---

① 沟口雄三在《重新思考辛亥革命的历史定位》一文中通过追溯明末清初的"乡治"解释了辛亥革命何以采取各省独立的形式而成功，并由此立论，认为辛亥革命既然表现为地方力量对中央权力的摆脱和瓦解，那么，辛亥革命就与建立现代民族国家的想法背道而驰，就是说，辛亥革命并不是一场建国革命。沟口雄三的看法虽然在某一方面非常有见地，注意到了被以往的学术界忽略的某个重要方面，但他也忽略了近代中国民族主义思潮的兴起对于理解辛亥革命的重要性，这一点可参见贺照田的评论文章《勉励献疑：回应沟口先生》。两篇文章皆载于《台湾社会研究季刊》第67期，2007年9月。

为所开出的去政治化的儒家发展方案中,去伦理化也是题中之意。如果说与去政治化相对应的是宗教化,那么,与去伦理化相对应的正是道德化。① 因此,如果说辛亥革命的思想史后果是现代儒家思想只能以去政治化的宗教形态考虑其制度安置和实践方略的话,那么,新文化运动的思想史后果则是现代儒家思想只能在去伦理化的道德主义中寻求其精神安置和理论归宿。

"五四"之后的现代儒家思想,基本上是在去政治化、去伦理化的思路上展开的,而又由于现代性观念对宗教的批判以及可看作现世宗教(this-worldly religion)的儒教自身相对于基督教、佛教等来世宗教(other-worldly religion)的一些独特性,以宗教的形式为儒教寻求制度安置的思路也影响甚微。于是,在君臣之义不再、父子之义疏离的情况下,儒家传统就日渐萎缩为余英时所说的"游魂",一个虽然一直游荡在现代中国上空的落魄之魂。"五四"之后的现代儒家思想与"五四"新文化运动在思想层面的密切关系使我们有理由将之称为后"五四"的儒家思想。后"五四"的儒家思想根据其政治立场上的差异可分为以下几个不同的派别。

首先让我们来看看国、共两党的革命思想以及他们各自对于儒家思想的现代开展所持的立场。以孙中山的三民主义为思想基础的国民党人是中国现代史上的一个重要的儒学倡导者,他们所倡导的儒学根据其思想特质可称之为民族主义儒学(nationalist Confucianism)。民族主义的兴起是中国现代史上的一个重要事件,其直接的政治后果就是在"反帝"和"排满"的思想动员下通过革命建立起一个现代民族国家。尽管儒学传统中的某些资源在以革命的方式建立民族国家的过程中也提供了精神动力,但是,作为一个整体的儒学,也就是对于宇宙、人生具有一套整全性看法的儒学,则不可避免地衰落了。不过,民族概念的兴起在一定程度上也为儒学的重新开展提供了可能的空间。如果说将民族与文化分别论之而将儒学合理地归于文化的话,那么,现在的民族虽然不能被单纯地理解为一个文化概念,甚至企图从文化的笼罩下挣脱出来,但文化却可以合理地被理解为民族的文化。就是说,以民族概念为出发点,文化则可附属于民族之下而成为民族历史的一个组成部分。而如果再加上对文化不是持全盘否定的极端态度,而是在一些根本的方面有所肯定,那么,在民族主义的旗帜之下就有文化复兴和发展的空间。孙中山三民主义中的民族主义

---

① 此处"伦理"与"道德"对举,乃是类似于黑格尔意义上的,前者指客观上的人伦之理,后者指主观上的纯然善意。

思想就是将文化置于民族的概念之下而在民族主义的意义上给儒学的发展提供了可能的空间。尤其在辛亥革命之后，孙中山越来越强调儒学传统的意义。他以儒家道统传人自居，并声称儒家道统正是他所领导的革命的思想基础。而作为对孙中山思想最重要的解释者之一的戴季陶，在后来则将《礼记·礼运》中的大同学说称为"民国国宪之大本"，并认为孙中山的思想是"二千年以来中绝的中国道德文化的复活"。[①]至于民族主义儒学的具体主张，仍然集中在经过抽离性解释的大同主义和道德主义两方面。就前一方面而言，经过历史主义化的大同理想成为革命的终极目标；就后一方面而言，儒家传统中属于家、国、天下等多重伦理空间的道德观念大都被改造成现代世界中属于民族国家或者说国族这个单一伦理空间的道德观念。[②]

从建立一个现代民族国家这一点来看，辛亥革命最大的弱点，一方面是破的不够，另一方面是立的不够。前者主要表现在，单纯的政治革命并不能够改变旧制度的社会基础，并不能够造就一种可为革命保驾护航的、与新制度相配合的社会基础——我们知道，"五四"新文化运动正着意于此；后者主要表现在，以各省独立的形式而成功的政治革命在客观上无法造就一个强有力的中央政府，于是地方势力的割据成为革命以后必须面对的一个现实。而且，从一种更为激进、更为彻底的革命立场来看，立的不够，正是因为破的不够。毛泽东对中国革命史的叙述就持这种立场。就此而言，三民主义作为中国革命的指导思想，其最大的理论缺陷在于没能真正提供一个为历史所需要的恰当的国家理念。特别是，在这个古老的郡县制帝国的现代转型过程中，传统意义上以地方割据为主要内容的封建主义仍是由治及乱的重要因素。而三民主义在理论上未能充分考虑这一历史悠久的政治难题：民权主义即使与大一统的集权国家理念不是背道而驰，至少也有助长分权主义的倾向；民族主义能够发挥巨大的作用，往往只在推翻旧制度的时候，或者是在区分内外的问题上，虽然在中华民国以后孙中山及时地将民族主义解释为国族主义，但在他的论说中并没有提供一个具有实质内涵的整合性的国家理念；看起来民生主义最有可能承担这一理论任务，但孙中山言之甚少——于是我们看到，在孙中山去世

[①] 分别见戴季陶：《〈礼运·大同篇〉书后》，见《戴季陶先生文存》，陈天锡编，台湾"中央"文物供应社，1959年，第四册，第1429页；《孙文主义之哲学的基础》，民智书局，1925年，第43页。
[②] 在《夷夏之辨与现代中国国家建构的正当性问题》一文中，我对孙中山思想与儒家传统之交涉做了较为详细的分析，见唐文明：《近忧：文化政治视野中的儒学、儒教与中国》，华东师范大学出版社，2010年。

以后，戴季陶对三民主义的解释主要表现在进一步阐发民生主义，他不仅认为民生主义与共产主义就其作为社会理想而言在实质上是一致的，而且指出这一实质上一致的社会理想就是可溯源于《礼记·礼运》的大同主义。由此我们或可理解共产党所领导的阶级革命的历史正当性：以历史唯物主义为思想基础的阶级斗争理论和共产主义理想能够通过将平等的理念贯彻到底从而提供一个适合当时形势、为历史所需要的大一统的、具有很强的整合性的集权国家理念。

作为"五四"的真正产儿，共产党在文化问题上一贯持激烈的反传统主义立场，因此，从根本上来说并不存在什么共产党儒学，或者说马克思主义儒学。但这么说既不意味着马克思主义在中国的传播与儒家思想的现代开展没有任何积极联系，也不意味着马克思主义儒学（Marxist Confucianism）作为一个可能的理论方案没有被提出。类似于戴季陶——在中国共产党的创始过程中起过重要作用——将共产主义等同于大同主义，毛泽东认为，共产主义的实现就意味着世界大同的到来，而康有为虽然写了《大同书》，但他"没有也不可能找到一条到达大同的路"[1]。而类似于孙中山将儒家传统中的美德从多样性的客观伦理领域中抽离出来而改造为一种民族主义的或者说爱国主义的意识，刘少奇则将儒家传统的修养理论，也就是宋明儒家所说的工夫论，改造为一种以共产主义理想为鹄的的"共产党员的修养"。这些都能显示出马克思主义在中国的传播过程中与儒家思想在一定程度上的积极联系。明确提出马克思主义儒学之理论方案的，是作为中国共产党之创始元老、曾为周恩来、朱德之入党介绍人的张申府。张申府主张将孔子、罗素和马克思主义的思想结合起来，因为他认为马克思主义代表了西方现代最先进的思想，罗素代表了西方历来最好的传统，孔子代表了中国古来最好的传统。[2] 从这一理由方面的申言可

---

[1] 毛泽东：《论人民民主专政》，《毛泽东选集》第四卷，人民出版社，1991年。
[2] 张申府对这一理论方案的一个具体表述是："我始终相信，孔子、列宁、罗素是可以合而一之的。我也始终希望，合孔子、列宁、罗素而一之。如此不但可得新中国哲学，如此而且可得新世界学统。孔子代表中国古来最好的传统。罗素代表西洋历来最好的传统。列宁代表世界新的方在开始的传统。孔子表示最高的人生理想，由仁、忠、恕、义、礼、智、信、敬、廉、耻、勇、温、让、俭、中以达的理想。罗素表示最进步的逻辑与科学，尤其是数理逻辑、逻辑解析、科学法与科学哲理。列宁表示集过去世界传统最优良成分的一般方法，即唯物辩证法与辩证唯物论，以及从一个实际角落来实践最高的人生理想的社会科学。三者之间，不但并无敌对冲突，三者之间，而且正待相补相充。三者之间，解析且扬弃之后，又有什么不可综核，发展而为一的？'没有解析，无综核。'辩证的否定乃在飞跃的发展。随解析综核，由否定而发展，永远合造成一个空前的进境。合孔子、罗素、列宁而一之的新体系是新世界中的新中国的新指标、新象征。"见张申府：《思与文》，河北教育出版社，1996年，第128页。

以看出,在张申府的思想里,三者的结合尽管仍有较明显的"中体西用"的影子——以儒家的人生理想为体,而以罗素的解析法和马克思的辩证法为用,但实质上的重心却在马克思主义,因为他的思路实际上是摄体于用,就是说,在他的思想中实际上只有马克思主义这一被他认为是西方最先进的思想体系才能够将孔子与罗素所代表的中西两大优良传统综合起来。① 张申府的这一理论方案虽然更多地停留在提出的阶段而缺乏实质性的建构,但其影响之大,绝不亚于国民党背景的民族主义儒学,当然这里面最重要的历史原因是共产党在中国的政治生活中逐渐扮演了越来越重要的角色,并最终革命成功,建立了一个大一统的、相对稳定的、以共产党为领导核心的国家。②

与张申府的立场比较接近的,或受其理论方案影响的,是与张申府关系密切的冯友兰和张岱年。冯友兰早年被"五四"新文化运动中的极端反传统主义所困扰,但是,将中西之异理解为古今之别的思路使他从这种困扰的重负中解脱出来。而随着他逐渐意识到历史哲学空前的重要性,历史唯物主义进入了他的思想视野,并被他所认同。一个标志性事件是 1934 年冯友兰从欧洲、苏联出访回来后分别在清华大学和北京大学所做的两次演讲:《在苏联所得之印象》(10 月 23 日)和《新三统

---

① 张申府对待儒家传统的立场被他自己概括为"打倒儒教,拯救孔子",这基本上可以代表"五四"新文化运动的主流立场,而后来的一些马克思主义学者,特别是思想史研究领域的一些学者,在贯彻"社会存在决定社会意识"的理论教条的名义下对这一立场提出了强烈的反对,认为孔子的思想不可能脱离其所处时代的经济基础和阶级状况,因而不可能将孔子的思想从其历史境况中剥离出来,比如蔡尚思。与此直接相关的是"五四"以来关于孔子的思想是以"礼"为核心还是以"仁"为核心的争论。这一争论在 20 世纪 80 年代的中国大陆学术界被重新提起,而且影响巨大,一直延续到当下,比如近来持马克思主义立场的刘泽华等人与持儒家立场的一些学者之间的争论。从思想史的视野看,这一争论在 20 世纪 80 年代的重提实际上构成了新的历史环境下儒学复兴的一个理论起点,但站在更为纯正的儒家立场上看,这只不过意味着 20 世纪 80 年代以来的儒学复兴在其思想倾向上仍在"五四"新文化运动的笼罩之下。

② 比如说,在近 30 年来,官方的主导理论则是具有人本主义倾向和实用主义倾向的马克思主义。思想史上具有重要地位的李泽厚,也将儒学纳入考虑并自称为新儒家。实际上,李泽厚可以看作张申府的理论方案的继承者,其理论宗旨恰当地表达在时下仍被一些学者所鼓吹的"打通中、西、马"的说法里。在张申府那里是罗素、孔子和马克思,在李泽厚那里则是康德、孔子和马克思;在张申府那里是道德理想加解析法和辩证法,在李泽厚那里则是历史本体论加主体性和实用理性。这样一个对比也表明,马克思主义在李泽厚与张申府各自的理论方案中的权重有所不同。如果说张申府的理论方案至少表面上还有"中体西用"的影子的话,那么,李泽厚的理论方案则是明确以马克思主义为主干的。实际上,张申府那种摄体为用的中体西用论与李泽厚式的西体中用论只有一步之差:当"中体"被彻底虚化,"西用"则必然上升而成为"西体",于是,作为"体"的"中"在沦为一个话语外壳的处境下也只能被重新安置在"用"中了,也就是说,"中体"只能变成"中用"了。

五德论》(11月25日)。① 第二次演讲之后第三天,也就是1934年11月28日,冯友兰被传唤至北平公安局,旋即加手铐押解至保定行营,29日在清华校方的营救下被释放。冯友兰被国民党政府逮捕的原因,当然主要在于他在那次演讲中宣扬了历史唯物主义。② 不过,饶有趣味的是,冯友兰在这篇为自己招致一夜牢狱之灾的演讲中,主要是将他所理解的秦汉历史哲学——被分为三派:五德说、三统说和三世说——与历史唯物主义进行会通,认为这三派思想中有"六点意思""到现在还可用",即是说,与历史唯物主义相一致。③ 从演讲原来的标题我们甚至还可以说,冯友兰大有将历史唯物主义理解为"新三统五德论"的意思。至于张岱年,更是在其兄的深刻影响之下力图挖掘儒家传统中的唯物主义因素,以继承王船山、颜习斋、戴东原"未竟之余绪"而自任。

不过,冯友兰以一位哲学家而著称,首先还是因为他的新理学。新理学将儒家传统中的理、气概念作了新实在论的解释,其基本方法是逻辑分析法。而在张申府的理论方案中,罗素所代表的,正是逻辑分析的传统。新理学的理论成就不是很高,一个很重要的原因在于冯友兰企图用共相、殊相等形式逻辑和认识论中一些比较浅显的概念去诠释儒家传统中形而上层面的一些观念。其中最大的混乱莫过于一方面认为理是客观实在的,另一方面却认为气只是一个逻辑观念,就是说,气不是客观实在的。试想,在这样一种情况下,如何在存有论的层面上谈理气关系?陈来指出,如果认为理也是逻辑观念,而非独立的实在,那么冯友兰的思想体系将更为自洽。④ 的确如此,但问题是,若理、气皆为逻辑观念,则理气问题与存有论何干?陈来的这一检讨其实表明,冯友兰所说的理,其真正来源就是逻辑观念。就此而言,冯友兰的实在论其实是非常虚的,因为他实际上是将存有论意义上的理气问题处理为一个简单的概念分析和形式逻辑层次上的问题。

后"五四"的儒家思想中更为纯粹、更为系统、更具典型性的派别,产生于在国民党之外而又不接受历史唯物主义的学者中。一派是以梁漱溟为代表,后来因其

---

① 两次演讲稿皆在演讲之后发表于北平《晨报》,后文后改名为《秦汉历史哲学》,并收入《三松堂学术文集》,北京大学出版社,1984年。
② 有关史料见蔡仲德:《冯友兰先生年谱初编》,河南人民出版社,1994年,第144—148页。
③ 冯友兰:《秦汉历史哲学》,《三松堂学术文集》,北京大学出版社,1984年,第351页。
④ 参见陈来:《现代中国哲学的追寻:新理学与新心学》第八章《冯友兰〈新理学〉形上学之检讨》,人民出版社,2001年。

社会政治主张和实际事功而被称为"乡村建设派",实际上根据其思想特质,梁漱溟所倡导的可以称之为社会主义儒学(socialist Confucianism)。梁漱溟的儒学思想,也是在历史哲学的视野中展开的。梁漱溟以意欲的方向来刻画文化的特质和差异,并在此基础之上建构了一个以文化形态的变迁为主要内容的世界历史理念,具体一点说,以意欲向前为精神特质的西方文化是世界历史发展的第一阶段,以意欲持中为精神特质的中国文化是世界历史发展的第二阶段,以意欲向后为精神特质的印度文化是世界历史发展的最后阶段。① 对于以儒学为主干的中国文化,梁漱溟提出了一个独特的"理性"概念,以解释其何以是一种以意欲持中为精神特质的文化。梁漱溟的"理性"概念,主要指向一种"无私的情感",亦即那种能够亲身体认到万物本来浑然一体,从而能够破除个体化界限与宇宙大生命达于大通的情感,可以说,他所说的"理性",是以这种贯彻天地的道德情感为基础的一种道德理性。在他看来,真正的人类社会就应当建立在这种理性的基础之上,而这种理性也正是儒家文化的精神特质所在。② 因此,梁漱溟实际上是将他所理解的儒家精神作为构想一个合理社会的思想基础。正是基于这一点,我们能够将梁漱溟的儒学思想概括为社会主义儒学。"社会主义儒学"这一名称可能使我们联想到共产党的社会主义理想。实际上,在《人心与人生》这部写于"文化大革命"期间的著作中,梁漱溟曾明确将他的这一思想与以马克思主义为理论基础的社会主义、共产主义相联系。但是,必须指出,梁漱溟的社会主义儒学就其理论基础而言,与马克思主义龃龉不合之处甚多,其中他对马克思主义最主要的两点批评在于:其一,虽然他承认生产力在历史发展中的作用,但他不认为生产力是历史发展的最高动因,换言之,他在历史观上持以精神为本的文化史观,而反对唯物史观;其二,与前一点相联系,梁漱溟反对以阶级斗争为主线理解中国传统的社会历史,而是非常有洞察力地指出了中国传统社会的特点是"伦理本位、职业分途"。梁漱溟立足他所理解的儒家思想而提出的社会主义主张与马克思主义者的社会主义主张之间的这种貌合神离的关系,实际上在一定程度上既可以说明他在抗日战争后何以对中国共产党日益产生好感,

---

① 更为详细的论述参见唐文明:《"根本智"与"后得智":梁漱溟思想中的世界历史观念》,见唐文明,《近忧:文化政治视野中的儒学、儒教与中国》,华东师范大学出版社,2010年。
② 梁漱溟是在《人心与人生》一书中具体阐发这一观点的,根据他的自述,这一阐发是对他早期在《东西方文化及其哲学》一书中的观点的重要修正。而《人心与人生》虽然写作很晚,但其思想的产生和酝酿很早。

又可以解释他后来何以会与毛泽东发生剧烈的争论与冲突。

与梁漱溟注重精神之意义的立场相近,而在思想上更为超迈的是熊十力及其门弟子一派。这一派的特点是立足现代发挥儒家传统中心学一脉的思想,因而堪称典型的新阳明学,其中第一代亦多借助佛学传统中的唯识思想,第二代更引入德国唯心主义(German idealism)作为重要的思想外援。仅就注重精神之意义这一点而言,这一派也就是贺麟曾经概括过的"新心学",其代表人物还可以扩展至马一浮、张君劢、贺麟等人。这一派的核心思想是以心为本体而又强调体用不二,如熊十力和马一浮都对此有过明确的阐述。张君劢在德国留学时师从倭铿研究唯心主义哲学,这对于他对儒家思想的理解产生了很大影响,回国后他不仅挑起了"科学与人生观"的争论,更立足儒学立场宣扬民主社会主义,并依凭精神自由的理念推动中国的宪政建设。贺麟对于儒家思想的现代开展提出了一个非常清晰、非常全面的黑格尔式方案,尽管他自己在经过了1949年的政治变革后主要转向西方哲学的研究而未能真正完成这一方案。

真正将新阳明学发扬光大的是在1949年的政治变革过程中离开大陆去了香港、台湾等地的熊门弟子牟宗三、唐君毅、徐复观等人。[①] 以其中理论成就最高的牟宗三为例,他秉承乃师熊十力的体用不二说,并结合康德的学说,建立了一个以道德的形上学(moral metaphysics)命名的庞大、完整的新儒学体系。在这个新儒学体系中,以纯然善意的良知为根本的道德主义被发挥到了极致,道德主义的良知不仅被认为是人性、人心之本体,而且也被抬高到了天道、天理之地位。这一新儒学体系也在道德主义的基础上建构了一种以道德进步为指向、在一定程度上与黑格尔之历史终结论有着同样理论旨趣的历史哲学,因而也鼓吹一种以自由民主为核心理念的政治儒学。1949年以后活跃于香港、台湾等地的新儒家在政治立场上大都倾向于自由主义,这一点既明确地表现在他们对于共产党和1949年的政治变革的态度和立场上——出走本身就是对其态度和立场的一个说明,也或多或少地表现在他们与退据台湾的国民党之间若即若离,甚至龃龉不合的关系上。因此,熊牟一派的新儒学,如果就其思想核心而言可被称为唯心主义儒学(idealist Confucianism)的话,那么,就其政治立场而言则可被称为自由主义儒学(liberalist Confucianism)。

[①] 这里还应当提到钱穆,其立场与熊门诸弟子相近而又有不同。

熊牟一派的新儒学代表后"五四"的儒家思想所取得的最高成就。上文曾提到,在辛亥革命之后,现代儒家思想只能以去政治化的宗教形态考虑其制度安置,而在新文化运动之后,现代儒家思想只能在去伦理化的道德主义中寻求其精神安置。就此而言,毫不奇怪的是,在熊牟一派的思想中,宗教化的思路和道德化的思路在思想层面被结合在一起且被发展到极致:牟宗三正是将儒家刻画为一种道德宗教,而他的道德宗教概念与康德用来刻画基督教的道德宗教概念相比是有过之而无不及,即直接以道德为宗教。由此我们可以回想,在这个三千年未有之大变局的历史遭遇中,儒家传统如何历经政治退却和伦理退却而被一步步逼向理论上的道德主义和实践上的宗教形态。由此我们更能明白,康有为在中国现代思想史上的确堪称一个先知式的人物,现代儒家思想的开展,基本上在他的思想的笼罩之下,即使后来者对这一点缺乏自觉或不予承认。[①]

(作者单位:清华大学)

[①] 康有为的真正反对者而在中国现代学术史上有很大贡献的,或许只有被称为前清遗老遗少的王国维和陈寅恪等人。

《公羊》微言与康有为的《孔子改制考》

曾 亦

治《公羊》者,素有"微言"之说。定元年《公羊传》云:"定、哀多微辞,主人习其读而问其传,则未知己之有罪焉尔。"盖以孔子作《春秋》,讥刺当世大人,多忌讳之辞,此"微辞"者,即所谓"微言"也。① 至清刘逢禄,则区别微言与大义,而以何休所言"三科九旨"为微言。迄于康有为,则以"孔子改制"为《春秋》"第一微言"。

"孔子改制"之说,当可溯源于孟子。《孟子·离娄下》云:

> 王者之迹熄而《诗》亡,《诗》亡,然后《春秋》作。晋之《乘》、楚之《梼杌》、鲁之《春秋》,一也。其事则齐桓、晋文,其文则史。孔子曰:"其义则丘窃取之矣。"

则《春秋》不专记齐桓、晋文之事,又别有义焉,实出于孔子王心所加也。

又,《孟子·滕文公下》云:

> 世衰道微,邪说暴行有作,臣弑其君者有之,子弑其父者有之。孔子惧,作《春秋》。《春秋》,天子之事也。是故孔子曰:"知我者其惟《春秋》乎!罪我者其惟《春秋》乎!"

---

① 汉儒多用此说,如司马迁言孔子"著《春秋》,不切论当世而微其词也。为其切当世之文而罔褒,忌讳之辞也"(《史记·匈奴传赞》),"为有所刺讥褒讳挹损之文辞"(《十二诸侯年表序》),亦微辞也。又,《十二诸侯年表序》谓铎椒为《铎氏微》,司马贞《索隐》释云:"名《铎氏微》者,春秋有微婉之词故也。"则微辞者,微婉之词也。董仲舒《春秋繁露》中有言"婉词"者,亦与此义同。

伊斯兰教《古兰经》中有"塔基亚"之说,盖允许信徒在面对政治迫害时,可以隐讳自己的宗教信仰。此种内涵,正与公羊家关于"微言"的最早使用相同。

按公羊家旧说,"罪我者",以孔子无位,而托二百四十二年南面之权,行天子褒贬进退之事,此所谓微言也;"知我者",《春秋》诛讨乱臣贼子,大义凛然,人所共见,此所谓大义也。

至《春秋纬》,始明言"孔子改制":

> 伏羲作八卦,丘合而演其文,渎而出其神,作《春秋》以改乱制。(《说题辞》)
> 圣人不空生,必有所制以显天心,丘为木铎,制天下法。(《演孔图》)
> 孔子作法,五经运之天地,稽之图象,质于三王,施于四海。(《演孔图》)
> 丘为制法之主,黑绿不代苍黄。(《演孔图》)
> 得麟之后,天下血书鲁端门,曰:"趋作法,孔圣没,周姬亡,彗东出,秦政起,胡破术,书记散,孔不绝。"子夏明日往视之,血书飞为赤鸟,化为白书,署曰《演孔图》,中有作图制法之状。(《演孔图》)

至汉末何休《解诂》,其言"孔子改制",益加详备矣。

清末康有为惩夷狄之逼迫,而欲以西方思想以济吾国文明之穷,乃上法"孔子改制"之精神,而行变法之事。其所论"改制"微言者,则以《孔子改制考》一书最为详备。

康南海《孔子改制考》一书之编撰,颇得其弟子力,"同邑陈千秋礼吉、曹泰箬伟,雅才好博,好学深思,编检尤劳"①。据《自编年谱》,光绪十二年(1886),南海始撰《孔子改制考》。十五年,"在京师,既谢国事,又为之。是年编次甚多,选同学诸子分篡焉"。十八年,"《孔子改制考》体裁博大,选同学高才助篡焉"。光绪二十三年(1897)冬,上海大同译书局初刊此书。戊戌、庚子间,两遭焚版禁行。1913年,《不忍》杂志分期登载此书。1920年与1923年,分别重刊于北京、上海。

是书之旨,据其序曰:

> 天既哀大地生人之多艰,黑帝乃降精而救民患,为神明,为圣王,为万世作师,为万民作保,为大地教主。生于乱世,乃据乱而立三世之法,而垂精太平。……而立《春秋》新王行仁之制。……此制乎,不过于一元中立诸天,于一

---

① 康有为:《孔子改制考·序》,《康有为全集》第三集,中国人民大学出版社,2007,第3页。

天中立地,于一地中立世,于一世中随时立法,务在行仁,忧民忧以除民患而已。……此制乎,不过其夏葛冬裘,随时救民之言而已。若夫圣人之意,窈矣深矣,博矣大矣。……夫两汉君臣、儒生,尊从《春秋》拨乱之制而杂以霸术,犹未尽行也。……非惟不识太平,并求汉人拨乱之义亦乖剌而不可得,而中国之民遂二千年被暴主、夷狄之酷政,耗矣哀哉!……万百亿千缝掖俊民,跂跂脉脉而望,篝灯而求明,囊萤而自珍,然卒不闻孔子天地之全、太平之治、大同之乐。悲夫!①

盖《公羊》立据乱、升平与太平三世之法,此孔子之道所以博大也。然两千余年间,自汉至宋,朝廷与儒生不过习于孔子拨乱之法,"蔽于据乱之说,而不知太平大同之义",遂致吾国吾民"不早见太平之治,逢大同之乐"也。② 可见,是书之大旨,实在发明孔子太平大同之制也。

其时,朱一新颇攻南海改制之论,曰:

《王制》一篇,汉儒后得,为殷为周,本无定论,康成于其说之难通者,乃归之于殷。今更欲附会《春秋》改制之义,恐穿凿在所不免。③

郑康成注经,颇以《周礼》为据,至于不与《周礼》合者,则多以为殷制。南海盖颇引郑玄之说,以附会《春秋》文质改制之说,朱氏似亦中其内情焉。至于廖平据《王制》与《周礼》以别今古,亦本乎康成之说。然朱氏非之曰:

今文先立学,故显于西汉,古文至东汉而始显,此乃传述之歧互,非关制作之异同。今学、古学之名,汉儒所立,秦以前安有此分派?文有今古,岂制亦有今古耶?

孔子当礼崩乐坏之世,周文疲敝,其所改制,亦其宜也。然后儒自拘其小,夺孔子制

---

① 康有为:《孔子改制考·序》,《康有为全集》第三集,第3页。
② 康有为:《孔子改制考·序》,《康有为全集》第三集,第3页。
③ 朱一新:《朱侍御答康长孺书》,《康有为全集》第一集,第319页。

作之实也。其实,汉制既不同于周制,则儒者归功于孔子,诚理之自然。康氏所论,可谓知孔子之心者也。虽然,康氏大功不成,然时当末世崩坏之际,谁谓其改制之非宜者哉!

此书实为南海变法之理论依据,"有为政治上变法维新之主张,实本于此";其影响之大,较《新学伪经考》尤甚,故梁启超比于"火山大喷火""大地震"。①

一、上古茫昧无稽说

春秋时,周文疲敝,孔子改旧制,而成一代新法。然其所以改之者,或有取于殷制,至于折衷虞、夏、殷、周四代之制,实以旧制犹有可考也。故《礼记·中庸》云:"吾说夏礼,杞不足征也;吾学殷礼,有宋存焉;吾学周礼,今用之,吾从周。"《礼运》则云:"我欲观夏观,是故之杞,而杞不足征也,吾得《夏时》焉;我欲观殷道,是故之宋,而宋不足征也,吾得《坤乾》焉。《坤乾》之义,《夏时》之等,吾以是观之。"至于汉人解《公羊》,发"通三统"义,亦以旧制足为后世所师法也。如隐三年《解诂》云:"王者存二王之后,使统其正朔,服其服色,行其礼乐,所以尊先圣,通三统,师法之义,恭让之礼,于是可得而观之。"至于董子《春秋繁露·三代改制质文》,则言之尤详,谓"王者以制,一商一夏,一质一文,商质者主天,夏文者主地,《春秋》者主人,故三等也。主天法商而王,其道佚阳,亲亲而多仁朴;故立嗣予子,笃母弟,妾以子贵;昏冠之礼,字子以父,别眇夫妇,对坐而食;丧礼别葬;祭礼先臊,夫妻昭穆别位;制爵三等,禄士二品;制郊宫,明堂员,其屋高严侈员;惟祭器员,玉厚九分,白藻五丝,衣制大上,首服严员;鸾舆尊,盖法天列象,垂四鸾,乐载鼓,用锡舞,舞溢员;先毛血而后用声;正刑多隐,亲戚多讳;封禅于尚位"云云。据此,则似孔子改制,实有所取法焉。

又据《论语》,宰我答哀公问社,以为周社用栗,盖"使民战栗"也(《八佾》);子贡则谓"纣之不善,不如是之甚也"(《子张》)。至于孟子,则曰:"尽信《书》,则不如无《书》。吾于《武成》,取二三策而已矣。仁人无敌于天下,以至仁伐至不仁,而何其血

---

① 梁启超:《清代学术概论》二十三,载朱维铮校注,《梁启超论清学史二种》,复旦大学出版社,1985 年,第 64、65 页。

之流杵矣?"(《孟子·尽心下》)可见,孔子于旧史,亦未必尽为信据也,故其删《诗》《书》,盖以此焉。

廖平论孔子改制,亦主此说,曰:"《春秋》时,三皇五帝之典策尚多可考,其言多神怪不经,与经相歧,实事实也。孔子翻经,增减制度,变易事实,掩其不善而著其善。"①至南海,则极申此说,曰:

> 人生六七龄以前,事迹茫昧,不可得记也。开国之始,方略缺如,不可得详也。况太古开辟,为萌为芽,漫漫长夜,舟车不通,书契难削,畴能稽哉?大地人道皆荡欱于洪水后,然印度婆罗门前,欧西希腊前,亦已茫然,岂特秘鲁之旧劫,墨洲之古事,黯芬渺昧不可识耶?吾中国号称古名国,文明最先矣,然"六经"以前无复书记。夏、殷无征,周籍已去,共和以前不可年识,秦、汉以后乃得详记。而谯周、苏辙、胡宏、罗泌之流乃敢于考古,实其荒诞。崔东壁乃为《考信录》以传信之,岂不谬哉?②

诚如南海所言,不少民族皆有轴心文明,然其形成,实属横空出世,盖其上古时,皆茫昧无稽也。

南海又颇引古书,以证其说。如《论语》曰:"夏礼,吾能言之,杞不足征也;殷礼,吾能言之,宋不足征也。文献不足故也,足则吾能征之矣。"(《八佾》)又,北宫锜问周时班爵禄,而孟子答以"其详不可得闻也"(《孟子·万章上》)。又,杨朱曰:"太古之事灭矣,孰志之哉?三皇之事若存若亡,五帝之事若觉若梦,三王之事或隐或显,亿不识一。当身之事或闻或见,万不识一。目前之事或存或废,千不识一。太古至于今日,年数固不可胜纪。但伏羲已来三十余万岁,贤愚、好丑、成败、是非,无不消灭。"(《列子·杨朱》)又,"孔子、墨子俱道尧、舜,而取舍不同,皆自谓真尧、舜。尧、舜不复生,将谁使定儒、墨之诚乎?殷、周七百余岁,虞、夏二千余岁,而不能定儒、墨之真,今乃欲审尧、舜之道于三千岁之前,意者其不可必矣!无参验而必之者,愚也;弗能必而据之,诬也。故明据先王,必定尧、舜者,非愚则诬也"(《韩非子·显

---

① 廖平:《知圣篇》,载李耀仙编,《廖平选集》上册,第182页。1913年,廖平撰《孔经哲学发微》,犹推许"康氏《孔子改制考·上古茫昧无稽考》,颇详此事"。(载李耀仙编:《廖平选集》上册,巴蜀书社,1998年,第303页。)据此,上古茫昧之说,或本出于南海,盖廖平《知圣篇》刊于南海后也。
② 康有为:《孔子改制考》卷一,《康有为全集》第三集,第4页。

学》)。又,"五帝、三代之记,尚矣。自殷以前,诸侯不可得而谱,周以来乃颇可著"(《史记·三代世表》)。又,"五经之前,至于天地始开、帝王初立者,主名为谁,儒生又不知也"(《论衡·谢短》)。可见,即便对古人而言,虽去古未若今人之远,然亦茫昧无稽,"其详靡记"矣。

《中庸》曰:"王天下有三重焉,其寡过矣乎!上焉者,虽善无征,无征不信,不信民弗从。"此人情之自然,故政教之所施,必借古事以相征也。然古事既茫昧若此,此孔子所以删《诗》《书》,孟子所以仅"取二三策而已"也。至于圣人之布政施教,又不得不托古,此亦在情理之中。南海曰:

> 惟其不详,故诸子得以纷纷假托,或为神农之言,或多称黄帝,或法夏,或法周,或称三代,皆由于书缺籍去,混混茫茫,然后诸子可以随意假托。①

据此,先秦诸子所言古事,不过"随意假托",实未可信。盖诸子欲行其事,不得不有所托古,此自在情理之中,孔、墨所以俱道尧、舜,正以此也。然推此论而极,则不免尽疑一切古事,其弊有不可胜言者。民国以来,疑古思潮大兴,实溯源于南海之偏颇也。

二、诸子并起创教改制

盖轴心时代,诸教并出,各聚徒讲学,"改制立度,思易天下",不独中国先秦有百家争鸣之盛,至于他国亦然。南海曰:

> 当是时,印度则有佛、婆罗门及九十六外道并创术学,波斯则有祚乐阿士对创开新教,泰西则希腊文教极盛,彼国号称同时七贤并出,而索格底集其成,故大地诸教之出,尤盛于春秋、战国时哉!积诸子之盛,其尤神圣者,众人归之,集大一统,遂范万世。②

---

① 康有为:《孔子改制考》卷一,《康有为全集》第三集,第6页。
② 康有为:《孔子改制考》卷二,《康有为全集》第三集,第8页。

盖人类当春秋、战国时，各文明古国俱有创教改制之事，然一旦定于一尊，文明之基本性格遂定，则不复有诸子之盛，亦不复有创教改制之事矣。① 故中国自汉武以后，定孔子于一尊，犹西人尊苏格拉底、柏拉图之理性主义也。其余种种异教，遂渐渐泯灭矣。吾国如此，西人亦何尝不若此耶！

当时先秦诸子，各自改制，非独孔子也。如墨子定三月之丧，"棺三寸，足以朽骨；衣三领，足以朽肉"（《墨子·节葬》），种种薄葬之法，俱与儒家丧制相反。唯其相反如此，可见儒、墨各为改制之事也。至于管子、法家、名家、农家之流，亦颇有异制载于书册，故"诸子之改制明，况大圣制作之孔子，坐睹乱世，忍不损益，拨而反之正乎？"②

然诸子之改制，莫不托古也。《淮南子·修务训》云："世俗之人，多尊古而贱今，故为道者，必托之于神农、黄帝，而后能入说。"可见，古人本有托古之说也。而南海申之曰：

> 荣古而虐今，贱近而贵远，人之情哉！耳、目所闻睹，则遗忽之；耳、目所不睹闻，则敬异之；人之情哉！慧能之直指本心也，发之于己，则捻道人、徐遵明耳；托之于达摩之五传迦叶之衣钵，而人敬异矣，敬异则传矣。袁了凡之创功过格也，发之于己，则石奋、邓训、柳玼耳；托之于老子、文昌，而人敬异矣，敬异则传矣。汉高之神丛狐鸣，摩诃末、西奈之天使，莫不然。③

盖南海好察人心术，故其诠解古书，多"打通后壁"之言。其托古之论，亦出此也。

南海颇举儒、墨之异，以明托古之说。《墨子·法仪》云："昔之圣王禹、汤、文、

---

① 廖平《知圣篇》云："贤者于经，如疏家之于注，不敢破之也。"又自注云："或云：自孔子后，诸贤各思改制立教，最为谬妄！制度之事，惟孔子一人可言，非诸贤所得言也。"（载李耀仙编：《廖平选集》上册，第183页。）是说显斥南海也。其子师政日曰："自孔子作经以后百世，师法亦绝，不许人再言作，其理至为平常，即程子《春秋序》实亦主之。自乱法者假旧说以济其私，变本加厉，谓孔子以改制立教，人人皆可改制，更由立言推之行事。此说者之过，非本义有误。"（廖师政：《知圣篇读法》，《家学树坊》卷上，载李耀仙编：《廖平选集》下册，第611页。）然廖平似未细读南海之书。盖南海以孔子之前，古事茫昧，故诸子得托古改制，至孔子后，事迹日著，故如扬雄、刘歆、王肃、刘炫等之造作，不得以托古比，徒以伪撰见讥耳。（参见康有为：《孔子改制考》卷一，《康有为全集》第三集，第6页。）是以南海所举创教改制之诸子，皆先秦时人也，至汉以后，实无矣，盖以不能出于孔子六经之范围故也。
② 康有为：《孔子改制考》卷三，《康有为全集》第三集，第21页。
③ 康有为：《孔子改制考》卷四，《康有为全集》第三集，第29页。

武,兼爱天下之百姓,率以尊天、事鬼,其利人多。"此托禹、汤、文、武,以明兼爱、尊天、事鬼之旨也。《七患》云:"《夏书》曰:禹七年水。《殷书》曰:汤五年旱。此其离凶饿甚矣。然而民不冻饿者,何也?其生财密,其用之节也。"此托汤、禹,以明节用之旨也。《三辩》云:"周成王之治天下,不若武王;武王之治天下者,不若成汤;成汤之治天下也,不若尧、舜。故其乐愈繁者,其治愈寡。自此观之,乐非所以治天下。"此托尧、舜、汤、武,以明非乐之旨也。《尚贤》云:"古者圣王唯能审以尚贤使能为政,无异物杂焉,天下皆得其利。古者舜耕历山,陶河濒,渔雷泽。尧得之服泽之阳,举以为天子,与接天下之政,治天下之民。伊挚,有莘氏女之私臣,亲为庖人。汤得之,举以为己相,与接天下之政,治天下之民。傅说被褐带索,庸筑乎傅岩。武丁得之,举以为三公,与接天下之政,治天下之民。"此托尧与舜、汤与伊挚、武丁与傅说之事,以明尚贤之旨也。

诸如此类,可见儒、墨所托虽同,然其旨则大异也。诚若此,南海托古之说,未可尽诬也。故《韩非子·显学》云:

> 孔子、墨子俱道尧、舜,而取舍不同,皆自谓真尧、舜。尧、舜不复生,将谁使定儒、墨之诚乎?

可见,先秦诸子欲行改制,莫不托古以神其说,非独儒家也。

三、素王与孔子托古改制

孔子改制之说,本由公羊家发之,然南海则推以为公理,盖周末诸子莫不改制也。是以孔子为诸子之卓,敢不损益旧制,创儒教,拨乱世而反诸正欤?

盖南海思想之精神在改制,"吾所发明,孔子改制"[①]。其所以尊《春秋》,亦以其言改制也,"《春秋》所以宜独尊者,为孔子改制之迹在也;《公羊》《繁露》所以宜专信者,为孔子改制之说在也"[②]。其时周文疲敝,孔子虽欲振起之,既非其时,又以周文

---

① 康有为:《祭朱蓉生侍御文》,《康有为全集》第二集,第9页。
② 张伯桢:《南海师承记》,《康有为全集》第二集,第212页。

之末失,不得不有所损益,乃著其制于《春秋》,欲以垂诸后世也。盖今之学者常于政府典章有所讥评,虽空言无用,犹欲藏诸私府,以待有识者,此诚孔子改制之意。南海生当天朝将崩之时,且值西夷勃兴之机,其欲参用西法,而于中国之旧制有所损益,实属自然。惜乎当时士人保守,未能深知其意,反因以罪之也。

1.《公羊》改制旧说

公羊家言改制,素有二义:三正与三教。二义皆出董子,后人聚讼于兹,盖不明改制兼此二义故也。前者乃时王之制,盖历朝建国,皆行改正朔、易服色之事,欲以变易民心也。后者唯圣人能当之,非周公、孔子不能行。《中庸》谓孔子"祖述尧舜,宪章文武,上律天时,下袭水土",若此损益四代,良非时王所能。南海虽为白素之身,至其欲效孔子素王之作,不过狂者之志耳,孰曰非宜哉?然欲冒新王改制之名,轻议祖宗成法,僭越莫甚,适所以见谤也。

《春秋》曰"王正月"①,《公羊传》云:"王者孰谓?谓文王也。"《传》说已属怪异,盖通常史书体例当指时王,而《传》以为指周始受命王,即周文王。至刘宋王愆期,遂以文王为孔子,徐《疏》成十年"孔子为后王"语或本于此,然苏舆谓此说为"谬说流贶,滋误后学。且立义可托王,正朔服色不可托王也"。苏说常指斥后儒之背董子,谓董子未有素王改制之说,然实未必然。观董子书,不独历陈上古帝王改制之事,至于《春秋》,亦有"应天作新王之事",王鲁、新周而故宋,而当一代之黑统也。②

董子谓孔子受命作《春秋》,实有改制之义。其曰:

---

① 汉人以"通三统"之义解"王正月",宋儒程颐颇不谓然:"棣问:'《春秋》书王如何?'曰:'圣人以王道作经,故书王。'范文甫问:'杜预以谓周王,如何?'曰:'圣人假周王以见意。'棣又问:'汉儒以谓王加正月上,是正朔出于天子,如何?'曰:'此乃自然之理。不书春王正月,将如何书?此汉儒之惑也。'"(《二程集》,中华书局,2004年,第280页。)程子虽尊《春秋》,如谓《春秋》之书,百王不易之法。三王以后,相因既备,周道衰,而圣人虑后世圣人不作,大道遂坠,故作此一书"(同上,第283页),又谓"学者不观他书,只观《春秋》,亦可尽道"(同上,第157页)。然不由三传,未必真能通《春秋》也。
② 董子以《春秋》当新王,正黑统,后儒不能讳也。董子乃汉世儒宗,后儒亦不能夺也。然改制之说,流弊极大,至于奸人之伪托符命,实出于此。苏舆用乃弥缝其说,曰:"盖鲁为侯国,汉承帝统,以侯拟帝,嫌于不恭,故有托王之说。云黑统则托秦尤显。盖汉承秦统,学者耻言,故夺黑统归《春秋》。以为继《春秋》,非继秦也。《易·通卦验》云:'秦为赤驱,非命王。'《汉书·王莽传赞》:'昔秦燔《诗》《书》,以立私议。篝诵六艺,以文奸言。皆允龙绝气,非命之运,圣王之驱除云尔。'此亦汉世不以秦为受命王之证。不以秦为受命王,斯不得不归《春秋》以当一代。尊《春秋》即所以尊汉也。"(苏舆:《春秋繁露义证》卷七,中华书局,2002年,第187、188页。)盖历数不可改,周以后当正黑统,汉人既不以秦当之,故不得不推孔子《春秋》也。

有非力之所能致而自至者,西狩获麟,受命之符是也。然后托乎《春秋》正不正之间,而明改制之义。一统乎天子,而加忧于天下之忧也,务除天下所患。而欲以上通五帝,下极三王,以通百王之道,而随天之终始,博得失之效,而考命象之为,极理以尽情性之宜,则天容遂矣。(《符瑞》)

又曰:

孔子立新王之道,明其贵志以反和,见其好诚以灭伪,其有继周之弊,故若此也。(《玉杯》)

董子若此言之凿凿,苏舆乃弥缝其说曰:

制可改者也,惟王者然后能改元立号,制礼作乐,非圣人所能托。道不变者也,周德既弊,而圣人得假王者以起义而扶其失,俟来者之取鉴。故曰孔子立新王之道,犹云为后王立义尔。①

又曰:

明王者改制,不易道义。……圣人不见用于时,乃以治世之道托乎《春秋》,即其正不正之间以见义。邵公乃谓"托王于鲁而黜周",不知董固明云"一统乎天子"矣。沿其流者,甚且谓"三代之制,亦皆托也",不已慎乎?孟子曰:"《春秋》,天子之事也。"崔述谓"《春秋》所关者,天下之治乱。所正者,天下之名分。不可仍以诸侯之史目之,故曰天子之事",其说最确。盖当是时,上无明王,下无方伯,而《春秋》为之褒讥贬绝,明得失贵贱,反之乎王道,即行事以治来世,是故《春秋》亦忧患之书也。②

唯王者所施之改制,不过三正之循环耳,然改制尚别有一义,即三教之循环也,苏氏

---
① 苏舆:《春秋繁露义证》卷一,第28页。
② 苏舆:《春秋繁露义证》卷六,第157、158页。

似未能区别此二义。盖新王受命改制,不过就其表言之,至乎其里,则三代之循环不过文质再复而相损益耳。此改制之别一义也。

夏尚黑,殷尚白,周尚赤,三统循环如此。至于三代之制度,则实然有别,此为三教之异也。董子曰:

> 三正以黑统初,正日月朔于营室,斗建寅,天统气始通化物,物见萌达,其色黑,故朝正服黑,首服藻黑,正路舆质黑,马黑,大节绶帻尚黑,旗黑,大宝玉黑,郊牲黑,牺牲角卵,冠于阼,昏礼逆于庭,丧礼殡于东阶之上,祭牲黑牡,荐尚肝,乐器黑质,法不刑有怀任新产,是月不杀,听朔废刑发德,具存二王之后也,亲赤统,故日分平明,平明朝正。正白统奈何?曰:正白统者,历正日月朔于虚,斗建丑,天统气始蜕化物,物初芽,其色白,故朝正服白,首服藻白,正路舆质白,马白,大节绶帻尚白,旗白,大宝玉白,郊牲白,牺牲角茧,冠于堂,昏礼逆于堂,丧事殡于楹柱之间,祭牲白牡,荐尚肺,乐器白质,法不刑有身怀任,是月不杀,听朔废刑发德,具存二王之后也,亲黑统,故日分鸣晨,鸣晨朝正。正赤统奈何?曰:正赤统者,历正日月朔于牵牛,斗建子,天统气始施化物,物始动,其色赤,故朝正服赤,首服藻赤,正路舆质赤,马赤,大节绶帻尚赤,旗赤,大宝玉赤,郊牲骍,牺牲角栗,冠于房,昏礼逆于户,丧礼殡于西阶之上,祭牲骍牡,荐尚心,乐器赤质,法不刑有身,重怀藏以养微,是月不杀,听朔废刑发德,具存二王之后也,亲白统,故日分夜半,夜半朝正。(《三代改制质文》)

又以文、质配三统。董子曰:

> 王者以制,一商一夏,一质一文,商质者主天,夏文者主地,《春秋》者主人,故三等也。主天法商而王,其道佚阳,亲亲而多仁朴;故立嗣予子,笃母弟,妾以子贵;昏冠之礼,字子以父,别眇夫妇,对坐而食;丧礼别葬;祭礼先臊,夫妻昭穆别位;制爵三等,禄士二品;制郊宫,明堂员,其屋高严侈员;惟祭器员,玉厚九分,白藻五丝,衣制大上,首服严员;鸾舆尊,盖法天列象,垂四鸾,乐载鼓,用锡舞,舞溢员;先毛血而后用声;正刑多隐,亲戚多讳;封禅于尚位。主地法夏而王,其道进阴,尊尊而多义节,故立嗣与孙,笃世子,妾不以子称贵号;昏冠之礼,字子以母,别眇夫妇,同坐而食;丧礼合葬;祭礼先亨,妇从夫为昭穆;制

爵五等,禄士三品;制郊宫,明堂方,其屋卑污方,祭器方,玉厚八分,白藻四丝,衣制大下,首服卑退;鸾舆卑,法地周象载,垂二鸾,乐设鼓,用纤施舞,舞溢方;先亨而后用声;正刑天法;封坛于下位。主天法质而王,其道佚阳,亲亲而多质爱,故立嗣予子,笃母弟,妾以子贵;昏冠之礼,字子以父,别眇夫妇,对坐而食;丧礼别葬,祭礼先嘉疏,夫妇昭穆别位;制爵三等,禄士二品;制郊宫,明堂内员外椭,其屋如倚靡员椭,祭器椭,玉厚七分,白藻三丝;衣长前衽,首服员转;鸾舆尊,盖备天列象,垂四鸾,乐桯鼓,用羽龠舞,舞溢椭,先用玉声而后烹;正刑多隐,亲戚多赦;封坛于左位。主地法文而王,其道进阴,尊尊而多礼文,故立嗣予孙,笃世子,妾不以子称贵号;昏冠之礼,字子以母,别眇夫妻,同坐而食;丧礼合葬,祭礼先秬鬯,妇从夫为昭穆;制爵五等,禄士三品;制郊宫,明堂内方外衡,其屋习而衡,祭器衡同,作秩机,玉厚六分,白藻三丝;衣长后衽,首服习而垂流,鸾舆卑,备地周象载,垂二鸾,乐县鼓,用万舞,舞溢衡;先烹而后用乐,正刑天法,封坛于左位。(《三代改制质文》)①

可见,董子明言孔子改制,不独不从周,实损益四代而为新制也。后儒颇攻何邵公误读董子,实未得其情。南海极推崇《三代改制质文》一篇,曰:

> 孔子作《春秋》改制之说,虽杂见他书,而最精详可信据者莫如此篇。称《春秋》当新王者凡五,称变周之制,以周为王者之后,与王降为风、周道亡于幽、厉同义。故以《春秋》继周为一代,至于亲周、故宋、王鲁,三统之说亦著焉,皆为《公羊》大义。其他绌虞、绌夏、五帝、九皇、六十四民,皆听孔子所推。姓姚、姓姒、姓子、姓姬,皆听孔子所象。白黑、方圆、异同、世及,皆为孔子所

---

① 《礼记·表记》则曰:"夏道尊命,事鬼敬神而远之,近人而忠焉。先禄而后威,先赏而后罚,亲而不尊。其民之敝,蠢而愚,乔而野,朴而不文。殷人尊神,率民以事神,先鬼而后礼,先罚而后赏,尊而不亲。其民之敝,荡而不静,胜而无耻。周人尊礼尚施,事鬼敬神而远之,近人而忠焉。其赏罚用爵列,亲而不尊。其民之敝,利而巧,文而不惭,贼而蔽。"又曰:"虞、夏之道,寡怨于民。殷、周之道,不胜其敝。虞、夏之质,殷、周之文至矣。虞、夏之文,不胜其质。殷、周之质,不胜其文。"此皆以文、质论三代王道之异同。南海以一朝得一统之法,而孔子道大,通三统,是一统之法虽亦圣人之法,然终则有弊,当循环参用之。盖康氏以《公羊》三世说明人类进化之理,以三统说明孔子制作之全体也。是以晚清保守派,不过蔽于所习,各尊所闻,安于一统一世之制,至见西洋之制则惊诧之,不知实出于孔子升平、太平之制也。

制。虽名三代,实出一家,特广为条理以待后人之行,故有再、三、四、五、九之复。……惟孔子乃有之。董子为第一醇儒,安能妄述无稽之谬说?此盖孔门口说相传非常异义,不敢笔之于书。故虽《公羊》未敢骤著其说。至董生时,时世殊易,乃敢著于竹帛。故《论衡》谓孔子之文传于仲舒也。苟非出自醇实如董生者,虽有此说,亦不敢信之矣。幸董生此篇犹传,足以证明孔子改制大义。①

董子改制之说,实出自孔子之口说相传,至汉时乃得著于竹帛也。

又,《汉书·董仲舒传》引《举贤良对策》云:

册曰:"三王之教所祖不同,而皆有失,或谓久而不易者道也,意岂异哉?"臣闻夫乐而不乱、复而不厌者谓之道。道者万世之弊,弊者道之失也。先王之道必有偏而不起之处,故政有眦而不行,举其偏者以补其弊而已矣。三王之道所祖不同,非其相反,将以救溢扶衰,所遭之变然也。故孔子曰:"亡为而治者,其舜乎!"改正朔,易服色,以顺天命而已;其余尽循尧道,何更为哉!故王者有改制之名,亡变道之实。然夏上忠,殷上敬,周上文者,所继之救,当用此也。孔子曰:"殷因于夏礼,所损益可知也;周因于殷礼,所损益可知也;其或继周者,虽百世可知也。"此言百王之用,以此三者矣。夏因于虞,而独不言所损益者,其道如一而所上同也。道之大原出于天,天不变,道亦不变,是以禹继舜,舜继尧,三圣相受而守一道,亡救弊之政也,故不言其所损益也。繇是观之,继治世者其道同,继乱世者其道变。今汉继大乱之后,若宜少损周之文致,用夏之忠者。

董子既以道之大原出于天而不变,又以三王政教有文质之不同。尧、舜、禹三圣之禅让,有改正朔、易服色之变,然此乃治世之相继,故无文质损益之变。若夏、殷、周三王之革命,则乱世之相继也,故有文质损益之改。《春秋》之作,本拨乱世而反诸正也,是以其言改制,实在文质损益方面。董子此论,足为后世变法、革命之说张本。

---

① 康有为:《孔子改制考》卷九,《康有为全集》第三集,第114页。

故《春秋》改制,明三教之所以不同,或从殷,或从周,或损周文从殷质,或变殷质用周文,其实皆不过承衰救敝而已。

改制之说,虽出于公羊家言。盖《公羊》推孔子为素王,故所作《春秋》行改制之实,而当一代新王矣。① 汉人习于此说,遂谓孔子为汉制法,其所改者,盖损周文以益殷质而已。汉末郑玄折中今古,其所注《礼》尤采此说,即合乎《周礼》者为周制,其不合者为殷制也。

观南海所论,以上古茫昧无可稽考,至孔子之世,诸子并皆创教改制,然"其说亦多偏蔽,各明一义",而孔子乃其卓然耳。自是以后,"天下咸归依孔子,大道遂合,故自汉以后无诸子"②。孔子虽无帝王之尊,然此种改制又非帝王所能行,故后儒盛称自生民以来未有若孔子者也,则上古圣神,若尧舜禹汤文武周公,而孔子贤于彼等,即以其能创制而垂法万世也。苏舆胶泥于王者改制之文,以为"非天子,不议礼,不制度,不考文",遂谓孔子无行道之权,自不能改制。然孔子大圣,其能改制,又非"改正朔,易服色"之类所能比拟者。

是以南海曰:

> 诸子何一不改制哉?后世风俗,法密如网,天下皆俯首奉法,无敢妄作者。……诸子之改制明,况大圣制作之孔子,坐睹乱世,忍不损益,拨而反之正乎?知我罪我,惟义所在,固非曲士、夏虫所能知矣。③

孟子之后,两千年间,南海乃真知孔子之志业者也,然后毅然行改制之实,尤非守文屈曲之儒士所能为也。

2. 以夷变夏与以夏变夷

驯至晚清,中国当衰微之际,故不得不用西法。用西法,则不得不变更古制,

---

① 南海因释"儒"之名义曰:"盖孔子改制后,从其学者皆谓之'儒'。故'儒'者,譬孔子之国号,如高祖之改国号为汉,太宗有天下之号为唐,艺祖有天下之号为宋,皆与异国人言之。至于臣民自言,则云皇朝、圣朝、本朝、国朝,人自明之,不待称国号也。"(康有为:《新学伪经考》,《康有为全集》第一集,第414页。)盖孔子改制,当一代新王,是以"儒"称,自别于前朝,益明孔子当素王之义也。
② 康有为:《孔子改制考》卷二,《康有为全集》第三集,第8页。
③ 康有为:《孔子改制考》卷三,《康有为全集》第三集,第21页。

此改制之说所由起也。南海谓"孔子所以为圣人,以其改制"①,此说真得圣心焉。

虽然,中国自古又有夷夏外内之说,盖中国素以夏自居,而有变夷之道,今若参用西法,则不免以夷变夏矣。是以南海以三世说与内外说参比而为论,即以吾国居据乱世而为夷,西方处升平、太平世而为夏。② 南海又推衍《春秋》三世之说,以孔子本有大同之说,则西法亦不出吾儒范围,是以变法之实,不过用孔子大同之说耳。

是以梁启超论南海之改制曰:

> 近人祖述何休以治《公羊》者,若刘逢禄、龚自珍、陈立辈,皆言改制,而有为之说,实与彼异。有为所谓改制者,则一种政治革命、社会改造的意味也,故喜言通三统。三统者,谓夏、商、周三代不同,当随时因革也。喜言张三世。三世者,谓据乱世、升平世、太平世,愈改而愈进也。有为政治上变法维新之主张,实本于此。③

梁氏以为,南海改制之说,实出于《公羊》通三统、张三世之旧论,而为其维新变法主

---

① 康有为:《桂学答问》,1894 年,《康有为全集》第二集,第 18 页。
② 关于中国思想中的夷夏观念,柯文所论颇佳,以为"在鸦片战争前,中国人倾向于把中国看成一个世界,而非一个民族。所以,它不可能是某种更大的东西的一部分,例如法国可能视自己为欧洲的主要部分。如果说中国并未完全囊括'天下',那么,它起码囊括了'天下'所有应囊括之物。……由于中国是一个自我包容的宇宙,所以对民族的概念极为陌生。中国人若要把中国视为一个民族,应先知道世界上还有某些非中国的价值,只有这样他们才能仅仅因为他们的民族性而尊重自己"。(柯文:《在传统与现代性之间:王韬与晚清改革》,江苏人民出版社,2003 年,第 41 页。)其实,现代之国际关系理论,产生于十四五世纪欧洲列强争衡的局面,然而,二战以后,随着美、苏两super格局的形成,各以"中国"自居,且以某种普遍价值相标识,从而多少回到了中国古代那种"天下"观念。
  　南海改制,盖欲使中国进于大同。其《孔子改制考》序言之曰:"孔子卒后二千三百七十六年,康有为读其遗言,渊渊然思,凄凄然悲,曰:嗟夫!使我不得见太平之泽、被大同之乐者何哉?使我中国二千年、方万里之地。四万万神明之裔不得见太平之治、被大同之乐者何哉?使大地不早见太平之治、逢大同之乐者何哉?……嗟夫! 见大同太平之治也,犹孔子之生也。《孔子改制考》成书,去孔子之生二千四百四十九年也。"又谓孔子生于乱世,乃据乱而立三世之法,"不过其夏葛冬裘,随时救民之言而已",然后世君臣,不仅谨守孔子拨乱之制而已,且未能尽之,至朱子大贤,"蔽于据乱之说而不知太平大同之义",此两千年中国之未由进于大同太平之世也。(参见《康有为全集》第三集,第 3 页。)是以南海改制,以西洋已进于小康、大同,故欲参用其法,使中国亦进乎此境界也。其后,全盘西化论勃起,皆以西方得进入小康、大同之"光明大道",此所以为科学也,故欲尽法之。至于孔子,不过空存大同之理想,虽"垂精太平",然究未显言之而已。
③ 梁启超:《清代学术概论》,《梁启超论清学史二种》,复旦大学出版社,1985 年,第 65 页。

张之依据也。盖通三统明制度当随时因革,而张三世则明因改制而进化也。①

南海欲变之古制实有二:其一,有清一代祖宗之成法;其二,数千年一统之法。其中,祖宗成法尤关系国本,稍有不慎,即致国家倾覆。南海乃托于六朝、唐、宋、元、明之弊政以变之,谓"今之法例,虽云承列圣之旧,实皆六朝、唐、宋、元、明之弊政也","今但变六朝、唐、宋、元、明之弊政,而采周、汉之法意,即深得列圣之治术者也",②又假康、乾间变易八贝勒议政旧制之成例,以为祖宗之法亦无有不可变者,至谓祖宗之地既不可守,不若变祖宗之法以济时艰。③南海曰:

> 将笃守祖宗之法度耶?则大地忽通,数十强国环迫,皆祖宗所未遇,必不能执旧方以医变症也。将近采汉、唐、宋、明之法度耶?则接邻诸国文学极盛,迥非匈奴、突厥、契丹犷野之风,又汉、唐、宋、明所未有也。将上法唐、虞、三代之治,道德纯备矣,而时势少异,或虑有一二迂阔而远于事情者。④

南海自谓其变法乃采"周、汉之法意",犹王安石假"先王之意"以济其说,其实皆欲

---

① 《公羊传》为康氏变法所资如此,故张之洞攻之曰:"平生学术最恶《公羊》之学,每与学人言,必力诋之。四十年前,已然诋为乱臣贼子之资。至光绪中年,果有奸人演《公羊》之说以煽乱,至今为梗。"(张之洞:《抱冰堂弟子记》,《张之洞全集》册十二,卷298,第10631页。)张氏攻《公羊》如此,康氏乃谓"张之洞不读《公羊》",又谓"张之洞不信《公羊》,不信孔子。……然千年来,岂以《公羊》作乱者哉?"(康有为:《驳张之洞劝戒文》,1900年12月,《康有为全集》第五集,第336、345页。)朱一新亦痛诋刘申受、宋于庭之徒,以为当诛,"刘申受于邵公所不敢言者,毅然言之,卮辞日出,流弊其大"(朱一新:《答康长孺书》,《康有为全集》第一集,第319页),"刘申受、宋于庭之徒,援《公羊》以释四子书,恣其胸臆,穿凿无理。仆尝谓近儒若西河、东原记丑而博,言伪而辨;申受、于庭析言破律、乱名改作,圣人复起,恐皆不免于两观之诛"(朱一新:《复康长孺第四书》,《康有为全集》第一集,第327页)。

其先,龚定庵据《春秋》,以为清廷当"自改革",则与西夷之逼无涉也。南海发此议论甚早,1886年,其于《民功篇》中据《易》"穷则变,变则通,通则久"之语,以为"更性移代"之改制,不足异而美之,当"早自变改",则祖宗之基业万世可存。(参见康有为:《民功篇》,《康有为全集》第一集,第70页。)

② 康有为:《上清帝第一书》(1888),《康有为全集》第一集,第183页。
③ 然至1901年,清廷颁布新政上谕,即声称祖宗之法可变,谓"伊古以来,代有兴革,当我朝列祖列宗因时立制,屡有异同。入关以后已殊沈阳之时,嘉庆、道光以来,渐变雍正、乾隆之旧。大抵法积则敝,法敝则更,惟归于强国利民而已"。此谕示固与南海之论不殊,然犹谓"康逆之讲新法,乃乱法也,非变法也"。
④ 康有为:《上清帝第七书》,《康有为全集》第四集,第29页。

尽变旧制也。①

其时守旧者又多托圣人之法以阻变法。南海乃极言数千年一统之法,非列强竞争之世所宜,"方今当数千年之变局,环数十国之觊觎,既古史所未闻,亦非旧法所能治"②,"夫方今之病,在笃守旧法而不知变,处列国竞争之世,而行一统垂裳之法"③。虽然,变法家虽欲变量千年之法,然犹以为无悖古圣人之道。冯桂芬即曰:

> 三代圣人之法,后人多疑为疏阔,疑为繁重,相率芟夷屏弃,如弁髦敝屣,而就其所谓近功小利者,世更代改,积今二千余年,而荡焉泯焉。一二儒者,欲挟空言以争之,而势恒不胜,迫乎经历世变,始知三代圣人之法,未尝有此弊,夫而后恍然于圣人之所以为圣人也。④

又曰:

> 桂芬读书十年,在外涉猎于艰难情伪者三十年,间有私议,不能无参以杂家,佐以私臆,甚且羼以夷说,而要以不畔于三代圣人之法为宗旨。⑤

若冯氏所言,后世之敝政,盖因尽弃三代圣人之法故也,是以今之变法,虽间采西法,犹不当悖于古圣人之法也。其时南海假《春秋》三世之说,亦以西法与圣人之道若合符节。盖冯氏、康氏皆欲假圣人之名,以行变法之实耳。

可见,南海以中国数千年皆处据乱之世,是以其所欲变者,非止有清一代之法,实欲变数千年之法也。

---

① 其时朱一新谓"法可改,而立法之意不可改",盖以南海之变法实变先王之意也;又谓南海"不揣共作,而漫云改制,制则改矣,将毋义理亦与之俱改乎?"义理殊,则风俗殊;风俗殊,则制度殊,是以"治国之道,必以正人心、厚风俗为先,法制之明备,抑其次也"。(朱一新:《朱侍御复康长孺第四书》,《康有为全集》第一集,第327、328页。)朱氏此种担忧,不幸而言中矣,是以今之漫言改革者当慎之又慎矣。
② 康有为:《殿试策》,1895年,《康有为全集》第二集,第66页。
③ 康有为:《上清帝第六书》,《康有为全集》第四集,第17页。
④ 冯桂芬:《校邠庐抗议·自序》,上海书店出版社,2002年。
⑤ 冯桂芬:《校邠庐抗议·自序》。

虽然,守旧派朱一新犹攻南海,谓其实欲以夷变夏也,"阳尊孔子,阴祖耶稣"①,"托于素王改制之文,以便其推行新法之实"②。然南海曰:

> 其地之大,人之多,兵之众,器之奇,格致之精,农商之密,道路邮传之速,卒械之精炼,数十年来,皆已尽变旧法,日益求精,无日不变,而我中国尚谨守千年之旧敝法。③

南海盖以西夷已进乎升平、太平之世,今之夷已不同于古之夷也,故不可纯用"以夷变夏"之旧论视之。

朱氏又以夷夏伦理纲常不同,而南海则列举法国刑法、民法之条目,以证夷人亦讲礼义廉耻,与吾国不异,"至于三纲五常,以为中国之大教,足下谓西夷无之矣,然以考之则不然","至于人心风俗之宜,礼义廉耻之宜,则《管子》所谓'四维不张,国乃灭亡',有国有家,莫不同之,亦无中外之殊也"④,又谓"今日泰西之法,实得列国并立之公理,亦暗合吾圣经之精义,不得谓之西法也"⑤。南海又自叙其心意,谓反对变法者"恶夷狄之名,不深求中外之势,故以西学为讳"⑥。可见,南海盖与《春秋》同,亦持文化普遍主义之立场,故不以夷、夏有别也。

其弟子徐勤亦借《春秋》以破夷夏之大防,曰:

> 《春秋》无通辞之义,《公》《穀》二传未有明文,惟董子发明之。后儒孙明复、胡安国之流不知此义,以为《春秋》之旨最严华夷之限,于是尊己则曰"神明之俗",薄人则曰"禽兽之类"。苗、瑶、侗、僮之民,则外视之。边鄙辽远之地,则忍

---

① 康有为:《答朱蓉生书》(1891),《康有为全集》第一集,第 323 页。
② 朱一新:《朱侍御复康长孺第四书》,《康有为全集》第一集,第 327 页。
③ 康有为:《答朱蓉生书》(1891),《康有为全集》第一集,第 323 页。南海又谓三统之制,西夷亦颇有同于中夏者,如其谓西夷尚白之类。(参见康有为:《春秋董氏学》卷五,《康有为全集》第二集,第 370 页。)
④ 同上,第 324 页。
⑤ 康有为:《进呈〈日本变政考〉等书乞采鉴变法以御侮图存折》,1898 年 4 月 10 日,《康有为全集》第四集,第 48 页。如南海论中西音乐,即以西洋音乐颇近于中国古乐,而古乐亡于中国久矣,故以西乐代替今乐,不过复中国之古乐而已。(康有为:《丹墨游记》[1904],《康有为全集》第七集,第 466、467 页。)
⑥ 同上,第 326 页。

而割弃之。呜呼！背《春秋》之义，以自隘其道。孔教之不广，生民之涂炭，岂非诸儒之罪耶！若无董子，则华夏之限终莫能破，大同之治终未由至也。①

盖汉代公羊家之外内说本有二义：其一，严夷夏之防，盖为攘夷张目也；其二，远近大小若一，故有进退夷夏之法，盖为大同修涂也。宋儒孙明复、胡安国以夷狄之势凌逼中国，乃专取夷夏大防为论。清代公羊家则反是，亦偏取一说，其初言满汉大同，至南海，则倡言中外大同矣。

董子有"《春秋》无达辞"一语，盖泛论例之有变也。南海则举夷、夏之辨而论之，以为夷、夏之辞皆从其事，非专有所指也。是以夷狄有礼义，则予以夏辞；诸夏无礼，则夺以夷辞。《春秋》书"晋伐鲜虞"，盖以晋伐同姓，故退以夷狄之也。宋儒于夷狄之创痛尤深，故严夷夏之防，遂以夷夏为定名。

谭嗣同亦据《春秋》为论，然别创新旧之义，以论夷夏之进退。其《湘报后叙》有云：

> 《春秋传》曰：中国亦新夷狄。《孟子》曰："亦以新子之国。"新之为言也，盛美无憾之言也。而夷狄、中国同此号者何也？吾尝求其故于《诗》矣，周之兴也，僻在西戎，其地固夷狄也，自文王受命称王，始进为中国。秦虽继有雍州，春秋人不以所据之地而不目之为夷。是夷狄中国，初不以地言。故文王之诗曰："周虽旧邦，其命维新。"旧者夷狄之谓也，新者中国之谓也；守旧则夷狄之，开新则中国之。新者忽旧，时曰新夷狄；旧者忽新，亦曰新中国。新同而所新者不同。危矣哉！己方悻悻然自鸣曰守旧，而人固以新夷狄新之矣。是夷狄中国，果不以地言，辨于新，辨于所新者而已矣。然仅言新，则新与所新者亦无辨，昨日之新，至今日而已旧，今日之旧，至明日而又已旧，乌足以状其美盛而无憾也。吾又尝求其故于《礼》与《易》矣，《礼》著成汤之铭："苟日新，日日新，又日新。"《易·系》孔子之赞："日新之谓盛德。"言新必极之于日新，始足以为盛美而无憾，执此以言治言学，固无往不贵日新矣。②

---

① 康有为：《春秋董氏学》卷六下，《康有为全集》第二集，第414页。又见《春秋笔削大义微言考》卷六，《康有为全集》第六集，第179页。晚清革命党兴，即自足于前明十八省故地，盖严华夷之限故也。
② 转引自王尔敏：《晚清政治思想史论》，广西师范大学出版社，2002年，第28、29页。

若谭氏之言,则西方不恒为夷狄,而今乃进为中国矣;中国亦不恒为中国,而今乃退为新夷狄矣。揆诸《春秋》以夏变夷之说,则此时中国方为夷狄,其用西法而改用新制,实不违《春秋》之义。谭氏之说,盖欲借经说以杜反对者之口耳。

梁启超则径谓"以夷变夏"为是。其《变法通议》云:

> 孔子曰:"天子失官,学在四彝。"《春秋》之例,彝狄进至中国,则中国之。古之圣人,未尝以学于人为惭德也。……故夫法者,天下之公器也,征之域外则如彼,考之前古则如此。而议者犹曰"彝也,彝也"而弃之,必举吾所固有之物,不自有之,而甘心以让诸人,又何取耶?①

礼失求诸野,则今之中国,非古之中国矣,其学于夷狄者,殆亦古圣贤之道焉。

《春秋繁露·竹林》云:"《春秋》之于偏战也,犹其于诸夏也。引之鲁,则谓之外。引之夷狄,则谓之内。"徐勤发挥其师说曰:

> 引之鲁,则谓之外。引之夷狄,则谓之内。内外之分,只就所引言之耳。若将夷狄而引之诸地、诸天、诸星之世界,则夷狄亦当谓之内,而诸地、诸天、诸星当谓之外矣。内外之限,宁有定名哉?②

则今日之西夷,就地球言之,亦可谓之内也。今日有"地球村"之说,则以内外如一矣,如是而为大同。故徐勤释《春秋繁露·奉本》"远夷之君,内而不外"一语曰:"则外而变内,是天下无复有内外之殊矣。圣人大同之治,其在斯乎!其在斯乎!"③

早于南海之变法家,亦知变法不免落人"以夷变夏"之讥。若薛福成《筹洋刍议》,乃别创一说以自卫,云:

> 或曰:"以堂堂中国,而效法西人,不且用夷变夏乎?"是不然,夫衣冠、语言、风俗,中外所异也。假造化之灵,利生民之用,中外所同也。彼西人偶得风

---

① 梁启超:《饮冰室文集》之一。
② 康有为:《春秋董氏学》卷六下,《康有为全集》第二集,第414页。
③ 康有为:《春秋董氏学》卷六下,《康有为全集》第二集,第416页。

气之先耳,安得以天地将泄之秘,而谓西人独擅之乎?又安知百数十年后,中国不更驾其上乎?至若赵武灵王之习骑射,汉武帝之习楼船,唐太宗驾驭藩将与内臣一体,皆有微旨存乎其间。今诚取西人器数之学,以卫吾尧舜、禹汤、文武、周孔之道,俾西人不敢蔑视中华,吾知尧舜、禹汤、文武、周孔复生,未始不有事乎此,而其道亦必渐被乎八荒,是乃所谓用夏变夷者也。①

薛氏盖以器数之学乃中外所同,无分于东西,则变法之所取,犹默深"师夷长技"耳,故终无妨于吾先王之道矣。

其时叶德辉攻击南海,谓"康有为隐以改复原教之路得自命,欲删定六经而先作《伪经考》,欲搅乱朝政而又作《改制考》,其貌则孔也,其心则夷也"②。钱穆也有类似的评价:"康氏之尊孔,并不以孔子之真相,乃自以所震惊于西俗者尊之,特曰西俗之所有,孔子亦有之而已。是长素尊孔特其貌,其里则亦如彼。"③南海欲以夷变夏,其迹盖昭然矣。

南海又以文、质别夷夏。公羊家素以孔子损文用质,则《春秋》盖取质法也。其后董子亦谓《春秋》为质法,如"承周文而反之质"(《春秋繁露·十指》),"此《春秋》之救文以质也"(《王道》),"然则《春秋》之序道也,先质而后文"(《玉杯》)。然南海犹别自有说,曰:

> 天下之道,文质尽之。然人智日开,日趋于文。三代之前,据乱而作,质也。《春秋》改制,文也。故《春秋》始义法文王,则《春秋》实文统也。但文之中有质,质之中有文,其道递嬗耳。汉文而晋质,唐文而宋质,明文而国朝质,然皆升平世质家也。至太平世,乃大文耳。后有万年,可以孔子此道推之。④

公羊旧论素以《春秋》为质家法,今南海据人类进乎文明之义,谓《春秋》法文王,乃

---

① 薛福成:《筹洋刍议》,《戊戌变法》册一,第160页。
② 叶德辉:《与刘先端、黄郁文两生书》,《翼教丛编》卷六。当时守旧派官僚莫不有此评论,若文悌谓康氏"专主西学,欲将中国数千年相承大经大法,一扫刮绝,事事时时以师法日本为长策",又攻其"欲去跪拜之礼仪,废满汉之文字,平君臣之尊卑,改男女之外内,直似止须中国一变而为外洋政教风俗,即可立致富强,而不知其势,小则群起斗争,召乱无已,大则各便私利,卖国何难"。(文悌:《严参康有为折稿》,《戊戌变法》册二,第484、485页。)
③ 钱穆:《中国近三百年学术史》下册,商务印书馆,2011,第780页。
④ 康有为:《春秋董氏学》卷五,《康有为全集》第二集,第370、371页。

文家法。又以王朝之更迭,为一文一质之递嬗,故清世为质家,而南海之变法犹效孔子改制,或自居文王也。

盖南海所谓文家法,多取文明进化之意,"夫野蛮之世尚质,太平之世尚文。尚质故重农,足食斯已矣。尚文故重工,精奇瑰丽,惊犹鬼神,日新不穷,则人情所好也"①。又以孔子为文王,盖因文明道统在兹,斯为教主也,"盖至孔子而肇制文明之法,垂之后世,乃为人道之始,为文明之王。盖孔子未生以前,乱世野蛮,不足为人道也。盖人道进化以文明为率,而孔子之道尤尚文明。……盖孔子上受天命,为文明之教主、文明之法王,自命如此,并不谦逊矣"②。康氏以孔子不独传承周文,至于中国文明,实自孔子而开辟也。此说颇为不经,尤未必与公羊家之"文"义相类也。

廖平亦以文、质区别夷夏。廖氏曰:

> 文为中国,质为海外,文详道德,质详富强。二者偏胜为弊,必交易互易,然后君子见在时局,《公羊》大一统之先兆也。③

又曰:

> 旧说以杞宋托文质,不知中国文家,泰西质家,所有仪制全反,然因革损益,皆在《春秋》以外,《春秋》所记,纲常不可变更者也。④

又曰:

> 泰西不详丧葬,与中国古世相同,凡属草昧,类皆如此。生养已足,自当徐理伦常,《孝经》之说,可徐徐引而进之,以自变其鄙野。⑤

中国今日骛于文,文胜质则史;泰西主于质,质胜文则野。史与野互相师

---

① 康有为:《大同书》第六,《康有为全集》第七集,第161页。
② 康有为:《论语注》卷九,《康有为全集》第六集,第445、446页。
③ 廖平:《公羊补证》卷七。
④ 廖平:《公羊补证》卷八。
⑤ 廖平:《公羊补证》卷六。

法，数十百年后，乃有彬彬之盛。①

据《易纬》《孟子》《公羊》以文王为文家之王，文家即所谓中国，质家则为海外。今按：此先师相传旧说也。②

中国古无质家，所谓质，皆指海外。一文一质，谓中外互相取法。③

盖廖氏以西方为质家，而中国为文家，此其与康氏不同也。考诸《春秋》，周之尚文，以其尊尊而文烦；殷之尚质，以其亲亲而质省。又《檀弓》子游谓戎狄之道乃"直情而径行"，则西人犹夷狄，皆尚质也。是以廖氏谓西人"质详富强""不详丧葬"，与中国礼仪之邦相反，真得《春秋》之义焉。④

南海与廖氏说文、质之不同⑤，不独与南海以文明释"文"义有关，亦与南海对"从周"之理解有关。《中庸》云："吾说夏礼，杞不足征也。吾学殷礼，有宋存焉。吾学周礼，今用之，吾从周。"南海注云：

孔子改制，必有所因，损益三代，而从周最多，取其近而易行也。周末诸子皆改制，子华作华山之冠以自表，墨子制三月之服、土阶茅茨是也。墨子攻孔子曰："子之古，非古也，法周未法夏也。"故知孔子改制从夏、殷少而从周多。

---

① 廖平：《公羊补证》卷八。
② 廖平：《知圣篇》，载李耀仙编，《廖平选集》上册，第175页。
③ 廖平：《知圣篇》，载李耀仙编，《廖平选集》上册，第180页。
④ 文犹尊尊，质犹亲亲，文家尚等级，质家则尚平等，则中国之法西方，盖损文从质之意焉。廖平别有一说，说西人"仪文节略，上下等威，无甚差别"，诚公羊家旧论也，然又谓西人之法与孔子前之春秋时相仿，而孔子改制，"设等威"，"贵贱等差斤斤致意"，则《春秋》尚文，又与公羊家素说相悖。（廖平：《〈知圣篇〉撮要》，《家学树坊》卷上，载李耀仙编，《廖平选集》下册，第621页。）
⑤ 不过，廖氏亦有用康氏之说者，其曰："古者三代历时久远，由质而文，至周略备。孔子专取周文，故云用周以文。实则孔子定于周，文所未备，尚有增加，安得预防其蔽而反欲从质与？"（廖平：《经话》甲篇卷一，载李耀仙编，《廖平选集》上，第414、415页。）又曰："四代礼节由质而文，由简而详，至周乃少备。"（《经话》甲篇卷二，载李耀仙编，《廖平选集》上，第485页。）盖廖氏亦以人类愈进愈文也。又曰："旧表以今用质，古用文，今主救文弊，古主守时制。……前误也。孔子于周有所加隆，非因陋就简，惟求质朴。……文明日开，不能复守太素，非夏、殷旧制实可用，特为三统而改，继周不能用夏礼，亦不能用殷礼，踵事增华。夏末已异禹制，汤承而用之。商末已变殷制，周承而用之。周末又渐改，孔子承而用之。故无有加文之事。"（《古学考》，载李耀仙编，《廖平选集》上册，第120页。）文、质之说异，亦廖氏初、二变不同之大端也。廖氏更以文质讲人类之进化，"开辟之初，狉狉獉獉，乃未至文明之纯朴，非君子所贵。文明之至，反于纯朴，乃为帝王盛业"。（《知圣续篇》，载李耀仙编，《廖平选集》上册，第269页。）则未来之反于纯朴，犹马克思"原始共产主义"之说也。

譬如今者变法,从宋、明者少,必多从国朝也。①

论者多惑于《论语·八佾》中"周监于二代,郁郁乎文哉!吾从周"一语,以为孔子但以周文之美盛而从周。然揆诸《中庸》"从周"之义,儒者虽常假复古为名,然以素位之故,故制度之大端多取于后王。② 论者又惑于《春秋》尚质之意,以为孔子改制必大变时王之制而后已,非也,不过取周制而益以己意,俗称"旧瓶装新酒",即此意也。

3. 孔子改制与六经之作

六经本上古之遗籍,其后经孔子改订,遂成后世之"经"也。然古文家欲抑博士,乃上托六经于周公,而孔子则不过"述而不作"之先师,如此,"孔子仅为后世之贤士大夫,比之康成、朱子尚未及也,岂足为生民未有范围万世之至圣哉?"③盖古文家于出门户之见,竟贬孔子如此,至于今文家亦据门户立场,必欲尊孔子为教主,为"生民未有之大成至圣",故必以六经出于孔子也。诚如今文家说,周公不过为上古茫昧时代之神王,纯出于后世所托,又焉能造作六经而施化于后世哉?

其先,廖平已谓孔子作六经矣。其曰:"六经,孔子一人之书。"④又:"孔子翻经以后,真正周制,实无可考。后世传习,皆孔子之言。"⑤至南海,则以孔子作六经,乃先秦旧说,曰:

> 六经皆孔子所作也,汉以前之说莫不然也。学者知六经为孔子所作,然后孔子之为大圣,为教主,范围万世而独称尊者,乃可明也。知孔子为教主,六经为孔子所作,然后知孔子拨乱世,致太平之功,凡有血气者,皆日被其殊功大德,而不可忘也。⑥

---

① 康有为:《中庸注》,《康有为全集》第五集,第387页。
② 南海实兼取二说,"孔子改制,取三代之制度而斟酌损益之;如夏时、殷辂、周冕、虞乐,各有所取,然本于周制为多。非徒时近俗宜,文献足征,实以周制上因夏、殷,去短取长,加以美备,最为文明也。孔子之道,以文明进化为主,故文明者,尤取之子思所谓'宪章文武'也。……即夏、殷更文,孔子亦不能从夏、殷而背本朝,以犯国宪也,何待发从周之说哉?"(康有为:《论语注》卷三,《康有为全集》第六集,第398页。)
③ 康有为:《孔子改制考》卷十,《康有为全集》第三集,第127页。
④ 廖平:《知圣篇》,载李耀仙编,《廖平选集》上册,第189页。
⑤ 廖平:《知圣篇》,载李耀仙编,《廖平选集》上册,第184页。
⑥ 康有为:《孔子改制考》卷十,《康有为全集》第三集,第128页。

盖自南海视之,上古茫昧无稽,周末诸子纷纷创教,各为改制之事,不独孔子然也。而孔子改制之迹,则见于六经。孔子本为诸子,然出乎其类,拔乎其萃,所作六经亦独能范围后世矣。

南海论《诗》曰:

> 《春秋》之为孔子作,人皆知之。《诗》亦为孔子作,人不知也。儒者多以二学为教,盖《诗》与《春秋》尤为表里也。儒者乃循之,以教导于世,则老、墨诸子不循之以教可知也。《诗》作于文、武、周公、成、康之盛,又有商汤、伊尹、高宗,而以为衰世之造,非三代之盛,故以为非古,非孔子所作而何?①

盖《淮南子·氾论训》谓"《诗》《春秋》,学之美者也,皆衰世之造也。儒者循之,以教导于世",南海本此,因谓孔子作《诗》也。且古诗本有三千余篇,若孔子之作者,盖"孔子间有采取之者,然《清庙》《生民》皆经涂改,《尧典》《舜典》仅备点窜,既经圣学陶铸,亦为圣作"②。此南海论孔子作《诗》也。

南海又曰:

> 《尧典》《皋陶谟》《弃稷谟》《禹贡》《洪范》,皆孔子大经大法所存。……其殷《盘》、周《诰》、《吕刑》聱牙之字句,容据旧文为底草,而大道皆同,全经孔子点窜,故亦为孔子之作。③

其先,王充已谓《尚书》为孔子所作,南海称许是说"有非常之大功"。④ 不独孔子作

---

① 康有为:《孔子改制考》卷十,《康有为全集》第三集,第129页。
② 康有为:《孔子改制考》卷十,《康有为全集》第三集,第128页。
③ 康有为:《孔子改制考》卷十,《康有为全集》第三集,第129页。
④ 按,《论衡·须颂》云:"问说《书》者:'钦明文思'以下,谁所言也? 曰:篇家也。篇家谁也? 孔子也。然则孔子鸿笔之人也,自卫反鲁,然后乐正,《雅》《颂》各得其所也。鸿笔之奋,盖斯时也。"南海因曰:"说《书》自'钦明文思'以下,则自《尧典》直至《秦誓》,言全书也。直指为孔子,称为鸿笔,著作于自卫反鲁之时,言之凿凿如此。……今得以考知《书》全为孔子所作,赖有此条,仲任亦可谓有非常之大功也。存此,可谓《尚书》为孔子所作之铁案。"(康有为:《孔子改制考》卷十,《康有为全集》第三集,第129页。)

《书》,至于墨子,南海亦谓有《书》之作,曰:

> 考墨子动称三代圣王、文、武,动引《书》,则《康诰》亦墨者公有之物。……以此推之,二十八篇皆儒书,皆孔子所作至明。若夫墨子所引之《书》,乃墨子所删定,与孔子虽同名而选本各殊,即有篇章、辞句、取材偶同,而各明其道,亦自大相反。……要孔、墨之各因旧文剪裁为《书》可见矣。……可知孔、墨之引《书》虽同,其各自选材成篇,绝不相同。知墨子之自作定一《书》,则知孔子之自作定一《书》矣,对勘可明。①

盖《书》本为上古圣王治世之遗迹,犹今之官方政典,非独孔子一家所能宝也。孔子既能删而为《书》,则其他诸子固亦能删也。南海所论,殊属近理。

南海又谓《仪礼》十七篇,亦孔子所作。《礼记·杂记》谓"哀公使孺悲之孔子学《士丧礼》,《士丧礼》于是乎书",据此,《士丧礼》本非大周通礼,待孔子制作,而哀公使孺悲来学,遂有士丧之礼。且观《墨子》一书,既屡称道禹、汤、文、武,又肆意攻击丧礼,可见丧礼本非禹、汤、文、武之制,乃孔子私作也。

不独《礼》也,至于《乐》,墨子亦肆其"轻薄诋诽",以为儒家所病,可见,《乐》亦孔子所作也。

至于《易》,南海以为伏羲画八卦,文王演为六十四卦,至于卦、彖、爻、象之辞,实全出于孔子,则孔子作《易》经也。然刘歆造"十翼"之说,而托于孔子,则孔子不过为《易》作传而已,此亦其抑孔子之智术耳。

若孔子作《春秋》,素无疑义。南海曰:

> 《春秋》为孔子作,古今更无异论。但伪古学出,力攻改制,并铲削笔削之义,以为赴告策书,孔子据而书之,而善恶自见。杜预倡之,朱子尤主之。若此,则圣人为一誊录书手,何得谓之作乎?②

今人莫不夷《春秋》为史,实可远绍杜预、朱熹也。

---

① 康有为:《孔子改制考》卷十,《康有为全集》第三集,第129、130页。
② 康有为:《孔子改制考》卷十,《康有为全集》第三集,第137页。

可见,南海谓孔子作六经,其旨则在尊孔子也。南海曰:

> 自古尊孔子、论孔子,未有若庄生者。……后世以《论语》见孔子,仅见其庸行;以《春秋》见孔子,仅见其据乱之制;以心学家论孔子,仅见其本数之端倪;以考据家论孔子,仅见其末度之一二。有庄生之说,乃知孔子本数、末度、小大、精粗无乎不在。……六经之大义,六经之次序,皆赖庄生传之。……古之人所为《诗》《书》《礼》《乐》,非孔子而何?能明庄子此篇,可明当时诸子纷纷创教,益可明孔子创儒,其道最大,而六经为孔子所作,可为铁案。①

盖南海以庄子为子夏再传,则孔子后学也,其种种荒诞寓言,亦为推明孔子之辞也。

孔子作六经,欲以改制也。然孔子有德无位,欲其制之可行,则必托古也。南海曰:

> 子思曰:"无征不信,不信民弗从。欲征信莫如先王。……巽辞托先王,俾民信从,以行权救患。……布衣改制,事大骇人,故不如与之先王,既不惊人,自可避祸。"②

南海此说,本出于《中庸》与《春秋纬》,实属近理。盖古人言事,好托古,"必则古昔,称先王"(《礼记·曲礼》),遑论孔子"与先王以托权"(《孝经纬·钩命诀》)、孟子"道性善,言必称尧、舜"(《孟子·滕文公上》)耶?近世以来,吾国凡言变革者,莫不挟洋自重,其术正同。

孔子生当周世,天命犹未改,此其所以"从周"也;然周人治世以文,其郁其烦,莫不以此,故孔子以为当"稍损周之文致",而益以夏、殷之法。《春秋》有三统之说,有文质之说,而南海悉以为托古。

桓三年何休注云:"明《春秋》之道亦通于三王,非主假周,以为汉制而已。"对此,南海曰:

---

① 康有为:《孔子改制考》卷十,《康有为全集》第三集,第140页。
② 康有为:《孔子改制考》卷十,《康有为全集》第三集,第141页。

夏、殷、周三统,皆孔子所托,故曰"非主假周"也。①

又,隐元年何注云:"质家亲亲先立娣,文家尊尊先立侄。嫡子有孙而死,质家亲亲先立弟,文家尊尊先立孙。其双生也,质家据见立先生,文家据本意立后生。"南海曰:

> 质家、文家,孔子所托三统之别号。《春秋》诡辞诡实,故不必言夏、殷、周,而曰质家、文家也。②

又,隐三年何注云:"二月、三月皆有王者。二月,殷之正月也;三月,夏之正月也。王者存二王之后,使统其正朔,服其服色,行其礼乐,所以尊先圣,通三统,师法之义、恭让之礼,于是可得而观之。"南海曰:

> 《春秋》于十一月、十二月、十三月皆书王,余则无之。盖三正皆孔子特立,而托之三王。其实秦、汉皆用十月,疑古亦当有因,未必用三正也。③

诸如此类,《公羊》凡言三统、文质之说,南海俱以为孔子所托。是说虽出《公羊》之外,然亦属近理也。

南海倡为孔子改制之说,本欲尊孔,然其余波所及,则不免夷孔子于诸子矣。故梁启超论曰:"《改制考》复以真经之全部分为孔子托古之作,则数千年共认为神圣不可侵犯之经典,根本发生疑问,引起学者怀疑批评的态度。"又曰:"虽极国推挹孔子,然既谓孔子之创学派与诸子之创学派,同一动机,同一目的,同一手段,则已夷孔子于诸子之列。"④盖南海勇于开拓,至其后果则常常弗有虑及焉。

民国时,太炎尝有《致柳翼谋书》,其中谓胡适以"六籍皆儒家托古,则直窃康长素之唾余。此种议论,但可哗世,本无实证。……长素之为是说,本以成立孔教;胡

---

① 康有为:《孔子改制考》卷十,《康有为全集》第三集,第142页。
② 康有为:《孔子改制考》卷十,《康有为全集》第三集,第144页。
③ 康有为:《孔子改制考》卷十,《康有为全集》第三集,第145页。
④ 梁启超:《清代学术概论》二十三,载朱维铮校注,《梁启超论清学史二种》,第65页。

适之为是说,则在抹杀历史。……此其流弊,恐更甚于长素矣"①,则胡适所论,又等而下之矣。

四、孔子制太平之法

孔子托古而改制,则无论所托者何人,似不碍其改制之实也。然观南海之说,则所托尧、舜与夏、殷、周三代,其意颇有不同。南海曰:

> 尧、舜为民主,为太平世,为人道之至,儒者举以为极者也。然吾读《书》,自《虞书》外未尝有言尧、舜者……皆夏、殷并举,无及唐、虞者。盖古者大朝,惟有夏、殷而已,故开口辄引以为鉴。尧、舜在洪水未治之前,中国未辟,故《周书》不称之。……孔子拨乱升平,托文王以行君主之仁政,尤注意太平,托尧、舜以行民主之太平。……特施行有序,始于粗粝而后致精华。《诗》托始文王,《书》托始尧、舜,《春秋》始文王,终尧、舜。《易》曰"言不尽意",圣人之意,其犹可推见乎? 后儒一孔之见,限于乱世之识。②

盖统而言之,孔子改制,常托尧、舜、文、武也。然观南海此文,则托尧、舜与托文、武,实有不同。南海实本《公羊》三世说,以为孔子托尧、舜者,欲明太平民主之制;托文、武者,明升平君主之制也。

南海又曰:

> 《春秋》始于文王,终于尧、舜。盖拨乱之治为文王,太平之治为尧、舜,孔子之圣意,改制之大义,《公羊》所传微言之第一义也。③
>
> 《春秋》据乱,未足为尧、舜之道。至终致太平,乃为尧、舜之道。④

---

① 傅杰编:《章太炎学术史论集》,云南人民出版社,2008年,第108页。
② 康有为:《孔子改制考》卷十,《康有为全集》第三集,第149、150页。
③ 康有为:《孔子改制考》卷十,《康有为全集》第三集,第150页。
④ 康有为:《孔子改制考》卷十,《康有为全集》第三集,第150页。

> 《春秋》《诗》皆言君主,惟《尧典》特发民主义。……故《尧典》为孔子之微言,素王之巨制,莫过于此。①

南海此时说三世义,似未为醇粹,盖唯言君主、民主之不同,即以文王之君主制为拨乱之法,而西人立宪之说,尚未尝寓目焉。

南海又攻墨子之制曰:

> 墨道节用、非乐,薄父子之恩,失生人之性,其道枯槁太觳,离天下之心,天下弗堪,咸归孔子,岂非圣人之道得中和哉?②

此南海论墨道之弊也。其后,南海竟因以诋呵儒家据乱之法,以为两千余年中国亦不过如此。

虽然,南海尊孔之大旨,亦尽见此书矣。盖南海当周末文敝之世,以《春秋》当新王,拨乱而反正,拔乎诸子之上,而独尊于两千余年。此其一也。又,孔子立三世之法,尤注意太平,则孔子为将来之法,而必将行于地球一统之世也。此其二也。

五、余论

宋儒程伊川为其兄明道先生所作《墓表》有云:"周公没,圣人之道不行;孟轲死,圣人之学不传。道不行,百世无善治;学不传,千载无真儒。"大概儒者的最高志向莫过于行道,故孔子屡屡梦见周公,盖其志在效法周公而能行道于当世也。然周末王权不振,礼崩乐坏,孔子所以汲汲于奔走列国,不过欲求汤七十里或文王百里之地,以行其教法,建立儒教之国而已。晚年,孔子不复梦见周公,盖以老之将至,遂不复有行道之志,乃托于西狩之获麟,假《春秋》以垂法后世,期有以继其志者。

---

① 康有为:《孔子改制考》卷十,《康有为全集》第三集,第152页。
② 康有为:《孔子改制考》卷十,《康有为全集》第三集,第216页。

汉以后,朝廷莫不尊儒,然毕竟非真能行孔子之教、用儒家之法者,故公羊家乃隐晦其说,唯推孔子为素王,以明教法所在。至于儒者之出处,不过敦行乡里,或得君行道而已。今观伊川先生所言,则宋儒诚能践行《公羊》之志者,故不独以明道为己任,且致力于"尧舜其君",以为行道之关键。然而,元祐、庆元之党禁相继,足见王权终能势焰于上,而教权不过托庇于儒者之入仕而已。其等而下者,则有明、清两朝之世俗君王仍僭号称圣。教权终未能驯化王权。

(作者单位:同济大学)

维新与守旧之争：论《春秋董氏学》与《春秋繁露义证》对董仲舒的不同诠释

郭晓东

一、引言

在中国思想史上，尽管班固(32—92)赞董仲舒(约前179—前104)"为儒者宗"①，朱子(1130—1200)称董仲舒"本领纯正""资质纯良"②，但事实上在很长一段时间里，董仲舒都没有真正受到重视，《春秋繁露》一书亦如欧阳修(1007—1072)所说的，"错乱重复"③，脱讹缺失甚夥，南宋四明楼钥(1137—1213)为之校订，始有定本，然明代所翻刻楼本，又错讹百出。清代卢文弨(1717—1795)对该书进行校勘之后，该书才基本可读。即便如此，董子之学仍未真正纳入学者的视野，直至清代今文经学的兴起，情况才发生改变。乾隆年间，常州庄存与(1719—1788)"宗仰江都"④，所著《春秋正辞》，始重视董子所述之《春秋》大义。其后凌晓楼(1775—1829)作《春秋繁露注》，作为注释《春秋繁露》的开山之作，该书梳章栉句，钩稽贯串，不仅文字校勘上更胜卢氏一等，且于《繁露》之《公羊》义蕴，亦多有所发挥，故梁任公(1873—1929)赞之曰："晓楼传庄、刘之学，谙熟《公羊》家法，故所注独出冠时，与段

---

① 班固：《汉书》，中华书局，1962年，第1317页。
② 朱熹：《朱子语类》，中华书局，1994年，卷137，第3262页。
③ 欧阳修：《书春秋繁露后》，收入《欧阳修文集》，四部丛刊影印景元本，卷七三，第4页。
④ 庄勇成：《少宗伯养恬兄传》，收入《毗陵庄氏族谱》，光绪元年刊本，卷三十，第29—30页。

氏《说文》同功矣。"① 然而,仍有批评者认为凌氏在义理之发挥上仍有所欠缺。② 从某种意义上说,真正在义理层面深入到董子之学内部的,当数康有为(1858—1927)所著《春秋董氏学》与苏舆(1872—1914)所著《春秋繁露义证》。

康有为《春秋董氏学》成书于光绪二十年(1894),并于光绪二十三年(1897)冬由上海大同译书局刊行。同《孔子改制考》一样,该书之作,是试图为其维新变法思想作进一步的理论论证。众所周知,康、梁变法最重要的理论基础就是《春秋》公羊学。而在公羊先师中,康有为最重视董仲舒,谓"其传师说最详,其去先秦不远,然则欲学《公羊》者,舍董生安归"③。又以董子为《春秋》之宗,是由《春秋》而上窥孔子之道的关键所在:

> 因董子以通《公羊》,因《公羊》以通《春秋》,因《春秋》以通六经,而窥孔子之道本。④

乃至视董子之地位尤高于孟、荀:

> 然大贤如孟、荀,为孔门龙象,求得孔子立制之本,如《繁露》之微言奥义不可得焉。董生道不高于孟、荀,何以得此? 然则是皆孔子口说之所传,而非董子之为之也。善乎王仲任之言曰:"文王之文,传于孔子。孔子之文,传于仲舒。"故所发言轶荀超孟,实为儒学群书之所无。若微董生,安从复窥孔子之大道哉! ⑤

为此康有为与门人一起作《春秋董氏学》八卷,通过发明其素王改制等《春秋》

---

① 梁启超:《中国近三百年学术史》,载朱维铮校注,《梁启超论清学史二种》,复旦大学出版社,1985年,第371页。
② 如康有为批评凌氏曰:"近惟得江都凌氏曙为空谷足音,似人而喜,然缘文疏义,如野人之入册府,聋者之听钧天,徒骇玮丽,不能赞一辞也,况于条举以告人哉!"见氏著:《春秋董氏学》自序,《康有为全集》第二集,中国人民大学出版社,2007年,第307页。苏舆亦批评曰:"凌之学出于刘氏逢禄,而大体平实,绝无牵傅。惟于董义,少所发挥,疏漏繁碎,时所不免。"见《春秋繁露义证·例言》,中华书局,1992年,第3页。
③ 康有为:《春秋董氏学》自序,《康有为全集》第二集,第307页。
④《春秋董氏学》自序,《康有为全集》第二集,第307页。
⑤《春秋董氏学》自序,《康有为全集》第二集,第307页。

维新与守旧之争：论《春秋董氏学》与《春秋繁露义证》对董仲舒的不同诠释

之微言，来表达康有为自己的思想与学术。然而，是书行世之后，即受到当时"翼教"学者的激烈批评，平江苏舆曰：

> 余少好读董生书，初得凌氏注本，惜其称引繁博，义蕴未究。已而闻有为董氏学者，绎其义例，颇复诧异。①

又曰：

> 光绪丁戊之间，某氏有为《春秋董氏学》者，割裂支离，疑误后学。如董以传所不见为"微言"，而刺取阴阳、性命、气化之属，撼合外教，列为"微言"，此影附之失实也；三统改制，既以孔子《春秋》当新王，而三统上及商、周而止，而动云孔子改制，上托夏、商、周以为三统，此条贯之未晰也；鄣取平莒，及鲁用八佾，并见《公羊》，而以为"口说"出《公羊》外，此读传之未周也。其他更不足辨。②

很显然，这里所讲的"某氏"，即指康有为。苏舆不像其他的翼教学者，如叶德辉（1864—1927）等人，因厌恶康有为，遂及于董仲舒，将《公羊传》《春秋繁露》等书视为"汉人杂纂之书"。③ 对苏舆而言，不仅从小就"好读董生书"，且认为《春秋繁露》是西汉大师说经之"第一书"，④只是在苏舆看来，康有为的《春秋董氏学》一书有关"微言""改制"等方面存在诸多重大缺失，"沿伪袭谬，流为隐怪，几使董生纯儒蒙世诟厉"。⑤ 为此苏舆作《春秋繁露义证》十七卷，试图厘清被康有为所歪曲的董仲舒与《公羊》学，从而达到"正学"以"翼教"的目的。

这样，在晚清思想史上，出现了一个颇为奇特的景观，对同一个董仲舒所展开的不同诠释，维新学者与翼教学者从各自的政治立场与学术立场出发，展开了针锋

---

① 《春秋繁露义证·自序》，第1页。
② 《春秋繁露义证·例言》，第3页。
③ 叶德辉：《叶吏部与段伯猷茂才书》，收入苏舆编，《翼教丛编》卷六，台湾"中央研究院"文哲研究所，2005年，第375页。
④ 《春秋繁露义证·例言》，第3页。
⑤ 《春秋繁露义证·自序》，第1页。

相对的论辩。

二、口说与微言

众所周知,由常州学派发端,晚清今文经学素来注重从"微言大义"的角度来理解《春秋》。① 到康有为那里,这一立场被推到了极致。在康有为看来,《春秋》有三:

> 一不修之《春秋》也,只有史文及齐桓、晋文之事,而无义焉,此鲁史之原文也。一孔子已修之《春秋》也,因其文而笔削之,因文以见义焉,此大义之《春秋》也,《公》《穀》多传之。一代数之《春秋》也,但以其文为微言大义之记号,而与时事绝无关,此微言之《春秋》也,公羊家董、何所传为多,而失绝者盖不知凡几矣。②

"不修之《春秋》"即孔子所据以作《春秋》之鲁史旧文,其之为"史文"而不具"经"之价值,亦即康有为所说之"无义",这是公羊家的共识。康有为之别出心裁者,是进而将孔子所作之《春秋》两分为"大义之《春秋》"与"微言之《春秋》"。所谓"大义之《春秋》",为孔子所笔削之经文,以及《公羊》《穀梁》两传所传之传文,亦即传世之《春秋》经、传文本,③由此本文直接昭示了孔子所示之"大义",此即康有为所谓"因文见义"。然而,在康有为看来,由文本所直接体现出来的"大义",毕竟要受到文本本身的局限:

> 《春秋》文成数万,其旨数千,大义焕焕,然仅二百余,脱略甚矣,安能见孔

---

① 如阮元在《庄方耕宗伯说经序》中即引其师李晴川之说评庄存与曰:"而独得先圣微言大义于语言文字之外,斯为昭代大儒。"见《味经斋遗书》,清道光七年刊本卷首,第1页。
② 《春秋笔削大义微言考》卷一,《康有为全集》第六集,第13页。
③ 康有为在《春秋笔削大义微言考》的《结序》中又分《春秋》为四本:一鲁史原文,不修之《春秋》;一孔子笔削,已修之《春秋》;一孔子口说之《春秋》义,《公》《穀》传之;一孔子口说之《春秋》微言,公羊家之董仲舒、何休传之。见《康有为全集》第六集,第9页。按:此《春秋》之四分法中,二、三两种即"大义之《春秋》"。

子数千之大旨哉?①

又曰:

《春秋》文成数万,其旨数千。今《春秋》经文万九千字,皆会盟征伐之言,诛乱臣贼子,黜诸侯,贬大夫,尊王攘夷,寥寥数旨外,安所得数千之旨哉?孟子曰:"其事则齐桓、晋文,其文则史,其义则丘窃取之。"以孟子之说,《春秋》重义,不重经文矣。凡传记称引《诗》《书》,皆引经文,独至《春秋》,则汉人所称引皆《春秋》之义,不引经文,此是古今学者一非常怪事,而二千年来乃未尝留意,阁束传文,独抱遗经,岂知遗经者,其文则史,于孔子之义无与。……《汉书·艺文志》,刘歆之作也,曰:"孔子褒贬当世大人威权有势力者,不敢笔之于书,口授弟子。"盖《春秋》之义,不在经文,而在口说。虽作伪之人不能易其辞。……董子为《春秋》宗,所发新王改制之非常异义及诸微言大义,皆出经文外,又出《公羊》外,然而孟、荀命世亚圣,犹未传之,而董子乃知之。又公羊家不道《穀梁》,故邵公作《穀梁废疾》,而董子说多与之同,又与何氏所传胡毋生义例同。此无他,皆七十子后学,师师相传之口说也。公羊家早出于战国,犹有讳避,不敢宣露,至董子乃敢尽发之。②

司马迁称《春秋》"文成数万,其旨数千",但在康有为看来,不到两万字的《春秋》文本,所记载的只有"尊王攘夷"等两百多条大义,不足以见孔子数千之旨,则所谓"其旨数千",只可能见之于《春秋》经、传文本之外。康有为又据孟子"其文则史,其义则丘窃取之"之说,以为孟子所重者在《春秋》之义,而非经文本身,盖经文本身不过史文,不足体现数千之旨故也。康有为又进而发现,古今传记在称引《诗》《书》时,都直接引用经文本身,唯独于《春秋》,则不引经文,而只是阐述《春秋》之义。在康有为看来,这是极不寻常的现象,所谓"二千年来乃未尝留意"之"古今学者一非常怪事",而其所以然者,盖《春秋》遗经,"其文则史,于孔子之义无与"。同时康有为又认为,或由于当时政治之禁忌,或由于陈义过高无法为时人所接受,故孔子之大

---

① 《春秋董氏学·自序》,《康有为全集》第二集,第307页。
② 《春秋董氏学》卷四,《康有为全集》第二集,第356—357页。

道,更多是以"口说"的形式而非诉诸经文的文字本身,所谓"《春秋》之义,不在经文,而在口说"。又谓"故知《春秋》言微,与他经殊绝,非有师师口说之传,不可得而知也"。①

这种"口说"之《春秋》,也就是"微言之《春秋》"。在康有为看来,正是董仲舒、何休(129—182)等《公羊》先师通过师师"口说",使得《春秋》之"微言"得以传承:

> 董生更以孔子作新王,变周制,以殷、周为王者之后。大言炎炎,直著宗旨。孔门微言口说,于是大著。②

为了证明有超越文本的"口说"存在,康有为在《春秋繁露》中梳理出若干董子之说不在《公羊》文本之内,然而又可以与《穀梁》、《公羊》何注、刘向及其他汉儒之说相印证的文献,《春秋董氏学》卷四即罗列《春秋口说》四十九条,其内容分别是:

> 董子口说与《穀梁》、何注同出《公羊》外。(2 条)③
> 董子口说与《穀梁》同出《公羊》外。(4 条)④
> 董子口说与刘向同出《公羊》外。(12 条)⑤
> 董子口说与何注同出《公羊》外。(30 条)⑥
> 董子口说与汉儒同出《公羊》外。(1 条)⑦

例如,《春秋》隐公五年"初献六羽",董子在《春秋繁露·王道》中说:"献八佾,讳八言六。"康有为对此即引《说苑·贵德篇》云:"今隐公贪利,而身自渔济上,而行八佾。"进而康有为下一按语曰:

---

① 《春秋董氏学》卷一,《康有为全集》第二集,第 309 页。
② 《孔子改制考》卷八,《康有为全集》第三集,第 103 页。
③ 《春秋董氏学》卷四,《康有为全集》第二集,第 357 页。
④ 《春秋董氏学》卷四,《康有为全集》第二集,第 357—358 页。
⑤ 《春秋董氏学》卷四,《康有为全集》第二集,第 358—360 页。
⑥ 《春秋董氏学》卷四,《康有为全集》第二集,第 360—364 页。
⑦ 《春秋董氏学》卷四,《康有为全集》第二集,第 364 页。

维新与守旧之争：论《春秋董氏学》与《春秋繁露义证》对董仲舒的不同诠释

> 经言六羽耳，董子何以知为八佾？盖口说相传也。不然，何《说苑》亦同之耶？①

也就是说，虽然《春秋》经书"初献六羽"，但董仲舒认为鲁隐公当时实质上是行八佾之乐，而《春秋》书"六羽"，是"讳八言六"。康有为即认为，董子之所以知道是八佾而非经文字面上的六羽，则是口说相传的结果，并且进而以刘向《说苑》的说法与董说相印证。而二说之所以能够一致，则恰恰说明这是两汉经师口说传承的结果。这样，康有为试图以此证明，董子之说虽出《公羊》文本之外，但既然可与汉代诸经师之说互相印证，则自有其渊源所在，而不是董仲舒个人的发明。当然，这一渊源于康有为而言，便是由师师口说，乃至最终上溯到孔子。康有为为此特别将董仲舒与孟子、荀子作比较曰：

> 大贤如孟、荀，为孔门龙象，求得孔子立制之本，如《繁露》之微言奥义不可得焉。董生道不高于孟、荀，何以得此？然则是皆孔子口说之所传，而非董子之为之也。②

也就是说，孟子、荀卿虽然道高于董子，但由于其未曾传孔子之口说，故求孔子立制之本而不可得。而董仲舒虽然在"道"的层面不能与孟、荀诸子相比肩，但由于得到孔子口说之传，则在此意义上董子反而可说是"轶荀超孟"。③ 这样，由"口说"之故，由董、何所传之《公羊》学说，遂直接孔子之源头而获得最大的权威性。职是之故，由董仲舒传孔子之"口说"，董仲舒遂得孔门真传；由康有为得董仲舒之"微言"，则康有为亦得孔子之真传，所谓前圣后圣，其揆一也。

如前所述，任何有助于康有为变法的主张，几乎都可以以"口说"和"微言"的名义获得其合法性依据，甚至可以说，"康有为认为自己就是这个时代的孔子口说的

---

① 《春秋董氏学》卷四，《康有为全集》第二集，第359页。
② 《春秋董氏学·自序》，《康有为全集》第二集，第307页。
③ 正如干春松所论及康有为心目中的董仲舒："董仲舒的重要性并不在于其自身的理论创发，而在于他通过《春秋繁露》传达了孔子制法之要道。"见氏著：《康有为与儒学的"新世"》，华东师范大学出版社，2015年，第128页。

传达者"①。于是,为了反驳康有为的政治主张,"翼教"学者自然而然地将批评的矛头针对康有为这一思想源头。叶德辉即明确地指出,"口说"的可信度不及经传:

> 口说、传记皆所以传经。口说托之传闻,失多而得少;传记托之载笔,得多而失少。②

朱一新(1846—1894)则对今文家专讲"微言"表示不满:

> 道、咸以来,说经专重微言,而大义置之不讲。其所谓微言者,又多强六经以就我,流蔽无穷。③

相对来说,苏舆并没有简单地否定"口说"的合法性。反过来,苏舆认为,在两汉时期《春秋》的传授过程中,事实上存在"口说传授"这一现象。在《春秋繁露·玉英》中,董仲舒在引纪侯语以论纪侯之贤时,苏舆注曰:

> 此称纪侯辞,较《传》引鲁子语详,盖得之师说,知传义兼传事矣。《说苑》诸书所纪《春秋》事,亦有出三传外者,足证师说流传,至汉未泯。④

苏舆这里论证的逻辑与康有为几乎没有任何差别,即以刘向等经师所说有出于三传之外者,来证明"师说流传,至汉未泯"。对于董仲舒"《春秋》诡辞"之类的说法,苏舆则注曰:

> 《春秋》诡辞,门弟子当有口说传授。⑤

苏舆又曰:

---

① 干春松:《康有为与儒学的"新世"》,第129页。
② 叶德辉:《叶吏部〈輶轩今语〉评》,《翼教丛编》卷四,第151页。
③ 朱一新:《无邪堂问答》卷一,中华书局,2000年,第21页。
④ 《春秋繁露义证》,第84页。
⑤ 《春秋繁露义证》,第84页。

维新与守旧之争：论《春秋董氏学》与《春秋繁露义证》对董仲舒的不同诠释

> 《春秋》有词移，有事移。与夷之弑，移之宋督，以善宣公，以鄫入齐，移之纪季，以贤纪侯，移其事也；郊之战，楚变而称子，里克杀奚齐，变而称君之子，移其词也。移其词者，即主文而推之；移其事者，非口说难明也。①

从上面的种种说法中，我们可以看出，对于苏舆来说，事实上承认对《春秋》诠释过程中有"口说"的必要性。也就是说，《春秋》经常以董仲舒所谓的"诡词"的面目出现，如果不通过历代先师"口说"的解释，我们就可能不能完全理解孔子笔削《春秋》的独特用心所在。在这一点上，苏舆与康有为对"口说"的看法非但不是水火不相容，反而在某种程度上具有相当大的一致性。不过，与康有为不同的是，苏舆又认为，"口说"虽然有必要性，然亦有局限性：

> 秦汉之于春秋，若今日之于明季，年代未远，源流相接，说之者尚可由诡辞得其委曲，然亦不必其密合而无失也。②

对于"年代未远"的情况来说，是有可能由"口说"之"诡辞"而"得其委曲"，但已经不必然能够"密合而无失"。那么，从秦汉到晚清，又经历了两千余年，则其可靠性就必然要打一个更大的折扣。也就是说，在苏舆看来，"口说"所表达的"委曲"会因时间之流逝而逐渐失真。很显然，对于苏舆来说，虽然《春秋》传经过程中"口说"的合法性与必要性是可以被承认的，但"口说"具有时代的局限性，于晚清之际，如果像康有为那样再侈言"口说"以解读《春秋》，则未必是合乎时宜的。

同样，苏舆也没有简单地否认《春秋》之"微言"。从严格的学术立场来说，汉儒屡有"微言"之说，这一点事实上不能轻易地被否认掉。问题的关键在于何谓"微言"，或者说"微言"的内涵到底应该是什么？是康有为所理解的那种"微言"吗？苏舆试图回答的问题即在于此。董仲舒称《春秋》"微其辞"③，又说："按经无有，岂不微哉？"④很显然，如果按照董氏这句话字面的意思，《春秋》之"微"，正表现在"经无有"上。故苏氏认为，凡不见于经传而有待于口授者谓之"微言"：

---

① 《春秋繁露义证》，第78页。
② 《春秋繁露义证》，第83页。
③ 《春秋繁露·楚庄王》，《春秋繁露义证》，第10、13页。
④ 《春秋繁露·玉英》，《春秋繁露义证》，第77页。

> 董以传所不见为微言。①
>
> 经所不见,有诡词,皆为微言。②
>
> 其一微言,如逐季氏言又雩,逄丑父宜诛,纪季可贤,及诡词移词之类是也,此不见于经者,所谓七十子口授传指也。③

在《玉杯》篇中,董仲舒论治《春秋》之法时说:"是故论《春秋》者,合而通之,缘而求之,五其比,偶其类,览其绪,屠其赘。"④其中"屠其赘"一语颇为难解,俞樾注说:

> 凡非经本有之义,皆谓之赘。为《春秋》宜杜塞之,则圣人大义不为群言淆乱矣。⑤

拒绝承认"凡非经本有之义"的合法性,这一说法在今文经学的反对者那里其实相当具有代表性。很显然,康有为"微言"诸说,在俞氏看来即是"宜杜塞之"的"赘"。但对于这一说法,苏舆在按语中却直接予以了否定。在他看来,"赘"当训为"余",即"不见于经,余意待申者"。⑥ 在苏舆看来,"赘"即"微"之所在,亦即《春秋》之所重:

> 天不言而四时行,圣人体天立言,而不能尽其意。所谓心之精微,口不能言,言之微眇,书不能文也。读《春秋》者,窥其微以验其著,庶几得仿佛耳。故曰:"《春秋》重赘。"⑦

苏舆又说:

> 天地万物之事审矣,圣人不能一一辨之,有能代圣人辨之,足见圣心者,视

---

① 《春秋繁露义证·例言》,第2页。
② 《春秋繁露义证》,第77页。
③ 《春秋繁露义证》,第38页。
④ 《春秋繁露·玉杯》,《春秋繁露义证》,第33页。
⑤ 《春秋繁露义证》,第33页。
⑥ 《春秋繁露义证》,第33页。
⑦ 《春秋繁露义证》,第96页。

之与正经同,而经不遗憾于赘矣。①

在这一意义上说,苏舆的立场与康有为似乎相当接近,即认为圣人虽于经未尝明言,但若后学"有能代圣人辨之"并"见圣心"者,则可视同"正经",这与康有为将"微言"视同"正经"的说法并无二致。不过,苏舆对此同时又做了一个似乎并不十分有力的限制,即"不可贸然无见而以臆说之"②,又曰:"要以原本礼纪,推极微眇,贵在不失圣人之意。"③然而,如何做到"不失圣人之意"呢?对苏舆而言,既然"微言"待"口说"而传,但"口说"既有时代之局限性,那么从"微言"入手理解《春秋》就不能得其真,故其批评康有为曰:"近人好侈微言,不知微言随圣人而徂,非亲炙传受,未易有闻,故曰仲尼没而微言绝。"④

三、改制之辨

在康有为看来,《春秋》诸"微言"中,首推素王改制之说。在《春秋董氏学》中,康有为专立一卷论《春秋》之改制。在康有为看来,"《春秋》专为改制而作",又谓改制之说,"此真《春秋》之金锁匙,得之可以入《春秋》者"。⑤ 对于朱子之批评《春秋》不可解,康有为则驳之曰:"夫不知改制之义,安能解哉?"⑥

作为《春秋》最重要之"微言","改制"并不见于《春秋》经传,而如前所述,在康有为看来,作为"微言"之"改制",实赖"口说"而流传:

> 《春秋》一书,皆孔子明改制之事。故孟子谓:"《春秋》,天子之事也。"曰作新王,曰变周之制。周时王也,而以为王者之后;杞公也,而降为伯;滕子也,而升为侯。此皆非常异义、万不可解之事,而董子数数言之。《说苑》所谓"周道

---

① 《春秋繁露义证》,第33页。
② 《春秋繁露义证》,第33页。
③ 《春秋繁露义证》,第33页。
④ 《春秋繁露义证》,第38—39页。
⑤ 《春秋董氏学》卷五,《康有为全集》第二集,第365页。
⑥ 《春秋董氏学》卷五,《康有为全集》第二集,第365页。

不亡,《春秋》不作",《淮南子》所谓"《春秋》变周",与何邵公、太史公说皆同。此云略说,则皆口说之流传。①

也就是说,尽管与"改制"相关的诸多说法"皆非常异义,万不可解之事",但不仅董子能言,孟子亦能言,《说苑》、《淮南子》、太史公、何邵公亦皆不约而同,可见其说自有来历,当是历代师承的结果,故其说可信。

然而,孔子之为布衣,何以能借《春秋》以"改制"?为了证明孔子"改制"之合法性,在《孔子改制考》中,康有为"遍考秦、汉之说",证明孔子为"素王"之义,其曰:

孔子为素王,乃出于子夏等尊师之名。素王,空王也。②
孔子为制法之王,所谓素王也。③

在《孔子改制考》中,康有为不仅称孔子为"素王",又称之为"文王":

《论语》:"文王既没,文不在兹。"孔子已自任之。王愆期谓:"文王者,孔子也。"最得其本。人只知孔子为素王,不知孔子为文王也。或文或质,孔子兼之。王者,天下归往之谓。圣人,天下所归往,非王而何?犹佛称为法王云尔。④

此又见《春秋董氏学》卷五。⑤ 所谓"文王",非《公羊传》及何休所以为的周文王⑥,康有为是在接受王愆期以文王为孔子的基础上,又以此"文王"为相对"素王"而

---

① 《春秋董氏学》卷五,《康有为全集》第二集,第369页。
② 《孔子改制考》卷八,《康有为全集》第三集,第104页。
③ 《孔子改制考》卷八,《康有为全集》第三集,第102页。
④ 《孔子改制考》卷八,《康有为全集》第三集,第105页。
⑤ 《春秋董氏学》卷五,《康有为全集》第二集,第366页。
⑥ 《春秋》开篇书"元年春王正月",《公羊传》曰:"王者孰谓?谓文王也。"何氏《解诂》称:"以上系王于春,知谓文王也。文王,周始受命之王,天之所命,故上系天端。方陈受命制正月,故假以为王法。"见《春秋公羊传注疏》,上海古籍出版社,2014年,第9—10页。盖何休谓元为天地之始,春为岁之始,则"元年春"象征着天命,"上系王于春",则《春秋》以"王"为得天命之王,于周而言,始受命王为周文王,故文王即周文王。然而何休又有"假以为王法"云云,则"周文王"者,亦可谓假托之辞,是以从《春秋》当新王的角度,则此文王即可如王愆期所以为的孔子。

言,素王者为质统,文王者为文统,而孔子兼而有之。进而在康有为看来,孔子于《春秋》倡言改制,实是"代天发意",故其曰:

> 故孔子之言,非孔子言也,天之言也;孔子之制与义,非孔子也,天之制与义也。①

这样,无论是孔子为王,还是"代天发意",都赋予了《春秋》改制的合法性。也就是说,孔子之改制,是孔子作为圣人受天之命而改制,是要革除衰周之弊,以定一王之大法:

> 孔子受命制作,以变衰周之弊,改定新王之制,以垂后世,空言无征,故托之《春秋》。故《春秋》一书,专明改制。②

故所谓"改制"者,即"改定新王之制,以垂万世"。"新王"云者,即董、何所倡言"以《春秋》当新王"之义,康有为论之曰:

> 《春秋》为改制之书,其他尚不足信,董子号为醇儒,岂为诞谩? 而发《春秋》作新王、当新王者,不胜枚举。若非口说传授,董生安能大发之? 出自董子,亦可信矣。且云"变周之制""继周之弊",以周为王者之后,故《诗》以王降为风,《论语》其或继周百世可知,皆指《春秋》王道而言。《淮南子》曰:"殷变夏,周变殷,《春秋》变周。"《说苑》曰:"夏道不亡,殷德不作;殷道不亡,周德不作;周道不亡,《春秋》不作。"皆以《春秋》为一王之治。③

在公羊家的视野里,与"《春秋》当新王"说密切相关的是"王鲁"说。"王鲁"之说,首见于《三代改制质文》:"故《春秋》应天作新王之事,时正黑统,王鲁,尚黑,绌夏,亲周,故宋。"其后何休更是将此说发挥到极致。在康有为那里,也是"改制"说

---

① 《春秋董氏学》卷五,《康有为全集》第二集,第365页。
② 《春秋董氏学》卷五,《康有为全集》第二集,第365页。
③ 《春秋董氏学》卷五,《康有为全集》第二集,第366页。

的重要理论依据,故其又谓"王鲁"云:

> "缘鲁以明王义",孔子之意专明王者之义,不过缘托于鲁,以立文字。①

不论是"《春秋》当新王"说,还是"王鲁"说,都预设认为有继周而来的王者起。有新王起,则必须改制以应天命,即以新王之新制取代旧制度。就董仲舒所论"改制",康有为最重视《三代改制质文》一篇,《春秋董氏学》卷五中就长篇引录此篇,用以明改制三统之义,并评论曰:

> 圣人胸有造化,知天命之无常,虑时势之多变,故预立三统以待变。通达之百王,推之九复,范围无外,非圣人之精思睿虑,其孰能为之?②
>
> 三统、三世皆孔子绝大之义,每一世中皆有三统。此三统者,小康之时,升平之世也。太平之世别有三统,此篇略说,其详不可得闻也。后世礼家聚讼,固有伪古之纷乱,而今学中亦多异同,如子服景伯、子游争立子、立孙、立弟,《公羊》《穀梁》争妾母以子贵、不以子贵,《檀弓》争葬之别合,曾子、子夏争殡之东西,孟子、《公羊》爵之三等、五等,禄之三品、二品,皆今学而不同,后师笃守必致互攻。岂知皆为孔子之三统,门人各得其一说,故生互歧。故通三统之义,而经无异义矣。自七十子以来,各尊所闻,难有统一之者,虽孟、荀犹滞于方隅。惟董子乃尽闻三统,所谓孔子之文传之仲舒也。③

康有为在这里所述之三统说颇具特色。通常公羊家之论三统,无非三正、三教之循环,以及"新周、故宋、以《春秋》当新王"诸义,而康有为独特之处在于,他将三统说与三世说相结合,认为每一世之中都有三统,而《三代改制质文》所述,不过是升平世之三统而已。康有为又以礼家之说为例,除了他以为的伪古文学之纷乱外,今学之中亦颇聚讼,其实诸说皆为孔子之三统,门人所得,分别为孔子所述之一统,故互有歧义,然今学诸说实可贯通,此即所谓"通三统"。

---

① 《春秋董氏学》卷五,《康有为全集》第二集,第367页。
② 《春秋董氏学》卷五,《康有为全集》第二集,第370页。
③ 《春秋董氏学》卷五,《康有为全集》第二集,第370页。

维新与守旧之争：论《春秋董氏学》与《春秋繁露义证》对董仲舒的不同诠释

董仲舒以《春秋》为"礼义之大宗"，在康有为看来，《春秋》作为改制之书，而礼尤其为改制之著者，故《春秋董氏学》中，又专设《春秋礼》一卷，以具体发明改制之义，其曰：

> 《春秋》为改制之书，包括天人，而礼尤其改制之著者。故通乎《春秋》，而礼在所不言矣。孔子之文传于仲舒，孔子之礼亦在仲舒。……至于董子，尽闻三统，尽得文质变通之故，可以待后王而致太平，岂徒可止礼家之讼哉？……今摘《繁露》之言礼者，条缀于篇，以备欲通孔子之礼者。虽无威仪之详目，其大端盖略具焉。①

在康有为看来，董子不仅传孔子之文，亦传孔子之礼。而董子于礼得之孔子者，虽无节目威仪之详，但尽得其精神实际，所谓"尽闻三统，尽得文质变通"，故康有为条列《春秋繁露》中诸多有关礼的论述，而多谓其得三统之义。如其论乐器，"乐器之有黑、白、赤，鼓之或载、或设、或程、或县，舞之用锡、用纤施、用羽龠、用万，俏之员、方、楕、衡，皆孔子改制，以为三统也"②。又如董子《三代改制质文》称冠礼"冠于阼""冠于堂""冠于房"，康有为评论曰："此冠礼之三统也。"③其论昏礼，称"此昏礼之三统也"④；论丧礼，称"此丧礼之三统"⑤；论宫室则云"此郊宫明堂之三统也"⑥；论刑则云"此刑之三统也"⑦，诸如此类，等等不一而足。

对于康有为的"改制"之说，苏舆同样没有如叶德辉等人那样将"改制"说视为"谬论"而简单地持否定态度。⑧苏舆在注董仲舒"王者必改制"一语时，具引了两汉时期的诸多有关"改制"的说法，并称其"相传旧说"云云。⑨在承认"改制"为两汉诸儒旧说的前提下，苏舆试图通过申明董学中"改制"的本义来驳正康

---

① 《春秋董氏学》卷三，《康有为全集》第二集，第330—331页。
② 《春秋董氏学》卷三，《康有为全集》第二集，第347页。
③ 《春秋董氏学》卷三，《康有为全集》第二集，第348页。
④ 《春秋董氏学》卷三，《康有为全集》第二集，第349页。
⑤ 《春秋董氏学》卷三，《康有为全集》第二集，第349页。
⑥ 《春秋董氏学》卷三，《康有为全集》第二集，第345页。
⑦ 《春秋董氏学》卷三，《康有为全集》第二集，第356页。
⑧ 如叶德辉说："时务学堂梁卓如，主张《公羊》之学，以佐其改制之谬论，三尺童子，无不惑之。"见叶德辉：《叶吏部与石醉六书》，载苏舆编，《翼教丛编》卷六，第338—339页。
⑨ 参见《春秋繁露义证》，第15—16页。

有为。

首先,苏舆在以"义证"《春秋》的前提下,指出《春秋》是"立义"之书,而不是"改制"之书:

> 《春秋》为立义之书,非改制之书,故曰"其义窃取"。郑玄《释废疾》云:"孔子虽有圣德,不敢显然改先王之法。盖制宜从周,义以救敝。制非王者不议,义则儒生可立。故有舍周从殷者,有因东迁后之失礼而矫之者,有参用四代者,存其义以俟王者之取法创制。《传》所云制《春秋》之义,以俟后圣者也。孔子志在《春秋》,但志之而已。"此篇所举,确为《春秋》特立之义。……何氏注《传》,辄云《春秋》之制,其实皆义而已。①

苏舆在此大段引用郑玄之说,以证明"义"与"制"的不同。"义"作为一种思想学说,可以由儒生所立,而作为国家制度之"制"则非"王者"不能议,所以说"改制属王者"②。这样,不仅康有为不能擅行改制,即便是孔子,由于有德无位,同样也是无权改制。

苏舆进而分析说,在董子那里,所谓"改制"之"制",并非国家根本制度,而不过是"正朔、服色"之类所谓的"天子大礼":

> 改制属王者,其文甚明,其事则正朔、服色之类也。③
> 正朔、服色数者,为天子大礼。④

而王者之所以要改制,则只有在新王受命之时,通过改革"正朔、服色"之类的东西来显扬一二,以新民耳目。苏舆广引《白虎通》等文献以论证说:

> 《白虎通·三正篇》:"王者受命,必改朔何?明易姓,示不相袭也。明受之于天,不受之于人,所以变易民心,革其耳目,以助化也。故《大传》曰'王者始

---

① 《春秋繁露义证》,第112—113页。
② 《春秋繁露义证》,第15页。
③ 《春秋繁露义证》,第15—16页。
④ 《春秋繁露义证》,第18页。

起,改正朔,易服色,殊徽号,异器械,别衣服'也。是以禹舜虽继太平,犹宜改以应天。"又《白虎通·号篇》:"王者受命,必立天下之美号,以表功自见,明易姓为子孙制也。……改制,天子之大礼。号以自别于前,所以表著己之功业也。必改号者,所以明天命已著,欲显扬己于天下也。"①

苏舆又对此下了一个按语说:

> 正朔、服色数者,为天子大礼。易姓受命,必显扬一二,以新民耳目。若议变更于守成之代,则不识治体矣。②

按照苏舆这样的理解,所谓"改制"云云,也就只有仪式性的象征意义,而不具有实质性的政治内涵,这样,事实上也就等于把康有为"改制"说的实际内涵给抽空掉了。进而言之,既然"改制"属新王之事,守成之代就不能轻言改制,于是康有为所论的"改制",在苏舆心目中也就成了所谓的"不识治体"。

与此相应的是,"改制"所改者既然只存在于"正朔、服色"等礼仪层面上,这也就意味着更具实质性的东西不容更改。那么,不容更改的到底是什么呢?董仲舒说:

> 若夫大纲、人伦、道理、政治、教化、习俗、文义尽如故,亦何改哉?故王者有改制之名,无易道之实。③

苏舆进而引申此义说:

> 申制度之可改,以明道理之决不可改。《礼·大传》云:"不可得而变革者,亲亲、尊尊、长长、男女有别。"董子复推广于政教、习俗、文义,所以防后世之借口蔑古者周矣。④

---

① 《春秋繁露义证》,第17页。
② 《春秋繁露义证》,第18页。
③ 《春秋繁露·楚庄王》,《春秋繁露义证》,第18—19页。
④ 《春秋繁露义证》,第18页。

根据上述诸说,可以看出,决不可改的"道",亦即是儒家所崇尚的"仁义礼乐"之类,所以苏舆又说:

> 仁义礼乐,不在改制之中。①

这样,苏舆试图从正反两个方面来申明"改制"之本义。从正面来说,苏舆承认"制"是可以改的,但所能改者只是变更"正朔、服色"之类的"典礼";从反面来说,"仁义礼乐"之"道"则是决不容更改的。这样,无论是从正面还是反面来说,都不支持康有为的"改制"之说。康有为讲变法,在苏舆看来,无疑是乱成宪,坠纲常,自然是试图更改"道",而不仅仅是在"正朔、服色"上的改变,显然与董仲舒的本旨相左,因而在学理上是不能成立的,在实践上是不能容忍的。所以苏舆有言曰:

> 以改道为邪言,董生之患深矣。后世犹有假其辞以致乱者。②

毫无疑问,苏氏所谓"假其辞以致乱者",指的即是康有为及一众康门弟子。然而,对康有为而言,汉代《春秋》家有孔子"作《春秋》以改乱制"、孔子作《春秋》为汉制作立法等说法,又董仲舒在《繁露》中有《三代改制质文》一篇,盛言"以《春秋》当新王"以改制之说,这些都被认为是历代公羊先师所传下来的《春秋》经传本有的说法,都可以支持康有为的"改制"说。因此,如何看待上述诸说,特别是《三代改制质文》篇中的"以《春秋》当新王"说,就成了苏舆所要解决的问题的关键所在。

首先,苏舆指出,将改制与孔子《春秋》相联系之说最初来自汉代的纬书:

> 《春秋纬》云:"作《春秋》以改乱制。"自是遂有以改制属孔子《春秋》者。然云"改乱制",是改末流之失,非王者改制之谓也。董子所谓立义云尔。③

---

① 《春秋繁露义证》,第19页。
② 《春秋繁露义证》,第17页。
③ 《春秋繁露义证》,第16页。

在苏舆看来,正因为《春秋纬》中有"作《春秋》以改乱制"之说,所以后来的《春秋》家才将改制与《春秋》联系起来。但苏舆同时认为,《春秋纬》中的"改乱制"并不等同于"王者"的"改制",它只是针对末流之失所做的修改,从而仍然属于董子所说的"立义"范围,因此,纬书此说,并不足以为"改制"说张目。至于汉儒《春秋》为汉制作的说法,苏舆认为也与经义无干,纯粹是出于"尊时"之义:

> 《春秋》立义,俟诸后圣。后圣者,必在天子之位,有制作之权者也。汉之臣子尊《春秋》为汉制作,犹之为我朝臣子谓为我朝制作云尔,盖出于尊时之义,于经义无预焉。①

问题的关键在于董仲舒《三代改制质文》篇中的"以《春秋》当新王"说。苏舆本人也意识到这个问题的重要性,故在《义证》中设问说:

> 问者曰:"本书《三代改制》篇,明以《春秋》为一代变周之制,则何也?"②

对此苏舆回答说:

> 此盖汉初师说,所云正黑统、存二王云云,皆王者即位改制应天之事,托《春秋》以讽时主也。③

在苏舆看来,《三代改制质文》一篇中所说的,不过是汉儒的一般性通说。而"改制"云云,则主要是出于现实政治的考量。具体地说,西汉代秦之后,"沿用秦正,至于服色礼乐,并安苟简"④。然而汉儒颇以汉承秦制为耻,故屡屡提出改朔的主张。汉文帝时贾谊、公孙臣等人提议改朔未果,而董仲舒借《春秋》的名义倡言改制,目的也正在此,即劝说汉武帝进行改正朔、易服色、定官制等方面的改革,苏舆所谓的"讽时主",也就是这个意思。直至太初元年,汉武帝才开始采纳诸儒的

---

① 《春秋繁露义证》,第29页。
② 《春秋繁露义证》,第16页。
③ 《春秋繁露义证》,第16页。
④ 《春秋繁露义证》,第16页。

说法,进行了这项改革,以正月为岁首,色尚黄,数用五。据此苏舆考证说,董仲舒一定是在太初元年(前104)之前著《春秋繁露》,他本人也一定是卒于太初元年之前:

> 仲舒著书,皆未改正朔之前事,则其卒于太初前可知。①
> 故余以为董子若生于太初后,或不断断于是。②

进而苏舆认为,对董仲舒来说,"改制"云云,不过是"时务"之言,而不是发明圣道的"高论":

> 董生发明圣人之道者极多,改朔云云,特其一端,而其论发于太初未改正朔以前,在当日为时务,非高论也。③

对苏舆来说,与董子改制说密切相关的"《春秋》当新王"说也应作如是观。在他看来,董子倡言"《春秋》当新王",不过是为了讽劝时主改朔而作的"设词":

> "以《春秋》当新王"诸语,则汉世经师之设词也。④
> 此文以《春秋》当新王,乃说《春秋》者假设之词。⑤

"《春秋》当新王"说不见于《春秋》经传。《三代改制质文》篇有云:"故《春秋》应天作新王之事,时正黑统,王鲁,尚黑,绌夏,亲周,故宋。"⑥又曰:"《春秋》作新王之事,变周之制,当正黑统。"⑦这是公羊家"以《春秋》当新王"说的最早渊源。苏舆则据朱一新之说加以分析说:

---

① 《董子年表》,《春秋繁露义证》,第486页。
② 《春秋繁露义证》,第16页。
③ 《春秋繁露考证》,《春秋繁露义证》,第511页。
④ 《春秋繁露考证》,《春秋繁露义证》,第510页。
⑤ 《春秋繁露义证》,第189页。
⑥ 《春秋繁露·三代改制质文》,《春秋繁露义证》,第187页。
⑦ 《春秋繁露·三代改制质文》,《春秋繁露义证》,第189页。

维新与守旧之争：论《春秋董氏学》与《春秋繁露义证》对董仲舒的不同诠释

> 盖汉承秦统，学者耻言，故夺黑统归《春秋》，以为继《春秋》，非继秦也。……不以秦为受命王，斯不得不归之《春秋》以当一代。尊《春秋》即所以尊汉也。①

根据五德终始之说，周为火德尚赤，秦代周为水德尚黑。而汉初儒者耻为秦后，不愿承认秦一代政权受命之合法性，以为汉不宜继秦，故别立一统于《春秋》，并夺黑统而归之《春秋》。然而《春秋》一书，本来不过是以鲁国国史为底本改编而成。现在问题是，鲁国本不过是诸侯国，而汉室所承为帝统，因而苏舆以为，"以侯拟帝，嫌于不恭，故有托王之说"②。因此，对苏舆来说，董仲舒所讲的，后为公羊家所倡言的"《春秋》当新王"说，不过是因为上述原因以"托王"而已，并不是真正坐实地尊《春秋》作为"新王"。

这样，苏舆得出结论就是，"《春秋》当新王"诸义只是为"改正"而设，它既不见于经传，因而与经义就不必相属，从而也就彻底地否定了康有为以"《春秋》当新王"为《春秋》"微言"的说法。甚至关于后儒十分重视的《三代改制质文》一篇，在苏舆看来也与《春秋》之经义无有关涉，只是汉代所流传众多"师说"中的一种，③所说的只是三代质文之"典礼"而已。④

对于康有为与上述相关的"素王"说，苏舆也极力做出反驳：

> 素犹空也。孔子自立素王之法耳，非敢自谓素王，此语最明。⑤

在康有为那里，同样也以"空王"释"素王"，但康有为之"空王"，落脚点仍然在"王"字上，而苏舆之"空王"，所重在"空"字。于康有为而言，孔子虽然没有能够成为现实中的王而只是"空王"，但以其作为"制法之王"，仍然可以视之为王。而苏

---

① 《春秋繁露义证》，第187—188页。苏舆明言此说来自朱一新。朱一新说："盖汉儒恶秦特甚，不欲汉承秦后，因《春秋》有托王之义，遂夺秦黑统而归之素王，因素王黑统而遂有纷纷改制之说。"见氏著：《无邪堂问答》卷一，第26页。
② 《春秋繁露义证》，第187页。
③ 《春秋繁露义证》，第184页。
④ 如苏舆说："《三代改制》一篇，言《公羊》者多盛称之。其实此篇乃言典礼。"见《春秋繁露考证》，《春秋繁露义证》，第510页。
⑤ 《春秋繁露义证》，第100页。

舆则不然。在他看来，所谓"空王"，即不能视之为王，所以"立素王之法"云云，仍属"立义"的范畴，它并不意味着是孔子自称为"素王"，亦不可以"素王"视孔子。因此，认为郑玄"孔子自号素王"之说为大谬，并得出结论说："是汉世儒并以《春秋》为一代之治，盖后人尊孔以尊王之意，非孔子所敢自居也。"①而针对公羊家与康有为所谓孔子"受命"之说，苏舆则直接予以否定："此董子所不言也。"②至于《春秋繁露·符瑞篇》有"西狩受命"的说法，苏舆则强调说，董子之意是"受命作《春秋》"③，而非受命制法。对苏舆而言，后世之所以对董仲舒之学产生诸如误解，根源出自何休，何休在《公羊传》隐公二年注云："《春秋》有改周受命之制。"④苏舆则直斥为"诞说所祖"⑤。

总之，苏舆一方面阐明董仲舒"改制"之本义，以证明"改制"在董仲舒那里并非是什么重要的理论，与《春秋》经传本身也没有多大干涉，同时也就证明了董仲舒所谓的"改制"，并非康有为所说的"改制"。这样也就意味着康有为"改制"之说在学理上不能成立。另一方面，与"改制"说密切相关的"《春秋》当新王"说、"王鲁"说、"素王"说等等，在经过详细辨析之后，被认为或是"假设"，或是"立义"，或为"尊时"，或为"尊孔"，都不能看作坐实之语，即不能看作《春秋》经传本有的思想学说，与孔子的微言大义毫无关涉。这样，孔子在康有为那里被当作"制法之王"的结论也就不能成立。

四、小结

在《春秋繁露》诠释史上，康有为的《春秋董氏学》与苏舆的《春秋繁露义证》可以认为是最杰出的两部著作。就康有为的《春秋董氏学》而言，形式上虽然略显粗糙，但其以"口说"之说确立了董学的合法性，进而拈出"改制"二字，且以"改制"统率"以《春秋》当新王""王鲁""素王""文王""三统""文质"诸义，可谓能得董氏学

---

① 《春秋繁露义证》，第29页。
② 《春秋繁露义证》，第29页。
③ 《春秋繁露义证》，第29页。
④ 《春秋公羊传注疏》，第55页。
⑤ 《春秋繁露义证》，第184页。

之精义所在。可以说,康有为经学的总体特征是,能大胆突破旧有师法家法之藩篱,而每每有其出人意表之新说,其述董氏学亦可谓是如此。当然,这样的一种经学特征也就不可避免地会导致人们的批评,如朱一新所说,"足下以董生正宋儒,而并欲推及董生所不敢言者,窃以为过矣"①。其独特之三统说,即是其中一例。但今文经学既以"口说""微言"为合法性的根基,则推其极致,则难免有自由解释与过度诠释的嫌疑。② 然而,今文经学又以通经致用为根本特征,欲通经致用,就不能过分拘泥于旧有成说,而必须在新的历史语境下对经典做合乎时代精神的新诠释,在此意义上讲,康有为的《春秋董氏学》并不必过于诟病。

相较而言,苏舆之《义证》,更多显现出一种客观而冷静的清儒学术的风范,苏舆要正学以翼教,但他没有像其他翼教学者那样,只是简单地对康有为变法所赖以为思想基础的公羊学持否定态度,而是试图从公羊学内部进行正本清源来证明康学之伪,这也就是所谓的入室操戈,虽然苏舆之《义证》,当为晚清驳斥康有为最为有力,亦最具有学术性的著作之一,但苏氏以古文经学的方法与思维方式,事实上难以真正地入室操戈。苏舆虽然承认"口说"与"微言"的合法性,但又谓"仲尼没而微言绝",则多少有些自相矛盾。如果承认自孔子至董仲舒以来有"口说"的传承,则康有为所述之"微言",即是已经成为文本的"微言",并不如苏舆所称,在晚清去圣日远的情况下,再谈"口说"与"微言"为不识大体。这样,苏舆以为可以抽掉康有为学说的"口说"根基,但事实上他的努力并不成功。苏舆对"改制"的考证也多少存在问题。苏舆称"改制"只具有典礼的意义,而不是"易道",此康有为可以接受者。然而,于公羊家而言,"改制"具有更多的内涵,与"改制"说密切相关的,是"《春秋》当新王"说、"王鲁"说、"素王"说、"三统"说、"文质"说等,此为康有为所极力发明者,而苏舆称"《春秋》当新王"说只是为"改正"而设,从而称"改制"只是时务之言,纯然是站在今文经学之外而强为之说,虽曰"操戈",则实未能"入室"也。此外,苏舆之作混同三传、折中今古、杂糅汉宋、泛滥诸子,不分普通的汉儒通说与公羊家的专门之学,从严格的公羊家经学立场来说,显然有不

---

① 朱一新:《朱蓉生侍御答康有为第一书》,收入苏舆编,《翼教丛编》卷一,第1页。
② 萧公权即认为,康有为开启了"自由解释儒学的大门,不必顾及历史与传统"。见氏著:《康有为思想研究》,新星出版社,2005年,第51页。

少牵合之处①。故苏舆欲以此与康有为相抗衡,则仍未必能够完全折服康有为。

(作者单位:复旦大学)

---

① 值得注意的是,段熙仲先生一方面承认苏舆的这部著作"精湛处有突过凌君者",参见氏著:《春秋公羊传讲疏》,南京师范大学出版社,2002年,第37页;但同时又认为,凌曙的《春秋繁露注》、康有为的《春秋董氏学》才是"公羊家学",而苏舆的这部作则只厕身于"旁通、辑佚、异义、攻错、存参"类中,同上书,第51、53页。由此亦可看出,从公羊学家的立场来说,苏舆的这部著作并不被认为是专家之学。当然,苏舆本人不见得以正统的公羊学者自居,故他完全不理会所谓的家法师法,亦对整个清代的公羊学的状况多不以为然。就此而言,邓国光先生称苏舆为正统的"公羊学者",恐怕不见得是非常恰当的,参见氏著:《苏舆〈春秋繁露义证〉初探》,载《中国经学》第一辑,广西师范大学出版社,2005年,第287页。卢鸣东先生则称《义证》代表了"湖湘公羊学的经学特色",以示与以常州学派为代表的正统公羊学相区别。参见氏著:《翼孔正教:〈春秋繁露义证〉以礼经世述考》,载朱汉民主编,《清代湘学研究》,湖南大学出版社,2005年,第343页。

浅论康有为对"孝悌"观念的重新诠释

王江武

传统儒学重"亲亲",不仅视之为家庭伦理的核心,也是推仁爱及于他人,乃至于万物的为政之君德的根基。故有子以孝悌为行仁之本,认为若不能孝悌于其亲,则既能忍于亲,则孰不可忍!故而以为仁德之存,必以孝亲为始,而后方能推爱及于他人,故孟子曰"亲亲而仁民,仁民而爱物"。所以孔子重孝养之义,立"三年丧"期之制;而曾子有临渊履冰之说,明"身体发肤,受之父母,不敢毁伤"之教,而后儒有"全而归之"之节;又有"不孝有三无后为大"之训,以传血脉,以承祭祀于后世;因"亲亲"之道,又有复仇大义;不独如此,又有"父子相隐""窃负而逃""缓追逸贼"(《穀梁传·隐公元年》《公羊传·闵公二年》)之说。儒家"亲亲"之义是贯穿私人空间与公共空间的基本伦理。其根源,则在儒学以血缘纽带为人类无可逃遁的"天伦",这是构成每个成员的社会身份的核心要素,是人性价值的根基,故孟子因之而辟杨墨,而后世儒者以此而辟佛老。

对于欧洲文化来说,则试图清洗血缘纽带,将其驱逐出公共生活和价值原则之外。古希腊神话之"弑父"说以降,克里斯提尼改革,到基督教以世人都是上帝子民,男子皆为兄弟而女子全是姊妹,观其公共之道德,伦辈之义不存,亲亲之义渐失。近代个体主义盛行,崇尚自由、平等、博爱,公共空间则以自然权利为基础,以契约观念规定个体身份,倡导个人奋斗和自我造就,其前提即个体具有独立利益,独立的理智判断而能为自己负责。

近代欧美文化强势拓展,资本、政教、科学之威席卷全球。晚清之际,传统华夏信仰遭受重创,儒学的基本价值备受质疑。儒学当如何回应西学,以承继先儒,又能吸纳他人智慧,以整合华夏,或者说,如何回应世运,完成全球化时代的"中华"的自我定义?可以说,这是一个历史性问题。康有为以其洞见,对此作了全面的解答,学界对此多有研究。本文拟考察其中一个具体问题,即康有为对"孝悌"这一儒学的基础性观念的批判与重新诠释。

一

　　康有为出生于咸丰八年(1858),少从学于朱九江先生。彼时正是西方坚船利炮直逼华夏之际,举国震惊之下,学界与政界也开始了解西方,自器物而后至于制度、学术,并渐开洋务。然而保守者则严守夷夏之防,"外患愈深,保守愈坚"。而康有为于同治十三年(1874)十七岁时就读了徐继畬的《瀛环志略》,"知万国之故,地球之理"①;光绪五年(1879)游历香港,"乃知西人治国有法度",从此大量收集、阅读西方的著作,泛览其治道学术;光绪十一年(1885)二十八岁时"从事算学,以几何著《人类公理》"②,翌年作《康子内外篇》《教学通议》《公理书》,而后又有《实理公法》等,其动因即是西方思想的激荡,并全面重新评估儒学。康有为的价值坐标就是晚清世界视野下所形成的作为普遍准则的"公理"观念③,以普遍的原则推求普遍的真理④。康氏门人陆乃翔等曰"'公理'二字在中国中,实自先生发之,故所著《公理》一书"云云。⑤

　　康有为对"亲亲"观念的批评,首先在"各亲其亲"上,即"有所偏亲者即有所不亲,有所偏爱者即有所不爱",而没有普遍的博爱。

　　历史形成的宗族势力与宗法观念根深蒂固,所以国人家族观念很强,但是往往同姓则亲之,异姓则疏之;同姓能够相收,异姓则不恤,国内异姓争斗不绝,到国外,也是分姓而立,不相体恤,甚至纷争殴杀不已。而且一国之内,只知有姓而不知有国,各族之内确实能够互助,有恤贫兴学的义举,但是都是局限于宗族,别的宗族就

---

① 楼宇烈整理:《康南海自编年谱》(外二种),中华书局,1992年,第6页。
② 康有为著:《我史》,即《南海康先生自编年谱》,姜义华等编,《康有为全集》第五集,中国人民大学出版社,2007年,第65页。(后一律简称《全集》)。
③ 王中江对近代中国普遍主义的生成与影响有过深入的讨论。见氏著:《近代中国思维方式演变的趋势》第二章等,四川人民出版社,2008年。
④ 汪荣祖在比较康有为章太炎异同时,点明康氏为"普及的"(universal)即普遍的,而章氏则持"特殊性"(uniqueness),见氏著:《康章合论》,中华书局,2008年,第33—35页。
⑤《南海先生传·附录二》,《全集》第十二集,第471页。

不管不顾了,或者就因乡土而有不同,各自分乡、县、省为亲,不愿意为普遍的慈善、教育等公共福利做贡献,其原因就在于"族姓土著积分之流弊也",自亲其亲,所行的仁道就很狭隘,就博济之广,则不如欧洲。①

中国因有宗族血亲之制,若遇死亡、患难之时,则命运一体,休戚与共,故能得相助、收养,然而,虽然会得到亲友照料,但是往往"不过以为奴婢耳",虽依于近亲,往往也没有什么教育机会,即便长大之后能自谋生路,也由于"无所怙恃,贱辱甚矣"。而如果在"文明之国",则有育婴堂收养,一样可以得到一般的普遍的教育机会而得以成人。②

另外,中国之孝亲,也往往是民众博取虚名的工具而已,很多人并不能真正报答父母。由于子女往往和西洋人一样只顾满足自己的生理欲望,"其有不纵耳目体魄之欲,而能顾父母之养者,寡矣";又由于因用孝亲之义,以至于生养众多,子女林立,"则养之益艰"。以一人而养无穷之大众,安得赢余以奉穷老之双亲?……几见有竭力能报其父母者哉?"③不唯如此,他还批评传统宗族制内部你争我夺等种种恶行,不一而足④。

也正因为对"亲亲"的弊端有着严厉的批评,所以康有为就不可能视之为普遍的价值准则,我们就不难理解康有为对有子"孝弟为仁之本"的解释,最多只能解释为行仁之始,而绝无可能等同于大同博爱之道。

康有为对传统"孝道"也做了批评。孔子以"无违"回应孟懿子之问孝,康有为注曰:

> ……大孝在谕义,乱命不可从,而父道可以改,盖人道只以公理为归,虽父母之尊亲,不能违公理而乱从之也。⑤

此说可见来自欧洲的普遍主义的价值始终在场。《论语·泰伯》记曾子有疾,启手启足,临深履冰,以全而归之为孝。《论语》主要由曾子门人所辑,康有为认为,曾

---

① 《大同书》,《全集》第七集,第80—81页。
② 《大同书》,《全集》第七集,第81—82页。
③ 《大同书》,《全集》第七集,第85—86页。
④ 《大同书》,《全集》第七集,第86—91页。
⑤ 《论语注》,《全集》第六集,第389页。

子之学虽受之孔子,其宗旨与力行皆仅在孝谨自守而已,而孔子"素王""改制"大义则没有传承①。诚然,孔子重视父母生养之恩,因此儒者以"全而归之"为"孝亲"题中应有之义。但是在康有为看来,曾子终身戒谨,仅能全"不敢毁伤"之义,不过是孝的最起码的含义("不过孝之始而已")。人的生命有"神魂体魄"之分,两者不能有所偏,孔子即主张"性命交修,魂魄并养,合乎人道,备格完粹","然一传至为曾子,即已偏于体魄如此"。在康氏看来,人的身体形骸就是血气所为,时刻变化乃至衰老,迁化流变,所以"保无可保";比如爱父母者,爱其遗体,敬佛者,重及佛骨,都不是爱的究竟之义。人分为魂魄,则贵贱之殊,轻重之别立判,则相较于魂而言,受之父母的体魄自然不必过于倚重,而"全而归之"之节似亦不必固守,所重当在精神世界的道义。所以康有为以为,孔子论仁爱,就不仅仅在于保身,也倡导杀身以成仁,见危授命,战阵无勇非孝等大义。因此,后儒"以曾子为孔子正传,以为孔子大道之宗,则大谬矣"②。由于曾子受业于孔子晚年,"天资既鲁,侍教不久,所得不深",也情有可原,然而由于他在孔门后学中的影响太大,结果导致后世误以为曾子戒谨守身之说就是孔子之道,以至于孔子之大道暗没而不彰,狭隘而不广,似乎孔子之学仅在守身,其亲亲、仁民、爱物之大同之义湮没不闻③。

以普遍主义之"公理"为圭臬批判传统,康有为的这一立场一直都没有改变。故以普世之义立"大同"之说,倡导"天下为公,一切皆本公理而已。公者,人人如一之谓,无贵贱之分,无贫富之等,无人种之殊,无男女之异"④。故而传统的家庭观念、两性关系都当批判⑤。故而康有为之主张,突破了传统宗法等级之制,萧公权先生认为康有为之说显已批判社会等级、家庭与私产这些王政帝制的基础⑥,也开启了近代启蒙思想的先河。

---

① 《论语注·序》,《全集》第六集,第377—378页。
② 《论语注》,《全集》第六集,第436页,又参同书第381—382页。康有为将《大戴礼记》中以曾子命名的十篇相对照,认为都是"兢兢守身之言",如禅宗的神秀、明儒康斋(按:即指吴与弼重心性修身之学)、今人倭仁相类,不过"终日省身寡过而已",其所学所闻不过"孔子万法之一端而已",同书第437页。
③ 《论语注》,《全集》第六集,第437页。当然,康有为并没有全然否定曾子,其"士不可以不弘毅"章即"最有力,真孔子之学也",因此能"礼肩孔道,仁以为己任"而弘毅孔子之教,因此,曾子"虽守约亦可法矣"。同上,第438页。
④ 《礼运注》,《全集》第五集,第555页。
⑤ 曾亦:《共和与君主——康有为晚期政治思想研究》,上海人民出版社,2010年,第150—171页。
⑥ 萧公权:《康有为思想研究》,新星出版社,2005年,第55页。

二

康有为于戊戌之后流亡海外,十余年间,遍访欧美各国,考察西方风俗,探讨各国政制文教,其间于光绪二十八年(1902)前后,年过不惑,有《大同书》《礼运注》《孟子微》《论语注》等著述。早期他钦羡西方物质生活的奢华,甚至欲以为中国社会的方向,但在亲历各国之后,随着对西方社会风俗与政制的理解的深入,却日渐回归传统,"南海早年,实为欧洲文明之讴歌崇拜者,其转而为批评鄙薄,则实由其亲游欧土始",终究"不得不折还于自敬国本之论"①。能见人之长,而后又能不蔽于曲;知己之短,而今又能明传统儒学之"明珠一颗"。

传统儒学言"仁"都以"孝悌"入手,以孝悌为行仁爱之本。康有为虽立大同之说,然而对于孝悌之义,则继承而有开新。

康氏《孟子微·总论第一》云:"《中庸》曰:仁者人也,亲亲为大,故有子曰:孝弟为仁之本。皆孔子之大义也。……父母兄弟之亲亲,乃不忍之起点。"以不忍亲为始,推而广之以至于家人,进而推爱至于国人。所以康氏云:"仁虽同而亲亲为大,仁虽普而孝弟为先。"如果为国者"经营国民,恩及庶物,而忍于家庭,薄于骨肉,则厚薄倒置,不合人理……非人道也。故苟有忍心,则一切忍之可也……且既忍弃骨肉,亦何必爱民物",因此认为"公而忘私,国而忘家"并非圣人之道,而是"后世矫激之说,反于圣人之道矣"。②这里的"反"当为"反对""相反"之意。这样的解读和传统的观点基本上是一致的。《论语·学而篇》第二章:

> 有子曰:"其为人也孝弟,而好犯上者,鲜矣;不好犯上,而好作乱者,未之有也。君子务本,本立而道生。孝弟也者,其为仁之本与!"

---

① 钱穆:《读康南海〈欧洲十一国游记〉》,见氏著,《中国思想史论丛》第八册,东大图书公司,1980年,第330页。
② 《孟子微》,《全集》第五集,第418页。

后世儒者对有子之说意见不一。秦汉之际,儒者多认为本立则道自然生,所以重孝悌①。而何晏以为"本,基也",认为"先能事父兄,然后仁道可大成"②,即孝悌推而广之,而后可致仁道。朱子继承程子之说,《章句》用伊川《遗书》之说,以体用言孝悌与仁的关系,即以仁为性,以孝悌为用,属不同层次的概念,当以仁为本体;因此之故,训"为仁"为"行仁",训"本"为"根",而非本体之性,则"孝悌"不过是"仁之一事"而已,"谓之行仁之本则可","谓是仁之本"则颠倒本末,当然"不可"③;而从进德之阶次言,则以"孝弟"为"行仁"的开端,"至于行成而德立,则自亲亲而仁民,自仁民而爱物,其爱有差等,其施有渐次"④。

　　康有为未以体用言"孝弟"与"仁"的关系,但是也认为孔子立教宗旨在"仁","仁"高于"孝弟"⑤,康氏以"始"解"本"、以"行仁"训"为仁","诚以孝弟为行仁之本。立爱自亲始……盖为行仁先后之序焉"⑥。其说从朱子。不同在于,康有为以"三世"说重新诠释。在康有为看来,孔子为拨乱世而立孝弟以事亲,而后升平世则仁民,至太平世则仁爱及于万物(详见本文第三部分)。孝悌之亲亲并非仁爱之全体,然而却是导向大同仁爱的必由之路。

　　在《大同书》中,他对于"亲亲"做了生物学意义上的论证。他认为,"天地之内,自太古以至于今,未有能离乎父子之道者也",所以,"父母之于子之爱,天性也,仁之本也,非人所强为也"⑦。这种本能的爱甚至不仅仅是人类,动物皆然。如果没有这种爱,就不会有万物之生,也就没有人类的繁衍⑧。父母对于子女的这种爱确实有自私色彩,但却是人类昌盛的根源,没有这种极私的爱,就不会有人类的繁衍。

---

① 如《吕氏春秋》之《孝行篇》:凡为天下治国家,必务本而后末。又云,务本莫贵于孝,夫孝,三皇五帝之本务,而万事之纪也。夫执一术而百善至,百邪去,天下从者,其惟孝也。《说苑》之《建本篇》亦相类。程树德认为在汉人眼中,有子之语就是孔子所述。程树德:《论语集解》第一册,中华书局,1990年,第14—15页。
② [魏]何晏注,[宋]邢昺疏:《论语注疏》,北京大学出版社,1999年标点本,第3页。
③ 朱熹:《论语章句》,《四书章句集注》,中华书局,1983年,第48页。又,《河南程氏遗书》卷第十八,《二程集》上册,中华书局,2004年,第183页。
④ 朱熹:《论语或问》,《四书或问》,上海古籍出版社、安徽教育出版社,2001年,第109页。
⑤ 天地是众生之本,而父母则是人类之本,"自生之本言之,则乾父坤母,众生同胞,故孔子以体同之",而立仁爱之道;"自类之本言之,则父母生养,兄弟同气,故孔子以孝弟事之";而"孝弟"孔子为拨乱世而立义,非大同仁爱之究竟义。《论语注》,《全集》第六集,第380页。
⑥ 《论语注》,《全集》第六集,第381页。
⑦ 《大同书》,《全集》第七集,第78页。
⑧ 《大同书》,《全集》第七集,第78页。

"故夫父子之道,人类所以传种之至道也;父子之爱,人类所由繁孳之极理也;父子之私,人体所以长成之妙义也。不爱不私,则人类绝;极爱极私,则人类昌。故普大地而有人物,皆由父子之道。至矣!极矣!父子之道蔑以加矣!"①

康有为肯定了人类共有的生物属性,而"孝悌"之亲亲,实乃是人类普遍的价值准则,是"公理"。因此,欧美虽倡"博爱"之说,然而怎可废"亲亲"之义?这一"公理"也成为他批评欧美文化的理论资源。

欧美人虽然有普遍的公共视野,然而缺乏孝道。"欧美富人之死,多以其千百万之藏施于公家之学堂、医院,盖以子亦不亲,既已费无利之大本,岂再甘以一生之赀本尽与之哉?"他赞同其自由、平等之义与仁爱情怀。但是欧美民风"贱贫而尚富"而"无所不至,则凡诈欺、狡诡、诞伪、争夺、攻击、盗杀亦无所不为矣……欲求大同之公,性善之德,其去亦绝远矣"。②最多许之以"近于升平世"③,而绝不认为欧美文化能够真正导向太平之世。也正因此,康有为一贯反对"媚洋"。

康有为在《大同书》中用生动的笔触描述了欧美无"亲亲"之义,无"孝悌"之教的"违谬"。欧美虽然号称文明,其父母之养子教子,劬劳辛勤,无以异于中国也。但是由于崇尚独立生活,所以自谋业,自娶妻,与父母不同居,甚至就业移居千万里之外,即使同在一地,也隔多日才能一见。"至于父老母寡,亦绝无有同居迎养之事,无问寝视膳之仪,无疾痛养疴之义","是父母有生育之劳,而子无酬报之事。幸而得子之富贵,而宴游欢乐皆不与焉。衰老戚戚,坐视子妇之富贵,欢游宴乐而一切见摈,茕茕寡欢,况鳏寡孤居,无人慰寂,疾病独处,无人抚摩,所见惟灯火,所对惟仆隶,与死为邻,无生人趣。有施无报,亦何赖有子哉?"④父母死后,子女"不过送以花圈",即使是在儿子当地,也不过"时省其墓而止",而且也就儿子而已,到孙子乃至曾孙以后就"未闻有视墓者矣"。欧美人因此"无宗族之同居,无祠庙之追远",死后也"无春秋之祭,无忌日之思,无孙、曾、云、来(按:"云"字为"玄"之误;有孙、曾孙、玄孙、来孙之说,而未闻有"云孙"者。康氏下文即有"况曾、玄孙乎")之贻"。这种习俗与中国世传数十、祠墓常修、祭祀常洁、思慕常盛者,其去极远矣,其报太薄

---

① 《大同书》,《全集》第七集,第82页。
② 《大同书》,《全集》第七集,第90—91页。
③ 《大同书》,《全集》第七集,第84页。
④ 《大同书》,《全集》第七集,第83页。

矣！英、法之男不婚，女不嫁，结婚也不愿生养，"其薄父子之效可见矣"①。之所以如此，"推其立义，盖本于自由自立而来。人人既有自主之权，于是人子皆得纵其情好之欲，少则孺慕，长则好色，故父母可离而夫妇不可别也"。这种"徇夫妇之欲而忘父母之恩"的做法，"违谬甚矣"！②

相较之下，孔子立孝以报父母之恩，使"老父有所依，寡母有所望，贫穷有所养，疾病有所事，富贵得其尊荣，孙、曾得其推奉，丧葬赖以送埋，魂魄赖其祭祀，故人咸愿劬劳辛勤，敏于育子"，与以法律强制而不得不养育孩子的欧美，差异就在于"报与不报"父母之恩，即有没有内心对父母真诚的感激与敬爱。他对"耶教尊天而轻父母"之类的传统是不赞同的，因为"报施者，天理也"，如果孩子真为天所养育，或者像斯巴达那样为国家所养育而不必由父母抚养，则"不报可也"，然而人既然由父母所生养教育，那就"宜立孝以报其德"。就中西两种迥然有别的价值，要做出抉择，则"吾取中国也，吾从孔子也"③。

与孝道密切联系的就是父子相隐的问题。在公共规则与血缘亲情的冲突中，儒家一方面承认普遍的公共规则的正当性，但是却不愿意看到以此来牺牲血缘亲情，更不愿以"尊尊害亲亲"，并终于在两难之中倾向于亲亲相隐。历代儒者都自觉维护了这一儒教的重要原则。康有为在解读《论语·子路》篇"父子相隐"章中，康有为引述《公羊传·文公十五年》、何休《解诂》以及《盐铁论·周秦篇》《白虎通·谏诤篇》等文献，力证华夏"亲亲互隐"的合理性，"明父子天属得相隐，与君臣异也。今律，大功以上得相容隐，告父祖者入十恶，用孔子此义。叶公恶儒教多讳，故以此讽，而适以见其野蛮而已。英属加拿大有女淫犬，而父扬之报中，是亦直躬之类，未被孔子之教故也。盖一公无私，乃至浅义，爱无差等之教也。《礼》曰：'子不私其父，则不成为子。'此孔子因人情而特立之精义，所以与异教殊也"④。

三

明辨亲亲之义与兼爱之说，历来就是传统儒学所坚守的一个基本立场，从孟子

---

① 《大同书》，《全集》第七集，第84页。
② 《大同书》，《全集》第七集，第84页。
③ 《大同书》，《全集》第七集，第85页。
④ 《论语注》，《全集》第六集，第484页。

辟杨墨,到伊川以及朱子解横渠"万物一体"为"理一分殊"皆然。晚清儒者也多没有超越这一立场。然而康有为以为,"亲亲"之说虽本于人情,能强化血缘纽带,然而毕竟有自私其爱的不足;而欧美倡平等自由之说,固能不私其亲,然而却失于"亲亲"之说。康有为立"大同"之说,于"仁爱"颇有创发。其中之一大贡献就是以"三世"说对孟子"亲亲而仁民,仁民而爱物"做出全新阐释,融合传统"亲亲"和"兼爱""慈悲""博爱"之说,建构具有新意的"仁爱"之说。

《孟子·尽心上》云:

> 君子之于物也,爱之而弗仁;于民也,仁之而弗亲。亲亲而仁民,仁民而爱物。

朱子《章句》引伊川之语"仁,推己及人,如老吾老以及人之老,于民则可,于物则不可。统而言之则皆仁,分而言之则有序"。以为民可推爱以及之,而物则不可,这样就彰显了亲、民、物之间的先后及轻重之序。朱子又引杨时"其分不同,故所施不能无差等,所谓理一而分殊者也",很忠实于孟子之仁爱中所包含的等差之爱。在《尽心下》中,孟子自己就有清晰地表述:"不仁哉,梁惠王也!仁者以其所爱及其所不爱,不仁者以其所不爱及其所爱……梁惠王以土地之故,糜烂其民而战之,大败,将复之,恐不能胜,故驱其所爱子弟以殉之,是之谓以其所不爱及其所爱也。"朱子所解也同样忠实于亲亲、人民、土地(物)的等差,"言仁人之恩,自内及外;不仁之祸,由疏逮亲"①。这个逻辑为有子之"孝弟为仁之本"补充了逆反命题,即必由亲亲为始而外推,而后及于他人,有等差而后方可成仁德。

康有为以为,仁爱是孔子立教的宗旨,体现着博爱的胸怀,因此"亲亲"绝非仁爱的完整内涵,而只是仁爱的起点而已。为此他重点在于以"三世"说解孟子"亲亲而仁民,仁民而爱物"。

康有为既将"亲亲"看作孔子为据乱世所立之义,而后推爱及同类,此为小康之世立教,至大同太平之世,则万物一体,仁爱及于庶物。《孟子微》有很清晰的表述:

> 孔子立三世之法,据乱世仁不能远,故但亲亲。升平世仁及同类,故能仁

---

① 《孟子章句》,《四书章句集注》,第363—364页。

民。太平世众生如一,故兼爱物。仁既有等差,亦因世为进退大小。大同之世,人人不独亲其亲、子其子。禹、稷当平世(按,即太平世),视人溺犹己溺,人饥犹己饥,人人平等,爱人若己。故平世之仁广远,不独亲亲矣。①

康有为以为,以颜子之贤,时当乱世,"相邻有斗亦闭户,惟被发而救同室,故知乱世但亲亲。其时不同,故其理亦不同也"②。在《论语注》中,康有为以"孝悌为仁之本"彰显孝悌"为据乱世立义",云:

> 以孔子非生平世,躬遭据乱,人道积恶,自人兽并争之世,久种乱杀之机……何能遽致太平大同自由之域?孔子因时施药,必先导之于和顺,而后可杀其险机,又必先自其至亲,诱其不忍之心,然后可推恩同类,以动其胞与之爱。③

孔子生于"据乱世",虽向往大同,然而太平之道隐而未明,郁而未发,天下皆自私其家,君主不能公天下,乃以天下为一家私有之物,在乱世背景之下,只能"先求小康,而后徐导大同。孝弟者,先导其一家之小康,而后徐推于天下之太平,此盖治教必然之次序也"④。即使贤明如三代也不过小康之世,"虽明父慈子孝之义,亦异于乱世野蛮不知父子者。然仅自私所亲,不能锡类推仁以平天下也"⑤。这个时代,民未能仁,所以不能及于万物,仅能少加节制以减杀机,"故钓而不纲,弋不射宿,鱼鳖不尺不食、不夭不卵"⑥。

大同之世,"人理至公","人人皆平",行大同仁爱之道,故曰康有为之学倡博爱⑦。"至于太平世,众生如一,必戒杀生,当时物理化学日精,必能制物代肉。则虎

---

① 《孟子微》,《全集》第五集,第415页。
② 《孟子微》,《全集》第五集,第415页。
③ 《论语注》,《全集》第六集,第380页。
④ 《论语注》,《全集》第六集,第380页。
⑤ 《礼运注》,《全集》第五集,第555页。
⑥ 《孟子微》,《全集》第五集,第415页。
⑦ 马洪林谓其大同仁爱观超越了资产阶级自由平等博爱观,达到人类之爱的极限。《康有为评传》第十章,南京大学出版社,1998年,344页。梁启超《南海康先生传》谓:"先生之哲学,博爱派哲学也。先生之论理,以'仁'字为惟一之宗旨。"见《饮冰室合集》文集之六,中华书局,1989年,第71页;又,见《全集》第十二集,附录一,第429页。康氏门人陆乃翔、陆敦骙等《南海先生传》云其宗旨"……曰:人者仁也……以人为同本于天,而群生皆为分形而同气焉,则四海皆兄弟,而万物为一体,而实行博爱之道焉",见《全集》第十二集,附录二,第460页。

豺豹狼之兽久已绝种,所余皆仁兽美鸟,众生熙熙,如登春台。"①孔子"一切以仁为本",山川草木,昆虫、鸟兽,莫不一统,"太平之世,远近大小若一,大同之世,不独亲其亲,子其子,老有终,壮有用,幼有长,鳏寡、孤独、废疾皆有养,仁之至也"。②

康有为在此之论述三世之仁爱有不同,其合理性依据即儒家"时中"之义③。时代不同,其教亦殊。普遍的仁爱、兼爱当然非常好,但是如果基本条件不具备,也是不可行的。比如墨子,倡非攻、尚同、兼爱,实有太平之义,"与孔子同,胜于老、杨远矣,但倡此说于据乱世,教化未至、人道未立之时,未免太速。犹佛氏倡众生平等、不杀不淫之理于上古,亦不能行也"。而孔子于这些太平世之义则"无所不有",只是能根据不同时代,"发现因时"④。

康有为所论,本于儒家"立爱自亲始"的逻辑,似亦类于朱子之说,然而毕竟有所不同。孟子"亲亲而仁民,仁民而爱物"中没有历史进步的观念,而只有推己而及人;朱子以体用架构言仁爱与孝悌,亦维护了孝悌为仁爱之始,由己而及人,其逻辑与修己安人,有诸己而后求诸人一样,是空间上以"为己之学"为中心而展开;而康有为的逻辑则有不同,他将传统公羊学"三世说"与泰西进化之学相结合,创建其"三世进化说",把历史看作从"据乱世",然后至小康之升平世,最后至太平大同的线性发展过程;然后以其"三世进化"说作为基本的逻辑架构,以"时中"之智慧,创造性地把孟子"亲亲而仁民,仁民而爱物"诠释为适用于不同时代要求的儒家仁爱之义,使得"亲亲""仁民""爱物"与三世之说相对应;而同时,虽三世之间,各有不同,然皆为儒家"仁爱之道",则又是一个完整的体系。不仅如此,康氏"仁爱之道"还整合了诸多不为传统儒学所容的异端思想,诸如墨子"兼爱"、佛教"慈悲"乃至欧洲基督教博爱之说,皆兼收而并蓄之,使"各得其所"。

---

① 《孟子微》,《全集》第五集,第 415 页。
② 《论语注》,《全集》第六集,第 380 页。
③ "时中"之义,诚孔子之智慧,儒门之奥义。其教因时变而异,然又本于道体之一贯。康氏门人陆乃翔、陆敦骙等谓康有为学说之变曰:"盖先生之道,圆满无漏,变化适时,深得于佛之华严、孔子之时中,而从容造之。万法毕说,而未尝说;万相毕现,而未尝现。弟子等偶见先生如此,而先生忽又如彼,诚非弟子等之所能窥测也。"康有为似得"时中"精蕴欤? 一笑。氏著《南海先生传》附录二,《全集》第十二集,第 470 页。
④ 《孟子微》,《全集》第五集,第 493 页。

结语

康有为之学,其主张与传统儒学有巨大差异,因此学界震荡,以至于有康氏之学是尊儒还是叛儒的争论①。深受欧美文化的影响,面对两种迥异的价值取向,康氏能在中西、古今之际进行整合,融摄异说,融为一体,既不违背传统又建构新义,从而回应现实对传统的挑战。可以说,康有为突破传统,但是又没有割裂传统。他创造性地从传统文本中诠释出全新的具有时代精神的思想内涵,但是又不放弃传统仁爱之说的合理内核,他充分肯定孝亲之义,从而也维护了传统儒学的根基;又依据传统儒学的经典文本,附之以他说,融会贯通而成一统,然而却也发展了儒家之"仁"学,使得"仁"学不再受传统儒教"亲亲"教条的束缚,而使仁爱超越自私其亲的狭隘立场,超越血缘纽带而成为普遍、无私的博爱、兼爱,而获得全新的内涵,从而使儒学能超越宗族的社会基础,而获得普遍的意义。这样的新儒学既有孝亲之义,又有博爱情怀,如此则儒学得以既不屏弃现实的血缘纽带,又能超越单纯的血缘乃至地域等限制而成为人类普遍的价值原则。

儒学作为"实践"(praxis)之学,需要获得华夏族群的独特定义,也要寻求与他者交流的共同的价值基础;既要看到不同文化传统所表述的普世价值,同时也要寻求儒学对异质文化的批判性立场及其价值原则。康有为无疑是一个典范。

(作者单位:上海师范大学)

---

① 萧公权先生对争论的各家观点做了精要的讨论。见氏著:《康有为思想研究》,第29—32页。

专题论文

中国传统知识谱系中的知识观念[*]

何　俊

一、问题的提出

中国传统学术有自己形式上的知识系统,[①]它上溯孔子、秦汉,"形成于隋唐,完善于明清,并以《四库全书总目》之分类形式,得到最后确定"[②],这一传衍构成了中国传统的知识谱系。[③] 在全盘西学化的现代中国学术建构中,传统知识谱系被中断,整个知识系统被解构,碎片式地散入西方知识系统。[④]

形成这种局面有复杂的历史原因,但学理上的根本依据是人们认为传统知识系统及其谱系不具有科学性,即顾颉刚所言:

---

* 本文是国家社科基金重大研究项目"'群经统类'的文献整理与宋明儒学研究"(13&ZD061)的阶段性成果。本文充分吸收了匿名审稿专家的批评与建议,特致谢忱!
① 学界对知识系统并无确切的界定,按照 Gibbons 等人的研究,知识生产大致以两种模式形成相应的知识系统,模式一是根据知识的内在逻辑,从公理出发而推演形成的公理型知识系统,模式二是根据社会的外在需求,以问题导向而集成建构的应用型知识系统。西方的知识传统是模式一,至当代而形成模式二。参见 Michael Gibbons, Camille Limoges, Helga Nowotny, Simon Schwartzman, Peter Scott & Martin Trow, *The New Production of Knowledge*: *The Dynamics of Science and Research in Contemporary Societies*, London 1994, pp. 1, 3 - 8, 24, 33 - 34, 43 - 44, 167。
② 左玉河:《从四部之学到七科之学》,上海书店出版社,2004 年,第 4 页。
③ 谱系本是历史中的沿袭事物所形成的系统,福柯将之发展出一种分析方法与后现代哲学,考察知识如何在权力关系中形成,从而对整个西方形而上学传统予以解构。本文仅在分析方法的意义上借用谱系概念,基于中国传统知识的目录谱系,理解蕴涵于其中的知识观念。
④ 相关讨论,除前引左玉河的著作,还有些个案研究,如陈平原的《中国现代学术之建立》(北京大学出版社,1998 年)、陈以爱的《中国现代学术研究机构的兴起》(江西教育出版社,2002 年)等。

> 旧时士夫之学,动称经史词章。此其所谓统系乃经籍之统系,非科学之统系也。①

传统知识谱系被认为是一个以六经为核心的谱系,而六经又进而被认为具有准宗教性质,或被认为是一种意识形态,总之不是基于可靠事实的知识,因此传统知识系统不具备科学性。顾颉刚对传统知识谱系的判识具有代表性,而且"是很平恕的"②,激进者更不待言。其结果如艾尔曼所概括的,持各种主义者都断言,中国人从来没有创造过任何科学。③

毫无疑问,关于传统知识的这一认知有基本的事实依据,比如传统知识自始即不是西方的公理型知识系统,晚明徐光启翻译《几何原本》时就已认识到这一点。虽然公理型知识系统并不能简单等同于现代科学,但其知识形成的逻辑却构成了科学的基础。因此,在全盘西学化的现代中国学术建构中,对传统知识系统予以批判是正确的,加以抛弃也是必要的。但是,"非科学之统系"的批判并不能取代对传统知识系统的深入分析,抛弃也不能代替更深入的自省,否则现代中国学术既无从谈继承传统,更不可能有创造性转化,甚至难以彻底摆脱旧知识,以及附于其中的思维方式与价值取向的影响。况且,正如舍勒指出,所有人为的知识和更加高级的实证知识虽然都是关于世界的自然观点,但实际上都属于拥有某种知识的群体的主体的相对的自然世界观。西方科学虽然属于实证知识,也仍然是"关于这个世界的相对的自然观点"④。无论如何,传统知识系统虽然不同于现代意义的科学,但作为"非科学之统系",事实上为连续未断的中华文明提供了有效的知识支撑。

平实而言,在最初引入西学时,就有关于传统知识的议论,清末学制改革的相关文献翔实地记录了这些看法。⑤晚清西学化以降,在国学研究的名义下也不断有

---

① 顾颉刚:《〈古史辨〉第一册自序》,《古史辨自序》上,河北教育出版社,2000年,第48页。
② 顾颉刚:《古史辨自序》上,第49页。
③ 参见艾尔曼:《中国近代科学的文化史》,上海古籍出版社,2009年,第212页。艾尔曼很好地揭示了传统中国科学在1600年之后仍在继续进步,但没有涉及对中国传统知识的深入讨论。
④ 参见马克斯·舍勒:《知识社会学问题》,北京联合出版公司,2014年,第74—77页。知识社会学对知识与社会文化的关系作有广泛的研究,但不太涉及知识本身的存在前提的分析,而科学哲学又主要聚焦于科学本质、获得与结构等研究,因此舍勒从现象学的立场阐明知识属于历史中的具体主体,对本文富有启发。
⑤ 参见朱有瓛主编:《中国近代史学制史料》,华东师范大学出版社,1983年。尤其是各阶段的"议论"部分。

关于传统知识的论说。① 只是,细梳上述材料,不难发现,清末学制改革中的各类议论,虽亦有对传统知识的洞见,但核心在学制的实际操作;②而晚清西学化以降的各家论说,几乎笼罩在科学的话语下。③ 换言之,传统的知识观念始终未能依其自身的知识谱系加以认识。

近年来,对传统知识谱系的再认识取得了相当成果,如左玉河取传统目录学的路径,聚焦于孔子,以及《艺文志》《隋志》《四库全书总目》等标志性著作,阐明了传统知识谱系的历史形成过程,以及相应的知识特征。但遗憾的是,由于作者的关注在中国现代学术的建立,而不在传统知识的理解,整个分析预设了强烈的科学观念,又受前贤诸如"以人统学""博通"等观念的限制,结果实际上仍是以科学的标准来证明传统中国知识是"非科学之统系"。④

因此,传统的知识观念仍有待发之覆,有些显见而又核心的问题仍然需要得到圆融的回答,比如,近代中国能够发现并断然接受西方的"科学",除了社会与历史的外在原因,究竟西方"科学"与传统知识有着怎样的内在关联?本文愿继续沿着传统目录学的路径,并同样聚焦于孔子删述六经,以及《艺文志》《隋志》《四库全书总目》等关键环节,⑤但从史学的梳理转向哲学的辨析,从知识现象学的视角来观察传统的知识观念及其本质性脉络,希望能就下述问题获得理解,如传统知识的确立及其衍化究竟依据什么原则?具有怎样的性质与特点?有怎样不同的知识维度?最终确定了怎样的知识标准与旨趣?

二、知识的生产方式、性质与特征

知识的界定虽多分歧,但依据柏拉图在《泰阿泰德篇》中关于知识须满足的三

---

① 参见刘东等编:《审问与明辨》,北京大学出版社,2012年。此书基本收录了1902年至1947年间关于"国学"的各种申论与辩驳。
② 如罗振玉:《学制私议》,见朱有瓛主编,《中国近代史学制史料》第二辑,上册,第11页。
③ 如毛子水:《国故与科学的精神》,见刘东等编,《审问与明辨》上册,第259页。
④ 参见左玉河:《从四部之学到七科之学》,第4、19页。
⑤ 有关研究很多,代表性的如姚名达:《中国目录学史》,商务印书馆,1938年。张舜徽:《汉书艺文志通释》,湖北教育出版社,1990年。兴膳宏、川合康三:《隋书经籍志详考》,汲古书院,1995年。余嘉锡:《四库提要辨证》,中华书局,1980年。

条件，被验证过的（justified）、正确的（true）、被人们相信的（believed），则传统中国的知识形成可以追溯到结绳记事时代，其后演进所呈现的包括文字在内的一切符号所记述的文本，都展现了知识的渐进。但是，知识的形成与知识系统的出现属于两个层面，前者是自发的，后者须基于知识观念的自觉；知识观念是对于知识的后思，其结果最终也成为知识的构成部分，并进而影响知识的拓展与演化。

传统知识系统及其谱系虽然完形于秦汉，但奠基于孔子的删述六经，知识观念亦由此生发。六经前虽有"三坟、五典、八索、九丘"等典籍的记载，但无论是具体文本，还是某类知识，这些典籍对于传统知识及其观念而言，更具传说的意义，因为至孔子时，它们已难见到。孔子删述六经，《史记·孔子世家》中有详尽而重要的叙述。[1] 司马迁的这一记载，史有争议，但孔子与六经的关系是可以信任的。[2] 事实上至汉代，人们已确认了孔子删述的六经为经典，并以此建构知识谱系。因此，孔子删述六经所蕴含的知识观念，对于传统知识谱系具有真实而重要的功能。

《史记》对于孔子删述六经的描述，佐证了《论语·述而》中所概括的孔子编纂文献的"述而不作"的方法，即便《春秋》也是"因史记作《春秋》"。这一方法，不仅决定了传统知识系统的特征，而且从知识的来源、内容与性质上奠定了知识观念。

述而不作，表明孔子奠定知识系统的方式主要是整理，不是制作。知识通过整理而定型，至少涉及两道程序：一是素材的收集与择取，二是分类与编排。收集与择取首先面临的问题是素材详略不等，以及真伪。《论语·八佾》中孔子讲：

夏礼吾能言之，杞不足征也。殷礼吾能言之，宋不足征也。文献不足故也，足，则吾能征之矣。

周监于二代，郁郁乎文哉。吾从周。

这表明孔子整理文献的态度是理性的，方法是实证的。

相比于素材的收集与择取，分类与编排更为重要。"哈耶克认为，人类的感觉以'分类'作为终结。"[3]换言之，零散的感知最终成为知识，最终环节是对众多的感

---

[1] 参见司马迁：《史记》卷四十七，中华书局，1959年，第1943页。
[2] 孔子与六经的关系是经学史上的基本问题，并构成经今古文学的基本分歧。参见皮锡瑞：《经学历史·经学开辟时代》周予同注[一]，中华书局，1959年，第20—21页。
[3] 格尔哈德·帕普克主编：《知识、自由与秩序》，中国社会科学出版社，2001年，第5—6页。

知加以分类,分类的确定意味着知识成型。分类虽是一个主观过程,但必须合乎内在逻辑;这种内在逻辑需基于事实本身,因此主观分类仍然具有客观特征。孔子云:

> 《关雎》之乱以为《风》始,《鹿鸣》为《小雅》始,《文王》为《大雅》始,《清庙》为《颂》始。①

不过,孔子分类所依循的内在逻辑不是基于知识自身的公理与推演,而是依据社会需求的功能分类,而历史事实构成这一功能分类的基础。孔子讲:

> 入其国,其教可知也。其为人也,温柔敦厚,《诗》教也;疏通知远,《书》教也;广博易良,《乐》教也;洁静精微,《易》教也;恭俭庄敬,《礼》教也;属辞比事,《春秋》教也。②

这表明,整个六经知识系统完全是功能性的,知识的建构完全出于对社会需求的满足。事实上,从《庄子·天下》讲:

> 《诗》以道志,《书》以道事,《礼》以道行,《乐》以道和,《易》以道阴阳,《春秋》以道名分。③

到《艺文志》讲:

> 《乐》以和神,仁之表也;《诗》以正言,义之用也;《礼》以明体,明者著见,故无训也;《书》以广听,知之术也;《春秋》以断事,信之符也。④

都充分反映了作为知识系统的六经对于知识的功能性定位在孔子以后渐获确认。

---

① 《史记》卷四十七《孔子世家》,第1936页。
② 《礼记·经解》,《十三经注疏》,上海古籍出版社,1997年,第1609页。
③ 郭庆藩:《庄子集释》,中华书局,1954年,第462页。
④ 《汉书》卷三十,中华书局,1962年,第1723页。

知识的分类系统一旦获得确认,就能对以往所有经验的各种总结和论说进行归类性质的处理,建立起某种理性化的知识结构。知识体系的建构涉及其与知识生产、知识整理的关系问题。直观地看,知识体系的建构似乎只是一种知识整理,而非知识生产;但若往前追溯,则每一层级的知识整理本身又可被视为一种新的知识生产,前述哈耶克关于知识因感知的分类而形成的论断就阐明了这点。因此,六经结构的形成使此前的感知由自发上升为自觉,积淀为知识,并对后来的认识活动起着范导作用,引导人们依此结构而延伸知识生产。当然,在自觉取代自发,离散态的感知被结构化的过程中,一定筛滤了许多感知,甚至包括了许多充满活力与智慧的部分;同时,既有的知识结构在引导人们拓展新的知识生产时,也会束缚人类的认知活动,但这是另一个问题。人类摆脱蒙昧,建立文明,必须要将离散态的感知以类型化的知识积淀下来,孔子删述六经对于传统知识体系形成的意义在此,其后传统知识谱系的每一次知识结构的调整也都具有同样的意义。

作为奠定知识体系的方式,述而不作决定着后世知识生产的内容与性质。孔子删述六经以追迹三代,表明既往的生活构成了六经的知识内容,[①]这决定了传统知识具有三个重要性质。一是世俗性。"六经皆史"使得传统的知识生产基本上成为实际生活的梳理,虽然实际生活中也有宗教的内容,但作为知识的来源则只有两个:表层的生活实相,深层的自然依据。前者毋庸赘言,《诗》《书》《礼》《乐》《春秋》都如此;后者体现于《易》。《系辞传》指出:

> 天生神物,圣人则之;天地变化,圣人效之;天垂象,见吉凶,圣人象之;河出图,洛出书,圣人则之。

此正印证了前引舍勒所有知识都自认为是关于世界的自然观点的论断。传统知识的来源决定了它的性质自始与宗教绝缘,即一切知识与神谕无关。这决定了传统的知识是世俗的经验,而不是宗教的教条。汉代奉六经为"经"后,这一知识性质似乎被它的权威性所模糊,但根本上并没有动摇其世俗性质,六经的权威性本质上来自它对传统知识结构的奠定。此外,纵观整个传统知识谱系的衍化,从《艺文

---

① 六经皆史就阐明了这一事实。此观念直到现代如章太炎仍反复强调,参见《章太炎演讲集》,上海人民出版社,2011年,第228页。

志》《隋志》,到《四库全书总目》,知识的世俗性仍然是很清楚的,对于宗教知识虽然呈现出开放性,但边界是清晰的。

二是经验性。传统知识是生活的梳理,经验的汇集。《隋志》讲:"书契已传,绳木弃而不用;史官既立,经籍于是兴焉。"①六经文本的编纂者原初是史官,本质上是历史知识。由于传统的知识谱系基于六经展开,因此史学实际上就构成了传统知识的基础。这与西方以哲学为基础的知识系统具有截然不同的思维模式与知识形态。② 史学是经验性学科,而哲学是推理性学科,前者基于经验事实的归纳,后者依据预设前提的推演。两者虽然都是人类理性的活动,但史学的思维模式偏于经验理性,以归纳逻辑的应用为主,而哲学的思维偏于纯粹理性,以演绎逻辑的应用为主。在知识的呈现方式上,以哲学为基础的西方知识系统多以"理论"呈现,并因为预设前提的改变而表现出理论的更新,以及断裂性的特征,而以史学为基础的中国传统知识多以"经验"呈现,经验在损益中不断累积,明显地表现出连续性的特点,这对于传统知识系统的形成与谱系演化产生重要而深远的影响。

需略申论的是,作为生活经验的知识呈现,六经的人文社会知识性质远重于自然世界的经验性知识。应该承认,在孔子关于知识的建构中,人的问题以及价值性关怀确实是核心,但对此宜分别而论:一方面,直接针对自然世界的知识及其认知方法未能得到凸显,这确实是孔子在知识构成中的巨大局限,对后来传统知识方法多囿于文献考订,内容也多限于人文社会领域深具影响;另一方面,《易》立为专经,尤其是前引《系辞传》关于《易》的说明,又清楚地说明了孔子把关于自然的认知确认为人类生活的基础。后来《艺文志》将《易》置于群经之首,同时将大量有关自然的经验性知识分类于其他门类中,表明了这部分内容在传统知识谱系的早期阶段还是获得了应有的关注。③

三是真实客观性。上文标示"述而不作"与"六经皆史",就凸现了六经的这一

---

① 《隋书》卷三十二,中华书局,1973 年,第 903—904 页。
② 王国维针对癸卯学制而发表《奏定经学科文学科大学章程书后》,明确指出哲学在欧日教育的基础地位。此文收入《王国维全集》第 14 卷,浙江教育出版社、广东教育出版社,2010 年。
③ 早期的传统知识与近代引入的科学,仅就知识内史看,区别并不全在知识的自然对象与经验性特征,而在知识生产所基于的逻辑,比如归纳与演绎的不同,以及预设的基本概念不同,比如传统知识中的基础性概念"气",在西方科学中就难以有对应的替代。

基本性质。《艺文志》称：

> 古之王者世有史官，君举必书，所以慎言行，昭法式也。左史记言，右史记事，事为《春秋》，言为《尚书》，帝王靡不同之。①

为了证明这点，太史董狐的故事被记录在册，"不虚美，不隐恶"也成为史官重要的品德。但是，六经的这种客观性与真实性，决不意味着主观性与价值性完全缺失了。事实上，在"述而不作"的客观性中，先天地蕴藏着主观性；在"六经皆史"的真实性中，强烈地彰显了价值性。在确立起知识的真实客观性的同时，特定的主观性与价值性即被融入其中，这决定了传统知识的显著特征，而世俗性与经验性又恰恰助长了这些特征。

这些显著特征主要有二。第一，实事求是的价值观。六经追求客观性与真实性，这一诉求本身就构成了传统知识最基本的主观性与价值性。史官在记言记事时，根据的是真实的生活，而不是虚构的神话；孔子删述六经，遵循的是素材以及去伪存真。玄想与思辨的知识兴趣在史官与孔子那里显然是有意淡化的，因此孔子的弟子们才会说：

> 夫子之文章，可得而闻也；夫子之言性与天道，不可得而闻也。（《论语·公冶长》）

同样，彼岸世界的问题也不在知识的诉求范围，所以说"未能事人，焉能事鬼"，"未知生，焉知死"（《论语·先进》）。在六经的知识建构中，这种主观导入诉求，奠定了整个传统知识实事求是的价值观，即章太炎所指出的"经史所载……大体并没有神奇怪离的论调"②。传统知识谱系后来的演化，之所以归结于清代朴学，固然有着具体的时代原因与学术原因，但毋庸置疑，在知识建构中自始确立起来的实事求是的价值观起着决定性的作用。即便是道德价值诉求凸显的宋学，集大成者朱熹的学术思想底色仍然是知识论上的格物穷理。

---

① 《汉书》卷三十，第 1715 页。
② 《章太炎演讲录》，第 216 页。

第二,经世致用的价值观。六经的知识建构强烈传达出的另一个价值观是知识的功用性,亦即"经世致用"。前引孔子论六经之教,明确指出了作为知识的六经,其功用在于文明教化。知识源于生活,生活的经验与感知之所以型塑为知识,根本目的在于进一步指导生活,经世致用成为传统知识的基本价值观。

经世致用的价值观对传统知识世界深具影响。但问题在于,波普尔讲:

> 科学、科学知识总是假设的:它是猜想的知识。
> 正确陈述与错误陈述恰恰一样多。①

如果务求有用之学,知识生产必要的宽容将难以存在。而在传统的知识世界中,功用性不仅成为知识的基本特征,甚至成为知识存在的前提,这是值得深刻反思的。孔子删述六经的现实关怀与价值诉求无论在当时历史的语境中,还是在后来的文化传承中,都具有合理性,但就知识本身而言,强烈的功能性被植入为知识的基本性质之后,负面后果也是显著的。一方面,知识的主体性受到巨大的消解,知识陷入为社会需求所左右的局面,市场原则将成为知识生产的依据,最典型的如出现了专门写给皇帝看的《资治通鉴》。对于传统的知识生产者而言,为知识而知识,既难以说服自己,也难以引来共鸣,甚至很容易被视为异说与空言而遭摈弃。另一方面,传统知识生产从其开始就忽略了依公理而推演的探索,选择了应用型的知识系统,传统知识系统最终成为"非科学之统系",与孔子最初呈现的知识观念是有关的。

三、知识系统的建构

> 昔仲尼没而微言绝,七十子丧而大义乖。故《春秋》分为五,《诗》分为四,《易》有数家之传。战国从衡,真伪分争,诸子之言纷然殽乱。②

面对知识的多元增长,建构新的知识系统成为重要挑战。《艺文志》的知识结

---

① 卡尔·波普尔:《通过知识获得解放》,中国美术学院出版社,1996年,第2—3页。
② 《汉书》卷三十,第1701页。

构既保证了知识的基本稳定,又满足了知识的多元增长,呈现出波普尔描述知识有机性时所说的"体内平衡"(homoeostasis)。①

《艺文志》将全部知识分为"艺"与"文"两个子系统,"文"后来虽细分为史、子、集,但并没有改变"经及其他"的整体结构。"艺"(经)这个子系统是核心,"文"(籍/史子集)这个子系统是从属的。两个子系统各有体内平衡的活动,相互之间又构成平衡,从而使整个知识系统及其子系统都拥有反馈机制。

在"艺"这个子系统,班固继承了战国以来以六经构成基础性与系统性的可靠知识,但对六经的结构与功能有所调整。结构上,战国至汉初普遍的《诗》《书》《礼》《乐》《易》《春秋》排序,调整成《易》《书》《诗》《礼》《乐》《春秋》。这个排序,除了《乐》因亡于秦,位序移动外,其余调整,很可能取决于六艺的编著时间。② 这表明,班固的调整是有客观准则的,即知识形成的早晚。但是,这个调整也不排除班固有知识功能上的认识。班固把《易》列在首位,应该与他对《易》的认识相关,"(其他)五者,盖五常之道,相须而备,而《易》为之原"③;而且,班固在《艺文志》中以仁义礼智信来阐述《易》以外的五经的功能,因此,他对六经排序的调整,以及将《易》与其余五书的区分,不仅揭示了传统知识中的核心内容的有机性,确立了世俗知识的自然基础,以自然为对象的经验性知识构成全部人文社会性知识的源头与基础;而且使六经这个核心知识的组织形态由平面而立体化了。但是,上述的调整虽然表现出希望建构起传统知识从自然到社会的逻辑关系,然而就整个知识系统的各部分构建而言,其性质并没有改变,包括《易》在内的整个经学仍然是功能型而非公理型的,而这一特征在六经之外的知识系统延伸部分彰显得更清楚。

从形式上看,六经的结构已实现自足,但班固没有使它成为封闭系统。"文"待后说,仅"艺"也建立了六经外的延伸部分,从而形成子系统自身的体内平衡反馈机制。这个延伸部分由《论语》《孝经》与"小学"三类构成。班固界定:

---

① 体内平衡一方面力争稳定自己的内部关系,维持自己的性质,另一方面体内平衡必须是不完全的,需要通过反馈机制不断调适自己,否则就意味着自己死亡,或者至少它的所有机能的暂停。参见卡尔·波普尔:《通过知识获得解放》,第 2 页。
② 杨伯峻:《经书浅谈》,中华书局,1984 年,第 4 页。
③《汉书》卷三十,第 1723 页。

>《论语》者,孔子应答弟子时人及弟子相与言而接闻于夫子之语也。①

孔子治六经,他与弟子间的讨论可以理解为是对六经的阐发。唐宋以后,《孟子》升格,《大学》与《中庸》抽出独立,最终形成《四书》,其实就是《论语》这一类的扩容而自成一体。这个类,虽然是孔子的阐发,具有极高权威性,但终究与六经有别,后来儒者就有"道"与"述道"的区分。② 六经是客观的"道",《论语》则是主观的"述道"。《论语》具有权威性,可附属于六经,但其他不权威的阐发并非毫无价值,这就在类的概念上为"文"这一子系统的整体存在提供了前提。

《论语》是对六经认识上的阐发,《孝经》则是对六经实践中的履行。班固讲:

>夫孝,天之经,地之义,民之行也。举大者言,故曰《孝经》。③

践履所涉甚广,《孝经》举其大,细碎者自然需要靠更多的知识来补充,这同样是为"文"的系统的存在提供了前提。无论是六经,还是《论语》的知与《孝经》的行,都离不开最基础性的语言文字,故六经最后的附类是"小学"。

汉代固然确认孔子删述的六经是知识核心,但知识远不限于此核心。相对于"艺"这个系统,"文"这个系统的知识总量大很多,但《艺文志》使其结构很清晰,归为诸子、诗赋、兵书、术数、方技五类。班固在解析"诸子十家"后阐明:

>今异家者各推所长,穷知究虑,以明其指,虽有蔽短,合其要归,亦六经之支与流裔。

这个"支与流裔"的性质认定,实际上适用于"文"整个子系统。六经皆史,这个"史"是完整的生活,而五类知识则是这个"史"在某一层面或侧面的呈现。"诸子"最明显,可直接视为"六经之支与流裔";"诗赋"是感物图事,微言相感,观风俗,知薄厚的载体;"兵书"是有关王者武备的知识;"数术"是传统的明堂羲和史卜之职;

---

① 《汉书》卷三十,第1717页。
② 参见叶适:《习学记言序目》下册,中华书局,1977年,第738页。
③ 《汉书》卷三十,第1719页。

各种"方技",都是生生之工具。

对这些知识,班固也在发生论的意义上给予了批判性的分析:

> (诸子十家)皆起于王道既微,诸侯力政,时君世主,好恶殊方,是以九家之术蜂出并作,各引一端,崇其所善,以此驰说,取合诸侯。

但作为知识仍肯定各具价值,故接着下一转语:

> 其言虽殊,辟犹水火,相灭亦相生也。仁之与义,敬之与和,相反而皆相成也。《易》曰:"天下同归而殊途,一致而百虑。"[1]

由此,《艺文志》通过整个知识体系的建构,将全部知识有效地纳入。由于核心部分的六经等同于完整的生活结构,扩容部分是对这个生活的展开,因此,六经一方面非常重要,因为它是一切知识的基础,另一方面非常朴素,因为它没有充分的彰显;扩容部分一方面非常有限,因为它们都只是对完整的生活、对六经的片面理解与展开,另一方面非常必要,因为它们使得对生活、对六经的认识深化而具体。换言之,在班固高度扩容了的新知识系统中,所有的知识在性质与内容上保持着一贯性与完整性,既实现了知识系统的延展,又实现了知识体系在延展中的体内平衡,并为未来的知识增长打开门径,保证了知识系统的开放性。

在知识系统的建构中,《艺文志》同样表达了关于知识的理性认识,并与孔子的知识观念在保持一致的基础上进一步深化。班固在各类小序中指出:一是知识来自对自然、人、社会现象的认知,如"医经者,原人血脉经落骨髓阴阳表里,以起百病之本、死生之分,而用度箴石汤火所施,调百药齐和之所宜"[2];二是知识来自人类生活的各种需要,如"神仙者,所以保性命之真,而游求于其外者也"[3]。即便是复杂而精微的知识,也仍然具有知识的世俗性与真实性,排斥宗教性与虚妄性,班固在述及"形法家"时明确指出:

---

[1] 《汉书》卷三十,第1746页。
[2] 《汉书》卷三十,第1776页。
[3] 《汉书》卷三十,第1780页。

> 形法者,大举九州之势以立城郭室舍形,人及六畜骨法之度数、器物之形容以求其声气贵贱吉凶。犹律有长短,而各征其声,非有鬼神,数自然也。①

尤有推进的是,班固强调了知识的有限性。各类知识只在相应的范围内是有效的,如"神仙"类的知识,其作用仅在"聊以荡意平心,同死生之域,而无怵惕于胸中"②,超出其外,谬误显见。这种知识的有限性,既与整个知识系统的扩容与细化相关,如前引班固关于诸子十家的发生学论说所言,又源于知识的获得存在着具体的困难。一是认识对象的复杂。如有关形法类的知识,即因为形与气的关系复杂,精微独异。二是某些知识非语言能完全表达,而见之于人的经验。比如整个数术类的知识都具有这样的特点,虽有书如无其人,同样难知。三是人的误用,这是呈现知识有限性的最重要因素。比如医经是治病救人的有用知识,但"拙者失理,以愈为剧,以生为死"③。

由于在知识系统上已将六经与其他所有知识做了有效的区分,因此在知识有限性的问题上,班固表现出了彻底性,此尤见于他对儒家的说明。班固把孔子归入六经的系统,视为核心知识的构成,"唐虞之隆,殷周之盛,仲尼之业,已试之效者也",④然而儒家则是"仲尼没而微言绝,七十子丧而大义乖"的结果,其学术已同于九流十家,属于"六经之支与流裔"。儒家虽然在知识与精神上最接近于圆满,但仍然存在着问题,致使"五经乖析,儒学渐衰"⑤。

《艺文志》以后,传统知识谱系的另一重要环节《隋志》使传统的知识观念进一步清晰与自觉。对《隋志》而言,知识总量剧增是首当其冲的挑战,尤其是除了原来知识体系可以接纳的以外,有两类知识因其性质存有争议:一是基于六经的知识增量,即两汉以来的谶纬类著述;二是佛道二教的知识。依班固"圣人作经,贤人纬之"的观点,纬书本是正当的解经著作。只是由于纬书基本上是因时事而论说,虽托名于六经,其实是"儒者推阐论说,各自成书,与经原不相比附",加之杂以术数,附会神说,"弥传弥失,又益以妖妄之词,遂与谶合而为一",被认为是"荧惑民志、

---

① 《汉书》卷三十,第1775页。
② 《汉书》卷三十,第1780页。
③ 《汉书》卷三十,第1776页。
④ 《汉书》卷三十,第1728页。
⑤ 《汉书》卷三十,第1726页。

悖理伤教"的东西;谶更是"诡为隐语,预决吉凶"。① 《隋志》对谶纬类著述做了极具理性的分析。从知识内史出发,《隋志》一方面认同谶纬的产生有着知识内在的要求:

> 孔子既叙六经,以明天人之道,知后世不能稽同其意,故别立纬及谶,以遗来世。②

另一方面《隋志》强调,这样的认同与承认并不足以证明谶纬著述具有附丽六经的性质,因为"其文辞浅俗,颠倒舛谬,不类圣人之旨。相传疑世人造为之后,或者又加点窜,非其实录"③。进而《隋志》又从知识外史精辟指出,谶纬学"文辞浅俗,颠倒舛谬",而仍能盛行,实与政治环境具有密切的关系。《隋志》云:

> 起王莽好符命,光武以图谶兴,遂盛行于世。汉时,又诏东平王苍,正五经章句,皆命从谶。俗儒趋时,益为其学,篇卷第目,转加增广。言五经者,皆凭谶为说。

但宋梁后,谶纬又禁。至隋,竟至"搜天下书籍与谶纬相涉者,皆焚之,为吏所纠者至死",天下已"无复其学",著述"多散亡"。④

难得的是,基于上述的明确认知,以及身处当时禁绝谶纬学的政治与学术氛围,《隋志》在知识系统中仍纳入了谶纬学,"录其见存,列于六经之下,以备异说"⑤,从而使"经"由班固《艺文志》中的九类,扩成十种。

这种处理,一方面表明《隋志》对待知识,尤其是六经,持有严正标准:

> 古之君子,多识而不穷,畜疑以待问;学不逾等,教不陵节;言约而易晓,师逸而功倍;且耕且养,三年而成一艺。

---

① 《四库全书总目提要》(以下简称《总目》)第一册,河北人民出版社,2000年,第184页。
② 《隋书》卷三十二,第941页。
③ 《隋书》卷三十二,第941页。
④ 《隋书》卷三十二,第941页。
⑤ 《隋书》卷三十二,第941页。

另一方面,《隋志》又非常清楚整个知识史自始即是上述标准的突破:

> 自孔子没而微言绝,七十子丧而大义乖,学者离群索居,各为异说。①

战国时已典文遗弃,"学者难晓,虚诵问答,唇腐齿落而不知益";"至后汉好图谶,晋世重玄言,穿凿妄作,日以滋生";再到当时,"去正转疏,无复师资之法"。② 因此,在知识系统中保留谶纬学,既不是权宜之策,也不是随意之举,而是开明的知识观念。在坚持知识既有标准的前提下,根据知识史的实际展开,对"异说"稳妥安顿。虽然谶纬是"异说",但仍以为"纬书解经",保留其有效的知识身份。

这一开明的知识观念,在处理佛道二教上呈现得更明白。《隋志》为知识划出了"中庸之教"与"方外之教"的界线,道佛属于方外之教,虽呈现出迂怪,但因不属于中庸之教,不应以世俗的知识标准对之随意诬化。③ 基于此观念,《隋志》进而从知识的视角对道佛二教给予实证性阐述。在对"道经"梳理出经戒、饵服、房中、符箓,"佛经"梳理出经、律、论的知识结构的基础上,《隋志》系统而简明地阐述了道教主要的神仙系统、宗旨、受道之法、事迹,以及佛教在天竺的创立流变、基本精神、戒律,特别是汉代以降在中国的流播。道佛二教虽然在知识的性质上被划出世俗知识的范围,但是二教本身却构成了世俗知识的认知对象。这既有益于在知识上安顿二教,附于四部之末,又足以引导世俗社会对宗教信仰的对待。

在开明的知识观念背后,有着《隋志》对知识功能的坚持与强化。《隋志》开篇即讲:

> 夫经籍也者,机神之妙旨,圣哲之能事,所以经天地,纬阴阳,正纪纲,弘道德,显仁足以利物,藏用足以独善,学之者将殖焉,不学者将落焉。大业崇之,则成钦明之德,匹夫克念,则有王公之重。其王者之所以树风声,流显号,美教化,移风俗,何莫由乎斯道?④

---

① 《隋书》卷三十二,第 947 页。
② 《隋书》卷三十二,第 948 页。
③ 《隋书》卷三十二,第 1099 页。
④ 《隋书》卷三十二,第 903 页。

只是在这个知识功能的坚持上,《隋志》将知识提高到了"经天地,纬阴阳"的高度,换言之,知识是合乎世界的自然观点。唯此,知识才有益于社群与个人,王者之兴也必由知识达到,人类的文明传承也因此可能,"今之所以知古,后之所以知今,其斯之谓也"①。

当然,落实到知识功能的具体实现,即便六经构成文明教化的大道,其应用仍务求随时通变,《隋志》强调:

> 遭时制宜,质文迭用,应之以通变,通变之以中庸。中庸则可久,通变则可大,其教有适,其用无穷,实仁义之陶钧,诚道德之橐籥也。其为用大矣,随时之义深矣,言无得而称焉。②

而且,知识功能又须区分出层次与部分,合之才完备。《隋志》仍坚持六经构成知识核心的传统,但更着意阐明六经以外的知识的价值。史部不仅本来就是"书美以彰善,记恶以垂戒,范围神化,昭明令德,穷圣人之至赜,详一代之亹亹"③,功用显见,而且《隋志》近乎申明,六经原自史籍来。子部虽"有所偏""所施各异""分镳并骛",但各具功用,"若使总而不遗,折之中道,亦可以兴化致治者矣"。④ 集部虽"因物骋辞,情灵无拥者也",但"陈诗观风,斯亦所以关乎盛衰者也"。⑤ 总之,传统的知识观念至《隋志》,其功能性定位更加突显,基于公理型的知识维度彻底消失,知识的主体性荡然无存,一切知识的价值都被认为在于"弘道设教"⑥。

功能决定结构。史部虽然在晋朝荀勖的《中经新簿》中已增设,但《隋志》予以升格,置于子部前。这一升格决定了史部知识的扩容与建构,整个史部在《隋志》中被梳理成十三门类,脉络清晰,结构完备,且富有卓识。比如专辟"霸史",在维护历史正统的前提下力求史实存真;又如另辟"杂传",将知识由帝王将相的政治中心拓展到广阔的社会。

---

① 《隋书》卷三十二,第 903 页。
② 《隋书》卷三十二,第 903 页。
③ 《隋书》卷三十二,第 992 页。
④ 《隋书》卷三十二,第 1051 页。
⑤ 《隋书》卷三十二,第 1090—1091 页。
⑥ 《隋书》卷三十二,第 909 页。

史部升格的另一面是经部的历史化。《隋志》云：

> 夫经籍也者,先圣据龙图,握凤纪,南面以君天下者,咸有史官,以纪言行……下逮殷、周,史官尤备,纪言书事,靡有阙遗。①

经籍就是史书,孔子删订六经只是史籍散乱后的补救。"六经皆史"虽晚至清儒章学诚才真正提出,但其观念却可追溯至隋儒王通,②至《隋志》则已明显固化成知识观念。

《隋志》固然坚持经的核心地位,但经的史化和史部升格,已使经史并重成为传统知识的基本特征,并决定了史学由此固化成传统知识的基础。经源于史,史展开与验证经,一切知识皆围绕于世俗的人间生活。《隋志》虽然在知识观念上是开明的,但受其知识功用的泥囿,在知识内容上反而趋向逼仄。此外,上述变化强化了文献研究这一传统知识整理的既有方法。从孔子删述六经起,传统的知识生产主要是通过文献的考订与分类来完成。由于文献是生活本身的记录,因此文献整理仍然是知识生产的有效方法,但这一方法的显见局限是自然认知的薄弱,而《隋志》将知识基础固化为史学,无疑使传统知识谱系中本已薄弱的对自然的认知更加淡出知识视野。

除了史部升格,《隋志》在知识结构上的另一个调整是经部中《孝经》与《论语》的位置升降。《艺文志》中《论语》在前,《孝经》在后,两书同被认定是孔子对学生的教导,似无轻重之别。《隋志》不同。《隋志》不仅沿用了《艺文志》关于孝"天经地义人行"性质的抽象认定,而且更是对孝的现实功能做了具体申述,对孝赋予教化天下、传承文明之义。③因此,作为知识文本的《孝经》便有超过《论语》的重要性。《论语》只是弟子们"与夫子应答,及私相讲肄"的记录,具有随机性质,而《孝经》却是有意识的系统阐述。《隋志》云：

> 孔子既叙六经,题目不同,指意差别,恐斯道离散,故作《孝经》,以总会之,

---

① 《隋书》卷三十二,第904页。
② 参见韦政通主编：《中国哲学辞典大全》"六经皆史"条,世界图书出版公司,1989年,第166—176页。
③ 见《隋书》卷三十二,第935页。

明其枝流虽分,本萌于孝者也。①

以《孝经》为六经总会,旨在治化天下,知识观念中的功能取向进一步强化。

四、知识的标准及其旨趣

"《隋志》以下,门目大同小异,互有出入,亦各具得失,今择善是从。"②四库馆臣的这一判断反映出对《隋志》的高度认同,也决定了四库在知识体系上对《隋志》的继承。不过,作为传统知识系统的最终建构者,四库虽然在基本结构上以传承为主,但在知识观念上却有自己的定见,并影响到在知识上的取舍与评判。

与前代相比,馆臣自诩对于知识有高度自觉,基于这种自觉,树立起自己的知识标准,并依此在各个部类上对知识进行层次划分。《总目·凡例》之三明确说:

前代藏书,率无简择。萧兰并撷,珉玉杂陈,殊未协别裁之义。今诏求古籍,特创新规,一一辨厥妍媸,严为去取。③

"辨厥妍媸,严为去取",当然含有意识形态的标准,这是四库的事实。但也须承认,馆臣也有知识上的标准,并以此衡定知识产品。据《凡例》,馆臣依其知识标准将著述分为两类:一类收入四库,一类仅存其目。两类中又各分出两类。收入四库的,分"上者"与"其次者"。关于"上者",且待后述。"其次者"有"长短兼胪"的说法,表明收入者皆可成一家之言。仅存其目者,一类是"言非立训,义或违经",大抵可算有意识形态错误,另一类则显然是学术标准,"寻常著述,未越群流"。正由于具有高度自觉的知识标准,故馆臣在知识谱系的梳理上从体例、取舍、序按提要诸方面都做了精细努力。

体例上主要是归属与分类,这是决定整个知识系统梳理的基础。对归属,四库

---

① 《隋书》卷三十二,第935页。
② 《总目》第一册,第42页。
③ 《总目》第一册,第42页。

是认真梳理的。有些据内容而定,"如诏令、奏议,《文献通考》入集部。今以其事关国政,诏令从《唐志》例入史部,奏议从《汉志》例亦入史部";有些据数量而定,如"名家、墨家、纵横家,历代著录各不过一二种,难以成帙。今从黄虞稷《千顷堂书目》例,并入'杂家'为一门"。整个考虑细致,不仅从知识本身出发,而且注重谱系承传,绝非徒具形式,即所谓"务求典据,非事更张"。[①] 实际上,"择善是从"与"务求典据",很能表证馆臣在知识的归属上是整合内容与形式一并予以考虑的。

所谓分类,这里专指门类下的子目。知识总量增多,致使门类下的内容杂碎而歧出,为保证知识系统清晰,最简明的方法自然是多分子目,但弊端是越分越细。知识的边界固然可能会因为细分而明晰,但知识的旁通关联却也可能因此而阻隔。四库的取径是宜粗不宜细,只将"流派至为繁夥,端绪易至茫如"的门类,"约分子目,以便检寻。其余琐节,概为删并",[②]使得整个知识系统结构合理,清晰便用。

知识产品的取舍更以馆臣的知识标准为依据。馆臣的知识标准一言以蔽之:朴实。追求真实的精神贯彻于整个知识系统的梳理,大的归属与分类问题已见前述,具体的著录则无所不在,"古来诸家著录,往往循名失实,配隶乖宜",四库力求"考校原书,详为厘定","务使不失其真"。[③]

从务实的标准出发,取舍的重要依据是知识之真。义理属于价值论域,馆臣承认知识拥有价值诉求是合理且应当的,但强调价值诉求不可凭空臆造,必须基于坚实可靠的知识。真实性构成了一切知识的核心要素,虽"儒者说经论史,其理亦然"[④]。这尤见证于馆臣对《四书类》的知识衡定。四库在知识系统上的显见调整是经部中增设《四书》类。元代起《四书》已成为独立的知识单元,《明史·艺文志》也别立《四书》一门,馆臣虽依循前例,将《四书》增设为一门类,但由《四书类》跋语,可见其增设的原因更多的是出于意识形态,而不是出于知识上的肯定。至于《四书类存目》的跋语,评论更是不堪。儒者说经论史尚且如此,对佛道二教更不宽容。佛道二教的知识内容与祈愿文字完全排除,"二氏之书,必择其可资考证者。其经忏章咒,并凛遵谕旨,一字不收。宋人朱表青词,亦概从删削"。[⑤] 相比于《隋志》,馆臣

---

① 《总目》第一册,第 42—43 页。
② 《总目》第一册,第 43 页。
③ 《总目》第一册,第 43—44 页。
④ 《总目》第一册,第 45 页。
⑤ 《总目》第一册,第 46 页。

的知识标准不仅严格,而且操作上也不宽容,许多宋人文集虽被收录,但许多不符合知识标准的文字被大量删削。

相反,只要符合知识标准,著者的身份倒是次要的,"释道、闺阁亦各从时代"著录,宦臣、外臣也一样。① 而且,传统时代在知识与人品的问题上向来自有标准,因人废言之事很平常,但四库以知识为重。《凡例》强调:"文章德行,在孔门既已分科,两擅厥长,代不一二。"因此,立身有德有功,当然收录,但立言有成而德行略亏,也不摒弃。只有严重有恶者,如姚广孝助逆兴兵、严嵩怙权蠹国,其著述才不收录,但仍说明缘由,"并著其见斥之由,附存其目"②。

与真实性的知识标准相联系的,就是知识的功用性。事实上,确立真实性的知识标准,目的就在知识的功用性。馆臣强调:"圣贤之学,主于明体以达用。凡不可见诸实事者,皆属卮言。"并详举所谓不可见诸实事的"卮言":一是务为高论,不切人事的;二是动称三代,不揆时势的;三是倡导改书篆体,改发古音,或者建议掘坑藏锥以刺敌,雕木为虎以临阵,九边将士人人皆读《左传》等种种迂谬之论。③ 馆臣所倡导的"辟其异说,黜彼空言,庶读者知致远经方,务求为有用之学",虽不失其合理性,但也不难发现,虽然他们袭用"明体以达用"的陈词,但在知识取向上,"明体"只是虚悬一格,"达用"才是真正重心。在达用的驱使下,知识真实性渐趋实证化。

正因为秉持这样的知识标准与诉求,故馆臣对汉宋学皆为不满。通常以为清代朴学是摒弃宋学而返归汉学,其实从馆臣强调知识的真实性与功用性出发,汉宋学皆有弊病,"汉唐儒者,谨守师说而已。自南宋至明,凡说经讲学论文,皆各立门户"④。只是比较起来,汉唐儒者的谨守师说,虽然难获新知,但不失朴实;而宋明儒生的门户依傍,不仅无益于知识增进,而且更有害于人心世道。因此,馆臣的知识观念固然是着重铲除宋明儒学的门户畛域,但在整体立场上更是要超越汉宋儒,在知识上贯彻真实性与功用性,"详为考订,务核其真"。⑤

为了贯彻这一知识立场,馆臣在知识系统上做了两方面的努力:一是著录的兼收并蓄,二是序按提要的撰述。兼收并蓄并非放弃知识标准,相反,依据真实有用

---

① 《总目》第一册,第44页。
② 《总目》第一册,第47页。
③ 《总目》第一册,第46页。
④ 《总目》第一册,第46页。
⑤ 《总目》第一册,第46—47页。

的标准,只要在知识上有所成就,便予以收录。就此而言,馆臣对于知识的识见相当开明,并有清晰认知。《凡例》称:

> 儒者著书,往往各明一义。或相反而适相成,或相攻而实相救。所谓言岂一端,各有当也……今所采录……兼收并蓄,如渤澥之纳众流。①

这种清晰认知,甚至影响到馆臣对于"伪书"的态度。"《七略》所著古书,即多依托","迁流洎于明季,论妄弥增,鱼目混珠,猝难究诘",但馆臣所取的态度,并非简单摒弃,而更近于知识考古:

> 今一一详核,并斥而存目,兼辨证其非。其有本属伪书,流传已久,或掇拾残剩,真赝相参,历代词人已引为故实,未可概为捐弃,则姑录存而辨别之。②

可见,馆臣对于"伪书"抱有辩证观念。所谓"历代词人已引为故实",点出知识的真实性具有不同层面的内涵:知识的生产者究竟是谁?属于哪个时代?其知识内容是否可靠?如此等等,是一种真实;知识的传播与接受所构成的历史,则是另一种真实。追求知识的真实性,并不能简单地限于一个层面来判定,而需根据问题的性质加以研判。馆臣在贯彻知识的真实性上清晰地区分出知识的生产与传播,实与他们知识观念中的功用性确认有关系。

关于序按提要的撰述,《七略》《艺文志》已肇其始,但至四库才形成强烈的自觉意识、明确的体例形式、严格的作业标准。四库分两个层面实现上述目标,一是馆臣对各个门类撰写序按,以明晰整个知识系统;另一是馆臣为每一著述撰写提要,以考论具体知识成果。这些序按提要虽不免有值得商榷之处,甚至错误,后人也多有辨证,但毋庸置疑的是,其贡献远胜其不足。就本文主题而论,馆臣所撰序按提要,不仅清晰完备地梳理了传统知识谱系,而且对每一脉络、每一节点作了细致考辨,使得整个知识谱系致广大而尽精微。所呈现的知识观念已基本超越传统学术史上的汉学与宋学,尤其是知识的真实性标准所蕴藏的实证观念已呈现出趋近现代科学观的特性。

---

① 《总目》第一册,第47页。
② 《总目》第一册,第47页。

不过,即便馆臣致力于知识标准的确立,同时也能够细致地对待具体的知识成果,甚至注意到知识生产与传播问题,但由于对知识的功用性理解仍然基于传统的经验理性原则,因此更为广泛的"九流"类知识也许民间影响甚广,但总体上不被馆臣们看重,只在整个知识谱系中保留边缘性的位置。概言之,知识的重心始终在以史学为基础的经史文献上,而一切有关自然的、宗教的知识都可有可无。出于相同的理由,对新的知识,比如晚明天主教传入的西学,馆臣同样缺乏兴趣。实际上,馆臣的知识观念中的功用性与实证性,既高度配合,又相互制约。功用性基于实证性,但又可弥补实证性,如对伪书的处理;实证性支撑功用性,但又限制功用性,如对方技家的处理。馆臣的整个知识观念与视域,在极大程度上仍然受制于传统知识观念中对于知识功用性的定位与理解,即"以阐圣学、明王道者为主,不以百氏杂学为重也"[①]。

五、经与史交织中的价值性知识维度

上述分析虽基于整个传统知识谱系,但观察主要沿着事实性知识的维度,史学尤获聚焦而被彰显。若对传统知识观念的理解止于此,却是极不充分的。前文在分析孔子编纂六经时,已揭明知识观念中的主观性抑或价值性,即实事求是与经世致用的特征。事实上,问题涉及整个价值性知识的维度。

比如,除了实事求是、经世致用,六经最直接,也是最显在的价值观是那些承担着教化功能的有关世俗生活的善恶评判。这些价值评判在六经的系统中并不完全直接呈现为说教,而是隐含在具体历史事实的描述中,即便《春秋》也仍是如此。这似乎意味着,六经的作者关于事实性知识与价值性知识的关系有着高度的自觉:一方面,价值观无法凭空呈现,其本身似不足以构成塑造生活的力量,拥有力量的是事实性知识,知识由对事实的描述构成,价值必须隐含于知识才能真正影响生活;另一方面,知识终究有着善恶的指向,求真不能离开对求善的关怀。[②] 而且,不能把

[①] 《总目》第一册,第48页。
[②] 在西方的传统中,从希腊人在2500年前启动有组织的知识生产起,人们在获知数不清的新知识的同时,往往不大考虑其后果,而正是"在这里,社会科学和人文学科可以发现自身特定的作用来帮助界定何为善、何为真,并给真理添加智慧"。参见克拉克·克尔:《大学之用》,北京大学出版社,2008年,第49—70页。

价值观误认为知识生产者个人的主观取舍。史官董狐的故事清楚地彰显出,是非善恶的价值观是公共认同的,不取决于为非作恶的君王,否则史官记录史实就不必冒杀头危险。因此,孔子删述六经不是无目的的活动,而是合乎价值目的的知识生产。孔子删述六经,实际上是通过自觉的知识生产,即历史的梳理,将人类曾经共同拥有的价值观记录下来,进而通过知识本身来引导人类的生活。作为传统知识的最初体系,六经成为事实与价值合一的知识,知识是显性的故事,价值是隐微的观念。孔子删述六经不仅奠定了知识的观念,而且铸造了知识的范式。

不过,六经皆史的观念自隋末唐初产生,至清代标明,使得传统知识体系中的事实性维度获得凸现。六经皆史的观念虽然在整个中国知识史上不足以说是完全的共识,但六经的历史化却无疑隐含在传统知识谱系中,而且逐步趋向显明与强烈。唯此,传统的知识观念也才越来越呈现出客观性与真实性的特征与追求。然而,六经中的"微言大义",即作为"经"的价值性维度并不能轻易抹去,知识系统中的史部创设并不能消解经部,经与史终究分门别类,经学构成独立的知识门类,并在传统知识谱系中始终居于首要地位。这固然可以被简单地理解为象征性的,或某种惯习,甚至更负面的保守,但无论是象征、惯习,还是保守,背后无疑存在着传统中国在知识维度上的观念、立场、取向。这就要进一步追问:其核心内涵究竟是什么?功能是什么?在知识的层面又是如何自处的?

内藤湖南在《中国历史思想的起源》中有过一个颇有启发的论述:

> 由夏至殷、殷至周的情况,在中国看作古代史上非常重大的事件,像夏至殷这种仅仅由一个朝廷转变为另一个朝廷的情况,对历史观点还没有显著的影响,然而,经过两次王朝的交替之后,看来这种王朝变化的现象已引起了一般人相当痛切的思考……所以这"三代"之间的变化曾给予人类知识以极大的冲击。因此,《召诰》中所反映的就是对夏殷周三代之间革命的思考。[①]

换言之,六经在表象的知识层面上虽然呈以史实,但在背后的深层次上却蕴含着"对夏殷周三代之间革命的思考",它"给予人类知识以极大的冲击",正是这种"思考"与"冲击"才使六经在传统的知识图像上形成有别于史的知识维度,即经。

[①] 内藤湖南:《中国史学史》,上海古籍出版社,2008年,第360页。

经不是现象的再现性知识,不是客观对象的过程观察、记录、确认、分类、梳理,这样的知识作业足以构成史,求真是良史的标准。经是人们直面历史后的思考,是人基于自身价值评判的主观性选择与确认。作为一种知识,经的关注不在对外部世界的认知,而在对人的生活道路的确认。怎样的道路是适合自己的?怎样的生活才是最好的?求善求美是正经的诉求。在传统的知识观念中,经被独立标示并居于知识首位,表明只有史的知识是不够的,唯有经的知识才真正引领自己走向未来。史的知识是过去了的生活,它的知识维度是向后的。经的知识虽然基于史的知识,基于过去了的生活,但它的知识维度恰恰是向前的,正如王夫之名言:"六经责我开生面。"

由此维度的不同,经与史在知识观念上的呈现与功能也截然相异。史是过往生活的实录,生活是丰富多样的,史的知识因此复杂与开放。经是对族群未来的引领,一个族群如果价值认同分歧,势必分离,因此作为知识的经,必须于多样性的历史中凝聚共同的价值系统与文化模式。现象认知不容易,价值认同更艰难,只有刻意持守,才可能疏通古今,维系传承,并于传承中更化迪新。《总目·经部总叙》开篇即清楚地指出了经在中华文明价值系统原型上的型塑性质,以及经学反复重演六经原典的知识特征。由于经与经学在传统知识谱系中的首要地位,经的性质与经学的特征始终左右着整个传统知识系统的方向,而其核心功能一方面是有效维系与决定整个传统知识乃至整个中华文明的连续性与统一性,另一方面也制约着传统知识,使之深陷于以外部问题为导向的应用型知识模式,始终无法开辟出有可能向现代科学发展的公理型知识系统。

由于经具有原型价值系统的型塑性质,而经学只是"诂经之说而已",故经学的原典重演似乎先天性地具有了某种保守性,只构成对经的解释学,而且,经学的有效性在极大程度上将取决于经本身的知识可靠性。不幸的是,六经所描述的"上古之事传说与史实混而不分"[1],许多史迹甚至充满着具有原始宗教性的神迹,"比如说大禹……显然是带有神性的"[2]。前引内藤湖南论文中就指出,清代学者汪中已注意到"《左传》的记述不仅限于人事,还记天道、鬼神、灾祥、卜筮、梦等五事"[3]。因

---

[1] 王国维:《古史新证》,清华大学出版社,1994年,第1页。
[2] 裘锡圭、曹峰:《"古史辨"派、"二重证据法"及其相关问题》,《文史哲》2007年第4期。
[3] 内藤湖南:《中国史学史》,第364页。

此，经学不唯显得保守，而且更似乎是与宗教的神秘性粘连在一起。现代中国学术史上的古史证伪，实际上就是接续清代考证学，以现代科学的实证观念来清理古史中的不可靠性与神秘性，表象上虽只是事实性知识的实证研究，深层上则是价值性知识的彻底消解，最终结果是传统知识观念的全盘否定与抛弃。

对照传统知识谱系中的知识演化，现代中国学术建构过程中对待经学的这种处理方式不免粗疏，以至于今日无论是科学精神抑或人文价值在源头上均陷入枯滞。宋儒有道学经过孔子"首辟"与两宋"再辟"之说，① 姑各举孔子与朱熹对待知识一例，以窥他们在知识推陈出新之际对价值性知识所秉持的知识观念。

《论语·述而》载："子不语怪力乱神。"这表证了孔子不认同怪力乱神，而这些又恰恰是孔子删述六经时必须面对的。孔子尽可能真实地记述历史文献与价值系统，虽怪力乱神亦不避讳，但同时又赋予或转出新精神，以仁学改造周礼。孔子的知识取向绝非抛弃传统，而是怀抱敬意，通过对六经原典的解释来呈现新精神。在《论语》中，怪力乱神的东西被搁置了，人文与理性的精神获得彰显。由此也可确认，班固后来建构知识系统，六经在知识体系上虽结构自足，但他并没有使它成为封闭系统，即便在六经的层面也附上了《论语》与《孝经》，从言说与践履两方面作为六经的补充，这是顺乎孔子思想的，同时也是合乎价值性知识寓创造于传承的观念与逻辑的。

剔除了怪力乱神等神秘性的内容，真正使历史成为信史，是否就能够自然地推衍出合乎人的目的性的价值系统呢？这无疑更具挑战。朱熹清晰认识并指出这一问题。《朱子语类》载：

> 问："《左传》载卜筮，有能先知数世后事，有此理否？"曰："此恐不然。只当时子孙欲僭窃，故为此以欺上罔下尔。如汉高帝蛇，也只是脱空。陈胜王凡六月，便只是他做不成，故人以为非；高帝做得成，故人以为符瑞。"②

《左传》欲以史实证明卜筮所陈述的价值判断，而朱子指出这只是附会。后来馆臣亦申明此见，"《左传》载预断祸福，无不征验，盖不免从后傅合之"③。历史中的

---

① 陈淳：《北溪字义》，中华书局，1983年，第76—77页。
② 《朱子语类》卷八十三，《朱子全书》第17册，上海古籍出版社、安徽教育出版社，2002年，第2839页。
③ 《总目》第一册，第680页。

任何主体,其历史过程中总是充满着许多成败,取其成败的事实是难以表证其行为理据的正当与否的,因为任何成败都只是该主体整个历史过程中的片刻,此刻的成败在下一刻也许就被颠倒了。换言之,在朱熹这里,事实并不足以导出并表证某种价值,事实性知识与价值性知识并不是简单的因果关系,二者有内在关联但各有不同的诉求与知识特性。

也正因为此,朱子强调"以三《传》言之,《左氏》是史学,《公》《榖》是经学"①,知识取向不同。朱子的学术虽然深具实证精神,但始终秉持价值义理,不仅基于六经阐发新精神,而且基于六经原典延伸出《四书》新经典。比较六经与《四书》,六经固然可视为史实性质的文献汇编,六经皆史也足以成立,但《四书》显然已是义理观念的著作,呈现的已是纯粹的价值性知识。可见朱子正与孔子一样,其知识的转进是充分继承下的创造。

反观清代考证学,在事实性知识的层面虽继承朱子学的精神,但对于价值性知识的理解与认同显然不够。馆臣对整个《四书》学充满知识上的轻视,"坊刻《四书》讲章……其存不足取,其亡不足惜,其剽窃重复不足考辨,其庸陋鄙俚亦不足纠弹"②;甚至是蔑视,如明代《四书大全》的收录,"盖示戒,非示法也"③。从事实性知识的立场与视角,馆臣淘汰的评,并且也鲜明地折射出了意识形态下的价值性知识的不堪。但撇开外部因素,仅就知识本身而论,馆臣对于价值性知识是缺乏理解的。按照解释学的观念,"所有的重演都首先是解释,并借解释而企图成为正确的"④。六经是历史文献汇编,尚可待史实考证,《四书》纯是价值观念的论说,反复阐释是它的内在要求,而考证学绳以实证,则一切有关《四书》的阐释不仅毫无任何知识贡献,且适足以成为知识生产的负面样板,因此理解与认同自无可能,轻蔑与鄙弃亦属必然。王国维临终前的一次讲学中曾指出清儒在知识的"兴味"上不及宋儒,⑤而陈寅恪更是对宋儒的知识创造给予"造极"的评定,并断言未来中国文化的发展必归于"宋代学术之复兴,或新宋学之建立",⑥其中意涵值得深入体会。

---

① 《朱子语类》卷八十三,第 2841 页。
② 《总目》第一册,第 1007—1008 页。
③ 《总目》第一册,第 965 页。
④ 伽达默尔:《真理与方法》第二版序,生活·读书·新知三联书店,1990 年。
⑤ 参见王德毅:《王国维年谱》,兰台出版社,2013 年,第 377—378 页。
⑥ 陈寅恪:《邓广铭宋史职官志考证序》,《金明馆丛稿二编》,生活·读书·新知三联书店,2001 年,第 277 页。

六、结语

通过对传统知识谱系最重要环节以及知识的事实性与价值性两个维度的分析,传统知识观念的内涵与性质获得彰显。孔子述而不作的工作原理保证了知识的内容源自现实的生活经验,他删述的六经构成了最初的知识系统,它是在收集生活经验的基础上加以甄别,进而分类与编排,由经验积淀成事实性知识的。这一知识生产过程决定了传统知识自始具有世俗性、经验性、真实性的性质,但事实性知识同时蕴涵着实事求是的价值诉求,它与由此衍生的经世致用构成了传统知识观念中最基本的价值向度,沿此建构起基于上古三代嬗递的有关人类生活的善与美的价值性知识。由于孔子删述六经完全基于社会需求,因此传统知识的建构自始选择了应用型知识模式,没有确立起为知识而知识的公理型知识模式,这一取舍配之以经验性归纳思维方式而非推理性演绎思维方式,使得传统知识系统日渐演化为"非科学之统系"。

从汉到唐,传统知识系统通过有效建构与调整,确保了核心知识的稳定,实现了知识增量下的系统扩容。《艺文志》通过设立子系统与内部梳理,达到了知识系统的有机体内平衡。核心的六经虽是自足系统,但仍与延伸部分构成有机开放的经部;其他知识被分类组织化构成经部知识的展开,与经部形成互补。在知识系统建构中,孔子的知识观念获得继承与强化,增入了知识有限性的观念。至《隋志》,基于对知识性质的分类,妥善安顿了真实性存疑的谶纬学与道佛二教,尤通过史部升格与系统化以及化经为史,使史学成为传统知识的基础,经验性与功能性以及整个既有的应用型知识模式进一步强化。

清代学者沿此方向,彻底确立起以真实性与功用性为旨趣的知识标准,并依此标准对整个传统知识谱系进行了从各部类到每本著作、从学术源流到具体得失的知识梳理。馆臣基于实证的求真务用的知识观念已与现代的科学旨趣吻合,但固化了的应用型知识系统却与西学公理型知识系统完全相悖。

此外,综观传统知识观念的形成与发展,虽然有其充分的自洽性,但自始也表现出了自然认知相对弱化的缺陷。随着《隋志》的史部升格与经部史学化,本已弱化了的自然认知进一步被边缘化,而清儒最终确立的知识标准主要针对经史,故虽继承与深化了知识观念,但对于知识领域的开拓却呈现出极大的局限与僵化。传统知识自限于社会需求的定位,在近代中国遭受西方冲击之前,恰恰又使自己失去了外部动力。当清儒将真实性与功用性的知识标准推到极致,几乎完全将知识观念定格在实证与效用的坐标时,依据此坐标,在晚清学术遇见西方学术时,却为新格局的形成提供了契机。传统知识在自身系统中自始便以自然经验为基础,其内容也包纳了大量经验性知识并对其做出相应的分类,在此意义上,其知识性质与西方自然科学具有相容性。但受传统知识谱系中总的知识观念限制,同时又受自身预设概念、思维逻辑、实验方法等诸要素的限制,传统知识中的自然认知长期停滞于朴素的经验层面,形成的知识与方法无论如何都无法望西方科学之项背。相反,西方科学观念所呈现的高度实证性与有效性又近乎完美地满足了传统的知识标准。因此,传统知识谱系通过自我否定彻底转向科学,不但在自然科学的层面上引入西学的方法与学科建制,而且在人文社会科学研究领域同样走向科学化,既有外在必然性,又有内在可能性。换言之,起于晚清的现代中国学术,义无反顾地抛弃既有的知识传统,全盘接受科学以及整个西学,固然有知识外史上复杂的军事、政治、经济、文化原因,但从清代最终确立起来的知识坐标,已不难看到这样的知识取舍也完全有知识内史上的知识自身诉求。

本来,受传统知识观念引导,以真实性与功用性的知识标准全盘接受西方科学,并不必尽弃旧学。本文的研究表明,传统的知识观念固然不能说与狭义的现代科学观念一致,但更不能在广义上被简单地评定为非科学,事实上恰恰是与科学的理性与效用有着吻合性。退一步讲:

> 在某一个严肃的场合里,爱因斯坦就物理学作为一种知识做出了这样的概括:
> 我们的科学的演进表明了,在种种可以想象的理论构建之间,总有一种会叫人觉得它是特别优越的。任何对此等问题有深入体会的人都不会否定,我们的感官世界在实践上会确切无疑地给我们决定应该选择哪一个理论体系。可是,没有任何逻辑的依据要我们非选择某一些理论原则不可。
> 这是说,有很多种理论是同样可取的;其中一种之所以显得特别优越,严格来说完全是基于实践或实用上的原因。[①]

---

① 何·奥·加塞尔:《什么是哲学》,商务印书馆,1994年,第30页。

传统的中医药学在现代医药学中仍具启发与参证意义,正印证了爱因斯坦的睿见。爱因斯坦所说的理论尚限于关于自然世界的,如果是关于人间社会的价值性知识,无疑更当如此。儒学在先秦与两宋的知识转型中所呈现的寓创造于传承中的知识观念,充分表证了传统知识在价值性知识层面上的取向与精神。西方的人文社会科学在讨论问题时常常会自觉地追溯自己的知识传统,甚至追至希腊罗马,从中界定问题的性质并获得知识与智慧的支撑,但中国的人文社会科学,无论是研究当代,还是古代,传统的知识观念、源流以及相应的认知却很难进入视野,现代学术与传统知识存在着巨大断裂。前文述及,传统知识的一个显著特征是知识呈以连续而非断裂,但断裂恰恰在现代中国学术中出现了。

这种断裂从知识本身的角度看,主要是源于传统知识观念的固有缺陷,即自始发展起来的应用型知识模式在知识主体性与公理演绎思维方面的缺失。因此,现代中国学术选择西学,具有高度合理性。只是,这种断裂也造成对传统知识观念的简单化判断。认识到这一点,并不是要否定现代中国学术西学化的努力以及取得的巨大成就,而是旨在理解现代中国学术在科学的名义下的西学化,不仅是与传统知识观念的事实性维度的极度膨胀和价值性维度的自我消解存在着密切的内在关联,而且传统知识观念的这一态势实际上导引着现代中国对西方学术当中被视为"科学"的部分的全盘接受。在这接受过程中,来自传统知识观念的过滤、筛选、强化也同样获得了呈现,比如传统知识系统应用型模式的固化就让现代中国的科学观更重于技术应用而轻于科学精神。因此,重新理解传统的知识观念,既不要简单地以"非科学的"一语论断而加以鄙弃,更要意识到传统知识的功能性诉求的有益性,特别是价值性维度的存在,以及它无法简单地依傍事实性维度延展,这对于重新完整地认识传统的知识世界,并进而接续传统知识与现代学术,真正体会与步入陈寅恪所阐明的"道教之真精神,新儒家之旧途径","一方面吸收输入外来之学说,一方面不忘本来民族之地位",①建构未来中国的知识话语,尤其是人文社会的知识话语,完全是必要与重要的。

(作者单位:杭州师范大学)

---

① 陈寅恪:《冯友兰中国哲学史下册审查报告》,《金明馆丛稿二编》,第284—285页。

作为修身学范畴的"独知"概念之形成

——朱子慎独工夫新论

陈立胜

一

在先秦与两汉文献之中,"独知"通常为动词,且有两义:一是"只知道",或"仅限于知道",而对其他方面则不知;一是"独自知道",其他人则不知。

先看前者。如《墨子·兼爱中》:"今诸侯独知爱其国,不爱人之国,是以不惮举其国以攻人之国;今家主独知爱其家,而不爱人之家,是以不惮举其家以篡人之家;今人独知爱其身,不爱人之身,是以不惮举其身以贼人之身。"又如《韩非子·解老》:"民独知兕虎之有爪角也,而莫知万物之尽有爪角也,不免于万物之害。"两处文字中,"独知"的意思非常明显,即是仅仅知道。

再看后者。如《墨子·非儒下》:"……若将有大寇乱,盗贼将作,若机辟将发也,他人不知,己独知之……"《韩非子·说林》:"箕子谓其徒曰:为天下主而一国皆失日,天下其危矣,一国皆不知,而我独知之。"又如《淮南鸿烈·兵略训》云:"夫将者,必独见、独知。独见者,见人所不见也;独知者,知人所不知也。见人所不见谓之明,知人所不知谓之神。"再如《尸子》:"夫骥惟伯乐独知之,不害其为良马也;行亦然,惟贤者独知之,不害其为善士也。"另如《论衡·讲瑞篇》:"颜渊独知孔子圣也。"这种种"独知"之文字,皆是说某人拥有某种常人所不具备的见识、能力。

前者在严格意义上并不是一个术语,它只是描述常人因其心智之限制而导致认知上之偏颇,所谓"只知其一,不知其二",故有贬义。后者作为一种特殊能力(所谓"独知之明""独知之虑"),非常人所备。形势发展之某种隐秘态势、苗头,人、物所拥有的某种特殊的资质、品质,常人无从了解,唯拥有"独知"能力的智者能见人所不见,知人所不知。此种"独知"属于一种特殊的德性,拥有此德性者自是卓越不凡之人。

无论如何,在两种情形下,独知的对象都是外在的人物、事物,而不及于个体之内心生活领域。

二

"独知"之"新意"源自朱子对《大学》与《中庸》"慎独"之解释。两处慎独的文字中,均未提到"知"字。但朱子均从"知"的角度对"独"字加以阐述。

"所谓诚其意者,毋自欺也。如恶恶臭,如好好色,此之谓自谦。故君子必慎其独也",朱子对此《大学》慎独文本注曰:"独者,人所不知而己所独知之地也。"言"欲自修者,知为善以去其恶,则当实用其力而禁止其自欺,使其恶恶则如恶恶臭,好善则如好好色,皆务决去,而求必得之,以自快足于己,不可徒苟且以徇外而为人也。然其实与不实,盖有他人所不及知而己独知之者,故必谨之于此,以审其几焉"。而对《中庸》"莫见乎隐,莫显乎微,故君子慎其独也",朱子则注曰:"隐,暗处也。微,细事也。独者,人所不知而己所独知之地也。言幽暗之中,细微之事,迹虽未形,而几则已动,人虽不知而己独知之,则是天下之事无有著见明显而过于此者,是以君子既常戒惧,而于此尤加谨焉,所以遏人欲于将萌,而不使其滋长于隐微之中,以至离道之远也。"这两处注释文字是高度一致的,其中有两个要点,一是以"知"训"独",将"独"训为人虽不知己所独知之地,一是以"几"进一步界定"独知"之对象,"迹虽未形,几则已动",独知之所知在此。朱子曾谓前一义为游酢首发,后一义出自程子,朱子本人则将程门对慎独的理解综合为一,合而论之。①

自郑玄至孔颖达,汉、唐儒对《中庸》《大学》"慎独"之"独"的理解与解释,均从

---

① 《朱子语类》卷六十二,朱杰人等主编:《朱子全书》第16册,上海古籍出版社、安徽教育出版社,2002年,第2033页。朱子将"独知"之训首创权归于游酢,今观《中庸义》"莫见乎隐"一节:"人所不睹,可谓隐矣,而心独知之,不亦见乎?人所不闻,可谓微矣,而心独闻之,不亦显乎?莫见乎隐,莫显乎微,而不能慎独,是自欺也,其离道远矣。"(游酢:《游鹰山集》卷一,《景印文渊阁四库全书》第1121册,台湾商务印书馆,1986年,第650页。)游酢虽将隐微解释为人所不睹闻、己所独知闻,但并未点出独知之对象即是"人欲之将萌"处。

"闲居""独处"着眼。郑玄注曰:"慎独者,慎其闲居之所为。小人于隐者动作言语,自以为不见睹,不见闻,则必肆尽其情也。"孔颖达进一步疏通曰:"故君子慎其独也者,以其隐微之处,恐其罪恶彰显,故君子之人极慎其独居。"慎独实际上就是"谨慎其独处(之所为)",这一理解自有其文本上的依据,《大学》"小人闲居为不善,无所不至",《中庸》引《诗》"潜虽伏矣,亦孔之昭"及"相在尔室,尚不愧于屋漏",均有此意。刘安《淮南子·缪称训》"夫察所夜行,周公(不)愧乎景,故君子慎其独",徐干《中论·法象》"人性之所简也,存乎幽微;人情之所忽也,存乎孤独。……是故君子敬孤独而慎幽微",这些说法大致均未逸出郑玄、孔颖达"闲居"注疏之矩矱。《刘子·慎独》:"居室如见宾,入虚如有人……暗昧之事,未有幽而不显;昏惑之行,无有隐而不彰。修操于明,行悖于幽,以人不知。若人不知,则鬼神知之;鬼神不知,则己知之。而云不知,是盗钟掩耳之智也。"人不知,鬼神知;鬼神不知,己知。这一说法似对郑玄注有所突破,通常慎独的意思是,你在无人的暗处做了不善的事情(闲居之所为),以为无人知晓,可以瞒天过海,但群众的眼睛是雪亮的,"人之视己也,如见其肺肝焉",然而,是不是真的如此?白居易有诗云:"周公恐惧流言日,王莽谦恭未篡时。若使当时身便死,一生真伪复谁知?"而依刘昼,即便他人不知,还有鬼神知之(举头三尺有神明),即便鬼神不知,毕竟自己还知之,说"不知"显然是"自欺",是掩耳盗铃。但这里"知"的对象恐怕很难说是隐秘的心灵生活,"修操于明,行悖于幽"的说法暗示着"知"之对象还是郑注"闲居之所为"("动作言语")。

朱子"人所不知而己所独知之地"说,乍看起来,仍是以他人不在场而唯有自己在场的"地方"训"独",并无"新意",这跟郑玄以"闲居"训"独"似区别不大,以至于学界不乏有人将朱子对"独"解释归为郑玄一系,而由于马王堆帛书《五行》、郭店竹简《五行》先后出土,学界意识到郑玄将"独"训为闲居、独居之不妥,"独"当指"心君"或"内心的专一",朱子"人所不知而己所独知之地"说亦因被想当然地认为与郑注无别——把"诚其意"内在精神的理解为"慎其闲居"的外在行为,把精神专一理解为独居、独处——而受人诟病。

究是朱子解错了,还是错解了朱子?绎味朱子文字,不难发现,朱子之"独知"虽是仅限于自己知道的意思,但"独知"的对象则有其专指,即指内心生活中"一念萌动"但却又未及发露之隐秘状态("几"),在《中庸或问》中,朱子更加明确地指出,独知乃是"随其念之方萌而致察焉,以谨其善恶之几也"。而对"方萌之念"的省察又聚焦于念之"正"与"不正"上面。

依朱子，心为虚灵明觉之心，但或生于"形气之私"，或源于"性命之正"，故致危殆不安的人心与微妙难见的道心"杂于方寸之间"，因道心，故知好善恶恶之为是，但又因人心而于隐微之际，苟且自瞒，常有"一念在内阻隔住"，常有个"不肯底意思"，"有个为恶底意思在里面牵系"，"夹带这不当做底意在"，此情形即是意之"虚伪不实"、意之"亏欠"，朱子称此现象为"自欺"（"只几微之间少有不实，便为自欺"，"自欺，只是自欠了分数"），而他人所不及知、己独知者正是这种"自欺"，所谓慎独、所谓"毋自欺"亦不过是"正当于几微毫厘处做工夫"而已。①

职是之故，朱子以"人所不知而己所独知之地"训"独"，跟以往的郑玄、孔颖达之注疏实根本有别，不应混为一谈。在朱子那里，闲居与否不是"独"之重点，重点在于对"一念萌动"之感觉、审察。独处、独知之地不是一"物理空间"概念，而是一私己的、隐秘的心理空间概念，这个对私己的、隐秘的心理活动之"知"并不限于独自一人之"闲居"，即便是大庭广众之下、在与他人共处之际，仍是独知之范畴。问："'谨独'莫只是'十目所视，十手所指'处，也与那暗室不欺时一般否？"先生是之。又云："这独也又不是恁地独时，如与众人对坐，自心中发一念，或正或不正，此亦是独处。"②可见"独处"乃是一心理空间之概念，且其含义又相当明晰，即收紧在意念萌发之际，而"独知"则专指对此萌发意念之实与不实、正与不正的觉察。这一觉察乃是一种切己的、当下的意识行为，在这个意义上，它也具有"独自知道"，其他人则不知的意思，这倒不是说唯有自己才拥有这种独一无二的先见之明的能力，而是每个人都有这种能力，认知对象的特殊性质（本己的、第一人称领域）决定了这种能力仅限于当事者本人，所谓如人饮水，冷暖自知，他人无能与焉。心中发一念，倘有所愧歉于中，必会见于颜色，或表情不自然，或言不由衷，或动作做作，故他人总会觉察，所谓诚不可掩。这是流俗对"莫见乎隐，莫显乎微"之理解，而在朱子"独知"的诠释下，这个"莫见""莫显"乃是指自家对心中一念之觉察，念之正与不正、意之诚与不诚、事之是与不是，正是在此隐微之际而成为最易见、易显者。③

---

① 《朱子语类》卷十六，《朱子全书》第14册，第526页。
② 《朱子语类》卷六十二，《朱子全书》第16册，第2033页。
③ "事之是与非，众人皆未见得，自家自是先见得分明。"见《朱子语类》卷六十二，《朱子全书》第16册，第2029页。

三

思想家的灵光一现，犹平地起惊雷，无疑是思想史演进的一个契机，但任何思想的创新总是因缘和合而成。"国之将兴，必有祯祥。国之将亡，必有妖孽。见乎蓍龟，动乎四体。祸福将至：善必先知之，不善必先知之"（《中庸》），吉之兆、凶之萌，唯有至诚者方能察之、知之，能独察、独知此"兆萌"者方能及时修明，未雨绸缪。人之所以贵此独知之明，端因知此兆萌，方能逢凶化吉，遇难成祥。同样，"一念之萌"之所以成为"独知"之对象、成为哲学思考的显题（thematic），亦必是因为此"一念"事大。

《尚书·周书·多方》有语："惟圣罔念作狂，惟狂克念作圣。"论者通常认为此处的"罔念"与"克念"是说圣人如无念于善，则成为狂人；狂人如能念于善，则为圣人。善恶之端、吉凶之判，皆系于此一念之微、一念之几。《逸周书·小开武解第二十八》有四察之说："目察维极，耳察维声，口察维言，心察维念。"同书中还出现了修"四位"的说法："呜呼，敬哉！朕闻曰何修与躬，躬有四位、六德。""四位"者："一曰定，二曰正，三曰静，四曰敬。敬位丕哉，静乃时非。正位不废，定得安宅。"此处定、正、静、敬之论确实可谓开《大学》知止、得止之先，依潘振："定，谓志有定向，敬位丕哉，言敬则心广也。时非，言心待时不妄动也。废，怠也，正心不骄泰也。定则有天理自然之安，无人欲陷溺之危，常在其中，而须臾不离也，故曰安宅。"这里的"四位"都是"心之位"，是君子心灵生活当处的四种心态。唐大沛云："四位皆以心体言之，定，谓心有定向。正，谓心无偏私。静（按原文误为'定'——引者），谓心不妄动。敬者，小心翼翼之谓。"① 此种种看法都说明古先哲对心灵生活之重视，当然，无论是《周书》抑或《逸周书》中的"念"是不是心灵反思意义上的"一念之微"确实还值得再斟酌。②

佛教传入东土，"念念受报"的观念渐为流传。晋人郗超（336—378）《奉法要》云："凡虑发乎心，皆念念受报。虽事未及形，而幽对冥构。夫情念圆速，倏忽无

---

① 《逸周书汇校集注》，第 296、298—299 页。
② 徐复观先生认为："就周初一般的思想大势看，是不可能出现此一思想的。所以此处的'念'，固然离不开心，但不是在心的自身上转动，而系向外在的天命上转动。所谓'罔念''克念'，只是'不想到天命'，及'能想到天命的意思'。"见氏著：《中国人性论史》，上海三联书店，2001 年，第 29 页。

间,机动毫端,遂充宇宙。罪福形,道靡不由之。吉凶悔吝,定于俄顷。是以行道之人,每慎独于心,防微虑始,以至理为城池,常领本以御末,不以事形未著,而轻起心念,岂唯言出乎室,千里应之,莫见乎隐,所慎在形哉?"①这里,慎独之对象显系"心念",而之所以要慎此心念乃是因为"凡虑发乎心,皆念念受报"。此文虽不是专门章句《中庸》,但却明确援引《中庸》隐微之说,此足以说明郗超对《中庸》"慎独"之理解乃是扣紧在对"心念"之谨慎上面,此与汉唐诸儒释"慎独"明显不同。

六祖"一念"定生死的说法更是屡屡见于《坛经》:"一念愚即般若绝,一念智即般若生。"(《坛经·般若第二》)"自性起一念恶,灭万劫善因;自性起一念善,得恒沙恶尽。"(《坛经·忏悔第六》)"汝当一念自知非,自己灵光常显现。"(《坛经·机缘第七》)延寿亦说:"若起一念善,如将甜种子下于肥田内;或生一念恶,似植苦种子下向瘦田中。"(《宗镜录》卷七十一)又说:"起一念善,受人天身;起一念恶,受三途身。"(《宗镜录》卷七十三)这些思想对于出于佛老的理学家来说,当属老生常谈。故至李衡(字彦平,"平日剧谈道学",尤服膺明道之学,朱子书信中曾提及此人)而有"一念善处,便是天堂;一念恶处,便是地狱"之说。② 一念事如此之大,可不慎欤? 后朱子称诚意是"转关处",是"人鬼关",过此一关,方是人,否则即是鬼,即是贼,③亦反映出某种类似于此种佛教防心摄行的修行观。

四

无疑,朱子"独知"之训乃是出于对《大学》《中庸》文本字字称量、反复推敲之

---

① 僧祐:《弘明集》卷十三,上海古籍出版社,1991年,第88页。
② 龚昱编:《乐庵语录》卷五,《景印文渊阁四库全书》第849册,第311页。
③ 《朱子语类》卷十五,《朱子全书》第14册,第481页。后来,蕅益智旭大师解《中庸》"慎其独"章即明确说:"道犹路也。世间之道六:曰天、曰人、曰神,三善道也;曰畜生、曰饿鬼、曰地狱,三恶道也。凡起一念,必落一道。一念而善则上品为天,中品为人,下品为神;一念而恶则上品为地狱,中品为饿鬼,下品为畜生。人不能须臾无念,故不能须臾离道。生死轮回之报所从来也,可不戒慎恐惧乎? 一念因也,天、人、神、畜、鬼、狱果也。因必具果,无果非因,故众生畏果,菩萨畏因。在因之果,凡夫视之不睹,听之不闻,若佛则悉睹悉闻,故曰莫见乎隐,莫显乎微。君子之所以必慎其独也。"见释智旭撰、释延佛整理:《禅解周易四书》,九州出版社,2011年,第236页。

结果,但更与他个人艰辛的修身历程分不开。众所周知,朱子早年跟李延平习静坐,以验夫喜怒哀乐未发之前气象,但卒无所入。后闻张钦夫得胡五峰学,而往问焉,沉潜数年而有所谓"丙戌之悟",遂有"中和旧说"。旧说之要点在于"未发""已发"非以"时"言之认识:因为心灵生活一直处在发用之中("人自婴儿以至老死,虽语默动静之不同,然其大体莫非已发","莫非心体流行"),所以"未发"不应是指"心"而言的某个心理生活阶段,而是指寂然不动之"性"。① 未发与已发不是时间范畴,而是体(性)用(心)范畴。在严格意义上,未发之"前"(程伊川)、未发之"际"(杨龟山)、未发之"时"(李延平)这些将未发时间化的说法都是不谛当的。心既然始终处在"已发"(发用流行)阶段,于是,工夫便只能在"已发处"用功,朱子这一工夫取向在伊川"凡言心者皆指已发而言"与胡五峰"未发只可言性,已发乃可言心"那里找到了理论根据。然而朱子这条"察识端倪"的路子走得极为不顺,"已发处"入手,随事察识,看似容易,然实际动手,却又"浩浩茫茫,无下手处",不啻如此,依其自叙,这一路数在心灵与举止上面均有弊端,前者表现为"胸中扰扰,无深潜纯一之味",后者表现为"发之言语事为之间,亦常急迫浮露,无复雍容深厚之风"。

在察识端倪之路上的碰壁,让朱子意识到"急迫浮露"之病象乃是工夫"偏动"(少却"平日涵养一段工夫")所致。正是这一修身教训,使得朱子蓦然回首,原来伊川"存养于喜怒哀乐未发之前则可,求中于喜怒哀乐未发之前则不可"说已经指明"动工夫"与"静工夫"之分际:存养、涵养的工夫系未发的工夫,而不是察识工夫(求之则不可,"求"即主动地思索、寻求),于是,他将早年随延平习静之学(静工夫)与丙戌所悟的察识端倪之学(动工夫)加以折中,遂成就一静养动察工夫:静时涵养,动时察识("静之不能无养,犹动之不可不察"),是谓"中和新说"。在工夫论上,新说的意义在于动静两端都可以下工夫:"大抵心体通有无、该动静,故工夫亦通有无、该动静,方无透漏。若必待其发而后

---

① 有学者认为后来王阳明"无未发之时"与早期朱子"大体莫非已发"说若合符节,两者实有重要区别,在朱子,丙戌之悟心无未发时乃着眼于人之心灵生活情识流转无有停机,而王阳明心无未发时则着眼于心之生机流行不息这一面向。

察,察而后存,则工夫之所不至多矣。"①这就克服了"有得于静而无得于动"(此着于涵养之弊)与"有得于动而无得于静"(此着于察识之弊)工夫落入一偏之弊端。

这种新的修身工夫之切己体验,让朱子对中和旧说之中的"已发""未发"范畴感到"命名未当""顿放得未甚稳当",他通过重新检读二程(尤伊川)关于已发、未发之文本,遂对已发、未发范畴进行重新厘定:已发、未发是心灵生活的两个时段,他以"思虑""念虑"之"起"与"不起"作为划分两类范畴的指标。②"未发"乃指思虑未起之状态,此时为"静时""未接物时""无事时""无行迹时","已发"乃指思虑已起之状态,此时为"动时""已接物时""有事时""有行迹时"。问:"'慎独'是念虑初萌处否?"曰:"此是通说,不止念虑初萌,只自家自知处。如小可没紧要处,只胡乱去,便是不慎。慎独是己思虑,已有些小事,已接物了。'戒慎乎其所不睹,恐惧乎其所不闻',是未有事时。在'相在尔室,尚不愧于屋漏''不动而敬,不言而信'之时,'慎独'便已有形迹了。"③此处"不止念虑初萌"说法表明朱子"独知"的范围并不仅仅限制在"念虑初萌"之时的心理状态,"小可没紧要处""已思虑""已有些小事""已接物了",亦属于"独知"之领域,两者区别何在? 朱子并无给出进一步之阐述,前者或是指平常无事时吾人憧憧之念的萌发状态,后者则指应物之际念虑之萌发状态,或无事时萌发的念头进一步转化为思虑(即要诉诸行动之念头)状态。无论如何,"独知"工夫更具体地限定在隐微之际的意念省察上面。

---

① 《答林择之书》,《晦庵先生朱文公文集》卷四十三,《朱子全书》第22册,第1981—1982页。朱子由中和旧说到新说之改宗之过程颇为曲折,可参述先:《朱子哲学思想的发展与完成》,台湾学生书局,1995年增订三版,第71—118页。陈来:《朱子哲学研究》,华东师范大学出版社,2000年,第157—193页。
② 《答吕子约书》极称程子《遗书》"才思即是已发"语,云"能发明子思言外之意":"盖言不待喜怒哀乐之发,但有所思即为已发,此意已极精微,说到未发界至十分尽头,不复可以有加矣。……盖心之有知,与耳之有闻、目之有见,为一等时节,虽未发而未尝无;心之有思,与耳之有听,目之有视,为一等时节,一有此则不得为未发。"(《晦庵先生朱文公文集》卷四十八,《朱子全书》第22册,第2222—2223页。)此处心之有知、耳之有闻、目之有见跟心之有思、耳之有听、目之有视并置而比照,前者是未发状态,后者是已发状态,未发状态湛然渊静、聪明洞彻,所谓"至静之时,但有能知能觉者,而无所知所觉之事",所谓"静中有物"即指此知觉不昧。故未发并不是无知、无闻、无见,否则,"未发"便成"瞑然不省",未发工夫便成"瞌睡",那只是"神识昏昧底人,睡未足时被人惊觉,顷刻之间,不识四到时节,有此气象。圣贤之心,湛然渊静、聪明洞彻,决不如此。若必如此,则《洪范》五事当云貌曰僵,言曰哑,视曰盲,听曰聋,思曰塞,乃为得其性,而致知居敬费尽工夫,却只养得成一枚痴呆罔两汉矣"。是故朱子将吕子约引程子未有闻、未有见为未发,所谓冲漠无朕万象森然具有一说,径直斥为"程门记录者之罪"(《答吕子约书》,《晦庵先生朱文公文集》卷四十八,《朱子全书》第22册,第2235页)。
③ 《朱子语类》卷六十二《中庸一》,《朱子全书》第16册,第2032页。

在朱子看来，"独知"所知之心理状态既有别于喜怒哀乐之未发时的状态，又有别于喜怒哀乐已发后的状态，它是介于"未发"与"已发"之间动而未形、萌而未彰、有无之间的状态（"几""几微"——由于《系辞》中有知几、研几之说，周濂溪《通书》云"诚无为，几善恶"，故朱子亦经常将欲动未动、欲发未发之间称为"几"，这是善恶分判之最初的环节）。毫无疑问，独知之对象为"意"（实与不实），"意"为心之所发，故"独知"亦属于泛泛的已发范畴，只是朱子讲慎独工夫总是扣紧在意念之萌发之际。（1）对于"万事皆未萌芽"（事之未形，"静时"）之"未发"，则须戒慎恐惧之（提起此心，常在这里，此"存养""涵养"之谓也），此为"防之于未然，以全其体"，此为"存天理之本然"。（2）而对于人虽不知而己独知之"几"，则须慎之、谨之，此是"察之于将然，以审其几"，"遏人欲于将萌"。"慎独"即是慎此独知之地。故在朱子那里独知的准确意义不仅是对"一念萌动"的心理欲望的觉知，①而且这种对自家心理活动的觉察并不是一般意义上的反思意识，而是对"意"之"实"（天理）与"不实"（人欲/自欺）一种警觉，带有强烈的道德审查意味。于此"独知"环节用功，即是能为善去恶，漫忽而过，则流于恶而不自知。

五

这一将心灵活动区别为"未发"与"已发"两个时段的做法，易招致两方面质疑。一者是范畴界定上的质疑，一者是工夫论说上的质疑。

就范畴界定而言，人心非瓦石，故无时无刻不在活动（"心体流行"，"无一息之或停"），"戒慎恐惧"岂不亦是"心已动了"，心何来"静时""无事时""未发"之说？对此质疑，可做两点申辩：（1）倘把心灵活动本身亦当作一事，则确实无"静时"、无"无事时"、无"未发时"，但朱子区别"未发""已发"乃是基于修身工夫之考量，即吾人待人接物之际，总会起"念"做一具体的事情，此时存在"念"之"正"与"不正"的问题，此

---

① 《中庸或问》对此有明确的阐述："又言莫见乎隐，莫显乎微，而君子必谨其独者，所以言隐微之间，人不见，而己独知之，则其事之纤悉，无不显著，有甚于他人之知者，学者尤当随其念之方萌而致察焉，以谨其善恶之几也。……而细微之事，乃他人之所不闻，而己所独闻。是皆常情所忽，以为可以欺天罔人，而不必谨者，而不知吾心之灵，皎如日月，既已知之，则其毫发之间，无所潜遁，又有甚于他人之知矣……必使几微之际，无一毫人欲之萌……"（《四书或问》，《朱子全书》第6册，第554—555页。）

"正"与"不正"唯自家先知之(所谓"独知"),故此时须谨慎,此为独知工夫、慎独工夫。此待人接物即是"动时""有事时""已发时"之谓,而在格物、读书等致知工夫之中,吾人更是处在一专题化的上下求索的心理活动之中,此更是习常所谓"有事"之所谓。而在此两种情形之外,吾人总是有闲来无事之时,此即是静时、未接物时,此时亦有工夫可用,此即涵养工夫、戒慎恐惧工夫、持敬的工夫。① (2)"戒慎恐惧"跟血气层面的恐惧不同,血气层面的恐惧乃是一对象化活动,它因某个对象(即便是想象的对象)而生惧心,或感惊悚,或感不安,故是一种负面的、强烈的情绪活动,伴随着这种恐惧乃是一种强烈的逃避倾向,从暗处逃到明处,从危险处逃到安全处,从陌生处逃到熟悉处。与此对照,戒慎恐惧并不是一种对象化活动,它更不是一种负面的、强烈的情绪活动,故亦不会伴随产生逃避的冲动(恰恰相反,它镇定自如,所谓"勇者不惧"是也)。有弟子问:"致中是未动之前,然谓之戒惧,却是动了。"朱子谓:"公莫看得戒谨恐惧太重了,此只是略省一省,不是恁惊惶震惧,略是个敬模样如此。然道着'敬'字,已是重了。只略略收拾来,便在这里。伊川所谓'道个敬字,也不大段用得力'。孟子曰:'操则存。'操亦不是着力把持,只是操一操,便在这里。如人之气,才呼便出,吸便入。"② 可以说,"戒慎恐惧"乃是一种精致细微的精神活动,朱子说道着"敬"都是重了,甚至说子思说"戒惧不睹,恐惧不闻","已是剩语","已自是多了",朱子还强调,"敬莫把做一件事看,只是收拾自家精神,专一在此"。③这些说法表明戒慎恐惧的工夫并不容易把捏,下手重了,便成把捉,便不复是静的工夫,且有助长之嫌疑;下手轻了,却又难免流于"忘"。为免"助"病,朱子反复强调戒慎恐惧的工夫"大段著脚手不得",它"只是略略地约在这里"而已。④为避"忘"嫌,朱子又说戒慎恐惧只是一种警醒("耸然提起在这里","常惺惺在这里")的心理状态,其工夫"只是常要提撕,令胸次湛然分明"。⑤ 要之,它是一种心灵生活贞定其自身而不走作的精神活动(所谓"敬,心之贞"是也)。

就工夫论上的质疑而言,"戒慎恐惧"与"慎独"究竟是两节工夫、是两事,还是

---

① "或问:'恐惧是已思否?'曰:'思又别。思是思索了,戒谨恐惧正是防闲其未发。'或问:'即是持敬否?'曰:'亦是。'"(《朱子语类》卷六十二,《朱子全书》第 16 册,第 2028 页。)
② 《朱子语类》卷六十二,《朱子全书》第 16 册,第 2031—2032 页。
③ 《朱子语类》卷十二,《朱子全书》第 14 册,第 378 页。
④ 《朱子语类》卷六十二,《朱子全书》第 16 册,第 2047—2048 页。
⑤ 《朱子语类》卷一百一十四,《朱子全书》第 18 册,第 3625 页。

一节工夫、是一事？如果说心理活动存在未发、已发两个时段，修身工夫因此而区分为"致中"（涵养于未发之前）与"致和"（省察于已发之际），则工夫明显是两节、两事，但在程门那里并未见到如此区分，故弟子对此区分颇有质疑：

> 曰："诸家之说，皆以戒谨不睹，恐惧不闻，即为谨独之意，子乃分之以为两事，无乃破碎支离之甚耶？"曰："既言道不可离，则是无适而不在矣，而又言'莫见乎隐，莫显乎微'，则是要切之处，尤在于隐微也。既言戒谨不睹，恐惧不闻，则是无处而不谨矣；又言谨独，则其所谨者，尤在于独也。是固不容于不异矣，若其同为一事，则其为言，又何必若是之重复耶？且此书卒章'潜虽伏矣''不愧屋漏'，亦两言之，正与此相首尾。但诸家皆不之察，独程子尝有不愧屋漏与谨独是持养气象之言，其于二者之间，特加与字，是固已分为两事，而当时听者有未察耳。"①

> 问："'不睹不闻'与'谨独'何别？"曰："上一节说存天理之本然，下一节说遏人欲于将萌。"又问："能存天理了，则下面谨独似多了一截。"曰："虽是存得天理，临发时也须点检，这便是他密处。若只说存天理了，更不谨独，却是只用致中，不用致和了。"②

> "戒慎"一节当分为两事，"戒慎不睹，恐惧不闻"，如言"听于无声，视于无形"，是防之于未然，以全其体。"谨独"是察之于将然，以审其几。③

朱子在这里给出三点理由：（1）戒慎恐惧与慎独之间是有差异的，戒惧是统贯的工夫（"无处不谨"），慎独则是隐微之处的工夫，前者是存天理之本然，是致中的工夫，后者是遏人欲于将萌，是致和的工夫，两者非一事，否则，不仅经文便为重复，而且致和便成多余。（2）经文卒章之引《诗》"潜虽伏矣"与"不愧屋漏"分别对应于"慎独"与"戒惧"，两事自是首尾照应。（3）程子已将"不愧屋漏"与"慎独"并提，说明两者原是二事，诸家之说（程门）以戒惧即是慎独分明是未能领会乃师之精义（"听者有未

---

① 《中庸或问》，《朱子全书》第6册，第555—556。又参《答胡季随》："作两事说，则不害于相通；作一事说，则重复矣。不可分中，却要见得不可不分处，若是全不可分，《中庸》何故重复作两节？"（《晦庵先生朱文公文集》卷五十三，《朱子全书》第22册，第2510页。）
② 《朱子语类》卷六十二，《朱子全书》第16册，第2031页。
③ 同上注。

察")。更为重要的,朱子之所以要区别出两节工夫,乃是因为单纯的静存、涵养工夫是不充足的,必须辅之以点检(慎独),方为妥当。故在朱子那里慎独与戒慎恐惧乃是两节工夫,戒惧在先,慎独在后,戒惧是保守天理,慎独是检防人欲。① 前者是"静工夫",后者是"动工夫"。②

戒慎恐惧与慎独两节、两事说后来受到阳明的强烈批评,然而通观朱子全书,却又不乏"一事""一节"说:

> "敬"字通贯动静,但未发时则浑然是敬之体,非是知其未发,方下敬底工夫也。既发则随事省察,而敬之用行焉,然非其体素立,则省察之功亦无自而施也,故敬义非两截事。③

> 已发未发,只是说心有已发时,有未发时。方其未有事时,便是未发;才有所感,便是已发,却不要泥着。谨独是从戒慎恐惧处,无时无处不用力,到此处又须谨独。只是一体事,不是两节。④

两段话均明确指出戒惧与慎独并非两事、两节,问题是,既然戒惧是涵养的工夫、致中的工夫、静的工夫,慎独是省察的工夫、致和的工夫、动的工夫,为何又说是"一体事","一体"之"体"以何为"体"? 引文中"体立而后用以行""敬之体"与"敬之用",以及"谨独是从戒慎恐惧处,无时无处不用力",已经说明"一体事"之所谓,即戒惧、持敬乃是体,省察、慎独工夫是"敬之用行",是从"戒慎恐惧"中而来,⑤敬、戒慎恐惧乃是贯彻动静、有事无事之一元工夫(无时无处不用力),只是到了应物、有事之时,到

---

① 《朱子语类》卷六十二,《朱子全书》第16册,第2035页。又参:"未发有工夫,既发亦用工夫。既发若不照管,也不得,也会错了。但未发已发,其工夫有个先后,有个重轻。"(《朱子语类》卷九十四,《朱子全书》第17册,第3151页。)
② "存养是静工夫,静时是中,以其无过不及,无所偏倚也;省察是动工夫,动时是和,才有思为,便是动,发而中节无所乖戾,乃和也。"《朱子语类》卷六十二,《朱子全书》第16册,第2049页。标点略有改动。
③ 《答林择之》,《晦庵先生朱文公文集》卷四十三,《朱子全书》第22册,第1980页。
④ 《朱子语类》卷六十二,《朱子全书》第16册,第2039页。
⑤ 朱子还用"大本""达道"关系阐明"戒慎恐惧"与"慎独"之工夫论上的体用关联:"惟君子自其不睹不闻之前,而所以戒谨恐惧者,愈严愈敬,以至于无一毫之偏倚,而守之常不失焉,则为有以致其中,而大本之立日以益固矣;尤于隐微幽独之际,而所以谨其善恶之几者,愈精愈密,以至于无一毫之差谬,而行之每不违焉,则为有以致其和,而达道之行,日以益广矣。"(《中庸或问》,《朱子全书》第6册,第559页。)

了"念"之将萌之隐微之际,原"只是略略地约在这里"的戒慎恐惧的工夫遂猛然一提,这如同狩猎者在狩猎途中只是常惺惺(戒慎恐惧),但走近猎物可能藏身的灌木丛之际,任何风吹草动,心中都不免悚然一提。"念之将萌"之于修身者一如"风吹草动"之于狩猎者。朱子本人则有流水与骑马之喻:"未发已发,只是一件工夫,无时不涵养,无时不省察耳。谓如水长长地流,到高处又略起伏则个。如恐惧戒谨是长长地做,到谨独是又提起一起。如水然,只是要不辍地做。又如骑马,自家常常提掇,及至遇险处,便加些提控。不成谓是大路,便更都不管他,任他自去之理?"显然,戒惧工夫在朱子那里乃是一切工夫之底色,故朱子又称戒惧工夫乃是"统同说"①,是"普说"②。

那么,朱子时说"戒惧"与"慎独"是"两事",时又说是"一事",因记者不审,故两说必有一错,抑或是记者不误,两说各有侧重? 谛观两说,并无实质之异同。"两事说"中亦点出戒惧工夫作为"大纲"无处无时不在③,"一事说"亦不否认慎独有别于戒惧。前者强调同中之异,后者突出异中之同。善观者自不会因其言异而将两者固化为不相干之两截,亦不会因其言同而泯灭两者之分际。实际上朱子尚有许多更加圆活浑化的说法:"已发未发,不必太泥。只是既涵养,又省察,无时不涵养省察。若戒惧不睹不闻,便是通贯动静,只此便是工夫。至于谨独,又是或恐私意有

---

① "戒谨不睹,恐惧不闻",非谓于睹闻之时不戒惧也。言虽不睹不闻之际,亦致其谨,则睹闻之际,其谨可知。此乃统同说,承上"道不可须臾离",则是无时不戒惧也。然下文"谨独"既专就已发上说,则此段正是未发时工夫,只得说"不睹不闻"也。"莫见乎隐,莫显乎微,故君子必谨其独。"上既统同说了,此又就中有一念萌动处,虽至隐微,人所不知而己所独知,尤当致谨。如一片止水,中间忽有一点动处,此最紧要着工夫处。(《朱子语类》卷六十二,《朱子全书》第16册,第2034页。)

② 戒谨恐惧是普说,言道理逼塞都是,无时而不戒谨恐惧。到得隐微之间,人所易忽,又更用谨,这个却是唤起说。戒惧无个起头处,只是普遍都用。如卓子有四角头,一齐用着工夫,更无空缺处。若说是起头,又遗了尾头;说是尾头,又遗了起头;若说属中间,又遗了两头。不用如此说,只是无时而不戒谨恐惧,只自做工夫,便自见得。曾子曰:"战战兢兢,如临深渊,如履薄冰。"不成到临死之时,方如此战战兢兢? 他是一生战战兢兢,到那死时方了。(《朱子语类》卷六十二,《朱子全书》第16册,第2029页。)又参:"黄灏谓:'戒惧是统体做工夫,谨独是又于其中紧切加工夫,犹一经一纬而成帛。'先生以为然。""问'谨独'。曰:'是从见闻处至不睹不闻处皆戒惧了,又就其中于独处更加谨也。是无所不谨,而谨上更加谨也。"(同上书,第2030页。)

③ "不睹不闻"是提其大纲说,"谨独"乃审其微细。方不闻不睹之时,不唯人所不知,自家亦未有所知。若所谓"独",即人所不知而己所独知,极是要戒惧。自来人说"不睹不闻"与"谨独"只是一意,无分别,便不是。(《朱子语类》卷六十二,《朱子全书》第16册,第2035页。)

萌处,又加紧切。若谓已发了,更不须省察,则亦不可。如曾子三省,亦是已发后省察。"①"大抵未发已发,只是一项工夫,未发固要存养,已发亦要审察。遇事时,时复提起,不可自息,生放过底心,无时不存养,无事不省察。"②无疑,朱子此类通透之点拨语乃是针对将两节工夫固化而致工夫蹉跎之弊端而发:"有涵养者固要省察,不曾涵养者亦当省察。不可道我无涵养工夫,后于已发处更不管他。若于发处能点检,亦可知得是与不是。今言涵养,则曰不先知理义底,涵养不得。言省察,则曰无涵养省察不得。二者相挨,却成檐阁。……要知二者可以交相助,不可交相待。"③

六

"戒慎恐惧"跟"慎独"作为工夫究竟区别何在? 在朱子这里,戒惧工夫有"专言""偏言"之别:作为通乎未发已发而言的戒惧工夫(朱子往往又称为"敬"④)可以说是"专言"("'敬'之一字,真圣学始终之要";"圣门之学别无要妙,彻头彻尾只是个'敬'字而已"),而作为特指未发前的戒惧工夫(朱子往往又称为"涵养")则可以说是"偏言"(特为未发而设之工夫)。

(1) 就其发生作用的时段来说,戒慎恐惧是彻头彻尾、无时无处不下工夫,而"慎独"则通常"限定"在念之将萌这一"独知"时段上。

(2) 尽管戒慎恐惧的工夫无处、无时不在,但在"独知"一环这种本"只是操一操""不大段用力"的戒慎恐惧猛然加力,故变成"慎上加慎"的慎独工夫。

(3) 戒慎恐惧并不是一具体的指向某"意向对象"的心灵活动,而是心灵贞定其自身、保持其湛然、澄澈自体之力量,这不是一种反思性的力量,而是一种第一序的、主宰心灵活动的力量,故朱子才说"未发时浑然是敬之体",而"非是知其未发,方下敬底工夫"。与此不同,省察、慎独则既有明确的时间点,又有明确的对象,即

---

① 《朱子语类》卷六十二,《朱子全书》第16册,第2045页。另一弟子录此段云:"存养省察,是通贯乎已发未发工夫。未发时固要存养,已发亦要存养。未发固要省察,已发时亦要省察。只是要无时不做工夫。"
② 《朱子语类》卷六十二,《朱子全书》第16册,第2041页。
③ 《朱子语类》卷六十二,《朱子全书》第16册,第2045—2046页,标点略有改动。
④ 钱穆说,朱子"专用一敬字,似较分用涵养省察字更浑然"(《朱子新学案》第2册,九州出版社,2011年,第285页)。

在"念之将萌"之时间点上对念之"是非""正与不正"加以判定。只是这个省察、慎独的力量并非另有源头,它恰恰就是戒慎恐惧、敬这一全体工夫进一步展现而已:"见得此处是一念起处、万事根原,又更紧切,故当于此加意省察,欲其自隐而见,自微而显,皆无人欲之私也。……然亦非必待其思虑已萌而后别以一心察之,盖全体工夫既无间断,即就此处略加提撕,便自无透漏也。"①职是之故,省察心即是戒惧心,在念之将萌之际,此戒惧心只是"更开阔眼耳"。明儒顾泾阳对朱子戒惧慎独之异同颇有发明:"问戒惧慎独有作一项说者,有作二项说者,未审孰是?"先生曰:"两说皆是。要而言之,一固一也,二亦一也。今只要理会他立言本指,盖戒慎不睹,恐惧不闻,是全体工夫。'慎独'二字则就中抽出一个关键而言也。如《易》言'极深',又言'研几',《书》言'安止',又言'惟几'。又如《论语》言'君子无终食之间违仁',更没渗漏了,却又言'造次必于是,颠沛必于是',乃是把人最易堕落处提破,须到这里一切拿得定,方才果无渗漏也。譬如人家儿子出路,父母分付他一路小心便完了事,却又絮絮切切,早晚要如何,寒暖饥饱要如何,陆行遇着险阻,水行遇着风波,要如何,就旁人看来,何不惮烦,非但旁人,便是那儿子不经过利害的,亦安知不疑老人家这等过虑,不知此正父母的心肠也。圣贤为人的心肠,真不减父母之于子,所以有许多堤防,有许多转折,吾侪只要说笼统话,遇此等处便谓支离,出于孔子以上,犹代为之分疏,出于朱子以下,即公然直斥其谬,此亦无异骄子之笑田舍翁矣。岂不可痛!"②戒慎恐惧是全体工夫,而慎独只是在此全体工夫之中,特针对关键环节("几""人最易堕落处")而论,一如人家儿子出门,父母在叮咛一路小心之外,还特别嘱咐路遇险阻如何。要之,戒惧(静存)与慎独(动察)乃是两轮一体之工夫。

七

能够扣紧在意念萌发这一心理空间讲"独处"与"独知"的,在朱子学阵营中不乏其人。如朱子学重镇、北山四先生之一金仁山在解慎独之"独"时,就着重强调:"独者,人所不知而己所独知者。盖独者,非特幽隐无人之地谓之独,凡昭明有人之

---

① 《答胡季随》,《晦庵先生朱文公文集》卷五十三,《朱子全书》第22册,第2508页。
② 《虞山商语》卷上,《顾端文公遗书》,《续修四库全书》第943册,上海古籍出版社,第217—218页。

地,而己心一念之发皆独也。是则自知而已,而岂人之所能知哉!"①未与物接时固是"独",与物接时才萌一念也是"独","独"跟一人之"闲居"与大众之"共处"无关,独之为独在于"己心一念"。

又如朱子再传弟子饶双峰,顺着朱子将"独知"限定在"念虑初萌"之思路进一步阐发说:"独字不是专指暗室屋漏处,故程子于'出门如见大宾,使民如承大祭'言慎独。慎独亦不是专指念虑初萌时,故程子于洒扫应对时言慎独。盖出门使民,洒扫应对,事也;所以主此者,意也。事形于外,固众人之所共见,意存其中,则己之所独知,故谓之独。意与事,相为终始:意之萌,事之始也;意之尽,事之终也。自始至终,皆当致谨,岂特慎于念虑初萌之时而已哉?《中庸》云'诚者终始,不诚无物',正此之谓也。"②依双峰,"独"字乃是指"意",念虑初萌固是"意",事为言动亦是"意"之"形于外"者,无论身处暗室屋漏之中还是大庭广众之下,这个内心生活中的"意"字则只为自己所切己体验到。

元代学以朱子为宗的胡云峰则径直把"独"字训为"意"字。在《大学通》中,云峰说"毋自欺"三字是释"诚意"二字,"自"字与"意"字相应,"欺"字与"诚"字相反。而对朱子"独者,人所不知而己所独知之地也",云峰明确指出:此"独"字,"便是'自'字,便是'意'字"。③

八

"独知"自朱子始,成为一个重要的修身学范畴。独知是对"一念萌动"的心理欲望的觉知,这种对自家心理活动的觉察并不是一般意义上的反思意识,而是对"意"之"实"(天理)与"不实"(人欲/自欺)一种警觉,带有强烈的道德审查意味。一念萌动时,"意"之"实"与"不实",他人不及见、不及闻,故往往为"常情所忽",自以为可以"欺天罔人"——此处"自以为"之"自"乃是"经验"/"知觉"之"自我","以为"亦是经验自我想当然之"以为",殊不知"吾心之灵,皎如日月,既已知之,则其毫发之

---

① 金履祥:《大学疏义》,中华书局,1985年,第19页。
② 王朝巽辑:《饶双峰讲义》卷二,《四库未收书辑刊》第2辑,第15册,北京出版社,1997年,第356页。
③ 胡炳文:《四书通·大学通》,《景印文渊阁四库全书》第203册,第24页。

间,无所潜遁,又有甚于他人之知矣",①此处"吾心之灵"则实与阳明"良知"无异,阳明亦屡屡说"本心之明,皎如白日,无有有过而不自知者"。观朱子论"自欺"之文字,多是讲"意"本要"为善",或本要"去恶",但常有私念随之而在内阻隔,致使为善去恶的"意"有所掺杂而不实,经验/知觉自我以为出于私欲的念头无人知晓,其实"吾心之灵"当下清清楚楚。故任何"意"之伪装与不实皆逃不过吾心之灵这一火眼金睛,"欺天罔人"于此明明白白之独知而言只是一种"自欺","吾心之灵"实不可欺。由此不可欺之"独知"入手,"必使几微之际,无一毫人欲之萌"即是慎独工夫,即是密证自修的工夫。这跟汉儒将"独"训为"独处""独居"根本不是一个套路。可以说,端因朱子以"知"解"独",将"独知"之对象由外在的闲居、独处之行为转化为个体的心灵生活,并进一步扣紧在"意"之诚与伪、念之正与不正之觉察上面,郑注长期垄断"慎独"解释史的格局才在根本上得以改变。

不啻如此,朱子讲"独知"其旨趣一直扣紧在"意"之实与不实、诚与伪这一"善恶关"之觉察上面,"吾心之灵"对此"善恶关"洞若观火之精察明觉之能力实际上已预设了此独知乃是良知之自知。朱子甚至说"几既动,则已必知之",②此亦即说,在吾心(此处之"吾心"乃是人心道心杂于方寸之间的"吾心")萌发一念之际,吾心(此处之"吾心"乃是阳明意义上良知之心)则必有所觉察。问题来了,在吾人心灵生活之隐秘处,谁能省察"念"之"正"与"不正",谁能辨别"意"之"实"与"不实",此"一念独知处"非"良知"而何?

职是之故,后来王阳明标举"此独知处便是诚的萌芽",是诚身立命的工夫所在,正可以说是承继朱子"独知"之路线而水到渠成之结果,故心学一系对朱子以"知"解"独"推崇备至,阳明后学胡庐山云:"'独知'一语,乃千古圣学真脉,更无可拟议者。……晦翁独知之训,已得千古圣学真脉。……阳明先生虽忧传注之蔽,所云'良知即独知也',又岂能舍此而别为异说哉?"③冯少墟亦指出:"独"字,文公解曰"人所不知而己独知之地也",以"知"字解"独"字,真得孔、曾之髓。④ 心学殿军刘蕺山则说:"朱子于'独'字下补一'知'字,可谓扩前圣所未发。"又说:"《中庸》疏独,曰

---

① 《中庸或问》,《朱子全书》第6册,第555页。
② 《朱子语类》卷六十二,《朱子全书》第16册,第2033页。
③ 胡直:《答程太守问学》,《衡庐精舍藏稿》卷二十,四库明人文集丛刊,上海古籍出版社,1993年,第477页。
④ 冯从吾:《少墟集》卷九,《景印文渊阁四库全书》第1293册,第170页。

'隐',曰'微',曰'不睹不闻',并无'知'字。《大学》疏独,曰'意',曰'自',曰'中',曰'肺肝',亦并无'知'字。朱子特与他次个'知'字,盖为独中表出用神,庶令学者有所持循。"[1]凡此种种说法,一方面可证朱子独知训独与汉唐以闲居之所为训独乃属全然不同之进路,一方面亦可见朱子独知说在儒学工夫论之中的历史地位。要之,朱子独知说可谓开辟了儒家修身哲学的新的向度,是儒家修身学发展历程之中的一个重要"时刻"。

(作者单位:中山大学)

---

[1] 刘蕺山:《学言》,吴光主编,《刘宗周全集》第 2 册,浙江古籍出版社,2007 年,第 419、457 页。

寓大同、小康于仁道之中：
《礼运》与后帝王时代的政教典范问题

陈 赟

《礼记·礼运》是一篇极为重要的文献，它提出的"大同"与"小康"等观念，对春秋战国时代盛行的"帝""王"政教史观具有理念上的总结性质，可谓帝王史观的完成，而这一史观又是春秋战国时代对此前上古政教历史的理念化处理的核心。即便是在近代中国，以大同、小康对应共产主义与社会主义理想，在当代建设小康社会的表述中，仍然可以看到其痕迹。但《礼运》大同与小康究竟应当如何理解，则确实是一个难以处理的棘手问题。而王夫之在这个问题上的探讨，面对千古的纷争，有从思想义理上一锤定音之效，特别值得注意。

一、大同、小康之说与儒或非儒的问题

由于郑玄、孔颖达对大同、小康分别系之于德、礼，①对应于五帝、三王，②而《道

---

① 孔颖达云："大人者与天地合其德，即三王亦大人。不得称帝者，以三王虽实圣人，内德同天，而外随时运，不得尽其圣，用逐迹为名，故谓之为王。《礼运》曰'大道之行，天下为公'，即帝也；'大道既隐，各亲其亲'，即王也。则圣德无大于天，三皇优于帝，岂过乎天哉！然则三皇亦不能过天，但遂同天之名，以为优劣。五帝有为而同天，三皇无为而同天，立名以为优劣耳。但有为无为亦逐多少以为分，三王亦顺帝之则而不尽，故不得名帝。然天之与帝，义为一也。人主可得称帝，不可得称天者，以天随体而立名，人主不可同天之体也。无由称天者，以天德立号，王者可以同其德焉，所以可称为帝。故继天则谓之'天子'，其号谓之'帝'，不得云'帝子'也。"孔安国传、孔颖达疏：《尚书正义》，《十三经注疏》整理本，第3册，北京大学出版社，2000年，第27页。
② 郑玄《礼运注》："大道，谓五帝时也。"孔颖达疏："以下云禹汤文武成王周公，此大道在禹汤（转下页）

德经》与《庄子》等恰好有道—德—仁—义—礼的"价值"下降思想序列,故而后人一般将《礼运》与老庄联系起来,而郑玄干脆就将《礼运》的理解与老子关联起来:"以其违大道敦朴之本也。教令之稠,其弊则然。《老子》曰:'法令滋章,盗贼多有。'"①对郑玄而言,并不存在着后世儒家所谓的"儒家立场",站在这个儒家立场,只要不是出于儒家立场,譬如只要出于道家,或与道家相关,就等同判定了其非真理。郑玄的解经学,与《汉书·艺文志》对经子谱系的总体构想联系起来,才能得到更好的理解,这个总体构想是以六经为主体,以子史为羽翼,子史并不能看作完全非经或与经判然有别而不相属的东西,而是应该被视为经的支流余裔。但后来的儒者则严格区分儒与非儒,谨守儒家立场,是以有对于《礼运》非儒家的判定。石梁王氏对《礼运》的大同、小康之说有如下的判定:"以五帝之世为大同,以禹、汤、文、武、成王、周公为小康,有老氏意。而注又引以实之,且谓礼为忠信之薄,皆非儒者语。"②朱熹一方面以为:大同、小康之说,"《礼运》以五帝之世为大道之行,三代以下为小康之世,亦略有些意思。此必粗有来历,而传者附益,失其正意耳。如程子论尧舜事业非圣人不能,三王之事大贤可为也,恐亦微有此意。但《记》中分裂太甚,几以二帝三王为有二道,此则有病耳"③。"不是圣人书,胡明仲云《礼运》是子游作,《乐记》是子贡作,计子游亦不至于如此之浅。"④但另一方面又说:"《礼运》之说有理,三王自是不及上古。"⑤可见,朱熹对《礼运》"大同"与"小康"之说似乎颇多犹疑。黄震《黄氏日抄》:"虽思太古而悲后世,其主意微近于老子,而终篇混混为一,极多精语。"⑥

(接上页)之前,故为五帝时也。"孔颖达又云:"前明五帝已竟,此明三代俊英之事。孔子生及三代之末,故称今也。隐,去也。干戈攻伐,各私其亲,是大道去也。'天下为家'者,父传天位与子,是用天下为家也,禹为其始也。'各亲其亲,各子其子'者,君以天位为家,故四海各亲亲而子子也。'货力为己'者,藏货为身,出力赡己。'大人世及以为礼'者,大人,谓诸侯也。世及,诸侯传位自与家也。父子曰世,兄弟曰及,谓父传与子,无子则兄传与弟也,以此为礼也。然五帝犹行德不以为礼,三王行为礼之礼,故五帝不言礼,而三王云'以为礼'也。……'礼义以为纪'者,纪,纲纪也。五帝以大道为纪,而三王则用礼义为纪也。"《礼记注疏》卷二十一《礼运》,《十三经注疏》整理本,第 13 册,第 766、768、771—772 页。

① 《礼记注疏》卷二十一《礼运》,《十三经注疏》整理本,第 13 册,第 771 页。
② 陈澔:《礼记集说》卷四《礼运》,凤凰出版社,2010 年,第 169 页。
③ 《晦庵先生朱文公文集》卷三十三《答吕伯恭》,《朱子全书》第 21 册,上海古籍出版社、安徽教育出版社,2002 年,第 1437 页。
④ 《朱子语类》卷八十七《礼四》,《朱子全书》第 17 册,第 2958 页。
⑤ 《朱子语类》卷八十七《礼四》,《朱子全书》第 17 册,第 2958 页。
⑥ 《黄氏日抄》卷十八《读礼记五》。

又如清人姚际恒谓:"此周秦间子书,老庄之徒所撰。……后来二氏多窃其旨,而号为吾儒者亦与焉。诚恐惑世乱道之书也。"①吕祖谦亦云:"比看胡文定《春秋传》,多拈出《礼运》'天下为公'意思,'蜡宾'之叹,自昔前辈共疑之,以为非孔子语。盖'不独亲其亲、子其子',而以尧、舜、禹、汤为小康,真是老聃、墨氏之论。胡氏乃叟言《春秋》有意于'天下为公'之世,此乃纲领本源,不容有差,不知尝致思否?"②黄式三则将《礼运》的传统解释归因汉儒云:"旧说尊皇古、卑三代,是汉儒据列、庄之意,颠倒孔子之言耳。"③现代学者如唐君毅先生以为,《礼运》大同之说,似出于道墨二家。大同、大道之名,初出于墨家道家,其首句言天下为公,公善而私不善,初为墨家道家法家说喜用;《论》《孟》未尝以公、私相对,以公善而私恶。天下为公禅之说出于墨家,(顾颉刚也如此主张),选贤与能正如墨子"选天下之贤者,立以为天子"。"货恶其弃于地,不必藏于己;力恶其不出于身,不必为己"类于墨子"余力相劳,余财相分"。只不过,唐君毅认为,《礼运》"其文之全旨盖是言墨道二家所言大同之世之天下为公、大道之行与超礼义之境界,虽原为儒者之志所涵,然儒者更有进于此者,即是其有此志非只'意之也',而是逐步由礼义以实现此有家之天下,使大者表现于小者之中,使超礼义之境表现礼义之中。循此以观,亦正可见此《礼运》之一文,实乃儒者于墨道之言既盛之后,更说此墨道所言之义,原可摄在儒者之'志'之所涵之内,而更重申儒家言礼义之旨者"④。

以上诸家之说,似有其理。《礼运》"大道"一名,的确不见儒家,相反,在老、庄那里倒是常见的概念。譬如《老子》云,"大道废有仁义","使我介然有知行于大道","大道甚夷而民好径";而《庄子》说,"夫大道不称,大辩不言,大仁不仁,大廉不嗛,大勇不忮"(《齐物论》),"南荣趎曰:里人有病,里人问之,病者能言其病,然其病病者犹未病也。若趎之闻大道,譬犹饮药以加病也,趎愿闻卫生之经而已矣"(《庚桑楚》),"子之蚤湛于伪而晚闻大道也"(《渔父》),等等。而《礼运》对战争与谋用、盗贼的起源的解释与《老子》的如下观念具有逻辑上的关联,"法令滋章,盗贼多有","智

---

① 《姚际恒著作集》第二册《礼经通论辑本》上,台湾"中央研究院"中国文哲研究所,1994年,第335页。
② 吕祖谦《东莱吕太史别集》卷八《与朱侍讲(元晦)》,《吕祖谦全集》第一册,浙江古籍出版社,2008年,第417—418页。
③ 黄式三:《〈儆居集一〉经说五〈礼运非列、庄说〉》,《黄式三黄以周合集》第五册,上海古籍出版社,2014年,第120页。
④ 唐君毅:《中国哲学原论·原道篇》上册,中国社会科学出版社,2006年,第373—377页。

慧出,有大伪;六亲不和,有孝慈"。老子之说导致的理论后果是确立大仁、大礼等范畴,如所谓大仁不亲、大智若愚等,与此大仁对照,则通常所谓的仁成了下仁,而大仁则是上仁。不仅如此,《礼运》原文"以正君臣,以笃父子,以睦兄弟,以和夫妇,以设制度,以立田里,以贤勇知,以功为己。故谋用是作,而兵由此起"中,则将对礼义的强调视为谋用与兵的起源,而这里使用的八个"以"字,正与《老子》所谓的"有以为"的"以"密切相连,所谓:"上德不德,是以有德;下德不失德,是以无德。上德无为而无以为,下德无为而有以为。上仁为之而无以为,上义为之而有以为。上礼为之而莫之应,则攘臂而仍之。故失道而后德,失德而后仁,失仁而后义,失义而后礼。夫礼者,忠信之薄,而乱之首。前识者,道之华,而愚之始。是以大丈夫处其厚不处其薄,居其实不居其华。故去彼取此。""以"意味着有意识的强调与推行,不是自行,而是推行。陈氏曰:"礼家谓太上之世贵德,其次务施报往来,故言大道为公之世,不规规于礼。礼乃道德之衰、忠信之薄,大约出于老庄之见,非先圣格言也。"①

与以上儒者的看法大为不同,船山在考察了《礼运》关于礼的起源的思想之后,则坚定地主张:"此章问答,反覆申明三代制礼之精英。自火化熟食以来,人情所至,则王(或作天)道开焉。故道其美利,防其险诈,诚先王合天顺人之大用,而为意深远,非徒具其文而无其实,以见后之行礼者,苟修文具而又或逾越也,则不能承天之祜,而天下国家无由而正矣。其曰'礼始于饮食',则见人情之不容已,其曰'承天之祜',则见天道之不可诬,自生民以来莫之或易者,亦既深切著明矣。后之为注疏者,不能涵泳以得其旨趣,而立大同、小康抑扬之论,以流于老、庄之说,王氏、陈氏遂疑其非先圣之格言,其亦未之察矣。今为定其错简,通其条贯,庶几大义昭明,而诬谤者其可息矣。"②而在解题时,船山已经特别指出:"至于石梁王氏疑篇内'大同''大一'之说,与老、庄之言相似,则抑不知其词同而理异,而其言礼也徧矣。"③换言之,王夫之并不满足于从词语或概念上界定《礼运》是否是儒家思想,而是要求从内在的思想上予以考察,他以"词同而理异"来讲《礼运》与道家,虽然大同之说近于"太一",确实是道家的概念,但在《礼运》中却具儒学的内涵。而后世学者之所以不

---

① 陈澔:《礼记集说》卷四《礼运》,第170页。
② 王夫之:《礼记章句》卷九《礼运》,《船山全书》第四册,岳麓书社,2011年,第548—549页。
③ 王夫之:《礼记章句》卷九《礼运》,《船山全书》第四册,第535页。

能识其义理,船山以为《礼运》中的确有错简之处,故而他模仿朱熹厘定《大学》文本之序的方式,对《礼运》进行了整理,"其中错简相仍,复多淆伪,窃附朱子序定《大学》之义为别次之"①。以"定其错简,通其条贯"而使其"大义昭明",这样,他希望"诬谤者其可息矣"。

二、大同、小康作为政教典范

对于郑玄以来以大同、小康分别五帝与三王的正统观念,船山显然是认可的,但他强调的是,五帝与三王只是时不同而治有异,孔子志之之情则一,换言之,大同与小康并无所谓价值上的高低差异:"行,流行于天下也。……大道之行,民淳而政可简,为之上者恭己无为,而忠信亲睦之道自孚于下土。三代以降,时移俗异。民流于薄而精意不足以喻,故王者敷至道之精华制为典礼,使人得释回增美而与于道,盖其术之不同,由世之升降,而非帝王之有隆污也。能逮夫三代之英,则大道之行不远矣,故夫子之志之一也。"②这是一个极为重要的见解,孔子之志小康与孔子之志大同,虽然所志不同,但志之则一。这一观点继承了张载等的看法,张载云:

> 大道之行,穷乏皆有养者,盖民足固自如此。菽粟如水火,民焉有不仁者哉?圣人富之,固有其术,其教之又深,顺达大道行也。孔子言王者必世而后仁,仁即大道之行也,以孔子之道行之三十年,何患乎不仁也。言仁固有浅深,三年有成,言治一国也,及治天下,则必世也。周公之法不至此,但成王不能继之。大道之行由礼义,而行者也礼义以为纪,行礼义者也。纪对纲而细,今规规然以礼义治其小,礼义而施于小,未及其大者也。若夫大道之行,则礼义沛然,大道之行,游心于形迹之外,不假规规然礼义为纪,以为急。夫何为哉?恭己正南面而已矣。虽则无为,亦未尝忘礼义以为纪,盖不可无也。③

---

① 王夫之:《礼记章句》卷九《礼运》,《船山全书》第四册,第535页。
② 王夫之:《礼记章句》卷九《礼运》,《船山全书》第四册,第536页。
③ 卫湜:《礼记集说》卷五十四,吉林出版集团,2005年,第1079页。

显然，张载的解释与郑玄、孔颖达一系以德、礼分别大同、小康不同，主张大同之世并不是没有礼，而恰恰礼义沛然；只不过，大同之礼在形迹之外，这个形迹之外，可以理解为并不以礼事、礼名的方式呈现出来，故而不假规规然礼义为纪，以为急，彼时的治理只是"恭己正南面"的"无为"；而小康之礼则有礼事、礼名，不能不执着于礼。王夫之谓"大同"曰："'天下为公'，谓五帝官天下，不授其子。'选'，择。'与'，授也。谓择贤能而禅之。'讲信'者，讲说期约而自践之，不待盟誓。'修睦'者，修明和睦之教而人自亲，不待兵刑也。凡此皆人道之固然，尧、舜因之以行于天下。与贤而百姓安之，讲信修睦而天下固无疑叛，则礼意自达，无假修为矣。"①大同时代并非无礼，相反，礼意自达，无假修为。也就是说，礼在彼不是人力有意识的造作的结果。王夫之继续说："'货恶其弃于地'，不欲以有用置无用而已。'力恶其不出于身'，可以有为则不偷也。此皆民俗之厚，不待教治，而无非礼意之流行也。"②

换言之，王夫之对大同到小康的解释，与张载一样，不再从无礼到有礼，而是从礼意（或礼理）到礼名与礼事，这一理解盖与皇氏所谓的礼有三起：礼理、礼事、礼名相呼应。③大同之时礼意自达，礼之所起，有礼理而无礼事，更无礼名。这样，《礼运》讨论礼的转运与成立，为什么从大同说起，就可以得到解释。船山对大同的一个独特理解便在于："'大同'，上下同于礼意也。"④

关于小康，王船山解释的特别之处，不在于分别它与大同，而在于连接大同与小康。船山说："'刑'，则也，谓仁藏于中而礼显其型则也。'讲'，发挥之意。'仁让有常'者，大道之归而礼之本也，以礼体之，使民有所率循而行于大道者也。"⑤根据这一解释，小康并不能理解为大道的退隐，而小康不是大道退隐之后的蹩脚的补救，而恰恰是在新的社会历史状况下抵达大道的方式，因而不是大道之散，而是大道之归。虽然船山明白大同与小康的区别，"康，安也。小康者，民不能康而上康之，异于大同"，但从总体上看，船山认为，无论是大同，抑或小康，"皆言大道之行，

---

① 王夫之：《礼记章句》卷九《礼运》，《船山全书》第四册，第 537 页。
② 王夫之：《礼记章句》卷九《礼运》，《船山全书》第四册，第 537 页。
③ 参见孔颖达：《礼记正义序》，郑玄注、孔颖达疏，《礼记注疏》前附，《十三经注疏》第 12 册，北京大学出版社，2000 年。
④ 王夫之：《礼记章句》卷九《礼运》，《船山全书》第四册，第 538 页。
⑤ 王夫之：《礼记章句》卷九《礼运》，《船山全书》第四册，第 539—540 页。

三代之英,相为表里,所以齐天下而共由于道,其继起为功而不可废者有如此。礼衰而乱,文具徒设,则大道之精意尽泯,圣人之所由叹也"①。与孔子之志大同、小康一也相应的是,大同、小康的式微才是圣人慨叹的原因,三代虽然在《礼记》的文本中为"大道既隐",但在实际上却又是大道之归,故而三代仍然是孔子之志的内容,而其所叹则因于现实之不能逮及三代之英。船山进而提出:"言三代圣人所以必谨于礼,非徒恃为拨乱反治之权,实以天道人情、中和化育之德皆于礼显之,故与生死之故、鬼神之情状合其体撰,所以措之无不宜,施之无不正,虽当大道既隐之世而天理不亡于人者,借此也。夫既合撰天地而为生死与俱之理,则自有生民以来,洋溢充满于两间而为生人之纪,大同之世未之有减,而三代亦莫之增也。则三代之英与大道之行,又岂容轩轾于其间哉!"②这就是说,并不能将三代的谨于礼视为权宜方便之法门,而只是将大同视为理想的政教本体,相反,三代小康是天道、人情、中和化育之德于礼显之的结果,从形而上的道理来说,大同之世未之有减,而三代之英莫之增,这样大同与小康乃是同一理因时不同的不同体现,是故船山进一步主张,不容轩轾于大同、小康之间。

具体到对大同的理解,船山以"老其老以及人之老,幼其幼以及人之幼"来讲"不独亲其亲,不独子其子",以"生养而死葬"讲"老有所终",以"各得职业"讲"壮有所用",以"分田置产无侵并峙"讲"男有分",③以"室家不相弃"说"女有归",④都着眼于以家为中心的秩序。秩序的原初状态不是"自然状态"的混沌,也不是以丛林法则刻画的自然状态,而是家及其扩展。近代霍布斯、洛克、卢梭的自然状态或者以动物性个人之间的状态,或者以欲望个体或社会化虚荣个体之间的状态予以刻画,但所有这些对秩序原初状态的刻画都与混乱、战争等失序状态有关,秩序是从这种自然的失序状态开始的,而以人为的建构秩序终结;而在自然状态中,所有的人都是个体主义的、原子主义的,为了自己的生物生存或欲望与虚荣而陷入彼此冲突的机制中,这些都是一群没有家的温暖的人。但《礼运》对秩序的构想则是建基于家及其扩展。"矜寡孤独废疾者,皆有所养",不是基于抽象个人对个人的博爱,也不是基于抽象的人道的尊重,而是由前者亲其亲以及人之亲、子其子以及人

---

① 王夫之:《礼记章句》卷九《礼运》,《船山全书》第四册,第540页。
② 王夫之:《礼记章句》卷九《礼运》,《船山全书》第四册,第541页。
③ 这完全不同于共产主义思想中的共产观念。
④ 更无柏拉图《理想国》第五卷中的共妻共子意识。

之子而来,是家秩序的扩展与放大。由此,天下大同在个人的生存感觉中其实不过是"天下一家",而这一点正是《礼运》后文极力发掘的思想,这恰恰也是王夫之特别注意的。在船山看来,货恶其弃于地、力恶其不出于身等所表述的不过是物尽其用而人尽其才,这是人可以做到的。因为这里的主体是人,人所可以把握的只能是人的自身。但大同绝非近世共产主义学说所谓的"按需分配",更不是物质材料的极大丰富,也并不是人的欲望的皆能满足,而是人的不合理的欲望消弭于无形,人的生活方式与心灵都简单、质朴而纯粹。但或许有一点类似马克思刻画的共产主义,劳动变成了人的自己的需要,与其说是为了产品,不如说是为了劳动本身。

《礼运》对小康的叙述,在王夫之,被做了句序的调整,比较一下调整前后的小康叙述:

> **调整前**:今大道既隐,天下为家,各亲其亲,各子其子,货力为己,大人世及以为礼。城郭沟池以为固,礼义以为纪;以正君臣,以笃父子,以睦兄弟,以和夫妇,以设制度,以立田里,以贤勇知,以功为己。故谋用是作,而兵由此起。禹、汤、文、武、成王、周公,由此其选也。此六君子者,未有不谨于礼者也。以著其义,以考其信,著有过,刑仁讲让,示民有常。如有不由此者,在埶者去,众以为殃,是谓小康。

> **调整后**:今大道既隐,天下为家,各亲其亲,各子其子,货力为己。大人世及以为礼,城郭沟池以为固。以贤勇知,以功为己,故谋用是作,而兵由此起。礼义以为纪,以正君臣,以笃父子,以睦兄弟,以和夫妇,以设制度,以立田里。禹、汤、文、武、成王、周公,由此其选也。此六君子者,未有不谨于礼者也。以著其义,以考其信,著有过,刑仁讲让,示民有常。如有不由此者,在埶者去,众以为殃,是谓小康。

这一调整对于小康的意义的理解有何转化?

小康意味着"天下为家",在天子层面,"父传天位于子,是用天下为家",而在"大人"层面,"世及"与"天下为家"相应,成了诸侯传位的方式,无论是由父传给子,还是由兄传给弟,都是"传位与自家"的方式,而且这种传位方式因家的意识在人心中的生根而被固定下来成为礼法。所以王夫之的解释是:"三代之王知民情之若此,故制世及之法以止乱。"①民情若此,即指社会上以血缘为核心的家族、宗族的意识已经深入人心,故而因着这种人情而立法,这就是世及之礼的起源。世及之礼,不仅可以在诸侯国君那里实施,而且可以在作为社会单元的家族-宗族(例如在卿大夫的采邑)内部运行,因而它构成止乱的方式。在这里,值得注意的是,礼本身成为止乱的方式,秩序的建立是防御性的,是对无序与失序的抵抗,由此礼被做了有序化、制度化的理解,这种理解蕴含着的前提是不乱即治、有序即礼,礼作为道的呈现方式,它是打上折扣的,即将道分裂为在"有道"与"无道"中对立的"道",这种"道"并不能与超越这种对立的"大道"同列。这就是礼之兴起与大道之退隐同程的本有之意。更重要的是,这种与道具有某种张力的礼却被视为,或被"以为"是典礼,这也与大道之行的大同之世构成对比,因为在大同之世,虽然并非无礼,但却"不以为"礼,行其作为习惯法的"德",但却不以为德。是故孔颖达云:"然五帝犹行德不以为礼,三王行为礼之礼,故五帝不言礼,而三王云'以为礼'也。"②与将世及之法视为礼相应,每一个城邦国家都设置了防御其他城邦国家进攻的内城、外城与护城的河池,换言之,无论是国为单位,还是以家为单元,在家与家之际、国与国之间,所设置的无论是物质还是精神上的建筑,其必然都是防御性的,自卫性的;这是因为,当不同的单元都将自家与其国视为秩序格局的中心时,争夺以及由之而来的防御本身已经不得不是秩序与制度的题中应有之意了。这里的两个"以为"都表明了在"天下为家"的时代,最重要的现象就是随着争夺成为常态,人们心里原初的安全感没有了,安全被下降为"不安全"的否定,这种寻求安全的意识最终与对乱与争的恐惧相伴随,所以有了礼以明确传位的规矩,有了城郭沟池将可能的敌人阻挡在某个外部,心理上的安全才可以落地。但反过来说,正是因为这里的规矩、秩序与安全是"以为"的,是那种心理上的安慰,所以政治的设施与建制在深层意义上应对的是人的心理。这与大同时代人们由衷甚至在无意识中呈现的那种类似于庄子所谓的"相忘于江湖"的安全感与秩序感不可同日而语。反过来说,让人感觉到生活在并不安全的时代,不是安全而是安全感的提供本身,就可以成为政治生活的形式,秩序感亦然。王夫之看到从大同到小康的变化有不可改变的势的因素:"大道不著则好恶私而风俗薄,故禹欲授益而百姓不归,周公总己而四国留言,虽欲公天下,不可

---

① 《船山全书》第四册,第538页。
② 《礼记注疏》卷二十一《礼运》,《十三经注疏》第13册,第771页。

得已。"①这就是礼随时而不得不异,秩序的形式不得不有所变化。换言之,三王之所以前赴后继地共同钟情于礼,并不是有意识的跨世代的协商的结果,而是情势的不得不如此的选择。在这样一种民情如此的情势下,不能不以礼义作为纲纪。"礼"与"义"不同,礼意味着制度、典礼与规范,但所有的制度、典礼与规范都有其适合的畛域或范围,故而礼本身有个合理、合时、合情的"义"的问题,需要由"义"而调节,义者宜也,就是适宜、合宜的意思。

  孔颖达强调的是,大同不是没有纲纪,只是以德为纪;这与三王之以礼义为纪不同而已。而三王设置礼义作为纲纪的目的在于,"以正君臣,以笃父子,以睦兄弟,以和夫妇,以设制度,以立田里",而其连带的伴生结果则是"以贤勇知,以功为己"。在这里,被强调的是君臣、父子、兄弟、夫妇所体现的人伦关系,由礼义作为纲纪,"宫室、衣服、车旗、饮食、上下、贵贱,各有多少之制度",也以礼义作为准则;耕种之田与居住之里的设置,也依据礼义。当礼义作为公私生活的纲纪时,其同时也导向了对勇敢与智慧的鼓励与尊崇,以及对居功而求报的要求,而这种对勇与智的鼓励,对建功起事的功名的追求,引发了谋用与兵事的兴起。就《礼运》的文本而言,"以正君臣,以笃父子,以睦兄弟,以和夫妇,以设制度,以立田里,以贤勇知,以功为己,故谋用是作,而兵由此起",可以有不同的读法,如果八个"以×××"为一个逻辑部分,那么"谋用是作,而兵由此起"就是另一个逻辑部分,而且这两个部分用"故"加以连接。如果"以正君臣,以笃父子,以睦兄弟,以和夫妇,以设制度,以立田里"为一个逻辑段落,"以贤勇知,以功为己,故谋用是作,而兵由此起",则可以解读为另一个逻辑段落。不管如何解读,这都意味着礼义以为纪,带来了两种并存的东西:一是人伦秩序,共同生活的制度、典礼等方式加以客观化的规矩,即所谓客观化了的义;一是"以贤勇知,以功为己,故谋用是作,而兵由此起",这一点恰恰是礼的秩序中内隐着颠覆礼的东西,但也可能就是成就礼的东西,因为礼就是在这两者的相反相成中来到自身的,这是礼与大同之德不同的地方。

  王夫之将"以贤勇知,以功为己。故谋用是作,而兵由此起"转移到"礼义以为纪"之前,显然,在他看来,这些东西并不是礼的伴生物,更不是礼的后果,而只能是礼何以必要的前提。正是基于这四种现象,先王才以礼义作为纲纪,以达到正君臣、笃父子、睦兄弟、和夫妇、设制度、立田里的目的,换言之,这四者被视为礼义校

---

① 《船山全书》第四册,第538页。

治的对象,也是礼义正当化的现实根基。但这种解释就没有注意到礼本身相对于德的局限,老庄对礼的批判显然已经被《礼运》的作者充分考虑。孙希旦也对文本做出了处理,这就是将"以贤勇知,以功为己"与"谋用是作,而兵由此起"加以分离,解散二者的逻辑关系,他将"故谋用是作,而兵由此起"移到"货力为己"之后,于是成为与"天下为家,各亲其亲,各子其子,货力为己"数现象并列的现象,这四种加上"谋用是作,而兵由此起",六者都成为大道既隐的体现或后果,至于其如何产生则不再追问,付诸了阙疑。这种分离的结果是,将"以贤勇知,以功为己"从"谋用是作,而兵由此起"的负面性意义的沼泽中拯救出来,并赋予正面的肯定的意义,在孙希旦看来,"贤勇、知者,谓以勇、知者为贤而登用之也。以功为己者,使之立功于国,以辅助于己也";而这种意义上的"举贤尚功"正是大同之世"选贤与能"在小康时代的持续,"举贤尚功,而不由礼者则去,则虽大人世及,而仍不失乎选贤与能之意矣。此五帝、三王所以为时不同而同归于治也"①。无论是王夫之,还是孙希旦,虽然都注意到《礼运》在大同与小康之间设置的差异,但却都在竭力消除这种差异,而将这种差异仅仅归结为时势的问题。这是一旦将大同归结为小康的前史,从小康审视大同而必然导致的问题,而从大同到小康就被合理地解读为礼文日备、文明蒸蒸日上。于是,《礼运》作者通过大同视角而呈现出来的小康的局限性就被大大地忽略了。

《礼运》原文将"禹、汤、文、武、成王、周公"紧放在"谋用是作,而兵由此起"之后,以"由此其选"恰恰指出在这样一个谋作与兵起的世界里,六君子成为杰出的人选,选意味着高出,而于三代为高出于他人者,而他们共同的特点恰恰是谨于礼。而王夫之对文本的调整如下:"礼义以为纪,以正君臣,以笃父子,以睦兄弟,以和夫妇,以设制度,以立田里。禹、汤、文、武、成王、周公,由此其选也。此六君子者,未有不谨于礼者也。以著其义,以考其信,著有过,刑仁讲让,示民有常。"这样的处理,六君子与谋、兵恰恰就脱离了联系,而与礼义的关联成为他们所以成为自身的根本。这种理解就不能揭示,六君子既是礼义的发明与立法者、建筑师,但同时也是用谋、起兵的大师,例如《史记·周本纪》所讲的文王"阴行善",以及文王家族世代积累德,就是为了削弱殷商而做大自己的努力。而这本身就是谋略,武王之伐纣、周公之东征,如同汤之放桀那样,都是通过兵而得以可能的,这种对谋与兵的重视与其

---

① 孙希旦:《礼记集解》,中华书局,1989年,第584页。

谨于礼乃是两个同时存在的维度,通过一个神圣家族的军事征伐而有天下,恰恰是导致天下有序的方式。兵与谋在义的调节下成为礼之补充,六君子以谨于礼而欲"以著其义,以考其信,著有过,刑仁讲让,示民有常"。舍去负面的东西而仅仅肯定礼的正面性,由此对六君子的美化是小,但对事情的实情的遮蔽却是大。这一种理解正是后来的儒家理想化行动的解释取向,但这一取向会导致严重的历史天真,说得再重一些,就是政治与伦理上的不成熟。比如于国而言,以为仁者无敌于天下,一个坚守礼义的国家可以不修军备就可以应付虎狼之秦,但事实上,今日几乎所有的国家如果有条件都会暗修军备,哪怕没有征伐扩张的野心。回到古代,夏商周在当时所能达到的条件下,对谋与兵的使用从来就不会吝啬,甚至达到全民皆兵的程度,在很大程度上征伐扩张就是一个王朝一度的使命,如果它没有了能力,所谓的汤、文、武、成王、周公,莫不如此,如果抹掉了这一实情,而仅仅强调其谋与兵的正义性,也并不能掩盖正是六君子对于谋用兵起的巨大推动作用,在这个意义上,它与"谨于礼"是并行的。这就好像后世儒家不再相信孔子诛杀持不同政见者的少正卯,以为如此便不是孔子。这就造成了孔子、禹、汤、文、武、周公现实上的不可学,不可致,而只能被顶礼膜拜。于个人而言,在国家文明面临存亡继绝的时刻,选择临危一死报君王,其实就是尽了自己的意,而无当事情的理与势。

而《礼运》对"礼义以为纪"的双重后果具有清晰的认识,这一认识只有从更高的维度(天下为公的大同之世)审视才得以可能。这里面隐藏着的真理在于:礼的机制内部内蕴着有道与无道之相成、治乱之相依的逻辑,由于无道与有道是相互构成的,是一个统一体的两个面,因此无道内在于有道之中,正如有道内在于无道之中那样,同样的道理,治乱互隐互伏,其所以致治者即其所以致乱者,就好像我们国家每每针对一些现象而立一法,在解决这些问题的同时又滋生出新的问题,又需要新法予以救治,如此虽然环环相扣,但除弊与生弊之共生的机制,却根深蒂固。后世规规之小儒每每无视内蕴于礼中的这种相反相成性,而仅仅以礼为天理之在场,其实这样被错认的无弊之礼也就实际上不需要在天、地、人三才之道中进行平衡协调、随时而易了,制度革命的意义也就被消解了。《礼运》的作者对六君子在相对于大同而有微词的同时,不能不对六君子有高度的肯定,但文本中对礼的肯定大体都是通过"以×××"来展开,这种修辞上的技巧传达了什么样的消息呢?由于礼的机制中的上述双重逻辑,因而"著其义""考其信""著有过""刑仁讲让,示民有常"就只能作为其建构礼法的目的,而不是作为礼法建构的必然的现实后果;同样,"以正君臣,以笃父子,以睦兄弟,以和夫妇,以设制度,以立田里,以贤勇知,以功为己"中的"正君臣、笃父子、睦兄弟……"等,都只能视为建构礼法的目的。

但船山的深刻之处在于,在大道既隐的历史现实中,大道之归的方式也只有以礼达成,那种超越德与礼对待的大道流行的大同,并不可能作为历史的目的而被建立,大道之归在这个二重化的现实历史世界中,只有以礼而达成。"出乎礼则入乎刑,以整齐天下。"①刑与礼相依,虽然被老庄等视为德之衰,但却是不得已之道。如此一来,礼连同他自身携带着的相反相成的二重机制,深根于"大道既隐"的世界,但它是这个看似失落的世界重建秩序与规矩的无可选择的唯一方式,也是让人们在生活中有所依据、有所归止的方式。这个方式达到的效果是小康。在小康之后,吾人不可能在小康之外别寻所谓的大同,现实的大同只能隐藏在小康中,并由小康来开启。

三、从"大同""小康"到"大顺":仁与政教新典范

王夫之承接了郑玄、孔颖达以大同对应五帝时代、以小康对应三王时代的叙述方式,将政教典范的刻画与历史分期的意识结合起来,但这样一来,我们面对的问题就是,如何理解在五帝、三王之后,这个在古典思想中被一致地刻画为由孔子所主导的新时代。"法备于三王,道著于孔子。"②孔子不以一代之治法,而以万世之立法者的圣人形象立身,有别于帝、王。但孔子以其思想为新时代确立的政教典范为何?

《礼运》:"故圣人耐以天下为一家,以中国为一人者,非意之也。必知其情,辟于其义,明于其利,达于其患,然后能为之。"在这里,叙述的主体既不同于大同之世的"五帝"以不出场的方式的出场,也不同于"三王"以"六君子"的方式,以"谨于礼"的有为者的身份直接出场,这里出场的是"圣人",圣人之"以天下为一家,中国为一人"的刻画,除了有"以……为"的机制之外,前面加上了"耐"(即"能"意),这意味着,圣人的以天下为一家,中国为一人是一种可能性。但这是一种切切实实有其道路

---

① 《船山全书》第四册,第540页。
② 《读通鉴论》卷一《秦始皇》,《船山全书》第十册,第68页。

的可能性。这种可能性就是圣人之道。《礼运》这一叙述的关键有三：第一，在礼出现之后，即在小康之后，回归大同的方式不再可能是绕过小康，直奔大同；而只能是在"家天下"的状况下达到天下一家、中国一人。而这种"天下一家、中国一人"就是新的"大同"；第二，小康之后新的大同可以达成，并不是意想，而是有其道路或具体方式；第三，其道在于"必知其情，辟于其义，明于其利，达于其患"，而通达七情、十义、人利、人患，就是致天下一家之法。船山对《礼运》此意深有体会，其云："承上文而言，礼达分定而人无不专致于上之情，无不可效用于上之材，合小康之世而为大同者，唯有礼以治其情也。"① 显然，对于船山而言，作为历史阶段的五帝、三王不可能历史地重复，与其对应的大同、小康的政教典范，也必因时而调整，但并不是在大同、小康之外另外确立一个新的典范，新的典范只能是合小康之世而为大同，小康之谨于礼是现实的处境，自三代以后，人们不能不生活在小康的历史遗存之中，而礼法成为现实的政教的出发点，因而基于小康的遗产而回归大同，并不是对三王的小康，也不是对五帝的大同的复制，而是合小康为大同，这个新的大同，只能确立在礼的地基上，以礼治人情，使人情和平归正。船山云："礼者，以达情者也。礼立则情当其节，利物而和义矣。"②

在船山看来，《礼运》将"天下一家，中国一人"的这种新政教典范命名为"大顺"，"大顺"是在小康之后，藏大同于小康中的方式："四体既正，肤革充盈，人之肥也。父子笃，兄弟睦，夫妇和，家之肥也。大臣法，小臣廉，官职相序，君臣相正，国之肥也。天子以德为车，以乐为御，诸侯以礼相与，大夫以法相序，士以信相考，百姓以睦相守，天下之肥也。是谓大顺。大顺者，所以养生、送死、事鬼神之常也。故事大积焉而不苑，并行而不缪，细行而不失，深而通，茂而有间，连而不相及也，动而不相害也。此顺之至也。"大顺一方面意味着身、家、国、天下的和谐有序，另一方面则意味着德、礼、仁的和谐。更为重要的是，《礼运》以仁为"义之本""顺之体"，而又以义为礼之实，因而仁具有相对于礼、义更基础的地位。船山谓："义由学而精，而受则于仁，故必讲学存仁，而义礼乃坚固也。学以精义，而天德自然之符以施之事物而咸宜者，非仁不足以体之，故仁为义本。'顺'者，乐之德也，乐为顺之用而仁则其

---

① 《船山全书》第四册，第559页。
② 《船山全书》第四册，第559页。

体也。"① 义礼乐学皆本于仁。

船山说:"敦仁而行之以顺,则天下无不顺矣。大顺斯大同矣,三代之英所以与大道之公而合德也。自此以下至末章,皆以极言顺德之美而赞仁用之大。"②显然,"大顺"正是新的大同,是大同与小康的合体,而这个纳大同、小康为一体的政教典范,必以仁为基。船山说:"仁者顺之体,体立于至足,举而措之以尽其用,则仁之利普矣。仁为礼乐之合而天道、人情之会也。"③仁为大顺之体,故而继承五帝、三王的政教典范其实就是"仁",它固然有别于五帝之德、三王之礼,但又是将德、礼融为一体的新典范。"以大顺之道接事应物而无不咸得,此顺之效而乐之实,若其体则仁也。""'顺'者,以至仁而体人之情,人情得则虽危而不倾,政治而君安也。"④对船山而言:"礼者义之实,修礼而义达矣。信者实理,天之德、仁之藏也。仁者顺之体,故体信而达顺矣。天道人情,凝于仁,著于礼,本仁行礼而施之无不顺,皆其实然之德也。"⑤也就是说,仁义礼信统一于仁,而仁恰恰是天道人情所凝聚,故而本仁以行礼正是大顺的根据。

船山进一步指出,虽然三代圣王的政教典范由礼而得以刻画,但其骨子里流淌的却是仁,正是仁,使得三代圣人之谨于礼的小康成为大同在三王时代得以实现的当下形式。"言礼之一本于天,而唯体天德者,为能备大顺之实,以治政安君而天人无不顺焉,三代之英所由绍大道之公而继天立极也,乃推求其本,则一言以蔽之曰仁。盖此章之言仁与《中庸》之言诚,一也。是礼之所自运而运于天下则顺者也。故夫子答颜子问仁而曰'复礼',学者由是而体察之,则天德王道体用合符之理,可不昧其要归矣。"⑥仁作为大本大宗,成为礼治运转的根基,而大同与小康最终都要回溯到仁体上。不仅如此,船山说:"反复推原圣王修德以行礼之本而极之于仁。盖仁者太一之蕴、天地阴阳之和、人情大顺之则,而为礼之所自运,此一篇之枢要也。子曰:'人而不仁,如礼何!'明乎此,则三代之英所以治政安君,而后习其仪者之流于僭窃,其得失皆缘于此,所谓'道二,仁与不仁而已'也。"⑦可见,对于《礼运》

---

① 《船山全书》第四册,第 573 页。
② 《船山全书》第四册,第 574 页。
③ 《船山全书》第四册,第 574 页。
④ 《船山全书》第四册,第 575 页。
⑤ 《船山全书》第四册,第 577 页。
⑥ 《船山全书》第四册,第 577 页。
⑦ 《船山全书》第四册,第 573 页。

所谓的"礼本于太一",船山的发明就是仁者太一之蕴,舍仁而无法理解太一,而天道、地道与人道之合,乃是礼(人类政教制度典礼)的三向度,而这三向度最终必须根基于仁,而仁不仅为"天地阴阳之和,人情大顺之则",更为重要的,仁是"礼之所自运"的奥秘。船山指出,"太一"实即"至一","至一者,理无不函、富有万殊而极乎纯者也。语其实则谓之诚,无所感而固存、四应而不倚则谓之中。其存于人而为万善之所自生,则谓之仁。其行焉皆得而不相悖害,则谓之顺。天之德,人之性而礼之蕴也"①。仁、中、诚、顺、太一乃是异名同谓。一方面,"天地、阴阳、四时、鬼神,皆太一所涵,涵则必动,体有阖辟而天地定矣,气有嘘唏而阴阳运矣,变通相禅而四时成矣,由是而生化之几出焉。伸以肇天下之有则神,屈以归固有之藏则鬼也。莫不橐合于太一之中以听自然之推荡,而高卑之位,刚柔之德,生杀之序,幽明之效,皆于是而立,则礼之所本也"②。礼所效法的天地、阴阳、四时、鬼神本来就内蕴在太一(仁体)之中,另一方面,天地、阴阳、四时、鬼神之分化,又未尝不是仁体的流行发用,"皆以行其中和自然之节而为仁之所自显,斯一本而万殊之实也"③。这样,作为人类新政教典范的"大顺",其根基于仁,也就不难理解了。

(作者单位:华东师范大学)

---

① 《船山全书》第四册,第569页。
② 《船山全书》第四册,第569—570页。
③ 《船山全书》第四册,第570页。

《新唯识论》第四稿谜案考索*

李清良

经过上十年的反复探索,熊十力于1932年出版了其成名作《新唯识论》(文言本),宣告其"新唯识论"哲学体系基本定型。此前,他已在北京大学哲学系讲授佛教唯识学多年,写过三种讲义,即1922—1923年的第一种《唯识学概论》,1926年的第二种《唯识学概论》,以及据说是写成并出版于1930年的《唯识论》。此外,他还于1930年印行了一本由其弟子记录并整理的语录式小册子《尊闻录》。

1930年1月17日《中央大学日刊》登载了汤用彤先生的一篇讲演稿,说到"熊十力先生昔著《新唯识论》,初稿主众生多元,至最近四稿,易为同源"[①]。汤先生所说的《新唯识论》"最近第四稿"究竟所指何书?学界对此众说纷纭,莫衷一是,迄今为止至少已有四种说法:《唯识论》说、《尊闻录》说、第二种《唯识学概论》说以及笔者本人所持的《新唯识论》(文言本)稿本说。[②] 如此一来,汤先生所说的《新唯识论》第四稿几乎成了一桩谜案。为何一般论者都不愿认为《新唯识论》第四稿就是熊十力正在撰写的《新唯识论》? 最主要的原因在于相关论者以为,熊十力于1930年元月正在写《唯识论》,并未开始写《新唯识论》。因此,重新审定《唯识论》和《新唯识论》的撰作时间便成了破解此一谜案的关键。其中所关涉的,实是熊十力在"新唯

---

* 本文是国家社科基金项目"现代新儒家的本体论探索与'中国现代性设计'研究"(10BZX058)的阶段性成果。

① 郭齐勇:《熊十力全集》第一卷《编者后记》。见熊十力著:《熊十力全集》第一卷(萧萐父主编,郭齐勇副主编),湖北教育出版社,2001年,第671页。

② 郭齐勇:《天地间一个读书人——熊十力传》,上海文艺出版社,1994年,第45页。景海峰:《熊十力》,东大图书公司,1991年,第65—66页脚注。郭美华:《熊十力本体论哲学研究》,巴蜀书社,2004年,第53页注①。李祥俊:《熊十力思想体系建构历程研究》,北京师范大学出版社,2013年,第23页注①。李清良、郭胜男:《熊十力〈唯识论〉撰作时间考辨》,《中国文化研究》2009年夏之卷。

识论"哲学体系定型之前的思想发展轨迹和各种曲折。

一

确定《唯识论》讲义的撰作时间有两个最重要的参照点,一是《唯识学概论》第二种,一是《尊闻录》。

《唯识论》的《导言》最后一段说:"此书前卷,初稿次稿,以壬戌、丙寅先后授于北京大学。今此视初稿,则主张根本变异,视次稿,亦易十之三四云。"①这就是说,此本《唯识论》乃是接续此前两种《唯识学概论》而作的第三种讲义。根据前两种讲义内的文字可知,第一种讲义是于1922年10月至1923年6月间边写边印,第二种讲义则写定并印成于1926年仲春。由此可以确定,作为第三种讲义,《唯识论》的撰作时间必在1926年仲春之后。

《尊闻录》是熊十力的弟子高赞非纂记辑录熊氏于1924—1928年间的论学语录与书札,1930年经熊氏另一弟子张立民校订删削后印行于世(印刷时又临时加入了熊氏1930年的论学书信一篇),此后又经删改收入《十力语要》作为该书第四卷。《尊闻录》第四则记载:

> 先生自言,始为轮回论者之信徒,其初所作《唯识书》,虽于护法诸师之理论多所破斥,而对于佛家根本观念,即轮回观念,固与护法同其宗主而莫之相悖也。《唯识书》第三稿中,有一段首揭此义云:"窃有古今之一大谜焉,不可不先扬榷之者。曰:诸有生物,其生也,原各各独化,都无终始,不随形以俱尽乎?抑宇宙有大生焉,肇基大化,品物流行,故生物禀此成形,其形尽而生即尽乎(原注:此言宇宙者,外界之异名,乃随俗假说耳。大生者,不必谓宗教家所立之神,凡哲学家计有外界独存之实体者皆是也)? 由前之说,则生界为交遍(原注:交遍者,无量生命各为独化,同在一处,各各遍满,而不相障碍,仍为互相联贯之全体焉);由后之说,则生界为同源(原注:计有大生之实体为一切有生所从出故)。由前之说,则有生皆无待而自足;由后之说,则有生将外藉而凭虚(原注:如吾之生,若非自有,而借外界独存之大生偶尔分赋者,则吾生直等于

---

① 熊十力:《唯识论》,《熊十力全集》第一卷,第503页。

石火之一瞥已耳。谓吾生非自有,而索源于外矣。外源之有,吾又何从征之哉)。前说佛家主之;后说世间多持之。吾尝徘徊两说之间,累然而不释也。转复宁息推求,旷然自喻,吾生之富有,奚由外铄(原注:《易》曰'富有之谓大业',言乎生活力之深固与盛大也)? 息骑驴觅驴之妄(原注:吾之生也,独化已耳。不自明而寻来源于外,非骑驴觅驴而何),悟悬的投矢之非(原注:纳群生于虚立之大源,与投众矢于故悬之鹄的,有以异乎哉)。遂乃印持前说,略无犹豫。事不可以物征,理实在乎自信。"据此,则先生对于轮回说之坚持可见矣。一日,忽毁其稿,怅然曰:"吾书又须改作矣。"时居北京西郊万寿山大有庄,脑病已剧。值寒雪,驱车入城就医,余随侍。……①

此处所引"《唯识书》第三稿"主张佛家"轮回""交遍"说而反对"世间多持"的"同源说"一段,不见于1926年仲春的《唯识学概论》,而恰见于第三种讲义《唯识论》之《功能》章,无论正文还是注语都一字不差。② 该《功能》章下文还有两处文字,申述其"交遍"说立场,而对"同源"说颇不以为然。③ 由此可见,现存《唯识论》讲义正是熊十力自己所说的"《唯识书》第三稿",其《功能》章已在《尊闻录》所记内容的下限即1928年中秋之前写出。④

以此为线索,仔细对照《尊闻录》与《唯识论》,还可发现不少材料,足以佐证《唯识论》成书确在《尊闻录》所记内容的下限即1928年中秋之前。

其一,熊十力在《尊闻录》中反复说到,他之前"不主同源说,以谓若由其说,则吾人生命将外藉而凭虚"这个观点"极是错误",实则只有坚持"同源说"才能真正明了生命乃是"自本自根";其中的关键就在于,"同源"之"源"并不是"外于万物而别为空洞独立之一物",而是内在于万物,因此"同源"与"自足"并不矛盾。⑤ 根据这一思路,他还进一步指出,儒家圣人"曲成万物"的理想并不妨碍"个人自由",因为"所谓曲成之转移之者,不是以一己私意去作弄他,或宰制他,只是以其人自有底道理,

---

① 熊十力:《尊闻录》,时报文化出版事业有限公司,1983年,第2—3页。又见《熊十力全集》第一卷,第566—567页。
② 熊十力:《唯识论》,《熊十力全集》第一卷,第541—542页。
③ 熊十力:《唯识论》,《熊十力全集》第一卷,第547页,尤其第556—557页。
④ 《尊闻录》卷首有高赞非识语,落款是"民国十七年中秋",见《尊闻录》,第1页。又见《熊十力全集》第一卷,第565页。
⑤ 熊十力:《尊闻录》,《熊十力全集》第一卷,第570—571页。

还以治其人之身,能改则止。……至如被曲成、被转移者,虽借他人提撕扶助,而确是以自力寻得自有底道理而自践之",圣贤之所以能够感化愚不肖者,亦是因为同源,"形虽有限,性是一体,不曾尔我性上可分疆界。一体如何不感通"。① 这说明,在1928年中秋以前,熊十力已完全放弃了《唯识论》中坚持"轮回"说、指斥"同源说"等根本主张。从此之后,强调本体"不是外于万物而别为空洞独立之一物",亦即《新唯识论》开篇所谓"实体非是离自心外在境界",成为他终生未变的基本主张。因为他深知,如果不坚持本体的这种"内在而超越"性质,则不仅生命必是外藉而凭虚,此种本体也只是一个外在不死的"神我""神识",实是宗教家所谓"上帝"或世俗所谓不朽"灵魂"之残余。

其二,熊十力在《尊闻录》中已完全改变了他自1922年以来对待儒、佛二家的基本态度和立场。从1922年撰写《唯识学概论》第一种讲义起,他一直就是崇尚佛家而对儒家颇不以为然。《唯识论·导言》说:"吾昔治护法学,叹其宏密,然复病其凿,又且矫清辨之空,而不免于过,故尝欲别探真际。……由是覆寻般若,而会其玄旨于文言之外,恍然吾之所喻,实有以遥契乎释迦龙猛群圣之心也者。踊跃欢喜,如承授记,愿竭微明,聊复申论,名曰《唯识论》,庶几上匡护法,不为好异,下质方来,将有莫逆者乎?"②这说明熊十力在撰写《唯识论》时仍是延续其自1922年以来的一贯立场,虽对护法之学有所"匡正",但不过是在佛学范围内"愿竭微明"而已,因此他自认为其所申论"遥契乎释迦龙猛群圣之心"。他在此书《转变》章又站在佛家立场,根据"法相"为虚与幻的观点指斥宋明儒者以天地万物皆为实有,并认为宋明儒者"诟病佛家"实是"无知自封,谤毁真正"。③ 但到《尊闻录》中,熊十力的态度却有了一个翻转,认为"自佛教入中国传统以来,轮回之说普遍于社会,鬼神和命运的迷信日益强盛",遂使"人生屈伏于神权,沉沦于鬼趣,侥幸于宿定";直到周张二程等理学家崛兴,"而后知人生之尊严而不可亵侮也,人生之真实而不为幻化也,人生之至善而不为秽浊也,人生之富有而无所亏欠也。故鬼神既远,人性获伸,这是诸儒莫大的功劳",至于他们"绝欲""主静"的短处则是接受佛学影响所致。④ 这说明,熊十力此时由于放弃"轮回"说而认同"同源"说,已经认同儒家"尊生""彰有""主

---

① 熊十力:《尊闻录》,《熊十力全集》第一卷,第591、592页。
② 熊十力:《唯识论》,《熊十力全集》第一卷,第501—502页。
③ 熊十力:《唯识论》,《熊十力全集》第一卷,第537页。
④ 熊十力:《尊闻录》,《熊十力全集》第一卷,第627—629页。

动""率性"的人生哲学,而反对佛教的人生哲学了。此与他自 1922 年以来直至撰写《唯识论》时的立场已截然相反。

这说明,《唯识论》绝不可能作于 1928 年中秋之后,更遑论是 1930 年。

让我们再回过头来细看上引《尊闻录》第四则。此段明确讲到,熊十力打破《唯识论》讲义所持"轮回"说时,正是"居北京西郊万寿山大有庄"且"值寒雪"之际。据郭齐勇教授所作《熊十力年表》,熊十力于 1926 年与梁漱溟等人住在北京万寿山大有庄,1927 年春即南下养病,先至南京,后住杭州法相寺,1928 年又移住西湖广化寺。① 由此可断定,熊十力打破《唯识论》所持佛家"轮回"说当在 1926 年冬至 1927 年春之间——只有这一期间才会具备上述已知的三个要素:①《唯识论》必在写定于 1926 年仲春的《唯识学概论》之后;②熊十力居于北京万寿山大有庄之时;③时值"寒雪"。由于熊十力打破的乃是《唯识论》之《功能》章所坚执的"轮回"说,此章必在 1927 年春天之前已写成。

现存《唯识论》讲义并不完整,除《导言》,只有《辩术》《唯识》《转变》《功能》四章写完,《色法》章则刚写了两句便戛然而止。据《全集》编者按语"此印本到这里结束",可知熊十力本来就只写到该处。显然,这正是由于他突然发觉佛家的根本主张"轮回"说②并不能成立,乃意识到《唯识论》已不能再按照原来的思路写下去。而他之所以怅然说道"吾书又须改作",则是因为他在此前已经"改作"过一次。③ 所以《唯识论》之《功能》章的完成时间即是整部《唯识论》的完成时间。如上所述,它应在 1926 年冬至 1927 年春之间。

他的第二种《唯识学概论》讲义完成于 1926 年仲春,何以在不到一年之后又要

---

① 郭齐勇:《天地间一个读书人——熊十力传·附录》,第 240 页。熊十力在 1926 年的《唯识学概论》之《绪言》末尾自署"中华十五年仲春,熊十力识于北京西郊万寿山"。熊氏亦曾自谓"十六年春,吾南下过宁",见《熊十力全集》第八卷第 54 页。又查《梁漱溟先生年谱》,亦言 1926 年熊十力与梁漱溟等人租住在北京西郊大有庄。参见李渊庭、阎秉华:《梁漱溟先生年谱》,广西师范大学出版社,2003 年,第 68 页。

② 熊十力于 1918 年自印的《心书》中曾引述无生居士的下列说法并表示完全赞同:"学佛者当自信轮回回始,此处信不及,则佛之教义全盘推翻。"《尊闻录》收有熊十力 1930 年的一封书信,亦说轮回说是佛家思想的"根本主张","要其全盘思理,皆从其根本主张而出发"。分别见《熊十力全集》第一卷,第 33 页、第 666 页。

③ 熊十力于 1923 年写完《唯识学概论》第一种讲义后不久,"忽盛疑旧学,于所宗信极不自安。乃举前稿尽毁之",遂决定改作,并终于 1926 年完成其第二种《唯识学概论》讲义。参见熊十力:《新唯识论》(文言本),《熊十力全集》第二卷,第 9 页。

撰写此本《唯识论》? 难道他的思想又有了突飞猛进的改变从而"又须改作"吗? 仔细对照这两种讲义,后书固然在论述上较前书更清楚亦更准确,但在思想主张上并没有多少实质性的变化(详下)。根据前两种讲义都是写定并印成于冬春或冬夏之间的惯例来看,熊十力撰写第三种讲义《唯识论》的动机很可能如此: 他的《唯识学概论》第二种本是他在北京大学 1925—1926 学年所开唯识学课程的讲义,但在 1926—1927 学年又要再开此课,他想提供一个论述更明畅更准确的讲义,遂觉得有必要在原讲义的基础上再加改写。

综上所述,熊十力于 1926 年仲春完成其第二种《唯识学概论》讲义之后,又在同年秋冬之际着手撰写"唯识书"第三稿",也就是现存《唯识论》; 不料就在 1926 冬或 1927 年春写完《功能》章后,刚准备写《色法》章时,他忽然意识到佛家最根本的观念"轮回"说实不能成立,故其《唯识论》又"又须改作"。总之,如上材料表明,熊十力《唯识论》的撰作时间并非一般认为的 1930 年,而是在 1926 年秋冬至 1927 年春天这一期间。

二

郭齐勇教授曾将《唯识论》与 1926 年的《唯识学概论》作过比较,认为前书"基本上循着 1926 年印本的思路发展,全书结构无甚变化",但在内容上似乎更加强调三个方面: 其一,"强调'吾生之富有,奚由外铄'……由主张'众生多源'彻底转到主张'众生同源'的立场"; 其二,"更加尖锐地批判护法的种子论,批判护法体用对立,将体用、色心说为两种实体"; 其三,"彻底摆脱轮回说,强调人生的、现世的价值"。① 但据笔者的仔细对照,《唯识论》较之于第二种《唯识学概论》,不仅在结构上无甚变化,在思想内容上同样没有多少实质性突破。其中最大的改动有二。其一,在《唯识》章之前加了《辩术》章,主要观点是强调哲学与科学的性质不同,前者为"智慧之学",后者乃"知识之学","学异术不齐",哲学探讨虽不必遗弃知识之学所用的"慧"(相当于理智),但"毕竟以智为本"。但此种思想在 1926 年的《唯识学概论》中已存在,尤其在《功能章》最后一节已非常明显,《唯识论》不过是表述得更明确更集

---

① 郭齐勇:《天地间一个读书人——熊十力传》,第 45—46 页。

中而已。其二，《唯识》章讨论因缘一节，原是赞同"旧以亲办自果为义"，今则斥其"不应理"而另为界训。但这种情形在全书并不多见。由此可见，郭齐勇教授所说内容方面的上述三点变化，除其中第二点之外，第一与第三点都不准确。根据上引材料已可看出，《唯识论》既没有彻底转到主张"众生同源"的立场，更没有"彻底摆脱轮回说"，恰恰仍是坚持原来的"轮回"说而反对"同源"说。这说明，熊十力所说的"视次稿亦易十之三四"主要体现在字句表述上而不在思想主张上。这是完全可以理解的，毕竟二书相距不到一年。

相反，在《唯识论》与《新唯识论》（文言本）之间却存在一个很大的思想跨度。笔者以前由于相信《唯识论》写于1930年，只将此种思想跨度归结为熊十力个人天才颖悟所导致的突飞猛进。现在看来，这其实是熊十力将近六年（1926年冬至1932年）穷探力索的结果。

熊十力开始撰写《新唯识论》的时间亦可由此确定。至迟自1927年春天以后，熊十力就不再续写《唯识论》，而正式决定要写《新唯识论》。从《尊闻录》中可以很清楚地看出熊十力的这个意思。且看高赞非的如下记载：

> 吾因先生变更轮回观念，恐其《唯识书》不复作，乘间致问。先生曰："将另造《新唯识论》也。"
>
> 暑假随师南下……师病中不得执笔，犹时运思。一日问之曰："师昔不主众生同源说，今若作《新唯识论》将如何？"
>
> 一友问先生，对心物问题有解决否？先生曰："吾自有解。"曰："可得闻欤？"先生曰："俟《新唯识论》出，读过此书，方好商量。"
>
> 先生欲俟《新唯识论》成书后，次为书评判佛学。
>
> 《新唯识论》须从头另造，原稿可就者甚少。①

可见自1927年春天以后，熊十力已十分明确地决定他要写的是《新唯识论》而不是《唯识论》了，《新唯识论》一书的名称已正式确定于此时。据此，也就不存在郭齐勇教授所说的熊十力于1929年"虽在病中"却"仍倾其心力再次修订《唯识学概

---

① 熊十力：《尊闻录》，《熊十力全集》第一卷，第568、569、594、614、647页。

论》"。① 可以肯定的是,熊十力不是要"修订",而是要从根本上加以"改作","从头另造"。从上引第一则材料还可看出,今存《唯识论》确是本未写完,否则高赞非不会"恐其《唯识书》不复作"。

那么,熊十力究竟从何时开始撰写《新唯识论》(文言本)呢?熊十力在此书《绪言》中说:"前半成于北都,后半则养疴杭州西湖时所作。"② 据此,此书前半部似应于1927年离开北京之前就已完成。但细察此书第一章《明宗》尤其第二章《唯识》,其中有多处引用此书后半部《明心》章之说,可知此书前半部必在后半部完成之后又有所修改。③ 更重要的是,据郭齐勇《熊十力年谱》,熊十力于1927年春就因病南下休养,先在南京中央大学短暂停留,后由张立民陪侍移住杭州西湖法相寺。此段时间熊氏一直患病,虽"时运思",然"不得执笔"。因此熊氏所谓此书"前半成于北都",不应当理解为前半部写定于北京,而只当理解为前半部的内容基本确定于北京。至其写作时间,则必在他南下之后即"养疴杭州"期间。到1929年熊十力与马一浮相识时,此书前半部已经写出一部分或大部分了。马一浮弟子所辑马氏《语录类编》中有两则记载足证此事:

> 以风始谒,以邓伯诚先生手书为介,而熊先生之相识又因以风。时熊先生方养疴广化寺。一日,以风来,出《新唯识论》稿本数页并熊先生书,略无寒暄语,直说就正之意,且云"有疾不能亲来"。唯时虽不相识,喜其坦白豁达,越日自往访之,亦无应酬,便对坐谈义。见有不同,各尽底蕴。从此契合,遂为知交。比《新唯识论》属稿有不自惬处,辄请改定。予当之不让,渠亦从之不疑,其服善之诚,盖虽古人不可多得。

> 以风尝在先生座前推重熊子真先生,并以其新著《新唯识论》呈阅,先生深为赞许。乃于1929年,至广化寺往访。二先生相见甚欢,并极论常变之理。熊先生主变,先生则主变中见常。④

第一则是马一浮的话,第二则是记录熊马结识之经过。综合此二则材料可知,1929

---

① 郭齐勇:《天地间一个读书人——熊十力传》,第44页。
② 熊十力:《新唯识论》(文言本),《熊十力全集》第二卷,第9页。
③ 李清良:《马一浮对熊十力〈新唯识论〉前半部之影响》,《湖南师范大学学报》2009年第6期。
④ 马一浮:《马一浮全集》第一册,吴光主编,浙江古籍出版社,2013年,第690、696页。

年某月,熊十力为了结识马一浮,主动致信马一浮并附上其尚未完成的《新唯识论》稿本,由马氏弟子乌以风转呈。马一浮看完书信与《新唯识论》稿本后,欣然前往广化寺访问熊十力,二人一见如故,"遂成知交"。此后熊十力在写《新唯识论》时便请马一浮为之"改定",马"当之不让",熊亦"从之不疑"。

在熊十力与马一浮相识相知的这段佳话中,如果把《唯识论》的写定时间定为1930年,那么熊十力于1929年寄给马一浮请教的就应当是《唯识论》稿本而不是《新唯识论》稿本,但上引两则材料都明确记载是"《新唯识论》"。可见将《唯识论》的撰作时间定为1930年实难说通。不少研究者又将熊十力与马一浮结识的时间定为1930年,不知何据。也许正是由于相信《唯识论》的撰成时间是在1930年,遂觉得熊马初次相会如果是在1929年,此时连《唯识论》稿本都还没有,更不用说《新唯识论》稿本了,所以只好将二人相会的时间改在1930年,而宁愿相信上述"1929年"的说法乃是记忆之误。

对于汤用彤在1930年元月所说的《新唯识论》"最近第四稿",作为《熊十力全集》的主要整理者,郭齐勇教授和景海峰教授都认为是《唯识论》。[①] 但郭齐勇教授也有所犹豫,他说:"考1930年熊氏《唯识论》之《导言》……准此则不难断定,熊氏《唯识学概论》的稿本,只印行过如此三种。汤先生所说的四种,疑把熊氏原在内学院学习时便已开始写作的最初稿子作为初稿,但此稿未能印行,而且已融入1923年印本中了。"[②]意思是,汤先生所谓第四稿的说法并不准确。此后,郭美华教授也表示怀疑,他说,《唯识论》明明是反对而不是主张"众生同源",因此不可能是汤用彤所说的"易为同源"的"最近第四稿";于是他提出另一种看法:"从义理上看,汤用彤可能是将《尊闻录》看作《唯识论》第四稿了。"[③]但这一说法不仅缺乏文献依据,而且于理不合,因为《尊闻录》一书既非熊十力自撰,也非"唯识论"。

相信《唯识论》写成于1930年的李祥俊教授又提出另一种看法。他注意到熊十力在《佛家名相通释》中说:"上来说功能已讫。此据旧作唯识讲义第三次稿(此稿专主世亲一派之说,民十一年讲于旧都北京大学),稍加董理云。"[④]细核此书对于

---

① 郭齐勇:《天地间一个读书人——熊十力传》,第45页。景海峰:《熊十力》,东大图书公司,1991年,第65—66页脚注。
② 郭齐勇:《熊十力全集》第一卷《编者后记》。
③ 郭美华:《熊十力本体论哲学研究》,巴蜀书社,2004年,第53页注①。
④ 熊十力:《佛家名相通释》,《熊十力全集》第二卷,第537页。

"功能"的解释,乃主要依据 1922—1923 年的《唯识学概论》讲义。李祥俊认为,熊氏既然将此讲义称为"第三次稿",那么:

> 如果依次而推,则汤用彤所说"四稿"应该是 1926 年出版的《唯识学概论》。而检视 1926 年的《唯识学概论》,其中论功能确实已抛弃唯识学的多元论而主张一体论。因此,这里的"四稿"应该就是指熊十力 1926 年出版的《唯识学概论》……这里有一个问题需要提出,即熊十力于 1923 年在北京大学出版《唯识学概论》之前在南京内学院读书期间即已作有关于唯识学的概论性著述,不然就不好理解他刚到北京大学不久即能出版细致而又系统的唯识学著述这件事。①

但此说同样不能成立。如上所述,熊十力在 1926 年冬至 1927 年间已明确将《唯识论》称作《唯识书》第三稿",这比十年之后他在《佛家名相通释》中的上述说法肯定更可采信。更何况,即使可将熊十力之前在南京内学院期间所作算作《新唯识论》初稿,成于 1922—1923 年的《唯识学概论》也只能算作第二稿而不是第三稿;同时,熊氏明明是说"讲义第三次稿",而他在内学院纵有著述也非"讲义"。故可断定,《佛家名相通释》将 1922—1923 年的《唯识学概论》讲义视为"第三次稿"的说法要么是作者笔误,要么是印刷之误。既如此,1926 年的《唯识学概论》也就不可能是《新唯识论》第四稿,更不可能是汤用彤先生于 1930 年元月所说的"最近"之稿。至于说 1926 年的《唯识学概论》"论功能确实已抛弃唯识学的多元论而主张一体论",亦非事实。此书《功能章》开篇就标举宗旨曰,"一切众生虽有其类似,而实各各自生,非同一生源而出","有人闻说功能,遂计功能唯一,以谓众生同自一恒转功能而出发,因持众生同源之说。此乃大误。实则一切众生,各各有自功能也"。② 明确说到众生"各具功能"而不可误计"功能唯一",即不可误以为"同一生源",因此他虽力主"凡功能皆为全体,非可剖分",却并非持一元论,并且明确说"诸凡言元者,皆邪计也"。③ 因此,无论如何,都不可以说熊十力此时已抛弃多元论而主张一体论。

---

① 李祥俊:《熊十力思想体系建构历程研究》,北京师范大学出版社,2013 年,第 23、31 页。
② 熊十力:《唯识学概论》,《熊十力全集》第一卷,第 460 页。
③ 熊十力:《唯识学概论》,《熊十力全集》第一卷,第 462—464 页。

其实我们提供的上述材料与分析足以表明,汤用彤在1930年元月所说的《新唯识论》"最近第四稿",既不是指《唯识论》,也不是指《尊闻录》,而就是指熊十力此时尚未最终完成的《新唯识论》(文言本)稿本,此稿本在1929年便已写成一部分而为马一浮及其弟子乌以风所亲见。《尊闻录》中收有熊十力的一封书信说:"《新唯识论》须从头另造,原稿可就者甚少。吾十年来精力尽萃此书。"①此信的写作时间在1926年冬至1928年中秋之间。从中可以清楚地看到,熊十力本人并未将《新唯识论》与此前所作三种讲义截然分开,倒是将它们都视为《新唯识论》的"原稿",所以才说"十年来精力尽萃此书"。其《新唯识论》(文言本)的《绪言》也说:"本书才成《境论》,而《量论》尚付阙如。《境论》创始于民十之冬,中间易稿无数,迄今始为定本,历时几十有一年。"②同样将其三种唯识论讲义视为《新唯识论》的原稿。熊十力在《尊闻录》中既然明确将第三种讲义《唯识论》称为"《唯识书》第三稿",则他"从头另造"的《新唯识论》稿本自然就是第四稿。因此,汤先生所说的"最近第四稿"正是熊十力已经正式定名为"新唯识论"而不是"唯识论"的《新唯识论》(文言本)稿本,并且这个"四稿"说也是熊十力自己的说法。

《熊十力全集》的编者将《唯识论》的印刷时间确定为1930年,不知何据。但现在既已推定此书写于1926年秋冬至1927年春天,则其初印时间实不可能迟至1930年。理由有二。其一,1926年秋冬至1927年春天,熊十力尚在北大授课,此时正需要印刷讲义,到1930年他在杭州养病时,已不开课,自然也就不必再印;其二,最迟至1927年春天,熊十力已放弃其《唯识论》而曰"吾书又须改作矣",至1930年其《新唯识论》也已写出部分内容,此时他已完全没有必要印刷他已放弃了的《唯识论》。也许《全集》编者依据的乃是一个重印本,那么1930年也不是其初印时间。依照前两种讲义都是随写随印的情况来看,作为1926—1927学年唯识学课程讲义的《唯识论》也应如此,其初印时间最可能在1926年秋冬至1927年春天。

综上所述,《唯识论》的撰作时间实在1926年秋冬至1927年春天,其初印时间也当与此同时。如果第一种《唯识学概论》可称为壬戌本(按熊十力自己的说法)或癸亥本(按最后写定时间),第二种《唯识学概论》可称为丙寅本,那么《唯识论》则可称为丁卯本。丁卯本的内容之所以不完整,是由于熊十力的思想发生重要改变而

---

① 熊十力:《尊闻录》,《熊十力全集》第一卷,第647页。
② 熊十力:《新唯识论》(文言本),《熊十力全集》第二卷,第9页。

本没有写完。从1927年起，熊十力便已放弃其《唯识论》即所谓"《唯识书》第三稿"，而明确决定要写《新唯识论》，此一书名亦正式确定于此时。至1929年他与马一浮相识时，其《新唯识论》已经写出部分内容。汤用彤在1930年提到的"《新唯识论》"之"最近第四稿"，实指熊十力的《新唯识论》（文言本）未定稿，而不是其他著作。——这就是《新唯识论》第四稿谜案的真相。

这就不仅纠正了之前关于《唯识论》和《新唯识论》撰作时间的说法，而且校正了熊十力于1923—1932年的思想发展轨迹。如果用其著述来标识，那么之前一般的看法是：《唯识学概论》第一种（壬戌本）→《唯识学概论》第二种（丙寅本）→《尊闻录》→《唯识论》→《新唯识论》（文言本）。但此种观点无法解释《尊闻录》中已有明确驳斥和放弃《唯识论》的言论，尤其不能解释从《唯识论》到《新唯识论》（文言本）的巨大的思想跨度，当然也无法确定汤用彤在1930年提到的《新唯识论》"最近第四稿"究竟所指何书。根据我们的推断，熊十力在此期间的思想发展轨迹其实是：《唯识学概论》第一种（壬戌本）→《唯识学概论》第二种（丙寅本）→《唯识论》（丁卯本）→《尊闻录》→《新唯识论》（文言本）。据此，上述所有疑难顿时涣然冰释，怡然理顺，都可以得到合理解释。

由此也可更清晰、更全面地呈现熊十力在创建"新唯识论"哲学体系过程中的思想曲折。之前由于认为《新唯识论》紧接着《唯识论》，一般论者便只注意到两种《唯识学概论》之间以及《唯识论》与《新唯识论》之间的思想变化，甚至还过分夸大第二种《唯识学概论》与《唯识论》之间的思想变化，却很少注意到《尊闻录》与《唯识论》及《新唯识论》之间存在的巨大的思想跨度。而据我们重新梳理的熊氏思想轨迹，不仅可以注意到《尊闻录》对《唯识论》的重要突破，更可以发现《新唯识论》并没有完全顺着《尊闻录》所已取得的突破进一步由佛归儒，反倒长期"游乎佛与儒之间"，坚持"亦佛亦儒，非佛非儒"的自我认同，甚至说"如谓吾为新的佛家，亦无所不可耳"。[①] 究其原因，实与马一浮对《新唯识论》的成型有过极重要的影响密切相关。[②] 这意味着，熊十力虽然早在《尊闻录》期间已经部分突破了佛学观念而对儒家思想比较认同，但他真正站在儒家立场进行系统思考的时间要比我们一般想象的晚得多。

（作者单位：湖南大学）

[①] 熊十力：《新唯识论》（语体文本），《熊十力全集》第三卷，第203页。
[②] 李清良、许扬男：《马一浮对熊十力〈尊闻录〉之异议及其影响》，《北京大学学报》2009年第2期。

试论董仲舒的改制理论*

黄 铭

改制是公羊学的微言,亦是经世致用最集中的体现,同时招致的非议也最多。在改制理论的阐释史上,董仲舒无疑是最重要的关节。本文旨在系统梳理董仲舒的改制理论,展现问题的层次与复杂性,并廓清后世的诸多误解。

一、以往看待董氏改制理论的三种意见

《春秋》有大义有微言,大义在于诛讨乱臣贼子,而微言则在于改制立法①。改制对于公羊家来讲是极其重大的问题,而董仲舒作为公羊先师,十分重视改制问题。"六科十旨"中的"承周文而反之质"②说的就是改制的问题。而《春秋繁露》中的《三代改制质文》一篇,则详细地论述了改制的内容。然而要确切地理解董仲舒的改制思想,却存在着诸多的困难。

首先,后世对于董仲舒的改制思想的理解,有很大的争论。以康有为为代表的公羊学家,极力推崇董子的改制思想,认为:"《春秋》专为改制而作。然何邵公虽存此说,亦难征信,幸有董子之说,发明此义。"③在实际的政治中,康有为也通过推尊

---

* 本文为重庆大学中央高校基本科研业务费资助项目(项目号 106112016CDJXY470010)阶段性成果。
① 皮锡瑞云:"《春秋》有大义,有微言。所谓大义者,诛讨乱臣贼子以戒后世是也。所谓微言者,改制立法以致太平是也。"又云:"孔子惧弑君弑父而作《春秋》,《春秋》成而乱臣贼子惧,是《春秋》大义。天子之事,知我罪我,其义窃取,是《春秋》微言。大义显而易见,微言隐而难明。"(见《经学通论·春秋通论》,中华书局,1954年,第1—2页。)
② 苏舆:《春秋繁露义证》,中华书局,1992年,第145页。
③ 康有为:《春秋董氏学》,载《康有为全集》(二),上海古籍出版社,1990年,第773页。

董子,来推行改革。另一方面,以苏舆、朱一新为代表的康有为的反对者们,却试图将董仲舒与"改制"剥离开来。苏舆甚至认为《三代改制质文》一篇仅仅是"但述师说",并非是《公羊传》或者董仲舒自己的思想;同时将改制思想归于何休,认为何休用"改制"以及其他相关的概念,如"王鲁""通三统"《春秋》当新王"等等来注释《公羊传》,才造成了后世对于《公羊传》以及董子的误解①。徐复观先生则认为,"改制""绌夏、亲周、故宋、王鲁"等思想"最表现了仲舒《春秋》学的特色,而为后来许多附会之说所自出"②。又认为董仲舒的"以《春秋》当新王""实是以孔子即是新王",并且通过历史事实的考察,认为"王鲁、绌夏、亲周、故宋"等思想,"在《公羊传》中是毫无根据的",而是出于董仲舒的附会。

上述三种不同的看法都有不合理之处。康有为认为唯有董仲舒能明《春秋》专为改制而作,这显然是"有为"之言。苏舆等人将董仲舒与改制思想剥离,也是武断的。因为"王鲁""通三统"《春秋》当新王"等概念,《春秋繁露》有明文。徐复观先生认为改制思想是出于董仲舒的附会,则是从历史的角度看待问题,将改制问题坐实了看,但是这种理解方式是否合理,是值得商榷的;另外《公羊传》是否已有改制的思想,也是值得讨论的。

所以我们有必要对董仲舒的改制思想进行全面的考察。具体分三个方面进行,首先,讨论改制思想与《公羊传》的渊源;其次,讨论改制的具体内涵,揭示改制的三个层面;再次,讨论改制的逻辑起点,即《春秋》当新王,并明确改制是孔子所"托",不可以"坐实"看待;最后,讨论董仲舒的改制思想与"辟秦"的关系。

二、《春秋公羊传》中的改制渊源

《公羊传》虽未有"改制"二字,然而确有改制之内容。

【春秋经】(桓公十一年)郑忽出奔卫。

---

① 详见《春秋繁露义证》,第184页。
② 徐复观:《两汉思想史》,香港中文大学出版社,1975年,第220页。

【公羊传】忽何以名？《春秋》伯子男一也，辞无所贬。①

段熙仲先生云："新王改制之说，《传》有明文：'《春秋》，伯子男一也。'通三为一，正《春秋》之改制也。"②周代诸侯有五等爵制，分别是公、侯、伯、子、男，段先生认为"通伯子男为一"，改为三等爵制，就是《公羊传》改制的明文。而且"辞无所贬"的论断，也印证了改制之事。

郑国之君本为伯爵，所以忽当成为"郑伯"。但当时其父郑庄公去世不满一年，按照《春秋》的名例，"君薨称子某，既葬称子"③，则忽应称"郑子"，表明嗣君居丧期间，应尽子道，不忍当父之位，这就是《公羊传》所谓的"辞有贬损"。故而因丧贬称"郑子"，在周代五等爵制的体系下是没有任何问题的。然而《春秋》却书"郑忽"，却有另外的考虑。《公羊传》认为，"郑子"的称谓，不能够体现嗣君居丧的贬损之义，因为《春秋》改制，将周代的五等爵制中的"伯子男"合为一等，所以称"郑伯"与"郑子"是没有区别的，只好通过称名来体现④。

"《春秋》伯子男一也"，也是董仲舒的改制理论的渊源。董仲舒云：

《春秋》郑忽何以名？《春秋》曰："伯子男一也，辞无所贬。何以为一？"曰："周爵五等，《春秋》三等。"⑤

可见董仲舒的改制思想，是接着《公羊传》说的。同时董仲舒与改制相关的一些概念，也是从《春秋》的书法中得出的，我们举"绌夏"这个概念为例。董仲舒云：

《春秋》作新王之事，变周之制，当正黑统。而殷周为王者之后，绌夏改号禹谓之帝，录其后以小国，故曰绌夏存周，以《春秋》当新王。不以杞侯，弗同王

---

① 《春秋公羊传注疏》，北京大学出版社，1999年，第99页。
② 段熙仲：《春秋公羊学讲疏》，南京师范大学出版社，2002年，第453页。
③ 《春秋公羊传注疏》，第188页。
④ 按照《春秋》的名例，国君出奔也是书名的，但是此处书"郑忽"，非因出奔之罪，而是居丧而贬损称名。其中原因，简单地说，就是郑忽出奔是祭仲行权的一个环节，后来在祭仲的帮助下，郑忽还是回到了郑国，所以郑忽先前的出奔并没有罪过。详参拙文《试论公羊学中的经权观——从〈公羊传〉到董仲舒》，载《现代儒学》第一辑。
⑤ 《春秋繁露义证》，第203—204页。

者之后也。称子又称伯何？见殊之小国也。①

按照"通三统"的讲法，王者兴起，以前两朝的子孙为"二王后"，封之为大国。以周朝为例，宋国和杞国作为二王后，故封为大国。董仲舒认为《春秋》当新王，作为一个假托的新的王者兴起，故而周和宋就是新的二王后，封为大国，杞国则由二王后降为小国。这就是"绌夏"。按照《春秋》三等爵，公为一等，侯为一等，伯子男为一等，其中伯子男为小国。如果没有"绌夏"的话，则杞当称"杞公"，而《春秋》中只有"杞伯"和"杞子"。董仲舒认为，"称子又称伯"，是因为《春秋》"绌夏"，"弗同王者之后"。此外，"王鲁""亲周""故宋"等概念，都可以在《春秋》具体的文辞中找到根据②。

三、改制的层次

由上可知，董仲舒改制的思想来自《春秋》，又有更加详细的论述。《春秋繁露·楚庄王》中的一段插话，可以看作董子论改制的总纲：

> 《春秋》之于世事也，善复古，讥易常，欲其法先王也。然而介以一言曰："王者必改制……今所谓新王必改制者，非改其道，非变其理，受命于天，易姓更王，非继前王而王也。若一因前制，修故业，而无有所改，是与继前王而王者无以别。受命之君，天之所大显也。事父者承意，事君者仪志。事天亦然。今天大显己，物袭所代而率与同，则不显不明，非天志。故必徙居处、更称号、改正朔、易服色者，无他焉，不敢不顺天志而明自显也。若夫大纲、人伦、道理、政

---

① 《春秋繁露义证》，第199—200页。
② 比如"王鲁"的概念通过内外之辞来体现，详见下文。"亲周"则《公羊传》有明文，宣公十六年夏，成周宣谢灾。《传》云："外灾不书，此何以书？新周也。""新周"与"亲周"含义相同，都是将周视为新的二王后。"故宋"即宋国还是作为二王后。《春秋》通过书宋国的灾异，"为王者之后记灾(异)"。其实改制的思想源头可追溯到孔子。段熙仲先生认为《论语》中的"质胜文则野，文胜质则史"即是文质说之所从来，"殷因于夏礼，所损益可知也；周因于殷礼，所损益可知也"，"周监于二代，郁郁乎文哉！吾从周"，"行夏之时，乘殷之辂，服周之冕，乐则《韶舞》"即是《春秋》改制说所由起也。(见《春秋公羊学讲疏》，第457页。)可见董仲舒改制之说渊源有自。

治、教化、习俗、文义尽如故,亦何改哉?故王者有改制之名,无易道之实。孔子曰:"无为而治者,其舜乎!"言其主尧之道而已。此非不易之效与?问者曰:物改而天授显矣,其必更作乐,何也?曰:乐异乎是。制为应天改之,乐为应人作之。彼之所受命者,必民之所同乐也。是故大改制于初,所以明天命也。更作乐于终,所以见天功也。缘天下之所新乐而为之文曲,且以和政,且以兴德。天下未遍合和,王者不虚作乐。乐者,盈于内而动发于外者也。应其治时,制礼作乐以成之。成者,本末质文皆以具矣……由此观之,正朔、服色之改,受命应天;制礼作乐之异,人心之动也。二者离而复合,所为一也。①

董仲舒在这里将改制分为三个层次:首先是"受命应天"层面的改制。所改内容包括正朔、服色、居处、称号等象征性的东西,借此表明政权的合法性来自于天,将自身与前朝的继体守文之君区别开来。《白虎通》也表达了相同的意思:

王者受命必改朔何?明易姓,示不相袭也。明受之于天,不受之于人,所以变易民心,革其耳目,以助化也。②

何休亦云:

王者受命,必徙居处,改正朔,易服色,殊徽号,变牺牲,异器械,明受之于天,不受之于人。③

董仲舒认为,只要是"受命"之王,就必须改制以"应天",以革命取得天命的王者需要改制;通过禅让取得天命的王者,也需要应天改制。《汉书·董仲舒传》对策云:

孔子曰:"亡为而治者,其舜乎!"改正朔,易服色,以顺天命而已。④

---

① 《春秋繁露义证》,第15—23页。
② 陈立:《白虎通疏证》,中华书局,1994年,第360页。
③ 《春秋公羊传注疏》,第8页。
④ 王先谦:《汉书补注》,上海古籍出版社,2008年,第4046页。

可见"受命应天"层面的改制是政治生活中的必要程序①,起到"慎始"的作用,同时将政治与天道紧密地联系在一起。

第二层含义则是"救衰补弊"层面的改制,按照《三代改制质文》篇中的表述,就是"文质"之改②,涉及具体的社会问题,针对的是"乱世"。出现乱世的原因是王朝所推行的制度各有所偏,或文或质,到了后期就滋生了很多弊病,需要矫枉过正。在改革达到教化的目的之后,就可以制礼作乐,形成自身的一套法度。

当然,如果社会没有弊病,"继治世"的王者就不需要在文质上有所改革。《汉书·董仲舒传》对策云:

> 道者,万世亡弊;弊者,道之失也。先王之道必有偏而不起之处,故政有眊而不行,举其偏者以补其弊而已矣。三王之道所祖不同,非其相反,将以救溢扶衰,所遭之变然也。故孔子曰:"亡为而治者,其舜乎!"改正朔,易服色,以顺天命而已。其余尽循尧道,何更为哉!故王者有改制之名,亡变道之实。然夏上忠,殷上敬,周上文者,所继之救,当用此也。孔子曰:"殷因于夏礼,所损益可知也;周因于殷礼,所损益可知也;其或继周者,虽百世可知也。"此言百王之用,以此三者矣。夏因于虞,而独不言所损益者,其道如一而所上同也。道之大原出于天,天不变,道亦不变,是以禹继舜,舜继尧,三圣相受而守一道,亡救弊之政也,故不言其所损益也。繇是观之,继治世者其道同,继乱世者其道变。③

董仲舒认为,尧舜禹禅让是"继治世",故而不需要在实质性的制度上有所改革。殷、周都是"继乱世"故而需要有"救弊之政",依照文质的损益进行改革④。之

---

① 郑玄也持有相同的观点,郑玄认为:"帝王易代,莫不改正,尧正建丑,舜正建子。"(《尚书·尧典》孔颖达疏所引)《白虎通》亦云:"禹舜虽继太平,犹宜改以应天。"(《白虎通疏证》,第360页。)
② 文质层面的改制,取自段熙仲先生的讲法。段氏云:"改制盖有二义:其一以新民之耳目,以明受命,所谓'所以神其事'也;其一则承前代之敝而不可不有以救之,此则文质之说也。"(详见《春秋公羊学讲疏》,第461页。)
③ 《汉书补注》,第4046—4047页。
④ 《春秋繁露·三代改制质文》篇中有"文质再而复""天地人三而复""文质夏商四而复"三种不同的讲法,但是针对的问题都是补弊救衰,故而在此仅用"文质再而复"的说法来指代。

所以能够依据文质进行改革,其前提是文、质之法都本于道,是道的两端。

所以改制的第三个层面,便是"改制而不变道"。董仲舒认为:"王者有改制之名,无变道之实。"我们认为,这个不变之"道"应该有具体所指,《礼记·大传》有更为经典的表述:

> 立权度量,考文章,改正朔,易服色,殊徽号,异器械,别衣服,此其所得与民变革者也。其不可得变革者则有矣:亲亲也,尊尊也,长长也,男女有别,此其不可得与民变革者也。

"亲亲""尊尊""长长""男女有别"是最基本的政治、伦理价值,郑玄认为是"人道之常"。这与董氏所云"道之大原出于天,天不变,道亦不变"相通。

明确了改制的三个层次之后,我们可以详细地考察董仲舒《三代改制质文》篇中的改制理论。

四、改制应天中的三正、三统

董仲舒论改制的第一个层次是"受命应天",解决的是王朝合法性的问题。在具体的改制内容中,改正朔是最重要的,因为历法直接是天道的体现。然而改正朔的讲法并不见于《春秋经》或《公羊传》,是董仲舒对于经传的阐发:

> 《春秋》曰"王正月",《传》曰:"王者孰谓?谓文王也。曷为先言王,而后言正月?王正月也。"何以谓之王正月?曰:王者必受命而后王。王者必改正朔,易服色,制礼乐,一统于天下,所以明易姓,非继人,通以己受之于天也。王者受命而王,制此月以应变,故作科以奉天地,故谓之王正月也。①

《春秋》在鲁隐公元年书写了"王正月"三字,从文字表面上看,仅仅是时间的记

---

① 《春秋繁露义证》,第184—185页。

录,没有改正朔的意思①。而《公羊传》则敏锐地注意到,在"正月"之前,还有"王"字,表明这是特定王者的正月,但是也没有明确地表示,王者兴起当改正朔。董仲舒则认为,王者的"特定性"是通过"改正朔"表现的,以此代表天命的转移。不仅如此,董仲舒还提出了"三正"的概念,将改正朔的思想系统化。

> 三正以黑统初。正日月朔于营室,斗建寅。天统气始通化物,物见萌达,其色黑……法不刑有怀任新产,是月不杀。听朔废刑发德,具存二王之后也。亲赤统,故日分平明,平明朝正。正白统奈何?曰:正白统者,历正日月朔于虚,斗建丑。天统气始蜕化物,物始芽,其色白……法不刑有身怀任,是月不杀。听朔废刑发德,具存二王之后也。亲黑统,故日分鸣晨,鸣晨朝正。正赤统奈何?曰:正赤统者,历正日月朔于牵牛,斗建子。天统气始施化物,物始动,其色赤……法不刑有身,重怀藏以养微,是月不杀。听朔废刑发德,具存二王之后也。亲白统,故日分夜半,夜半朝正。②

所谓的"三正",指的是三种不同的历法,分别以建寅之月(即夏历一月)、建丑之月(即夏历十二月)、建子之月(即夏历十一月)为正月;同时以平明、鸣晨、夜半为一日之始。董仲舒认为,王者改正朔是为了顺应天命,"三正"系统就是天道的体现,原因是建子、建丑、建寅三月,是万物刚开始生长的阶段,万物由"始动"到"始芽"到"萌达",颜色也经历了赤、白、黑三个阶段,过了这三个月,万物就"不齐"了③,所以古人称之为"三微之月"。

董氏又云:

> 其谓统三正者,曰:正者,正也,统致其气,万物皆应,而正统正,其余皆正,凡岁之要,在正月也。法正之道,正本而末应,正内而外应,动作举错,靡不变

---

① 《春秋》有"春王正月""春王二月""春王三月"的经文,四月以下就没有"王"字,《公羊传》对此也没有相应的解释,后人则根据正月、二月、三月有"王"字推出改正朔的意思,但是就经传本身来看,并没有明确的改正朔之义。
② 《春秋繁露义证》,第191—195页。
③ 《白虎通》云:"正朔有三何本?天有三统,谓三微之月也。明王者当奉顺而成之,故受命各统一正也。敬始重本也……不以二月后为正者,万物不齐,莫适所统,故必以三微之月也。"(见《白虎通疏证》,第362—363页。)

化随从,可谓法正也。①

可见正月是"岁之要",起到"统正而其余皆正"的效果,故而改正朔要顺应天道,只能限定在万物初始的"三微之月"。这是"三正"系统的第一个要求。第二个要求是,王者改正朔要按照"三正"的顺序,这样就必须考虑到前朝的统序,如果前朝是以建子之月为正月,那么本朝只能改为建寅之月,这也是天道的顺序,不可跳跃。《白虎通》亦云:"三正之相承,若顺连环也。"②这个规定实际上是肯定了前朝的合法性,同时也提醒新的王者,"天子命无常,唯德是庆"③,是法天道的宽容的政治历史观④。

董仲舒非但承认前朝曾经的合法性,甚至在"三正"系统中提出了"存二王之后"的要求。董仲舒三言"具存二王之后",这就是"通三统"的观念。具体来说,就是封前两朝的后人为大国,在其封国境内推行本来的正朔和制度,供王者取法,尊而不臣。这是"三正"系统的第三个要求。只有做到了上述三个要求,改正朔才是合天道的。

同时,在"三统"之上,董仲舒更有"五帝""九皇"的讲法。

> 绌三之前曰五帝……故汤受命而王,应天变夏作殷号,时正白统。亲夏故虞,绌唐谓之帝尧,以神农为赤帝。……文王受命而王,应天变殷作周号,时正赤统。亲殷故夏,绌虞谓之帝舜,以轩辕为黄帝,推神农以为九皇。……故天子命无常。唯命是德庆。⑤
>
> 王者之法,必正号,绌王谓之帝,封其后以小国,使奉祀之。下存二王之后以大国,使服其服,行其礼乐,称客而朝。故同时称帝者五,称王者三,所以昭五端,通三统也。是故周人之王,尚推神农为九皇,而改号轩辕谓之黄帝,因存帝颛顼、帝喾、帝尧之帝号,绌虞而号舜曰帝舜,录五帝以小国。下存禹之后于

---

① 《春秋繁露义证》,第197页。
② 《白虎通疏证》,第364页。
③ 《春秋繁露义证》,第187页,原文作"天子命无常,唯命是德庆",今依苏舆之说改。
④ 苏舆亦云:"古者易代则改正,故有存三统三微之说,后世师《春秋》遗意,不忍先代之遽从绌灭,忠厚之至也。"见《春秋繁露义证》,第191页。
⑤ 《春秋繁露义证》,第186—187页。

杞,存汤之后于宋,以方百里,爵号公。皆使服其服,行其礼乐,称先王客而朝……帝,尊号也,录以小何?曰:远者号尊而地小,近者号卑而地大,亲疏之义也。故王者有不易者,有再而复者,有三而复者,有四而复者,有五而复者,有九而复者,明此通天地、阴阳、四时、日月、星辰、山川、人伦,德侔天地者称皇帝,天佑而子之,号称天子。故圣王生则称天子,崩迁则存为三王,绌灭则为五帝,下至附庸,绌为九皇,下极其为民。有一谓之三(苏舆以为"三"当作"先")代,故虽绝地,庙位祝牲犹列于郊号,宗于代宗。故曰:声名魂魄施于虚,极寿无疆。①

董仲舒认为,王者兴起,则封二王后为大国,通自身一统而为"三统";同时二王后以上五个朝代则为"五帝",封之为小国;"五帝"之上则为"九皇",封之为附庸;九皇之上则降为民,没有封地。三统、五帝、九皇是不断变动的,所谓的"三而复、五而复、九而复"体现了天命的流转。另一方面因为天道本身是"不易者",故而要优待王者之后,有大国、小国、附庸之封,即使"下极为民",也能"宗于代宗",作为历史上的王者受到祭祀。可以说,"五帝""九皇"之说是"通三统"的延伸。

五、改制中的"再而复""三而复""四而复"

"三正""三统"是形式上的改制,是要解决王朝更替的合法性问题,然而对于乱世而言,改制还应该"补衰救弊"。董仲舒改制理论中的"再而复""三而复""四而复"便是针对实质性的制度。

首先是"文质再而复"。"文质"的思想可追溯到孔子。

> 子曰:"质胜文则野,文胜质则史。文质彬彬,然后君子。"②

"质"有朴实、朴素、底子的意思,引申则有本质的意思。"文"有装饰的意思。

---

① 《春秋繁露义证》,第198—203页。
② 《论语·雍也》。

孔子用"文"与"质"形容野人和史官,认为野人直情径行,质朴有余而失之于鄙陋,史官修饰过度,君子则要求文质兼备。同时孔子也有将"文"的概念用于礼制上的倾向,如《论语·八佾》云:"周监于二代,郁郁乎文哉,吾从周。"

董仲舒则完整地将文质的概念运用到礼制之上。首先以文质来区别礼的内涵与仪节,董氏云:"礼之所重者在其志。……志为质,物为文。文著于质,质不居文,文安施质?质文两备,然后其礼成。"①更进一步,董仲舒认为礼的内在价值也有文质之分,那就是"亲亲"与"尊尊"之异。"亲亲"与"尊尊"是礼制的两个面向,缺一不可,然而具体到某个朝代的礼制时,则或偏于"亲亲",或偏于"尊尊"。无论偏向哪一方,到政教衰乱之时,都会出现相应的弊端,需要从相反的一端进行改制除弊,董仲舒云:

> 主天法质而王,其道佚阳,亲亲而多质爱。故立嗣予子,笃母弟,妾以子贵。昏冠之礼,字子以父。别眇夫妇,对坐而食,丧礼别葬,祭礼先嘉疏,夫妇昭穆别位。制爵三等,禄士二品。制郊宫明堂内员外椭,其屋如倚靡员椭,祭器椭。玉厚七分,白藻三丝,衣长前衽,首服员转。鸾舆尊,盖备天列象,垂四鸾。乐桯鼓,用羽龠舞,舞溢椭。先用玉声而后烹,正刑多隐,亲戚多赦。封坛于左位。
>
> 主地法文而王,其道进阴,尊尊而多礼文。故立嗣予孙,笃世子,妾不以子称贵号。昏冠之礼,字子以母。别眇夫妻,同坐而食,丧礼合葬,祭礼先秬鬯,妇从夫为昭穆。制爵五等,禄士三品。制郊宫明堂内方外衡,其屋习而衡,祭器衡同,作秩机。玉厚六分,白藻三丝,衣长后衽,首服习而垂流。鸾舆卑,备地周象载,垂二鸾。乐县鼓,用万舞,舞溢衡。先烹而后用乐,正刑天法,封坛于左位。②

董仲舒认为"文质"之异是取法天地阴阳,具体的表现是礼制上的主导原则有

---

① 《春秋繁露义证》,第27页。
② 《春秋繁露义证》,第210—211页。

区别,质家讲究"亲亲",文家讲究"尊尊"①。礼制原则的不同,直接影响到具体政治、伦理的倾向,其中包含了继位的次序、母子关系、夫妻之间的尊卑,以及刑罚的原则等等。在处理这些问题时,到底是注重天然的血缘,还是政治上的尊卑,这对于一个王朝来说是实质性②的大事。

首先是继位顺序的问题。董仲舒所提及的"立嗣予子""立嗣予孙"含义不明,何休则将这个问题讲得非常清楚,何休云:"嫡子有孙而死,质家亲亲,先立弟;文家尊尊,先立孙。"③董仲舒所言的"立子""立孙"指的应该也是"嫡子有孙而死"的情况。从礼制上看,无论是质家还是文家,对于嫡长子继位是没有争论的,因为嫡长子是父亲的"正体"④。所谓的"体"指的是"父子一体",强调直接的血缘联系,体现"亲亲"之情;"正"注重嫡系概念,体现"尊尊"之义。嫡长子兼具"体""正"。嫡孙是"正而不体",庶子则是"体而不正"。在嫡长子有孙而死的情况下,质家重"亲亲",故而立血缘上更近的庶子;文家重"尊尊",则立嫡孙。

其次是母子关系,更确切地来说是"母以子贵"的问题。所谓的"母以子贵",指的是妾子立为国君,追尊自己的生母为夫人的制度⑤。按照礼制,只有国君之妻可以称为夫人,妾不能称为夫人,而妾子继位之后,问题就复杂了。质家认为,妾子继位,从血缘的角度,必定想要推尊自己的生母,这是"亲亲"之情,故而"母以子贵",得为夫人。文家则坚持尊尊之义,认为妾子既然成为法定的继承人,那么他法定的母亲就是嫡母;同时妾子如果追尊生母,则是"子尊加于母",从"尊尊"的角度看来,

---

① 很多学者根据《汉书·严安传》"臣闻邹衍曰,政教文质者,所以云救也"之语,以为用文质递变言世运是邹衍的观点。但是董仲舒所言的文质实际上是礼制中的"尊尊"与"亲亲"的原则,纵使借鉴了邹衍的说法,其精神实质还是礼制的原则,非阴阳家之旨趣,况且文质之说能追溯到孔子。
② 当然也有学者不同意这种观点,宋艳萍先生认为:"'质文说'所关于的基本上是政权的形式和特色,而非政治制度本身。"(详见宋艳萍:《公羊学与汉代社会》,学苑出版社,2010年,第282页。)陈苏镇先生也认为:"(主天法商的虞舜礼制)显然是狭义的礼,大多只有象征性意义。"(详见陈苏镇《〈春秋〉与汉道——两汉政治与政治文化研究》,中华书局,2010年,第165页。)但是我们认为,"质文说"所反映的"亲亲"与"尊尊"的原则,恰恰是政治的指导原则,具体的政治制度,如下文所论述的继位次序等等,虽然是属于狭义的礼制,但都是"亲亲""尊尊"原则的延伸,不能视为仅有象征性的意义。而礼制的象征性部分,如宋先生所论的"政权的形式和颜色",属于"受命应天"层面,是"三正"层面上的问题。
③ 《春秋公羊传注疏》,第13页。
④ "正体"的概念取自《仪礼·丧服》。《丧服传》在解释父为长子服斩衰的原因时,认为长子是"正体于上,又乃将所传重也"。
⑤ 此处仅以诸侯之制为例,故言"夫人"。

也是不合法的,故而"妾不以子称贵号"①。可见强调"亲亲"还是"尊尊",直接影响到母子关系。

其次是夫妻关系。夫妻关系有两层含义:一方面,从"尊尊"的角度来说,天无二日,家无二主,夫为妻纲,夫尊而妻卑;另一方面,从生育子女的角度来讲"夫妻胖合",同时夫妻之间又有亲亲之情,故而相对来说夫妻又是平等的。这两种观念在质家和文家的制度中有不同的侧重,具体的表现就是夫妻方位的问题。质家的方位是"对坐而食,丧礼别葬,昭穆别位"。"对坐"是相向而坐,类似于《仪礼》中的宾主之位,是平等的,而夫妻的对坐,侧重"亲亲"之情。"丧礼别葬"和"昭穆别位"也是这个道理。文家的方位则是"同坐而食,丧礼合葬,妇从夫为昭穆"。"同坐"是同向而坐,则一定要分别尊卑,"同坐而食"就是表现夫为妻纲的"尊尊"之义。可见文家与质家对夫妇一伦的理解也是各有侧重的。

其次是刑罚的原则。对待一般人的犯罪,自然是按照法律的规定行刑。但是对于亲属犯罪的处罚,则有不同的原则。文家本着"尊尊"之义,对待亲属犯罪是"正刑法天"一视同仁,苏舆注云:"执法称天而行,不避亲戚……《左氏传》所云'大义灭亲'皆是也。"②质家则本着"亲亲"之情,"正刑多隐,亲戚多赦"。按照《礼记·文王世子》讲法,所谓的"隐",是在隐蔽之处行刑;所谓的"赦",是在行刑时,国君出于亲情而下赦免之令,然而有司仍旧依法而行。并非不追究亲属犯罪的责任,而是在追究的同时融入亲情的因素,兼顾法律与人情,使得对亲属犯罪的惩罚不那么的理所当然。文家与质家两种刑罚原则,虽然在结果上都惩治了亲属的犯罪,但是所体现的价值是完全不一样的。

由上可见"文""质"所代表的是两种倾向不同的价值理念,所涉及的内容也关系到具体的政治伦理生活。一旦礼义规范兴起之后③,必然有"文""质"两个层面,理想的王朝是文质完美的结合,兼顾"亲亲与尊尊"。但是文质层面的改制本为"继乱世"而设,三代以下的王朝都有所偏。新王朝兴起,也依据文质循环的顺序进行改制除弊,然而矫枉过正,也会有新的弊端,这就是董仲舒所言的"文质再而复"。

董仲舒改制思想中还有"商、夏、文、质四而复",在文质之上又增加了"商""夏"

---

① 详尽的制度可参照《仪礼·丧服·缌麻章》"庶子为父后者为其母"条。
② 《春秋繁露义证》,第209页。
③ 若是礼义规范没有兴起,则完全是质朴之情,有质而无文,就谈不上文质的问题。

两种制度。

> 主天法商而王，其道佚阳，亲亲而多仁朴。故立嗣予子，笃母弟，妾以子贵。昏冠之礼，字子以父。别眇夫妇，对坐而食，丧礼别葬，祭礼先臊，夫妻昭穆别位。制爵三等，禄士二品。制郊宫明堂员，其屋高严侈员，惟器员。玉厚九分，白藻五丝，衣制大上，首服严员。鸾舆尊，盖法天列象，垂四鸾。乐载鼓，用锡舞，舞溢员。先毛血而后用声。正刑多隐，亲戚多讳。封禅于尚位。
> 主地法夏而王，其道进阴，尊尊而多义节。故立嗣与孙，笃世子，妾不以子称贵号。昏冠之礼，字子以母。别眇夫妇，同坐而食，丧礼合葬，祭礼先亨，妇从夫为昭穆。制爵五等，禄士三品。制郊宫明堂方，其屋卑污方，祭器方。玉厚八分，白藻四丝，衣制大下，首服卑退。鸾舆卑，法地周象载，垂二鸾。乐设鼓，用纤施舞，舞溢方。先亨而后用声。正刑天法，封坛于下位。①

"四而复"中的"商""夏"并不是具体的朝代之名，而是与"文""质"一样，都是制度之名。然而"商夏"也是法天地阴阳，所涉及的具体的制度，以及制度所反映的"亲亲"与"尊尊"的倾向，与"文质再而复"基本上是相同的。《说苑·修文》篇云："商者，常也。常者质，质主天。夏者，大也。大者，文也。文主地。"汪高鑫先生据此，从训诂的角度认为"一商一夏，亦即一质一文"②。苏舆亦云："其实商夏亦文质之代名。"③段熙仲先生也认为："（商夏文质）其目则四，其实则二。"④康有为甚至认为："天下之道，文质尽之。"⑤康氏之言略显夸张，但是就改制救弊的角度来看，有"文质"这对概念足矣，为何还要有"商夏"这两个概念？我们需要考察"四而复"的具体所指。董氏云：

> 四法修于所故，祖于先帝，故四法如四时然，终而复始，穷则反本。……故天将授舜，主天法商而王……天将授禹，主地法夏而王……天将授汤，主天法

---

① 《春秋繁露义证》，第205—209页。
② 汪高鑫：《董仲舒与汉代历史思想研究》，商务印书馆，2012年，第156页。
③ 《春秋繁露义证》，第184页。
④ 《春秋公羊学讲疏》，第458页。
⑤ 《春秋董氏学》，第786页。

质而王……天将授文王,主地法文而王。①

我们看到,舜用"商"法,禹用"夏"法,汤、文王则用"质""文"之法。舜禹之制作为一个整体来说,与殷周之制又有不同。《礼记·表记》云:

子曰:"虞夏之道,寡怨于民;殷周之道,不胜其敝。"子曰:"虞夏之质,殷周之文,至矣。虞夏之文不胜其质;殷周之质不胜其文。"

按照《表记》的说法,虞夏是质,而殷周是文。孔颖达《正义》亦云:"夏家虽文,比殷家之文犹质;殷家虽质,比夏家之质,犹文于夏。故夏虽有文,同虞之质;殷虽有质,同周之文。"②以此反观董仲舒"一商一夏,一质一文"之说,则"商夏"较"文质"更加的质朴。康有为云:"天下之道,文质尽之。然人智日开,日趋于文。"③可见后世是越来越文。那么后世之改制是否可以用虞夏之法?《表记》又云:

子言之曰:"后世虽有作者,虞帝弗可及也已矣。"

《表记》认为虞帝之法是后世王者"弗可及"的,据此而言董子"商夏文质四而复"的思想,段熙仲先生云:"古质而今文,孔子叹虞帝之不可及,固可与《春秋》改文从质之说合。"④由最质朴的"虞帝之不可及",则后世"渐文"的王者,当依"文质再而复"之法进行改制。既然如此,那为什么在"文质"之上,还要加上"商夏"二法,是否如苏舆所云,《三代改制质文》篇是"但述师说","四而复"仅仅是保存异说而已?我们认为"商夏文质四而复"之说,是在"文质再而复"循环改制中,加入了历史渐进的因素。康有为将其与"三世说"结合了起来:

天下之道,文质尽之。然人智日开,日趋于文。三代之前,据乱而作,质也;《春秋》改制,文也。故《春秋》始义法文王,则《春秋》实文统也。但文之中有

---

① 《春秋繁露义证》,第212页。
② 《礼记正义》,上海古籍出版社,2008年,第2083页。
③ 《春秋董氏学》,第786页。
④ 《春秋公羊学讲疏》,第458页。

质,质之中有文,其道递嬗耳。汉文而晋质,唐文而宋质,明文而国朝质。然皆升平世质家也,至太平世,乃大文耳。后有万年,可以孔子此道推之。①

这段话虽然不是针对"四而复"而言,但是在改制之中融入历史渐进的思想是明显的。康有为认为尽管"天下之道,文质尽之",但总体的趋势是向"文"的方面发展的。尽管按照"文质再而复"的观点,《春秋》应该属于"质家",康有为则认为"《春秋》实文统"。这个矛盾,在"四而复"的系统中就能够得到合理的解释,《春秋》虽然是"质家",但是与"商夏"之法比起来,还是偏文的。更重要的是,康有为将"文质"改制与"三世说"结合起来,把三代以下的"文质"改革,归在"升平"之世,则确定了"文质"改制在历史中的性质②。我们认为,董仲舒在"文质再而复"之上又提出"商夏文质四而复"的观点,是为了表明改制之中也应有进化的元素。

另一方面,段熙仲先生认为,董仲舒"四而复"思想来自《论语·卫灵公》"颜渊问为邦。子曰:'行夏之时,乘殷之辂,服周之冕,乐则《韶舞》。'"在公羊家看来,孔子改制为后王制法,之所以提及舜、夏、殷、周四朝,是为了集群代之美事。《宋书·礼志》云:

> 孔子称"行夏之时,乘殷之辂,服周之冕,乐则《韶舞》"。此圣人集群代之美事,而为后王制法也。③

既然是"集群代之美事"为万世之法,故而改制以"太平"为最终目的。而在董仲舒"文质"之上加"商夏"之法,正是在改制之中融入历史进化的元素,不断接近"太平世"之制。二说似可相通。

在董仲舒"救衰补弊"层面的改制中,除了性质相近的"文质再而复""商夏质文四而复"之外,还有"三而复"的说法。"三而复"亦可以追溯到孔子。

---

① 《春秋董氏学》,第786页。
② 当然康有为以"太平世"为"大文",则是他的有为之言。康氏理解的"文"为西方的物质文明,出于当时的政治需要,中国要向西方学习,故而将"大文"定为"太平世"之法。但公羊学中的"文"指的是礼制上的"尊尊"之义,并非物质文明,所以康氏以"太平世"为"大文"的说法,未必符合公羊学的原意。详细的考证参见曾亦老师之《共和与君主——康有为晚期政治思想研究》第二章第三节,上海人民出版社,2010年。然而康氏将"文质再而复"与"三世说"结合的思路,却颇为可取。
③ 《宋书》,中华书局,1974年,第328页。

> 子张问:"十世可知也?"子曰:"殷因于夏礼,所损益可知也;周因于殷礼,所损益可知也;其或继周者,虽百世可知也。"①

孔子认为夏殷周三代的礼制不同,有所损益,董仲舒据此提出了"三而复"的概念。"三而复"有两种,一为"三正",一为"三教"。"三正"属于"受命应天"层面的改制,前文已有论述;"三教"则是实质性的礼制损益,董仲舒《对策》云:

> 册曰:"三王之教所祖不同,而皆有失,或谓久而不易者道也,意岂异哉?"臣闻夫乐而不乱、复而不厌者谓之道。道者,万世亡弊。弊者,道之失也。先王之道必有偏而不起之处,故政有眊而不行,举其偏者以补其弊而已矣。三王之道所祖不同,非其相反,将以救溢扶衰,所遭之变然也。故孔子曰:"亡为而治者,其舜乎!"改正朔,易服色,以顺天命而已。其余尽循尧道,何更为哉! 故王者有改制之名,亡变道之实。然夏上忠,殷上敬,周上文者,所继之救,当用此也。孔子曰:"殷因于夏礼,所损益可知也;周因于殷礼,所损益可知也;其或继周者,虽百世可知也。"此言百王之用,以此三者矣。夏因于虞,而独不言所损益者,其道如一而所上同也。道之大原出于天,天不变,道亦不变,是以禹继舜,舜继尧,三圣相受而守一道,亡救弊之政也,故不言其所损益也。繇是观之,继治世者其道同,继乱世者其道变。②

"三王之教"虽然是汉武帝的策问之语,但是董仲舒所言的"夏上忠,殷上敬,周上文"却是"三教"的具体内容。董仲舒在《对策》中区分了"继治世"与"继乱世"两种情况,而"三教"改制属于"继乱世"。设立"三教"的目的,在于"救溢扶衰",由此我们认为,"三而复"也属于"救衰补弊"层面的改制。关于"忠""敬""文"之教具体的弊端,《礼记·表记》云:

> 子曰:"夏道尊命,事鬼敬神而远之,近人而忠焉,先禄而后威,先赏而后罚,亲而不尊;其民之敝,蠢而愚,乔而野,朴而不文。

---

① 《论语·为政》。
② 《汉书补注》,第4046—4047页。

> 殷人尊神,率民以事神,先鬼而后礼,先罚而后赏,尊而不亲;其民之敝,荡而不静,胜而无耻。
>
> 周人尊礼尚施,事鬼敬神而远之,近人而忠焉,其赏罚用爵列,亲而不尊;其民之敝,利而巧,文而不惭,贼而蔽。"

所谓的"弊",按照郑玄以为产生于"政教衰失之时","忠""敬""文"分别"野""鬼""薄"的弊病。另一方面"忠""敬""文"的循环,恰好能够互相补救各自的弊病。《白虎通》云:

> 王者设三教者何?承衰救弊,欲民反正道也。三正①之有失,故立三教,以相指受。夏人之王教以忠,其失野,救野之失莫如敬。殷人之王教以敬,其失鬼,救鬼之失莫如文。周人之王教以文,其失薄,救薄之失莫如忠。继周尚黑,制与夏同。三者如顺连环,周而复始,穷则反本。②

"三教"虽各有所偏,但都出自于"道",故可相救,如《白虎通》所云:"三教一体而分,不可单行……忠、敬、文无可去者也。"同时像"文质"法天地阴阳一样,"三教"也有所取法,《白虎通》云:

> 教所以三何?法天地人,内忠,外敬,文饰之,故三而备也。即法天地人各何施?忠法人,敬法地,文法天。人道主忠,人以至道教人,忠之至也,人以忠教,故忠为人教也。地道谦卑,天之所生,地敬养之,以敬为地教也。③

可见"忠""敬""文"三教是取法天地人,故而有"三而复"之说。同时"三教"与"文质"都是为了"救衰补弊",针对的都是具体的礼制问题,故而董仲舒以"文质"配"三教"。

---

① "正"陈立以为当作"王"。
② 《白虎通疏证》,第369页。
③ 《白虎通疏证》,第371页。

> 王者以制，一商一夏，一质一文。商质者主天，夏文者主地，《春秋》者主人。①

仅从礼制层面来看，"文质"说对应的是"尊尊"与"亲亲"两项基本原则，文质损益也就是"尊尊""亲亲"各有偏重，而"三教"之义却没有"文质"来得明朗。"三教"中的"敬"与"文"可以分别对应"质"与"文"，而法人的"忠教"却比较复杂，从《白虎通》"内忠，外敬，文饰之"之语看来，"忠"似乎比"敬"更加来得质朴。所以我们认为，"忠教"似乎不像"亲亲"与"尊尊"那样，属于制礼的原则，"三教说"相对于"文质说"而言，应该是异说。

董仲舒所云的"三而复"中的"三正"，却能很好地与"文质"说结合，"三正说"解决形式上的"改制应天"问题，"文质说"则解决实质性的"救衰补弊"问题，分别对应改制的两个层面。据此我们推测，董仲舒的"三教"之说或本于"三正"②。

经过上述讨论，我们认为董仲舒"救衰补弊"层面的改制有"文质再而复""商夏质文四而复""忠敬文三而复"三种说法。其中"文质说"中的"亲亲""尊尊"原则是礼制损益的根本；"商夏质文说"从性质上也属于"文质说"，提出"商夏"之法，为的是将历史进化的观念引入改制之中，最终使得所改之制能"兼群代之美事"，达到"致太平"的效果；"忠敬文三而复"由"三正"演变而来，相对"文质说"而言，属于异说。

六、"《春秋》当新王"与"王鲁"

由上文可知，董仲舒的改制思想来源于《春秋》以及《公羊传》，并且形成了改制

---

① 《春秋繁露义证》，第204页。
② 实际上董仲舒的"三正说"的具体内容中，已经融入了"三教"的元素。《春秋繁露·三代改制质文》篇云："三正以黑统初。正日月朔于营室，斗建寅。……冠于阼，昏礼逆于庭，丧礼殡于东阶之上……正白统奈何？曰：正白统者，历正日月朔于虚，斗建丑。……冠于堂，昏礼逆于堂，丧事殡于楹柱之间……正赤统奈何？曰：正赤统者，历正日月朔于牵牛，斗建子……冠于房，昏礼逆于户，丧礼殡于西阶之上。"（详见《春秋繁露义证》，第191—195页。）其中黑、白、赤三色，以及建寅、建丑、建子之制属于"改制应天"层面的内容；而戴冠、亲迎、殡尸的地点之异，则反应礼制精神之不同，属于"三教"的范围。以殡尸为例：在礼制中，不同的方位有不同的意义，东阶上是主人所在的地方，西阶上是宾客的位子，楹柱之间则介于主客之间。正黑统殡尸于东阶之上，则还把死者当成主人，反应的是"忠"的精神。正白统殡尸于西阶，将死者当作宾客，则完全以鬼神事之，反应的是"敬"的精神。正赤统殡尸于楹柱之间，则兼用宾主之道对待死者，反应的是"文饰"的精神。可见董仲舒的"三正"之中，也融入了"三教"的元素，然而"改正朔"终究是最主要的，"三教"之说与"文质说"不合，疑为异说。

的系统思想,无论是哪一种改制的说法,最后都指向"《春秋》当新王"。所谓的"王"指的是王者,在公羊学看来,《春秋》虽然是一本书,但是寄托着孔子拨乱反正致太平之志,故而将其"视为"一个"王者";而所谓的"新",是相对周朝而言,《春秋》继周之后成为一个"新王"。从现存的材料来看,"《春秋》当新王"是由董仲舒首先提出的,但是《公羊传》中已有"新周"的说法。

【春秋经】(宣公十六年)夏,成周宣榭灾。

【公羊传】成周者何?东周也。宣榭者何?宣公之榭也。何言乎成周宣榭灾?乐器藏焉尔。成周宣榭灾,何以书?记灾也。外灾不书,此何以书?新周也。①

"《春秋》当新王"的前提是周道不足观②,《公羊传》"新周"二字表达了这个意思。《春秋》记录灾异有特定的书法,一般来说仅记录鲁国以及"二王后"即宋国的灾异③,其他则视为"外灾"而不书,周天子亦在"外灾"之列。然而《春秋》于鲁宣公十六年书"成周宣榭灾",依照灾异的书法,只有把周视为新的"二王后"这条经文才显得合理④,所以《公羊传》言"新周"。此外"成周"这个书法也印证了这一点,何休云:"系宣榭于成周,是若国文,黜而新之,从为王者后记灾也。"⑤何休以为《春秋》变"京师"为"成周"就好像将周天子等同于列国,那么就可以将其视为王者之后而录其灾。

《公羊传》的"新周"到了董仲舒那里就演化为"《春秋》当新王、王鲁、绌夏、亲周、故宋"一系列之概念。结合"绌夏、故宋"来看,董仲舒的"亲周"也就是《公羊传》的"新周"⑥,即将周视为新的"二王之后"。同时董仲舒更明确地提出了"《春秋》当新

---

① 《春秋公羊传注疏》,第362—363页。
② 周道不足观的具体表现见于《诗经》,张厚齐先生有专门的论述,详见《春秋王鲁说研究》,第65—67页。
③ 《春秋》在特殊的情况下,比如他国的灾害波及鲁国,或者为天下记异,则亦书他国之灾异。
④ 孔广森则别出新意,以为"新周"并非是以周为新的"二王后",而是具体的地名,如新田、新郑之类。然而孔说无法解释《公羊传》"外灾不书"的说法,所以我们不取孔说。
⑤ 《春秋公羊传注疏》,第363页。
⑥ 很多学者都认为"亲周"和"新周"是不一样的。如苏舆以为"亲周"指的是"差世远近以为亲疏",即有新的王朝兴起,则周在时间上离新的王朝最近,故有"亲周"之说,而董子没有以周为新的"二王后"之意。(详见《春秋繁露义证》,第189页。)钱穆先生甚至认为《公羊传》的"新周"是"亲周"之讹,"亲周"表明"周与鲁最亲"。(详见《国学概论》,第98页。)我们认为"亲""故""绌"是一个整体,董仲舒不仅有"亲周故宋绌杞"之说,还有"亲夏故虞绌唐""亲殷故夏绌虞"之说,都与改制中的"三王五帝"之说相合,讲的都是天命转移的问题。所以董仲舒的"亲周"就是《公羊传》"新周"的意思。

王"的观点,以《春秋》当"一统",并将其放到了不同层次的改制系统之中。

首先在"改制应天"层面,将《春秋》亦改正朔、易服色,而"通三统"。

> 《春秋》曰:"杞伯来朝。"王者之后称公,杞何以称伯?《春秋》上绌夏,下存周,以《春秋》当新王。《春秋》当新王者奈何?曰:王者之法,必正号,绌王谓之帝,封其后以小国,使奉祀之。下存二王之后以大国,使服其服,行其礼乐,称客而朝。……《春秋》作新王之事,变周之制,当正黑统。而殷、周为王者之后,绌夏改号禹谓之帝,录其后以小国,故曰绌夏存周,以《春秋》当新王。①

董仲舒认为《春秋》作为新的王者"当正黑统",是按照"三正"理论而"改正朔、易服色",同时将周、宋作为"二王后"封之为大国,通己为"三统";又将原来的"二王后"杞国绌为小国,成为"五帝",这些就是"受命应天"层面的改制。

其次,董仲舒认为《春秋》也有实质性的礼制改革,即《春秋》以质道救周的文弊。

> 礼之所重者在其志。志敬而节具,则君子予之知礼。志和而音雅,则君子予之知乐。志哀而居约,则君子予之知丧。故曰:非虚加之,重志之谓也。志为质,物为文。文著于质,质不居文,文安施质?质文两备,然后其礼成。文质偏行,不得有我尔之名。俱不能备而偏行之,宁有质而无文。虽弗予能礼,尚少善之,介葛庐来是也。有文无质,非直不子,乃少恶之,谓州公实来是也。然则《春秋》之序道也,先质而后文,右志而左物。"礼云礼云,玉帛云乎哉?"推而前之,亦宜曰:"朝云朝云,辞令云乎哉?""乐云乐云,钟鼓云乎哉?"引而后之,亦宜曰:"丧云丧云,衣服云乎哉?"是故孔子立新王之道,明其贵志以反和,见其好诚以灭伪。其有继周之弊,故若此也。②

"志"是内在的意向、感情,"节"是外在的仪节,两者分别对应礼制中的"质"和"文"。理想的礼制是文质的完美结合。孔子认为如果文质只能选择一种时,"宁有质而无文",以此来救周文之弊。

---

① 《春秋繁露义证》,第197—200页。
② 《春秋繁露义证》,第27—30页。

另一方面,董仲舒又将"《春秋》当新王"与"王鲁"联系起来。

> 故《春秋》应天作新王之事,时正黑统。王鲁,尚黑,绌夏,亲周,故宋。①

"王鲁"从字面上看,就是以鲁国为王者的意思。同时从"正黑统""绌夏亲周故宋"之文来看,董仲舒所理解的"王鲁"与"《春秋》当新王"是等同的。然而问题就来了,无论是"受命应天"还是"文质损益"层面的改制,都归属于王者。鲁国作为诸侯国,怎么能取代周天子作为王者呢? 这也就是在问:《春秋》仅仅是一本书,怎么能成为新的王者呢? 所以关于"王鲁"的解释对理解"《春秋》当新王"以及相应的改制,是相当重要的。董仲舒认为,"王鲁"仅仅是"托王于鲁",并非真的以鲁国为王者。

> 今《春秋》缘鲁以言王义,杀隐桓以为远祖,宗定哀以为考妣,至尊且高,至显且明。其基壤之所加,润泽之所被,条条无疆,前是常数,十年邻之,幽人近其墓而高明。大国齐、宋,离不言会。微国之君,卒葬之礼,录而辞繁。远夷之君,内而不外。当此之时,鲁无鄙疆,诸侯之伐哀者皆言我。邾娄庶其、鼻我,邾娄大夫。其于我无以亲,以近之故,乃得显明。隐、桓,亲《春秋》之先人也,益师卒而不日。于稷之会,言其成宋乱,以远外也。黄池之会,以两伯之辞,言不以为外,以近内也。②
>
> 孔子曰:"吾因行事,加吾王心焉。"假其位号以正人伦。③

所谓的"缘鲁以言王义",即借鲁国来表明王者之义、王心,鲁国仅仅是假托的王者,而非事实上的王者④。孔子所重在"王心"而非"行事"。我们认为,改制的"假

---

① 《春秋繁露义证》,第187—189页。
② 《春秋繁露义证》,第279—282页。
③ 《春秋繁露义证》,第163页。
④ 徐复观先生就误解了董仲舒"假托"王者的意思,徐先生以为:"仲舒之所谓'新王'……实是以孔子即是新王;孔子作《春秋》,即是孔子把新王之法,表现在他所作的《春秋》里面。"(《两汉思想史》,第222页。)又云:"'王鲁',是说孔子在《春秋》中赋予鲁国以王的地位。而鲁国之王,并不是鲁君而是孔子自己。"(《两汉思想史》,第223页。)徐先生也谈到了孔子将新王之法存于《春秋》之中,但是"《春秋》当新王"与"孔子自王"是不一样的。孔子有德无位,故不可自王,只能假托《春秋》言自己的王道理想,并假托鲁国为王者,自王不合法,立言是合法的。所以董仲舒明言"缘鲁以言王义"是假托的意思,并无孔子自王之说。

托义",也是由董仲舒首先发明的。康有为云:

> "缘鲁以言王义",孔子之意专明王者之义,不过缘托于鲁,以立文字。即如隐、桓,不过托为王者之远祖,定、哀为王者之考妣,齐、宋但为大国之譬,邾娄、滕、薛亦不过为小国先朝之影。所谓"其义则丘取之"也。自伪《左》出后,人乃以事说经,于是周、鲁、隐、桓、定、哀、邾、滕皆用考据求之,痴人说梦,转增疑惑,知有事不知有义,于是孔子之微言没而《春秋》不可通矣。尚赖有董子之说得以明之。①

康氏之说十分精辟,董仲舒所言的"缘鲁以言王义",所重并非是现实的鲁国,而是整个天下的王法,鲁国仅仅是借以表达王法而已。孔子之所以要"托王于鲁",因为改制是王者之事,孔子有德无位,若明显的作一改制之法,则当时周天子还在,有僭越之嫌②;而假借鲁国国史,则可以因行事而见王心,"因其国而容天下"③,这是圣人谦逊的体现。陈立《公羊义疏》云:"以《春秋》当新王,不能见之空言,故托之于鲁,所以见之行事也。所谓托新王受命于鲁也。托王于鲁,非以鲁为王,夫子以匹夫行褒贬之权,不可无以藉,故托鲁为王,以进退当世士大夫,正以载之空言不如行事之深切著明也。"④"王鲁"为假托,则"《春秋》当新王"也是假托,假托之王则为"素王"。董仲舒《对策》云:"孔子作《春秋》,先正王而系万事,见素王之文焉。"⑤"素"就是"空"的意思,假借之义是非常明显的。

既然"王鲁""《春秋》当新王"是假托,自然不会明显地与"时王"产生矛盾。董仲舒认为孔子之"托王于鲁"仅仅由文辞之异体现,不显改周天子之制。

---

① 《春秋董氏学》,第778页。
② 公羊学对于改制是很谨慎的,现实中唯有王者方能改制,孔子之"《春秋》当新王"虽然只是"改制之言",但是也要避事实上的改制之嫌。在公羊家看来,非但孔子如此,就连周公也是如此。文公十三年,世室屋坏。《公羊传》云:"周公用白牡,鲁公用骍犅。"何休云:"白牡,殷牲也。周公死有王礼,谦不敢与文、武同也。不以夏黑牡者,嫌改周之文当以夏,辟嫌也。"(详见《春秋公羊传注疏》,第302—303页。)按照"三正"理论,夏尚黑,殷尚白,周尚赤,继周而兴的王朝应该改制尚黑。周公虽然因为大功而可以使用"王礼",但是毕竟是臣子,故而有所限制:一方面要与周天子相区别,不能用赤牲;另一方面还要避改周制之嫌,不能用黑牲。可见对于现实层面的改制,圣人需要避嫌。
③ 《春秋繁露义证》,第142页。
④ 转引自《春秋公羊学讲疏》,第474页。
⑤ 《汉书补注》,第4035页。

> 诸侯来朝者得褒，邾娄仪父称字，滕、薛称侯，荆得人，介葛卢得名。内出言如，诸侯来曰朝，大夫来曰聘，王道之意也。①

朝聘指的是国与国之间的外交活动，诸侯称朝，大夫称聘。然而鲁国的外交活动则有不同的文辞，鲁君或者大夫出访他国不言"朝""聘"，而是书"如"；反之，他国则分别国君与大夫访问鲁国的情况，称"来朝"或"来聘"。按照礼制，诸侯拜见天子称"朝"，诸侯互相间的拜访也称为"朝"。"如"字的意思，《尔雅·释诂》云："如，往也。"仅表示到了某个地方去，远远没有"朝"来得庄重。《春秋》分别内外之辞，表明鲁国要高于其他诸侯国，以此体现"王鲁"之义，何休云："传言来者，解内外也。《春秋》王鲁，王者无朝诸侯之义，故内适外言如，外适内言朝聘，所以别外尊内也。"②

同时"王鲁"之义又体现在诸侯来朝能够得到褒奖，如邾娄仪父之前失爵，应当称"名"，因其先朝鲁国，故受到褒奖而称字。可见《春秋》是通过"内外之辞"，将鲁国区别于其他诸侯以明"王鲁"之义，鲁没有称王，周未降为"公"，处处表现出尊时王之义，周天子依旧"王者无敌"③。

【春秋经】（成公元年）秋，王师败绩于贸戎。

【公羊传】孰败之？盖晋败之。或曰贸戎败之。然则曷为不言晋败之？王者无敌，莫敢当也。④

周天子虽然微弱而被晋国打败，然而从礼制上讲，晋是臣，周是天子，两者不对等，晋没有与周天子开战的资格，以此体现尊时王之义。对于"王鲁"与尊时王的关系，徐彦云：

---

① 《春秋繁露义证》，第 116 页。
② 《春秋公羊传注疏》，第 64 页。
③ 这一点可以解除徐复观先生等人的质疑，徐先生以为："在《春秋》中既然是'王鲁'，则置周于何地？"（《两汉思想史》，第 223 页。）李新霖先生亦云："汉世公羊家王鲁之说，不仅非公羊传本意，亦与孔子'从周'之志不合，可勿辩矣。"（见《春秋公羊要义》，文津出版社，1989 年，第 56 页。）然而按照董仲舒的意思，王鲁本是假托，又仅仅由内外之辞体现，在《春秋》中周天子依旧是王者，王鲁与时王并不矛盾。
④ 《春秋公羊传注疏》，第 369 页。

> 《春秋》之义,托鲁为王,而使旧王无敌者,见任为王,宁可会夺?正可时时内鲁见义而已。①

所以"《春秋》当新王""王鲁"都是假托,孔子只是借此明王义,供后世王者取法。不仅仅是"《春秋》当新王",包括之前的"三正""文质再而复""商夏文质四而复""五帝""九皇"之说都是假托,并非历史的真相,不可以坐实看待。孔子改制以致太平,所针对的对象是后起的王者,在真正的王者没有起来之前,权且以《春秋》代替。同样的,董仲舒的改制理论,也不是为了解释历史事实,着眼点在于汉代具体的改制。

七、董仲舒的改制理论与"辟秦"

由上可知,董仲舒的改制理论到最后的关注点在于汉朝本身的"复古更化",之所以需要"复古更化",是因为汉承秦制,循而未改。虽然汉之"承秦"有其特定的历史背景②,然而汉代很多儒者却对秦朝进行了不遗余力的批评。贾谊云:

> 商君遗礼义,弃仁恩,并心于进取,行之二岁,秦俗日败。故秦人家富子壮则出分,家贫子壮则出赘。借父耰锄,虑有德色;母取箕帚,立而谇语。抱哺其子,与公并倨;妇姑不相说,则反唇而相稽。其慈子耆利,不同禽兽者亡几耳。然并心而赴时,犹曰蹶六国,兼天下。功成求得矣,终不知反廉愧之节,仁义之厚。信并兼之法,遂进取之业,天下大败;众掩寡,智欺愚,勇威怯,壮陵衰,其乱至矣。是以大贤起之,威震海内,德从天下。曩之为秦者,今转而为汉矣。然其遗风余俗,犹尚未改。③

董仲舒《对策》云:

---

① 《春秋公羊传注疏》,第369—370页。
② 根据陈苏镇先生的研究,汉之"承秦"包括据秦之地、用秦之人、承秦之制等几个方面。而刘邦之所以能够取得天下,所依仗的也是秦地、秦人,而用秦制则是政治上的一种策略,在取天下阶段不得不为。(详见陈苏镇《〈春秋〉与汉道——两汉政治与政治文化研究》,第一章第二节。)
③ 《汉书补注》,第3671页。

圣王之继乱世也,埽除其迹而悉去之,复修教化而崇起之。教化已明,习俗已成,子孙循之,行五六百岁尚未败也。至周之末世,大为亡道,以失天下。秦继其后,独不能改,又益甚之,重禁文学,不得挟书,弃捐礼谊而恶闻之,其心欲尽灭先王之道,而专为自恣苟简之治,故立为天子十四岁而国破亡矣。自古以来,未尝有以乱济乱,大败天下之民如秦者也。其遗毒余烈,至今未灭,使习俗薄恶,人民嚚顽,抵冒殊扞,孰烂如此之甚者也。①

在董仲舒看来,秦朝的做法是"尽灭先王之道,而专为自恣苟简之治",后果是使得风俗败坏。依照贾谊的说法,风俗的败坏集中体现在伦常的毁弃。"借父耰锄,虑有德色;母取箕帚,立而谇语,妇姑不相说,则反唇而相稽",则"尊尊""亲亲"之义尽失,"抱哺其子,与公并倨"则是男女无别,而"亲亲""尊尊""男女有别"是伦理的根基,不变的常道。汉承秦制,也继承了这些"遗毒余烈",汉朝要"复古更化",必须要彻底摒除秦朝的弊政,这种辟秦的思想也延伸到了董仲舒的改制思想中。

依照董仲舒的改制思想来看,秦朝的做法完全是"变道"而非改制,而且秦始皇所行的"改制"之事,也是不合法的。秦始皇之"改制",《史记·秦始皇本纪》云:

秦初并天下,令丞相、御史曰:"……寡人以眇眇之身,兴兵诛暴乱,赖宗庙之灵,六王咸伏其辜,天下大定。今名号不更,无以称成功,传后世。其议帝号。"丞相绾、御史大夫劫、廷尉斯等皆曰:"昔者五帝地方千里,其外侯服夷服诸侯或朝或否,天子不能制。今陛下兴义兵,诛残贼,平定天下,海内为郡县,法令由一统,自上古以来未尝有,五帝所不及。臣等谨与博士议曰:'古有天皇,有地皇,有泰皇,泰皇最贵。'臣等昧死上尊号,王为'泰皇'。命为'制',令为'诏',天子自称曰'朕'。"王曰:"去'泰',著'皇',采上古'帝'位号,号曰'皇帝'。他如议。"制曰:"可。"②

始皇推终始五德之传,以为周得火德,秦代周德,从所不胜。方今水德之始,改年始,朝贺皆自十月朔。衣服旄旌节旗皆上黑。数以六为纪,符、法冠皆六寸,而舆六尺,六尺为步,乘六马。更名河曰德水,以为水德之始。刚毅戾

---

① 《汉书补注》,第4028—4029页。
② 《史记》,中华书局,1982年,第235—236页。

深,事皆决于法,刻削毋仁恩和义,然后合五德之数。于是急法,久者不赦。①

秦始皇改制包括两个方面,一是以"五德终始"理论定秦为水德,并且以夏历的十月作为正月;一是定其称号为"皇帝"。这两项内容在董仲舒的改制系统中属于"三正三统"的内容。这两种做法都不符合规定。董仲舒认为改正朔必须在"三微之月",即夏历的十一月、十二月、一月之中有序的选择。而秦朝以夏历的十月作为正月,在"三微之月"之外,不合天道,没有正始的含义,故而是不合法的。在处理与前朝的关系上,新的朝代称"王",拥有整个天下;"二王后"亦称"王",而封为大国;之后则绌为"五帝",封为小国;再之后则为"九皇",封为附庸。从称号上讲,"皇""帝"要尊于"王",然而"皇""帝"是后人追加前代之号②,虽然尊贵,但是现实中的封国却越来越小,董仲舒所谓"远者号尊而地小"③,故有"绌"为"五帝","推"为"九皇"之说。秦始皇不称"王",而称"皇帝",名为尊崇,实为贬绌。而且"皇帝"之称表明功德史无前例,水德胜火德则是相克④,所以对前朝没有恭敬谦卑之义,对于天命延续与流转也没有敬畏,故而不合通三统之旨,这样的改制也是不合法的。如此则秦虽改制,不得为正统。段熙仲先生甚至认为,公羊学中的改制思想,实际上是针对秦朝的发愤之言。

《春秋》大一统,而又言通三统,书王正月,而又言三正,何也?儒生发愤于暴秦而屏之,不以当正统故耳。三统、三正俱以夏、商、周三代为正统,暴秦素在不足齿数之列。天统,地统,人统,为三统;子正,丑正,寅正,为三正。彼秦皇、李斯自以为功烈足以度越三皇五帝,而王又为七国所通称,是以有去"泰"著"皇",号曰"皇帝"之妄,儒生愤之而有三统之说。王者三而止,其上则绌而为五帝,更上则推而远之,曰九皇。曰"绌"、曰"推",俱有《春秋》家贬外之意流露其间。意若曰:秦人虽自矜大,其实非正称号也。故曰:"元年春王正月,正

---

① 《史记》,第237—238页。
② 苏舆云:"秦称皇帝,据此则皇帝连称,自古所无,美其德故为追尊,秦误用耳。"(见《春秋繁露义证》,第201页。)
③ 《春秋繁露义证》,第200页。
④ 秦始皇用的"五德终始说"与"三统说"最大的不同是对于前朝的态度,秦朝的五德说讲究相克,三统说强调的是天命的延续,并优待二王后。两者虽然都是历史循环论,都有所尚之色,但是精神实质是不一样的。

也。其余(天王、天子)皆通矣。"号曰皇帝,不足妄窃之以自娱,适为绌远之辞耳。有是哉,儒生之迂也。夏以十三月为正,商以十二月为正,周以十一月为正,彼秦人者又妄以十月为正,亦欲革尽前世之制也。儒生愤之,以三正纳于三统。立于天地之间者,人而已矣。是以有天、地、人之三统。秦以十月为正,则于此无说也。统之所以必三而复者此也。……秦始皇、李斯能焚儒生百家之书,而不能禁其不腹诽也。无如秦何矣,则屏之于统与德之外,儒生之迂也,儒生之发愤也。①

段先生此语,真为通人之论,董仲舒改制思想本为假托,注重的是承秦制之汉朝,故而改制思想也是有为之言。虽然如此,在托古改制背后,是董仲舒对于儒家最根本的价值与制度的坚持,以及对于政治、伦理、文化的"变""不变""如何变"的思索,这一点也被后世公羊家继承,并不断焕发光彩。

(作者单位:重庆大学)

---

① 《春秋公羊学讲疏》,第742—743页。

专题讨论

儒学与古代中国宗教

编者按：2017年6月18日，复旦大学上海儒学院召开"儒学与古代中国宗教"圆桌论坛，邀请了华东师范大学、上海交通大学、上海大学及复旦大学等十余位专家学者就相关问题展开讨论。本文即据这次会议的发言整理而成。

郭晓东（复旦大学）：

在谢老师的大力推动下，我们才有机会聚在一起开今天这个会。之所以要开这么一个小会，一则基于儒学和古代宗教之关系是一个非常重要的学术问题，二则谢遐龄老师最近对这一问题有一些新的想法与体会，想在这里与大家分享一下。因此，我想今天下午先由谢老师做一个主题报告，然后我们围绕这个问题展开讨论。

谢遐龄（复旦大学）：

非常感谢诸位来参加这个会议。没有想到旁边还有这么多的听众，我很感动。我觉得，当今中国社会最重要的一个需求，是精神的凝聚。就是说中华民族用什么精神来获得凝聚力？中华民族指的是全球的华人。作为一个华人，应该具备什么样的精神存在？它应该是我们每一个中国人共有的财富。我前不久参加过一个座谈会，讨论的题目就是"中华民族精神怎么表述"。这样就引出信仰问题。中国人、中华民族有没有信仰？这里一直有一个认识误区——很多人认为，大多数中国人没有信仰。这种说法能不能成立？我们大家都知道，中国人自古信天命。即使是现在，即使那些宣布自己没信仰的人，我看他们意识深处仍然留存着天命信仰。确实有很多上海人说自己没有信仰。往南方去，福建、广东就有所不同，说自己有信仰的人相当多。西部,比方说贵州,自认有信仰的人也相当多。北方的情况也好一点。上海附近的人觉得自己没有信仰的比重要高一些。但是,即使是上海人,到清明节还是要上坟烧纸,也就是说对祖宗还是崇拜的。进一步的问题是,中国人是不是仍然信天道？我的判断是,中国人对天道的信仰没有变化,只是某些方面由于被压抑而较为晦暗。也就是说,对天道的敬畏是全中华民族(包括56个民族)的普遍信仰。即使信佛、信耶稣的中国人,内底里也信天命。当然这个认识是不是正确还要做一个社会调查。有机会的话我想去申请一个比较大规模的课题,来做一个调研——中华民族对天道的信仰之存在状况。

在这里我要表示对范丽珠教授的感谢。她几次邀请我参加有关宗教文化的研讨,逼我进入这个领域,促使我关注和补足自己对中国认识的诸多欠缺。我对古代中国的宗教的兴趣,一是起因于对当代中国社会及其宗教的认识。我对当代中国社会的认识是这样的——中国社会是伦理社会。伦理社会常常被误解为只讲道德。那样理解过于浅薄。伦理社会,意思就是以人事关系主导社会关系的社会,是从社会结构性质立论。具体地讲,当代中国社会在结构上的基本特征,就是党组织和社会是一体的。当代中国社会经由党组织整合构成为一个整体。这是中国社会现代化的结果。从而中华文明的现代性迥异于西方基督教文明的现代性。

起因之二是关于儒教的讨论。儒家是不是宗教？要不要建成宗教？有些儒者认为儒家本来就是儒教,有些儒者要创建儒教,有些儒者认为儒家不应搞成宗教。儒家是不是宗教是一个现实性很强的问题。前不久,范丽珠教授让我为她主译的杨庆堃先生著《中国社会中的宗教》修订版写书评。我重读此书,对中国古代社会的宗教信仰,以及儒学在古代中国宗教中起的作用,有了深刻的理解,这样有助于解决我面临的许多理论困惑。所以,在这里,我把最近的部分认识稍微梳理了一下,提请在座的各位批评。

儒家(儒教)是不是宗教？从这个问题切入,就是对儒家在古代中国社会中承担什么样的功能,或者说在古代中国社会的结构中具有什么位置,做个清楚的探讨。这就涉及宗教概念。这里讲的宗教是一个外来词religion,对这个概念要有更加清晰的认识。

我最近在补宗教学课。读了一些资料,宗教学界对中国古代宗教的认识大体可以分成两类。现在讲述,就从大学教材入手吧,因为这是作者们自己认为比较成熟,敢于拿出来教学生,又得到官方批准的。其表述话语也是官方通过的。第一个是北京大学的一本教材，作者说多数当代中国人认为，中国信教人口比重不大。特别是这句话："中国历史上也没有出现过国家宗教。"这是问题的核心——中国历史上有没有国家宗教？作者的这种看法可以说是当今国家意识形态的观点。这种思路是以现在的话语描述的今日状况来倒推古代状况。在当代的唯物主义、无神论及西方的宗教概念影响下，当代中国人以为基督教、佛教、道教、伊斯兰教才是宗教，自己信仰的天理天命不是宗教。

另外一批学者认为古代中国社会的宗教应该被看待为国家宗教，称作宗法性的国家宗教。这本教材叫作《宗教学通论》，有许多高校采用。第一版由各个学者分别写作，表达各自的想法。其中《中国历史上的宗教》章由牟钟鉴撰写。第二版变动较大。第一版对我们今天的题目参考价值更大一些。其基本观点就是，从古代一直延续到清朝末年，中国社会都有宗法性国家宗教。这是关于古代中国是否有国家宗教的两种观点。

后面这种观点和一批西方宗教学学者的观点非常接近。有一个美国学者——米尔恰·伊利亚德，他的《宗教思想史》我觉得写得很好。这本书概述了西方众多学者研究的成果，也是我国一大批宗教研究者的灵感来源，我拣几条讲讲。这本书里面讲到殷商时代对天地和祖先的崇拜，特别讲到商王在宗教中的功能——王是唯一可以和天地祖先通话的人。

这个情况可以和古代的犹太民族做比较。《旧约》里面有一句话，耶和华对大卫说，将来你的后裔我也保，我就做他们的父亲，他们就做我的儿子。这与中国的帝王称作天子非常相似。所以那个时候把耶和华翻译成上帝，使用殷商时代的用词，是有点道理的。当然争议也很多。我看了一些资料，国外专家中不同意的也很多，觉得中国化了，易生歧义。翻译成上帝、天主，就是中国化。

但是，从比较的观点看，有人说，比较宗教学就是宗教学，或者说，宗教学就是比较宗教学；对天的信仰，古代各民族都很接近。后来的发展不一样了。我们有一个很好的参照——元朝。元朝的建立者当时是一个比较原始的民族——蒙古族，他们对天的崇拜比较起来，就和汉族的古代很接近——很少仪式，相当朴野，往往从马上一跃而下，扑到地上就磕头，大呼"腾格里"（现在译作长生天）求告。古籍说"夏尚忠"。忠就是质朴，应当就是蒙古人元朝初年的样子。元朝后来的祭天仪式复杂了些，是受了汉仪影响。蒙古人、女真人（包括后金，或者说清）、现在的朝鲜（韩国）人的萨满，相当于我们古代的巫师。

宗教是历史形成的。中华民族历史上没有出现主流宗教内部革新的创始者，却有孔子、董仲舒、康有为这样的围绕主流宗教的经典阐释者。犹太民族的宗教经历比较复杂：先是出了个摩西，在古来的主流宗教内部建立健全的制度；大卫时代也是王直接与耶和华对话；被掳到巴比伦时期由先知掌教，也还是主流宗教；直到出现耶稣，属于犹太教的造反派、反主流派，成为新宗教的创始者。耶稣创的基督教在犹太民族内部被排斥、镇压，往外族传才发展壮大，终于成为世界性的大宗教，在许多国家成为主流宗教。相比较，道教在中国被容纳存在到现在，但是没有成那么大的气候，始终未成为主流宗教。佛教也未成为主流宗教，组织上与道教一样松散。

耶稣创的基督教经过希腊正教、俄罗斯正教传到中国。前此，太平天国没有成功。太平天国也是基督教变种。太平天国之前有白莲教、祆教、明教。明教算是成功了还是失败了？朱元璋继承小明王旗帜，新建的朝代国号称明——据考证可能是以教命名，建国后却镇压明教。明教算成功了吗？朱元璋敢不祭天吗？中国历史直到马克思主义传入后，才算是外来意识形态取得政权，真正有了主导地位。那由此带来的和本土信仰的矛盾，是看作文化冲突还是宗教冲突？

宗教可以分成两大类，大部分学者都是这么分的：一类没有创教者，还有一类有创教者。中国的这个宗教一直延续到明清，或者叫自发宗教、自然宗教、原始宗教，总而言之就是古来一直有的。这个宗教是怎样起源的？对此有很多看法，有的认为是图腾，有的认为是灵魂，有的认为是巫术……宗教学界有很多争论，我们暂且不去管它，就是古来一直有的。要点是**没有明确的创教者**。

有创教者的宗教，汤因比称之为高级宗教，而像中国古代宗教那样的叫原始宗教（参见杨庆堃著《中国社会中的宗教》）。这有很多种叫法，这些学术问题我们现在不去讨论。像中国近现代的政权是有创始者的，而中国古代以来的这个宗教，人们都觉得自己是不信仰它的，自认为没有信仰，然而实际上深层和内在还是信仰天命、天道的。这个就是自然宗教，或者叫自发宗教、原始宗教。宗教就分高级宗教、原始宗教这么两大类。

这样看，佛教和道教属于有创教者的，儒家虽然占据了意识形态正统地位，但是不能算是宗教，因为找不到明确的创教者。要把孔子捧为教主，行吗？没有看到朝廷的祭天和祭祖大典——这是朝廷最重要的宗教活动，分配给儒家担当。虽然也需要儒生确定程序、撰写祭文、捧捧祭器、搬搬桌椅等等，但是祭祀不是儒家的事,是朝廷的事、皇帝的事。没人说祭天、祭祖是孔子的职责吧?那么,儒学算神学还是算什么?这里,要对董仲舒、康有为探讨一下,做个评价——董仲舒、康有为算是先知还是神学家?先知就是跟犹太教做比较而言的。犹太教有先知,他们看似有点儿像犹太先知。这算是比较宗教学的研究吧。

最近曾亦、郭晓东出了一本书《公羊学史》,一本很棒的书。前几天给了我,我来不及细看,粗粗地翻了一下,或许说得不准确。曾亦写的康有为那章,我觉得对康有为创教这一点写得不是很清楚。康有为受了西方思想的影响,是个空想社会主义者。《大同书》为中国人接受共产主义奠定了基础,实际上为共产党做了铺垫。康有为对共产党的贡献很大啊!他还根据西方的历史经验,根据耶稣创立基督教的历史事件,断言儒教是孔子创立的宗教,搞了个孔教会。这个算不算创教?或者孔子仅仅是一个儒教先知?

有一个说法说现代中国信仰缺失。我不赞同。信仰其实一直都在,只是晦暗了。所以,我们需要做的是使之澄明,或者说,唤醒信仰。中国人内心深处一直活着的信仰是天——用学术语言讲,就是天命、天道、天理、天帝等等。康有为讲大同,大同就是天道。这个历史观的较早表现是战国时期的邹衍,把改朝换代的历史用五行解释。也就是说,他认为朝代的更迭是有规律的,那规律就是五行的相克。这是一种历史循环论的观点。同时还有一种进化的历史观,就是后来康有为讲的小康到大同的演变规律,是公羊学的思想。这两种历史演变的观点是完全不同的,但二者有一个共同点:都认为天道体现于历史。换句话说,历史规律与天道是一致的,历史规律就是天道。那么,共产主义信仰是什么呢?共产主义信仰就是坚信资本主义必然灭亡,共产主义必然胜利——这是历史的必然。简要地说,共产主义信仰内核是历史必然性。正是有天道信仰作为基础,才便于确立共产主义信仰。换句话说,应把共产主义当作天道理解、接受。用公式表示就是,天道—历史必然性—共产主义。

有个要点必须在这里提一下,毕竟基督教文明与中华文明根本上不同。我要讲的就是真理这个思想。真理是西方思想,源自古希腊柏拉图的理念论。真理就是真之理念。经过亚里士多德的发展,把形式、质料抽象化,进而割裂、对立,明明是思想物、概念,被搞成独立存在的存在体;把真理看作纯粹形式,与神关联在一起。古希腊的真理观念与犹太教嫉邪的神的观念相结合,形成基督徒-异教徒二元对立的思维模型,用以为人群归类。这是宗教模型。经唯物主义的颠倒后,成为无产阶级-资产阶级或者人民-敌人的社会模型。真理与自然科学、数学、数理逻辑中的真值不是一回事。自然科学、数学、数理逻辑不用真理概念,只用真值概念。中国传统思想有天理没真理。天理是真,不是真理。

现在讲马克思主义中国化。那么,马克思主义中国化应当怎么解释?一说是传统的表述,就是说,马列主义普遍真理与中国革命的实际相结合,即马列主义是普适的、普世的,到中国只要寻求具体落实的方法就行了。这表述的意思是,坚持马克思列宁主义道统。现在讲马克思主义中国化,提法变更,意义必定有所更新、有所不同。马克思主义需要中国化,意思就是那个不那么普适。意思就是,道统要中国化。这个道统问题也是一个宗教问题。道统问题是文化问题,还是宗教问题?其实既是文化问题,也是宗教问题、信仰问题。

总的说来,如果古代中国的宗教是什么样的搞清楚了,如果同意一些西方学者和相当一部分中国宗教学学者的看法(有一本书,写的是20世纪30年代安徽安庆地区宗教的实证研究),即认为一直到明清甚至民国初期,中国社会还都是这个宗教、这个信仰主导,如果我们取得共识,这就在一定方面、一定程度上达到了中华文明自觉,对中华民族未来的道路会有个清楚明确的预见,对中华民族精神应当凝聚在什么方向也会有个恰当的判断。我认为这是一个重要的问题。我就先讲这么多,谢谢大家!

郭晓东:

谢谢谢老师精彩的主题发言。下面我们可以围绕谢老师的发言来展开讨论,也可以根据我们会议的主题来讲大家自己对儒学与古代中国宗教问题的体会,我们可以讨论儒教或者古代中国宗教的问题,也可以讨论儒学和天道、鬼神、信仰等问题。

陈纳(复旦大学):

非常感谢谢老师做这样一个演讲,儒学与古代宗教的关系,这确实是一个很重要的问题。我作为一个外行,这几年来也在考虑这个问题,所以上次去参加社科院宗教所召开的研讨会,就讲了关于儒家为什么不是宗教的问题。实际上,这里面有很多原因,第一个就是刚刚谢老师说的,我们传统上本来就没有现代汉语中所谓"宗教"这个概念。今天所用的"宗教"概念是19世纪后期从西方引进的。关键是,对这个概念进行定义的基础是什么？西方"宗教"的概念，是以基督宗教为最根本出发点的，基督教（或者说，亚伯拉罕宗教）被认为是"正宗的"宗教，其他宗教则要根据与基督教相似的程度在"正宗性"上打折扣。当这样的概念输入到中国，把中国的现实纳到那个框架里面去进行认识和解释的时候，就会出现问题。"释"和"道"被认可为宗教，是打了折扣的。而"儒"则被排除在宗教之外。在这一套框架背后，实质上就是所谓的"东方主义"。东方主义的重要特点就是，当西方帝国主义、殖民主义向全世界铺开去的时候，他们看待世界、定义概念、做出结论的出发点都是以欧洲中心主义、基督教中心主义为基础的，由此形成的话语体系（包括所谓"宗教"概念的话语）往往是对殖民地的民族和文化的强暴。这是第一点。

第二点，我们要打破东方主义的话语，那么，又应该如何认识或理解宗教问题呢？从哲学意义上、从逻辑意义上设问，请问在基督教以前有宗教吗？有，有犹太教，基督教本身就是犹太教里面的一个分支，一个叛逆性的弱小分支，被犹太教否定、摒弃，后来才渐渐发展壮大的。那么，在犹太教以前有宗教吗？当然有。非但在犹太教以前有，而且在犹太教产生和发展的同时就有许多不同的宗教；不但西亚和地中海地区有许多宗教，世界其他地方也有许多不同的宗教。所以，从逻辑上推导，看不出"宗教"要以"基督教"为标准的依据。如果要追寻其中的原因，就是话语权的问题。这种命名和定义的话语权在很大程度上是当时西方经济力量、科技力量、军事力量和政治力量的延伸，也是西方中心主义的表现。

要真正认识或理解宗教的本质，必须跳出西方中心主义。法国社会学家涂尔干的著作《宗教生活的基本形式》就试图从"原始"部落的宗教生活来认识宗教的本质。他引用了大量19世纪后期到20世纪初人类学研究的第一手资料，这些人类学家到相对原始的社会文化群体当中去进行长期的研究。人类社会文化，尤其是古代社会文化，是不可能离开宗教的。要探究宗教的本质必须要追溯到宗教的发生和起源，现在没有办法回到远古去，而人类学家直接到这些当时还存在的原始部落族群中去，对他们的社会生活进行观察，为涂尔干的研究提供了大量的第一手资料。这些资料主要是来自澳大利亚的田野研究。当然，我们更熟悉的是恩格斯写《家庭、私有制和国家的起源》所参考的《古代社会》，那是摩尔根在北美做的田野研究。

根据涂尔干基于大量田野资料所做的研究，宗教是从人类远古部落社会开始就生发出来的普遍现象。在这个意义上，孔儒传统就是一个信仰体系、一个宗教传统。在这个意义上，犹太教和基督教都只是人类社会中普遍存在的信仰系统中的具体案例,或者说,是人类总的宗教中的分支。现在我们所面临的问题是,由于历史上西方人掌控话语权的原因,把某一个可以说是特例的宗教分支,即基督教,设定为宗教的"标准",作为宗教定义的出发点,然后再把这个定义推向世界各地去,其结果就是谢老师提出来的问题,中国古代是不是有宗教?儒家是不是宗教?

一百多年前,处于极端弱势的中国,接受了西方关于宗教定义的话语,由此带来了一系列社会文化问题,这里不予详论。需要指出的是,在20世纪,尤其是第二次世界大战以后,全世界有一个大范围的去殖民化的运动,包括对历史话语的拨乱反正,而西方国家也在试图跳出西方中心主义(尽管做得还很不够)。今天,在整个西方学界,关于宗教的定义已经相当开明、宽松,可以说正在走出基督教中心主义。然而,在中国,关于宗教的认识和定义仍然停留在19世纪西方话语体系中,仍然死抱着当年西方强加于我们的、如今在西方已经遭到批判和摈弃的西方主义的话语体系。这既有讽刺意义,又有悲剧色彩。这是我们今天聚集在此讨论儒学与宗教问题的大背景之一。

就宗教的定义来说,我们应该拓宽视野,在更广阔的视野下认识宗教的本质,然后再聚焦我们中国的情况。我很想更多听取各位的高见,我就讲这些。

余治平(上海交通大学):

很高兴再次聆听谢老师的想法,您的观点在去年这个时候召开的贵阳孔学堂会议上也表达过一些,可能是有一定连续性的。今天以宗教性问题的方式再次展开讨论,依然让我受到很多启发,您谈到关于董仲舒是先知还是神学家的问题,康有为的《大同书》实际上为后来的共产党做了精神铺垫,以及,真理的概念来源于西方基督教,中国有天理而没有真理,都很有创新意味。至于最后您把观点都纳入"中华民族的精神凝聚"这个视角予以审视,确确实实触动了当下中国的一个大问题。我们有时候很纳闷,一个老人在过马路时跌倒了要不要扶都要展开一番讨论,还谈得上什么"民族凝聚力"呢!

我这里就结合董仲舒研究中的一个很微观的问题,"求雨"和"止雨",谈谈儒学是如何"神道设教"的。大家知道,过去很长一段时间内,董仲舒是被当成"神学唯心主义"来批判的。侯外庐在1957年出版的《中国思想通史》里直接把董仲舒的哲学划入"宗教化的唯心主义体系",把董仲舒说成是"中国的奥古斯丁",这当然是贬义的,因为那个时候需要董仲舒这么一个"反面教材"嘛。"文革"过后,三十多年来学者又多从认识论、政治哲学、历史哲学或春秋公羊学的角度来诠释董仲舒,其宗教学的层面、信念信仰的层面则关注得很少。17年前,我在复旦做博士论文就是从天道信念的视角切入的,试图挖掘一下董仲舒是如何归宗于儒家而又援引阴阳五行的学术资源来为中国人建构出一套指向天的终极信仰的。最近我读董仲舒的传世文献《春秋繁露》,这里面有《求雨》篇和《止雨》篇,很有意思。天久旱了,怎么去求雨,怎么去祭天,人们应该怎么行动才能让老天爷下下雨来。反之,雨下太多了也不好——上海梅雨季节马上就来了,绵延不断地下很烦人——又怎么去止雨呢,董仲舒是自有一套方法的。

《春秋繁露》第七十六篇《祭义》里说,"尊天,美义也;敬宗庙,大礼也。圣人之所谨也"。对天、宗庙的祭奉,构成儒家之礼的重要内容。《郊祭》篇说,"天子不可不祭天",岁之首、征伐前,天子必郊祭,"行子礼","行子道",不敢有丝毫懈怠。《祭义》曰:"宗庙上四时之所成,受赐而荐之宗庙,敬之至也,于祭之而宜矣。"作为国家层面的宗庙之祭,一年四季春夏秋冬,每个季节都要举行一次。董仲舒以为,上天在一年当中,随着四时的变化产生不同的果实来养育人类,这是上天对人类最大的恩德和赐予,我们人类就应该非常真诚地拿出最好的物产来祭祀上天,即所谓"宗庙之祭,物之厚无上也"。至于拿什么物产来祭,盛放在什么礼器之中,都有一系列的讲究。董仲舒说:"春上豆实,夏上尊实,秋上机实,冬上敦实。"这些食物分别可以代表"春之所始生""夏之所初受""秋之所先成""冬之所毕熟"。四时有收获,四祭成大礼,就是对"天赐"的最高敬重。"奉四时所受于天者而上之,为上祭,贵天赐,且尊宗庙也。"而天子在祭天的时候是要亲自去的,"君子之祭也,躬亲之",并且还必须"致其中心之诚,尽敬洁之道,以接至尊,故鬼享之。享之如此,乃可谓之能祭",祭祀不能走过场,并不是仅有一种"仪式感"就可以应付了事的,最起码的一条要求就是必须做到内心至诚,态度恭敬,行为端庄严肃,郑重其事,马虎不得。至于供奉的祭品,未必丰盛,但一定不能不干净,"不欲多而欲洁清,不贪数而欲恭敬"。董仲舒又说:"君子未尝不食新,天赐新至,必先荐之,乃敢食之,尊天敬宗庙之心也。"祭祀要真诚到什么程度呢,每个季节打下的粮食果物,第一口,人一定是不能吃的,留着祭天。这种"不食新""先荐之"的祭礼要求可能一直延伸到了民间,也保持到今天。我的老家在江苏淮安,小时候我们每年除夕前夜都要蒸馒头,第一笼一定是不吃的,端到堂屋的柜上去,点烛香,磕头跪拜,尽管墙上供的不是1949年前的"天地国亲师"牌位,而是毛主席像,显得很滑稽。那时候我们小孩子也不懂,就看着老爸做这么一连串举动。现在回想起来,这恐怕就是民间信仰吧,大概是要感谢上天保佑这一年有收成,没闹饥荒。我就记得,我们小孩子再饿,嘴再馋,也不能吃第一笼馒头,否则是要遭天谴的。这种民间信仰跟商周原始儒家、秦汉新儒家的天道信念、神道设教之间的意义关联,其实还是挺值得做深入研究的。

《求雨》篇中,求雨也是分季节的,一年四季,各有不同。春天求雨,夏天求雨,秋天求雨,冬天求雨,都有自己的一套方法。春旱的时候求雨,一定要选在水日——按照五行,每一天都有自己的属性。水日这个时候要祈祷社稷山川,每户人家都要祭祀户神,这个时点绝不允许砍伐树木森林。然后,女巫师要暴晒于阳光之下,甚至把上衣脱光。还要把"尪"这样脊椎残疾、仰面朝天的人聚集在一起。然后,在东门筑一个祭坛,注意一定不是在南门,也不是西门,更不是北门,因为这里面有五行位次方面的对应要求,不可紊乱。这个祭坛八尺见方,《月令》讲"春之数八",要悬挂八条青色的旗幡。供奉、祭祀的神是神话传说里面的共工氏,《左传》昭公十七年,"共工氏以水纪,故为水师而水名"。祭品中,有作为水中之物的生鱼八条,新酿制的水酒,以及陈年的老酒,还有猪脯干肉。选择发音清晰、能言善辩、口齿伶俐的女巫致祷告辞。女巫在做法事之前,必须斋戒三日,穿青色的衣服,首先拜两拜共工氏,接着便陈述祝词,完毕后再拜两拜共工氏,然后才站起身来。祝祷的文辞是这样的:上天生长五谷以养育人民,可眼下五谷因旱而病,恐怕不能结实,没了收成。他们恭敬地向您进奉上清酒、干肉,一再跪拜,请求赐雨,希望您能够降下及时的大雨。现在就向您供奉牺牲,祈祷于您。求雨仪式选择在甲、乙两日,专门扎一条大青龙,长八丈,放在祭坛的中央;做七条小龙,每条四丈长,放在东方位置上,它们都要面向东方,每条龙之间相隔八尺远。安排八个小孩童,提前斋戒三日,穿着青色的衣服跳舞蹈。作为乡官的啬夫,也要提前斋戒三日,穿着青色的衣服保持站立的状态。还要开沟凿渠,使社庙与居民区之外的水沟相交通。捉来五只蛤蟆,放在社庙之内。挖出一个长、宽各八尺,深一尺的水池,放入水和蛤蟆。准备好清酒、干肉,巫师预先斋戒三天,穿着青色的衣服,仍然像上次那样跪拜、陈述祷告辞。找来已经长了三年的公鸡和三岁大的公猪,把它们放在四面开通的神庙里焚烤。命令城中百姓及时关闭邑里的南门,并在门外放置一些水,以供接引天雨;打开邑里的北门,准备一只老公猪,将它摆在北门之外。街市里面也要摆一头公猪,一听到鼓声,全城就一起焚烧公猪的尾巴。再去找点死人的骨头埋在土里。开挖出一些山涧溪水,堆集木柴烧开它。疏浚道路、桥梁的堵塞点,使不流动的水沟变得通畅。这时,如果幸运得雨,就得用一头小猪、酒、盐、黍来酬谢共工氏才好。祭品应该放在用白营之类茅草做成的席子上,不能折断。

至于夏天求雨、季夏求雨、秋天求雨、冬天求雨,又各有另外的一套仪轨方法,祭祀的神灵对象、祭品花样、神坛方位、祝词等又都不尽相同。但总体来说,求雨最基本的原则是,闭阳而开阴。《汉书》说,"求雨闭诸阳,纵诸阴",男人要躲藏起来,不要到大街上抛头露面,夫妇尽量同房,过好性生活,"凡求雨之大体,丈夫欲藏匿,女子欲和而乐"。而止雨的过程则正好相反,在《止雨》篇中,董仲舒要求,开阳而闭阴,女人应该藏匿在家里不得出门,男人则可以出来晃悠。"止雨之礼,废阴起阳",所以"女子不得至市"。董仲舒求雨、止雨活动在汉初是经过实践检验的,"行一国之内,未尝不得所欲"。《史记》《汉书》里都记载了董仲舒在任江都相期间求雨、止雨活动的现实效果,董仲舒也因此引起了朝廷的关注和政敌的嫉妒。《隋书·经籍志》里说,梁朝竟然有人虚构出一幅《董仲舒请祷图》,其中描绘出了祭祀礼仪的许多繁文缛节。

《求雨》《止雨》篇里的一些内容,我们今天已经读不懂了,其中的祭祀对象、神灵方位、祭品种类、供奉次序、仪轨礼式等,为什么是这样的,而不是那样的,早已没有人能够告诉我们具体的原理和根据。如果从认识论、现代科学的维度看这些东西,几乎没有任何价值,但是如果我们把这些东西还原到汉初时代的生活场景当中去,就会发现,它们在当时无疑是最先进的,至少可以被今天的我们作同情的理解,它们都与当时人们的生活信仰或人生信念密切相关。

实际上,董仲舒的天道信仰和神道信念是有源头的,如果我们从宗教学、宗教文化学、宗教社会学、人类学的角度予以追溯,则可以在《周易》经传里找到些许线索。《周易》六十四卦的许多卦辞、爻辞都与祭祀有直接的关联。儒家之所以经常被人们解读成一种具有宗教性的学派,早在《周易》里就已经埋下文化基因了。《系辞上》说:"蓍之德圆而神。"蓍草占卜,变化多端,并不能预先知道结果是阴是阳,爻效天下之动,其性不定,所以便呈现出不可捉摸、不可把握的神妙特性。"天数五,地数五,五位相得而各有合。天数二十五,地数三十,凡天地之数五十有五。此所以成变化而行鬼神也。"天数一、三、五、七、九,地数二、四、六、八、十,相加、叠合之后而得天地之数,其变化气象则产生八卦,可通达神鬼之境界。《系辞上》曰:"阴阳不测之谓神。"蓍占多变,爻性莫测,阴可易阳,阳可易阴;《系辞下》也讲,"阴阳合德而刚柔有体,以体天地之撰,以通神明之德",阴阳合而有卦,刚柔体而六爻生,乾坤辟阖,体用一致,而通达天道变化不已之妙处,这才叫"神",它所描绘的是著占过程中阴阳变化多端,乃至人类根本无法完全把捉的状态与境界,而显然不是一种人格化、万能化、具有主宰万物功能的上帝。

在《周易》一书中,《观》卦是专门谈"神道设教"问题的一卦。卦体结构为《坤》下《巽》上,两阳爻在上,四阴爻居下。君王施教,自上示下,让臣民观仰,并心悦诚服地接受感化。其卦辞曰:"观,盥而不荐,有孚颙若。"盥、荐是祖庙祭祀的两个步骤,祭祀开始前,巫师或主祭必须盥洗双手,心意敬诚专一,态度恭端严肃。王弼注曰:"王道之可观者,莫盛乎宗庙。宗庙之可观者,莫盛于盥也。至荐简略,不足复观,故观盥而不观荐也。孔子曰:'禘自既灌而往者,吾不欲观之矣。'尽夫观盛,则'下观而化'矣。故观至盥则'有孚颙若'也。"

观卦《彖》辞曰:"大观在上,顺而巽,中正以观天下。'观,盥而不荐,有孚颙若',下观而化也。观天之神道,而四时不忒。圣人以神道设教,而天下服矣。"九五中正,有顺巽之德,可为天下仪表,足以让天下人观仰。天之道,不言不语,四时有序而不差忒,所以谓之"神"。人之道效法于天之道,不言而信,不动而敬,能够在不知不觉中接受礼乐教化的熏陶。虞翻注曰:"圣人谓乾,退藏于密而齐于巽,以神明其德教。故圣人设教,坤民顺从,而天下服矣。"显然,儒家的德教化育滥觞于"圣人"率先对天道的感悟与体认,属于有意而为之,但却能够最大限度取法于天道自然,所追求和注重的是润物无声、潜移默化。这样,我们也就可以理解北宋程颐为什么说这句话了:"至神之道,莫可名言,惟圣人默契,体其妙用,设为政教,故天下之人涵泳其德而不知其功,鼓舞其化而莫测其用,自然仰观而戴服。"《周易》中的神,更多地指凡人对天道变化莫测之特性、於穆不已之功用、见首不见尾之行迹的赞叹与折服,天之德化已经完全超出了人类自身的力量所及与想象范围。

最后,我要谈的一点就是,儒家从春秋到秦汉,再到唐宋、明清,这个过程显然是很漫长的,但其一统天下的效果始终是有限的。从建元元年,武帝采纳董仲舒建议"抑黜百家,勿使并进"而"独尊儒学",到汉章帝"白虎观会议",悠悠一百四十多年间,儒家才完成官方主导意识形态的正式确立。但儒家并没能一统天下,依然是百花齐放,各说各话,武帝之后,儒学更没有取得独尊地位,从被《汉志》所载录的文献典籍看,依然是各家并存,相安无事。唐代之后,佛教西来,儒家几乎就没有获得过"国教化"的机会。宋明之后,国家权力下沉,家族势力在社会治理结构中突起,儒家尽管可以渗透到宗法教化的每一个毛孔,但也没有达到"国教化"的程度。这样的历史,很值得我们认真反思,因为它会非常真实地构成我们今天谈论"儒家国教化"问题的国情基础与文化前提。在我看来,儒家要成为中国的"国家宗教",必须面对这两大最棘手的困难:

第一个困难是,如何接续中国固有的人文传统。中国有两个重要的人文传统,第一个是史官文化传统。自《尚书》以来所形成的史官文化在中国可以说是高度发达,十分强悍,历史叙事久盛不衰。孔子晚年编纂《春秋》的时候,并没有像老子那样自己埋头写一本五千字的书传之后世,而是通过臧否、褒贬春秋242年的"行事"来表达王道正义与天理法则,这就足以说明哲学叙事、形而上学在中国走不远。后世佛教主张"万法唯识",抽象玄奥的唯识学与可以"不立文字"的禅宗在中华大地上较量、博弈所导致的不同结果,也是可以说明问题的。而另一个重要的人文传统就是跟我们今天的主题密切相关的——非宗教化的传统。当然,这里的宗教是religion意义上的,而没有我们中国传统"宗法教化"的含义。特地要提醒大家注意的一点是,孔子在《论语·述而》里面说"子不语:怪、力、乱、神"。这句话对中国历史、中国人文传统的影响千万不可小觑。唐代有"三武一宗"灭佛的事件,现在多数人都以为那是意识形态争夺,或者是庙里和尚把耕地都占了而导致国家财政困难的经济方面原因,其实也不尽然。以汉民族为主体的中国人,始终没有建立起一神崇拜的心理意识。天是中国人信仰世界里的终极理念,天在中国人群当中是最大公约数,所有的老百姓都可以接受,都可以认同,孔子说,"唯天为大","获罪于天无所祷也"。中国人的信仰世界很复杂,观音菩萨、玉皇大帝、祖先崇拜、耶稣基督都可以交织在一起,谁都不服谁,但又都相安无事。这又并不是因为中国人宽容大度,而是因为中国人在思想本质上是"无执"的,习惯于实用理性,长期缺乏一颗专一、敬诚、忠实的心灵,对什么都没有什么执念,面对什么也都能够将就。这是儒学要想成为"国家宗教"所必须加以克服和解决的首要障碍。

第二个困难则是,如果把儒学定位、定格为一种religion意义上的宗教并且将之提升为一种"国家宗教",除了存在着它自身是否真的符合宗教之为宗教的标准这个问题之外,还有一个更大的问题就是,它如何兼容一国之内的其他宗教?儒家作为一种文化,哪怕是作为一种意识形态,各族人民都可以接受;但儒家要是作为一种带有强制和威权色彩的国家宗教,许多人就不愿意接受了。仁义礼智信,作为儒家文化的核心价值,可以被中国各民族所认同,历经两三千年的磨合,已经融化得差不多了。汉满蒙回藏,苗彝瑶傣壮,这十大重要民族中,除了汉族,其他民族几乎都有自己的特殊信仰，这便意味着国家不可能对他们实行儒教化的治理和管理。儒教在汉族人群里都建不起来、立不起来，康有为当年"保圣教之不失"的呼吁及其失败就已经做了最好的注脚。而如果强行要求非汉族的中国人接受儒家那一套信仰体系和仪轨制度的洗礼，则等于制造宗教矛盾和民族矛盾。"中国"这个概念的蕴涵历来都主要指涉文化中国，而不是政治中国、宗教中国，更不是民族中国。孔子著《春秋》的时候，无疑是以文化认同来整合人心、凝聚社会和动员全民的，诸夏中国与夷狄蛮戎的区别只在礼乐教化，而非地缘、种族、政治。目前中国许多人对儒家的态度是这样的，文化上我可以吸收你的，但你要是作为宗教，那就值得考虑了，甚至可以干脆拒绝。儒教要想成为一种"国家宗教"，得首先把这个死结扯开来、拉平了才行。我就说这些，不当之处，请大家批评，谢谢大家！

范丽珠（复旦大学）：

谢谢谢老师。我们今天谈的这个问题，还是离不开定义的问题，就是关于儒学和中国古代宗教，其实没有"宗教"这个定义儒学存在了几千年没有问题，现在出现了问题，就在于一百多年来儒学和西方文明碰撞以后，对自己文化传统的质疑很多时候是来自我们自己。

关于儒学和宗教，我翻译的杨庆堃的《中国社会中的宗教》一书中反映出，杨先生自己很困惑，他列举中国近代以来一些非常有名的学者或者哲学家，包括梁启超、胡适等等，基本上是否认中国有宗教的。当然像梁漱溟先生他说中国没有宗教有伦理，钱穆先生在一篇文章中说他小的时候在大树下听老人讲鬼神故事，但是鬼神信仰他没有放到宗教范围之内。这种观点给我们研究中国宗教，特别是从社会学的角度研究宗教带来很多的困惑。杨庆堃对中国的宗教研究有很大的贡献，他把宗教分成两种不同形式的宗教，一种形式就是制度性宗教，一种形式是弥漫性宗教。基督教和其他亚伯拉罕宗教有着制度性宗教的典型特征，他也把中国的佛教、道教放在制度性宗教类型中，还有白莲教、八卦教教派性组织都被视为制度性宗教；所谓弥漫性宗教，就是宗教的存在是渗透于人们生活的形态里面。杨庆堃先生提到当佛教进入中国以后给中国带来一个新的宗教形式，就是自愿主义宗教，因为佛教进入中国以前，作为国家、社区或社会团体的成员，每个人毫无疑问是各种祭祀仪式和宗教生活天然的信徒，别无选择。佛教进入中国以后带来的自愿性宗教是基于个人选择的信仰，皈依了佛教也就意味着脱离了尘世的羁绊。佛教这样的自愿性宗教对中国社会的影响力是显而易见的,关键是其信仰与实践的方式挑战了儒家价值。这种自愿主义的形式,道教后来也模仿了,于是就是有了宗教皈依的形式。

当然在中国佛教和道教的皈依,如果相对于基督教的高度组织性来说不是那么的彻底,比如我们访问的那些修佛的人,说自己是拜佛但是没有皈依,这算不算佛教徒呢?这就要求我们还是回到如何定义宗教的问题。杨庆堃先生说关于儒学是不是宗教的问题他不能回答,但是他认为儒学具有宗教的特质。

刚刚余老师提到孔子,很多学者在如何认识儒学的宗教特质时候有着迥异的看法。近年来,社会宗教学里面大家比较公认对宗教的定义,基本上是指一个象征系统,为人们提供关于宇宙、死亡和人的命运的解释和如何理解的方式。从这个角度讲,会对儒学的宗教性有更清楚的认识。杨庆堃指出在中国社会"儒学的确发展成了一个带有终极道德意义的体系"。

如果从宗教社会学角度来看,我认为儒家传统从孔子开始到后来的荀子,都非常关注社会政治秩序和道德教化,源于商周时期的祭祀与祖先崇拜不仅被孔孟及其后历代儒家学者融入儒家的礼制之中,并强调祭祀的道德含义以及社会功能,最终达到规范社会行为的目的。

20世纪以来,非宗教是一个现代化的趋势。所以中国的很多知识分子会从中国没有宗教的角度来找到一种文化自信。刚刚我们提到关于宗教定义问题,至今仍然是个棘手的事情。我自己从事宗教社会学研究已经有二十几年了,越来越认识到要从不同角度讨论宗教问题。我们两个星期前刚刚从以色列回来,希望大家有机会去以色列走走看看,大家可能从文字介绍上面认识了那个地方,但是你到了那块土地上你会发现,那个地方产生出来的文化一定跟中国不一样,因为那个地方自然条件实在太不好了,没有水、没有土,但是那个地方产生了世界几大宗教。上个星期我主持了一位来自以色列反恐中心学者的演讲,他的题目是政治伊斯兰,当时他说了一句话令人印象特别深,他说你到过以色列就知道自然环境很严酷,所以那个地方产生的宗教特质非常"硬",我们联想中华文明从黄河流域出来,尽管现在中国的中原地区生态受到了人为破坏,但至少我们有黄河、土地,可以春种秋收,几千年前人们就筑起长城来阻挡北方游牧对农耕生活的侵袭骚扰。下面我还是想回到谢老师讲的中华民族的凝聚力,我们为什么会对民族凝聚力产生疑惑?这是在过去一百多年在西方势力冲击之下中国传统社会开始了一个长期而全面的解体过程的结果,大量来自西方启蒙运动形成的观念和思想冲击了中国传统的文化和宗教。一方面中国人放弃了自身话语权,另一方面参与建构了以西方价值主导的新的话语体系,这无形中带给我们很多的裹脚布束缚我们,令我们对自己的民族文化的自信产生动摇。

在当代中国发生了很大的变化,而这种变化就使得中国宗教生态问题获得了前所未有的关注。所谓宗教生态就是说,在我们社会生活的环境里面,由于某些宗教发展扩张得太迅猛,已经打破了平衡。地方社会赖以维系的民间信仰衰落以及儒家/教文化的结构性瓦解同时,出现了基督教飞速增长的情况。而最早提出这个宗教生态问题的,是一位香港的基督教学者梁家麟。梁家麟在《改革开放以来的中国农村教会》一书中指出:"民间宗教在农村遭到全面取缔后,妨碍民众接受基督教的社会和心理因素均告去除,于是农民便将宗教感情转而投向基督教,基督教成了原有宗教的替代品。"中国宗教生态问题研究的学者发现,如果某个村子里民众仍保持祭祀祖宗的,过春节贴的春联和不祭祖宗的是不一样的。今年春节以后我们到河南的某地方考察,有个村子20世纪80年代的时候只有三个人信基督教,现在村子里有大约800人信基督教。非常明显,基督教徒的情绪很高,因为他们觉得得到了真正的真理。当地正月十八是上坟祭祖的日子,外面打工的人都回来。我们参加了一个家族的上坟活动,这个家族中的基督徒也有拜祖先的,在仪式中基督徒不跪拜、不摆供、不烧香烛,所以很明显地分出来,拜祖先的族人三拜九叩行礼如仪,而信教的族人就站着鞠躬。教会的负责人告诉我们,村里人接受基督教信仰受洗以后第一件事儿就是先把祖宗牌位去掉。民众在基督教和儒家之间隔着一个祖先崇拜。北大的一位学者提出一个耐人寻味的问题:"基督教为什么常常被其他宗教'单挑'?"而这就恰恰说明基督教与中国传统宗教文化之间的互动,是理解目前中国宗教生态重要的指标性因素。事实是再明显不过了,儒学/教是中国文化命脉所系,中国一切的变化首先要触及儒学/教存在状况,基督教的发展与世界性扩张得益于殖民主义时代,反映在中国就是过去一百多年的政治、文化与社会变迁的样板是经过宗教改革的西方体系,而西方的话语是伴随着船坚炮利的帝国主义和基督教传教士隐而不显的文化殖民主义一并进入到中国的。所有这一切都使得认识中国宗教的处境与生态,无法避开儒学/教与基督教,既有具体的事件的互动,又有普遍性的话语与观念上的相关性。

如果说我们从宗教定义的角度来分析,正是由于来自西方的话语,才造成今天儒家传统缺乏一个现实存在合理性。如何确定中国人的文化认同是摆在我们面前的问题,我们说今天在座的各位,能否坦然地宣称自己是儒家?儒教徒?如何表达我们个人信仰,是一个很困扰人的问题。

我们去年春天在乌干达讲学的时候,中国驻乌干达大使馆请我们去做讲座,有一位大使馆的外交官说,在国外别人问他们信什么宗教,他们回答没有宗教信仰,人家会很诧异同时会把他们放在没有道德的一类中。这种情况自然会给中国人主体的文化认同造成困扰。

因为有宗教信仰的人会非常清楚地表达自己信仰的归属。比如,佛教徒会明白地告诉他人自己的信仰;基督教徒会很明白地说我就是信耶稣的。显然,很难确定中国人有多少说自己是儒教的。

刚刚余老师提到了儒家如果成为儒教怎么样做,我自己作为旁观者的观察,发现很多卷入到儒学讨论的人群里面,也不免带有一些那种亚伯拉罕宗教的特质,这个特质就是排他的和不包容性。

谢遐龄:

范丽珠教授刚刚讲到信仰认同问题。外交官可以宣布自己信仰共产主义,或者作为中国人,宣布自己信仰天道也行。总得有一个宣布。中国人怎么会没信仰?!做了违背天理的事,会感到良心不安;做了汉奸卖国贼,会感觉愧对祖宗;做人不能贻羞祖宗、遗祸子孙……这些都是有信仰的表现。

陈纳:

当一套话语形成,为社会所接受,经过一两代人的时间,这个话语体系就内化了,成为理所当然、不言自喻的存在了。孔儒传统的问题,就是这样的情况。由于中国人接受并内化了西方19世纪关于宗教的话语,不但否认了孔儒传统的宗教性质,而且还将许多儒的信仰和实践贴上迷信的标签。由于这种话语体系的影响和作用,我们今天要复兴孔儒传统,要讲儒的问题,有时候会觉得不那么好说,说出来似乎很矛盾。直至今天,宗教的定义这个历史公案没有得到正视,对孔儒传统这个曾经的"负面存在"也没有一个明确、全面、系统的解释。

陈赟(华东师范大学):

今天谢老师说了非常重要的问题,中华民族的凝聚力问题,在中国这个问题尤为突出,西方这个问题也已经成为一个问题,特别是基督教社会当中,当那种具有整合性的宗教被变成一个区域化的东西,跟政治经济并列以后,特别是变成一个内在化,就是不再是公共性的体制性的建构,而变成一个个人信仰的时候,这个时候国家的凝聚力就会发生问题。

但是,就中国的情况来看情况更为复杂,谢老师讲了两种文化,一个是儒家儒教的问题,一个是列宁-斯大林主义的问题,谢老师还强调了列宁-斯大林主义连续性问题,我们也要看到断裂的问题,列宁-斯大林主义进来的时候产生的是历史观的问题,成为一个历史叙事的方式,这样一来参与到国家的一种动员和对个体的那样一种非中介性的动员。

这样一来,他的问题就是说完成了一个全民动员,完成了一个国家的问题,但是无法解决个人归属的问题,这也是这些年来国家为什么重视民族凝聚力的根源,有了这些挑战以后才会寻找一个新的凝聚形式问题,所以从这个意义来看,我们看到这样一个断裂,这个断裂也许是我们面对的一个根本性问题。

但是,问题是当我们以这样一个像刚才范老师讲的,把基督教作为一个模型,来把儒学想象成一个宗教的时候,这个时候我们也会遗忘一些东西,这里讲一下对儒学天命鬼神的东西,首先我认为天命鬼神如果从今天原子化角度来讲,可以称为宗教性也好,使得我们个人不可能在原子化这样一个区域当中得以理解。

而且对于儒家来讲,天命鬼神只可以跟理智结合在一起才有意义,不是作为一种信仰内在化的方式,而是跟一套现行政治社会的秩序结合在一起,也就是说它是嵌入到现行社会系统当中的一套东西,就是跟理智联系在一起,很像黑格尔讲的伦理,因为伦理跟抽象主观的道德性不一样,是一定推动现行社会向前发展的力量,而且通过理智,天命鬼神这个东西它才跟政治共同体这样一个生存经验联系在一起,才能成为政治共同体的辅助和提升,我觉得天命鬼神的系统需要跟道德自主性的要求联系在一起。

第二个是祭祀,《论语》讲"祭如在,祭神如神在",也就是说,这个祭不强调鬼神的有无,鬼神的有和无并不是重要的;相反,我们参与祭祀人的诚和敬,这才是这个环节的一个最重要的力量,而这个诚和敬这个力量,实际上就把天命鬼神的祭祀纳入到祭祀环节,我们常常讲在儒家的系统当中分为几个层级,天命鬼神它可以在百姓当中以为鬼神,但是在君子就以为是人道,君子以为文,小人以为神,一定要区分神教和德教、鬼教和文教,也就是说,在这个里面与其说超越一切的上帝是重要的,不如说一个值得学习的圣贤是重要的,这是一个道德自主性的环节。

其次,我觉得通过理智,通过祭祀传统,我们可以看他祭祀的对象,天地、祖先和圣贤,天地、鬼神和圣贤当中,实际上圣贤是非常重要的,比如说我们可以讲像在犹太教、基督教当中的神、上帝是非常重要的,但是在儒家的角度讲圣贤比较重要,因为对天的解释要通过圣贤来解释,圣贤是连接天和人的,是一个模范的榜样。

所以,从这个角度来看,我觉得儒家的宗教实际上通过那样一种理智的一个方式,而不是仅仅通过一个内在的信仰、主观一个信念的方式,把一个个人和政治社会联系起来,从这个角度来看,中国传统当中不提倡组织化的宗教,因为组织化的宗教跟政治会有一个冲突的问题,西方到很晚才把宗教组织化。特别是原来的天主教的转化,以前是像金字塔的结构,由教皇到教会到个人这样一个结构,这个可以跟政治社会相似的政治结构转变为一个个人跟上帝直接关联的方式,这样一来其对政治社会的威胁削减了,跟政治的分工更明确了。

但是在中国社会当中,宗教实际上很早就完成了一个个体化的过程,所以他没有组织化宗教,无论是佛教、道教还是儒教,某种程度上讲都不是组织性宗教,但是是一个体系的宗教,有他那样一套体制,所以他跟政治合作的关系并没有很强的威胁感,我觉得这是非常重要的。

如果我们从今天的角度来看这个所谓的列宁-斯大林主义和儒教的那种连续性的问题,或者从宗教的角度把儒教变成类似于列宁-斯大林主义的东西,我觉得我们要强调历史必然性的概念,黑格尔提出的历史必然性,历史其实不可逆行,一旦个人的原子化完成以后,一旦宗教本身的内在化完成以后,我们在这样一个全球一体,你再推行那样一个宗教,我觉得非常困难。

这样一来我们的问题是,我们的凝聚力在哪里?儒学如何发挥其对中国这样一个政治社会的凝聚力?我觉得这个问题意味着是不是一定要放在我们今天意义上的宗教范畴内来加以解决,有没有可能有一个亟待性方案,我也在想这个问题,但是没有想好,这是我的想法,谢谢!

洪涛(复旦大学):

谢谢谢老师,谢谢刚才发言的诸位。对这个问题,我没有做过专门研究,刚才听了大家的发言,也有一些想法。谢老师提出了一个重大的问题:今天的中国人还有没有信仰?是否还有一种精神的生活或信仰的生活?这是一个大问题。要考察这个问题,首先得去看在今天中国社会,"君子们"是否还有信仰?这是问题的关键所在。

当然不能说他们没有信仰。有一点是可以肯定的,他们信仰一个东西——技术,这个技术,既包括物质技术,也包括组织技术。他们相信,什么问题都可以通过物质层面的技术来解决,他们也相信可以通过构建某种组织技术,解决一切社会问题或政治问题、社会难题或政治难题。用技术解决一切的观念及相应的做法,在今天社会比比皆是。它正腐蚀着现代政治,也正以一种更廉价、更实用的方式,取代精神生活。技术意识形态,是现代人的信仰,更是现代"君子们"的信仰。科学技术的迅猛发展,反过来也助长了这种意识形态。掌握高科技的权力,将成为现代国家中真正的权力寡头,并使大多数无知于技术的公众,处于愈发无权的地位。技术统治已成为当代一个越来越严重也越来越紧迫的问题,但是,这不是我们这里所讨论的严格意义上的信仰问题,严格地说,也与精神生活无关。

把政治看作一种引导,儒家有这个传统。但怎样引导民众?用什么办法去引导?一种办法是说服。但前提是,说服者必须拥有更高的精神境界,才可以让别人服你,而不是说拥有一种更高级的技术,更不是靠威胁和暴力。所以,如下问题就变得非常重要,即怎样让"君子"真的拥有一个更高的精神境界?这要求他们自己真正拥有信仰,能够过一种好的精神生活。

不单是中国人现在面临这个问题,其实这是一个现代社会的世界性问题,或者说,是现代性产生以后出现的问题。前段时间,我在关于马克斯·韦伯的演讲中提到他的《新教伦理与资本主义精神》。今天我们谈宗教问题,这本书是不能忽略的。它写于20世纪头十年,是写给市民阶层也就是现代社会的主流群体看的。在这本书里他提到了一个命题,即,现代资本主义的产生和新教传统或禁欲主义宗教传统具有一种亲和性。现在研究者对于他的这个命题是否成立有不同的看法,但是,问题的关键不在于这一命题是否成立,而在于在现代社会中,或者,用韦伯的说法,在资本主义的铁笼子降临之后,人的宗教生活或精神生活是否还有可能?韦伯认为,资本主义的创立者或初建者这一代,基于一种信念或说宗教精神,开创了现代资本主义制度,但是,他们的后代越来越只是外在地适应于这种制度,而放弃了他们的祖先、他们的开创者、创建者的精神生活和信仰生活,韦伯说,随着财富的增长,信仰、精神的生活则日益衰弱,两者负相关。

于是,马克斯·韦伯问:在现代生活当中,人还能不能过一种真正的灵魂生活?

在《新教伦理与资本主义精神》的最后,他写道:我们所生活的这个世界可能是由一个没有心肝的专家和纵欲的享乐者所组成的,他们过的仅仅是没有灵魂的躯壳的生活。这个现代制度之所以如此强势,因为它是高度理性化的,人似乎无法违抗它。今天,我们可以看到,人的信仰生活或精神生活是否还有可能这个问题,一方面离不开对现代社会和国家的认识,另一方面,它也离不开传统,因为,任何一种信仰或宗教都具有历史性。韦伯在《新教伦理与资本主义精神》中说,除非有一种过去的伟大理想的复兴,现代人才有可能摆脱无灵魂的生活状况;但是,对于"复兴",他并不乐观。

我觉得这个问题对中国人来说更加复杂,这里涉及几个问题:首要的一个问题是什么是中国人过去的理想?这很重要。对马克斯·韦伯来说,他之所以写《新教伦理与资本主义精神》,用今天比较时髦的话讲就是"不忘初心",让那些开创者的后裔能够重新怀想起他们先辈的精神,或者,把灵魂和精神重新灌注到后代人的生活中去。

对这个问题,我并没有非常成熟的思考。我只是想从国家理论或者说政治哲学角度提出两个问题,供大家讨论。第一个问题是所谓世俗化的问题,这是与现代国家的性质密切相关的一个问题。现代国家的基本原则是政教分离。所谓政教分离不是指思想观念的分离,而是指组织制度的分离,教会组织和国家组织是分离的,宗教活动从属于信仰,政治活动从属于利益和理性。在现代国家中,宗教被限制在人的主观意识和私人生活中。对这种观念,中国是否是一个例外?

我们现在谈论的是一般的现代国家。对一般的现代国家而言,宗教生活被看作相对于公共生活而言的一种特别的次要的生活,它被限制在不危及政治稳定和公民自由思考的范围内。特殊宗教的具体教义问题,并不能进入公共的政治生活。

我们应加强对教义问题的关注。西方的基督教会如果干预政治,那么,它的干预应该是基于宗教的原因或道德生活的原因,也就是说,它还是把自己定位在宗教的位置上,而不是行使权力的位置上。

世俗化问题是现代国家一个非常重要的问题。而随着现代科学技术的发展,自然被祛魅,宗教信仰的地位也相应地急遽下降,显然,现代的统治者发现,用技术来解决问题,似乎比用传统的诉诸信仰、教义之批判及说理更便利,也更符合其权力利益;同时,随着现代国家结构分化的加剧,宗教也越来越被看作和政治、经济、文化等并行的一个领域,它所起的作用,只是给予一些人以心理安慰或精神慰藉,今天许多人所谓信宗教,是从这个意义上来说的。

不能说现代社会没有信仰,但是,从整体而言,这个社会是世俗化了的。在现代国家中的一个人,如果有信仰,他的信仰生活也只能退居于次要的位置。但这里有时也会有冲突。20世纪70年代以来西方学界有所谓"后世俗"的观念,很多人发现,现代社会生活或者现代国家生活也并非完全按照国家的逻辑在运作。宗教对国家政策并非完全不起作用,而是有一定的影响。譬如美国历史上曾经出现过基督教和平主义教派的教徒因为他们宗教信念的缘故拒绝服兵役的事,而美国也的确有一段时间给予他们以特权,信仰这个流派的教徒可以不服兵役。这个例子说明了宗教信仰对国家政策和法律是有影响的,甚至到20世纪90年代,美国的一些重要的政策议题,也与基督教传统有非常密切的关系,西方一些学者看到了宗教和国家之间存在着非常复杂的关系。但是,总体而言,现代国家依然是一个世俗化的国家,人的精神生活和信仰生活正在逐渐沦丧,这个现象愈来愈严重。

针对这一状况,现在有些学者提出宗教生活重新公共化,或者,去世俗化的问题。这个问题一旦提出,就会面临与现代国家的冲突。另外,即便承认政教合一的国家,也要回答这样一些问题:教义和国家的政策之间究竟是一种什么样的关系?这些问题非常复杂,涉及对现代国家的本质的认识,也涉及政治实践,它们需要我们去面对、去回答。

第二个问题,为什么不是康有为的儒教在近代中国占据政权,而是列宁-斯大林主义取得领导地位?可以供考虑的是这样的一种说法,现代国家尽管在表面上声称中立,但实际上,它本身就是基督教观念的一种世俗化。这在霍布斯的政治理论中,可以看得比较清楚,他讲的国家概念,类似于上帝的绝对概念。上帝不服从法律,凌驾于法律之上,凌驾于所有的意识形态之上……霍布斯否认国家与民众约定,国家是第三者,高高在上,是超越的、外在的。现代国家就是这样一个利维坦。说它是神也好,撒旦也好,总之,它是基督教观念的一种变形。

也有人认为,民族主义观念和基督教的神学观念关系也非常密切。现代国家本身是基督教神学概念的世俗化形式,其中也包括现代的人格概念、经济生活中所谓的法权主体、道德生活中所谓的道德主体等概念,它们都与基督教思想关系密切。在这个意义上,列宁-斯大林主义本身就有基督教的影响,它之所以适合于现代社会,占据了政权,是因为它与现代国家早已暗通款曲。

现代国家本身有神学的背景,有神学的基础。于是,中国现实中的宗教问题,就更趋复杂,存在于诸多方面,既存在于宗教教义本身,也存在于它与国家的关系中,重要的问题是,中国固有传统如何与现代国家的绝对主权的概念、人民的概念、个体的概念,总之和现代国家结合起来,我觉得这是我们要面对的核心问题。

一种现成的处理方法是,一方面承认目前的这个以基督教的神学世俗化为其基础的现代国家的优先性,另一方面,承认个体具有信仰的自由,但是,个人信仰,无论基督教也好、儒教也好、道教也好,都仅与其私人生活相关,这就是所谓公共理性自由主义的解决之道。这样的处理方法使得宗教信仰并不直接与国家理性相冲突,而是在现代国家架构下,个人如何选择自己信仰的私人问题。

但是,另外我发现,一些有识之士对这样的处理并不满意,也就是,他们并不认为应该把宗教完全局限于私人信仰的界限之内——这样,还能在多大程度上成为一种信仰呢,而是要让它进入公共对话,这就涉及了去世俗化问题,于是就直接和现代民族国家遭遇了。现代国家,不管叫它上帝也好,利维坦也好,总是试图规范个体生活的所有方面(《圣经》中的耶和华是非常善妒的),还没有任何权力可以和这种野心勃勃的力量相抗衡。在这种情况下,问题变成了,宗教将如何面对现代国家,换言之,如何重新规定价值、去世俗化。

这些是需要我们面对的问题。中华民族不管作为一个整体来说,还是作为处于其中的千千万万的个人的精神生活,都需要认真思考这些问题。

以上是我从政治哲学的角度想到的两个问题,我自己还没有成熟的想法,只是觉得这些问题需要我们去考虑。谢谢大家。

吴新文(复旦大学):

首先要谢谢谢老师,我发现谢老师总是在关键时刻能够提出重大的问题,20世纪80年代末讲伦理社会是一个大问题,阐发了很多新的想法,90年代后出提出以德治国的问题,顺着这个思路自然往下,从社会到国家,现在提出精神信仰,中国当下确实也是面临这个问题,中华民族精神怎么重建,落脚在什么地方,从上到下对这个问题都是有焦虑的,谢老师非常敏锐地把握了这个问题。

我谈一下我的想法。中国古代有没有宗教?儒教是不是宗教?对这个问题进行讨论非常有意思。这里有一个大的背景,当代人普遍提出这么一个问题:西方有的东西我们是不是也有?西方有科学,我们中国有没有科学?西方有哲学,我们中国是不是要有哲学?西方有宗教,我们是不是也要有?我们发现在价值方面有不同的地方，有外国人的观念，中国人也有中国人的观念。不是说中国古代没有宗教，三千年前商朝是有宗教的，各种各样的崇拜、天的信仰、上帝都有，从周公开始就不是宗教了，周公、孔子开始中国没有宗教了，当时以道德为宗教，他们说道德是理性的，道德是信仰的，孔子不是在外面树立权威，是要启发自我的思考和反省，和西方的外在权威宗教是不一样的。

这个时候我想到一个问题，中国古代有祭祀、信仰，古代说祭祀和战争是大事，《中庸》第一章前面三句话"天命之谓性，率性之谓道，修道之谓教"，中国人的教更多和这个东西相关。而且我发现一个很有意思的现象，西方人讲宗教，宗在教前，如果从中国的角度讲宗教，研究我们中国古代的宗法制度，祖宗、宗在一个家族领域都是和血缘相关的，西方像犹太教，尤其是基督教的传统，恰恰是以破血缘的东西为主，只有把小的家庭的东西，小的共同体破掉才有大的共同体，我们中国强调以家庭为起点，以家庭为重要的东西，正好有一个相对的东西，是不是一定要西方有的东西我们也要有。

所以如果从解决我们中国人自己精神问题的角度入手来讨论中国是不是要有一个宗教，这个还是有它的意义，如果只是说西方人有他一套见解的东西我们也要有，这是另外一个事情，这是我的第一个想法。

另外一个想法，我觉得谢老师讲到一个非常重要的问题，就是对马克思主义做了讲解，就是分为马克思主义和列宁-斯大林主义。这个很有意思。列宁-斯大林主义的宗教性，这一点我们很早就知道，俄共的一整套组织和天主教的教会很像，西方有这样的想法，而且我们仔细看一下列宁-斯大林主义的一整套思想，包括它的组织架构可以看一下，强调知识分子和党员对工人的阶级意识灌输和引导，自上而下的模式还是有的。

斯大林早年也是学神学的，我记得恩格斯提到过，科学社会主义是要从宗教里面把信仰拯救出来，我们都知道，马克思在黑格尔批判道路上，宗教还是人类生活异化的形式，他是要消灭宗教，但是他消灭宗教了以后，宗教遗留的问题还是要解决的，像生与死的问题、个体和整体的问题等等，也要面对的，不能说把宗教消灭了，这些问题也消灭了。所以马克思主义也要解决这些问题。

谢遐龄：

世俗化淡化了民众的信仰。老百姓总要有个像拜拜。领袖像取下来了，有些人就找其他像拜了。

我们要研究的是第一，老百姓有没有这种信仰的需求；第二，更深入的问题是研究人性，人的本性里面是不是要有所信仰，有内在的信仰需求。如果人类本性中内在地有信仰需求，那么，就会有天才发现需求，创造出思想学说回应这种需求，甚至创建组织满足这种需求。宗教就是这样植根于人类本性中的。

吴新文：

所以我们看马克思主义它的立场是不要宗教，但是马克思主义是讲信仰的，我们中国古代在儒家传统里面，这一点马克思主义的境界和中国高远的理想是最接近的，马克思主义的这套相对来说还是比较高的。

有几个问题想向谢老师请教。您刚才强调马克思主义的成功是因为中国化，现在我们处在这样一个状况之下，马克思主义有没有进一步中国化的潜力？还是说它潜力已经到底了？没有办法讲下去了？所以必须用儒学东西替代列宁-斯大林主义，甚至替代马克思主义，是不是到了这样一个阶段，就是中国化的进程已经到头了，已经没有潜力和希望了？这是第一个问题。第二个问题，如果把儒教这个东西作为教，在我们中国当下所处的状态里面，儒教是有利于我们当下中国宗教问题的解决呢，还是不利于？还是保持马克思主义相对超脱的姿态，承担有时候是防火墙、隔离带的角色，这个角色有利于中国宗教问题的解决吗？这是我的问题，因为现在中国东南沿海，就是福建、浙江、广东基督教信仰较盛行的地方，仅仅用宗教的方法来解决宗教问题，有一个东西就是意识形态导致超越性的东西来协调，它们冲突比较严重的时候就进行协调，我们古代儒学思想在一定程度上面扮演这个角色，当佛教和道教有冲突的时候，有一个东西作为一个其间协调和平衡，如果儒教成为教的话会不会成为排他性很强的东西，这是我的问题。

谢遐龄：

我先回答一下，否则有些想法等会儿会忘了。谢谢吴新文给我的质疑。我是这样一个看法：列宁-斯大林主义给中国增加了一种新的要素，这个要素跟我们原有的东西和西方的东西都不同。当时主要有三个文明——西方基督教文明、东正教-苏俄文明，还有我们本土传统，近代就是这三个文明总合成中华文明。本土传统以前也很复杂，是多个来源逐步汇合形成的；当然，其中有个稳定的主干，就是通常讲的五千年传统。这三个文明有个磨合过程。列宁-斯大林主义传入后,许多东西被逐渐地中国化,比如以城市暴动为中心的夺取政权路线变更为中国传统的农村包围城市;"残酷斗争、无情打击"的党内斗争原则变更为"团结—批评—团结";社会主义建设的重、轻、农产业次序变更为农、轻、重;"以阶级斗争为纲"变更为建设和谐社会……当然这里面也有反复,比如说土地所有权。第一、第二个土地纲领都根据马列主义原理提出"一切权力归苏维埃"口号,实行土地国有。导致"扩红"(征兵)、征集公粮不能达到指标。于是立刻毅然发展马列主义,承诺土地私有,调动了农民积极性,"扩红"、征集公粮也顺利开展。土地私有被宣布为新民主主义阶段的政治纲领,共产党得以夺取全国政权。1949年后急急忙忙搞合作化,特别要通过人民公社化实现土地国有,破坏了农村生产力。至今"三农"还是大难题,正在探索解决中。现在我们的一个重要使命是对苏俄文明的正反面影响做个全面的历史总结。不过,苏俄文明的一个要素——列宁的建党思想,以及通过党组织整合全社会的观念,已经进入了中华文明。这是中国达到物质上强大的主要原因。作为文明要素,既然进来了,巩固了,就去不掉,并将长期稳定地存留。我发的那个纲要里面有"组织形式将留存"这么一句话,你看一看。现在其他的关键就是信仰问题。这件事难度极大,所以我开始讲就讲信仰问题。这是第一点。

第二点,你可能误会我的意思了。我从来没有主张搞儒教。我的意思是第一,政治上搞一个新的宗教出来并不合时宜;第二,这违背儒家传统,因而搞不起来。儒家到底在历史上起到什么作用,是需要深入探讨的。一个是董仲舒,一个是康有为,这两个人到底发挥了什么作用?这个问题我到现在都没有研究清楚。我认为是值得下功夫研究的。刚才余治平讲的时候,我想到一个问题,就是秦是不是在宗教性上跟中华民族中土传统有所冲突?就是说,秦的灭亡有没有宗教意义,由此激发了董仲舒的反弹,做了那番阐释。董仲舒研究做了以后,我们有可能对秦统一中国带来的意识形态发展或者说宗教发展有较深刻的理解。以前有没有人做过这个研究?秦的那个"边疆文化",到底有什么样的宗教背景,有没有人注意过?秦的祭天是单纯暴力主义的?秦汉之间的内在心理和精神层面的冲突究竟是怎样的?我这些疑问,希望你们能解决。在我看来,董仲舒是要阐明天道。他讲天人合一,从天道论证人道,天道本性是仁,人道也必须是仁。他提供的思想体系以宗教理论作为基础。他吸收了很多来源,做了综合性的重新阐释,以儒学为主干建构了一个理论体系。这是非常重要的贡献,但是不是建立新宗教,而是对中国本土从古以来的那个宗教做了一个创造性的理论解释。

刚才范教授提到标志问题。标志问题与我开始时讲的精神凝聚力问题实质上是同一个问题。我想这个标志就是我们都是华人,我们信天道,信天命,祭拜祖宗。作为中国人,我们有共同的文化存在,亦即精神存在。正因为如此,我们才凝聚为中华民族。没有别的,并不需要单独成立组织。是不搞组织化,还是让它继续弥漫?因为列宁-斯大林主义是个组织化的事物,怎么协调是要解决的问题。这是对你第二点质疑的回答。

贡华南(华东师范大学):

今天听谢老师的演讲让我非常震撼!非常认同谢老师把天道作为精神凝聚力的核心!我们今天很多人都会抱着怀疑的态度看待天道。从历史上看,中国的天道从先秦来一直有不同的形态,对天道的态度其实也一直有变化。在春秋时代,已经有将天道客观化、外在化、形式化、确定化的努力,比如子产"铸刑书",邓析将刑书变成"竹书",进一步推广形名精神。这个精神我们称之为以"形"立"道"。以"形"立"道"之"道"主要讲人道,但子产同时讲"天道远,人道迩",他也讲"天道",但天道外在于人,与人不相干。

在春秋战国,这个精神得到多方面的阐发,我称之为以"形"立"道"。这个精神和我们后来所熟悉的古希腊以来所追求的"以形式为本质"观念非常类似。不过,这个传统在中国思想发展过程中一直被警惕、超越、扬弃。如我们所知,儒家、道家就是这个立场。从老子、孔子开始,他们所说的道和以"形"立"道"的道是一个词,但内涵已经大大不同。老子、孔子所说的道尽管有高高在上的、有威严的味道。但是人可以通过自己修行的功夫拉近与道的距离。比如说,道家主张通过法天、法地、法道,以此拉近与道的距离。人与道之间的距离性不再被要求,客观性不再是理想,修行的过程是不断消除与道之间距离的过程。同时,超越"形",由"形"走上形而上。比如《系辞》一方面说"形而上者谓之道",又说"一阴一阳之谓道"。以"阴阳"立"天道",阴阳不是外在的形式而是内在的质料,以此来立天道。道以阴阳的方式呈现,阴阳有温度,有质感,人们触之可及。

这样一种形态的道在中国的思想当中,实际某种意义还不是主流。汉文化之为汉文化,乃在于此文化多在汉代被确立,包括天道的形态也是汉代才确立。汉代的天道,不再是客观的、与人不相干者,也不再是高高在上、与人有距离者。汉代的思维由外在而走向内在,思想范式由"形"而转为"体",以"体"思考、确立"道",我称为"以体立道"。汉魏之际,新形名家崛起,又试图以"形"(名)立"道",其兴起又招致了儒家或者道家的反对。比如,儒家(杜恕)以体立道,坚决反对形名;王弼的工作同样也是坚决地反对以形检物,以形立物,而坚定地以体立道。道不再高高在上,而是随身而在,人可以用体道的方式来接近道。这个时候的天道不再高高在上,日用间皆是。

从秦汉到魏晋,走向了以体立道道路。此意义上的天道与人的距离逐渐地拉近。到了宋儒,把天理理解为天道,或者说用天理来阐释天道。王阳明说良知即是天道,此天道和人道不再有距离。相应,我们对道的态度也由"敬畏"变成了"诚敬",比如"涵养须用敬"。

先秦以形立道,所确立的客观之道与人的距离非常清晰;以体立道,人和天、天道和人的距离逐渐消除;以理来立道,以心立道,以良知立道,这个时候天道和人道不再有距离,两者合一,人们通过格物与格心即可明天道。天道从先秦以来形态不断变化,我们对它的心态也在不断变化。先秦高高在上的天道我们是敬畏的,但后世的天道却是可亲的。

20世纪以来,哲学家(比如金岳霖)努力以"名理""数理"表达"道",这个工作使天道又获得了一个新的形态。这个新的形态使天道可信度上升,但是同时也失去了很多,比如说失去了意味。道由日用间又回到了高高在上。可见,对道的态度我们始终在变化:由原来的"敬畏"到"诚敬"再到20世纪的"相信"(可信),这个态度一直在变化。

回到今天,我非常认同谢老师把天道作为中国宗教的核心关键词,但是有一个问题实在让我们觉得困惑,就是我们今天说天道,天道在哪儿? 它以什么形态出现在我们的思想中(我们今天如何立道)? 这是我们的疑惑,也是想请教谢老师来解决的一个困惑。

吴新文:

天道自在人心。

朱承(上海大学):

中国当代思想问题层出不穷。今天,谢老师又从宗教学、神学信仰的角度来思考儒学的现代性问题,应该说具有十分重要的现实意义。刚才,我从谢老师的讲话中,获得很多收益,受到很大启发。比如谢老师比较看重的董仲舒以及康有为对儒家神学性、信仰性的发挥,以及儒家对今天民心凝聚的意义,等等。接下来,我围绕谢老师刚才讲的话题谈三点体会。

第一个体会是关于精神凝聚的问题。谢老师的一个基本问题意识是认为当代中国最重要的现实问题是精神凝聚,关于这一点,这里我有自己的一些看法。在中国的思想传统中来说,精神凝聚实际上是"大一统"思维的延伸品,历史地来看,如果在大一统的国家或者在一个高度控制的政权下,统治者特别需要对老百姓的全方位控制,或者说非常时期,如全民对外抗击侵略的时候,这种时候往往需要一个精神凝聚。特别是在非常时期,一个民族国家如果缺失精神凝聚,往往可能导致国家山河破碎、民不聊生。然而,在现代性视野下,个体精神自由发展显得特别重要,也就是说个性多元发展的背景下,如何处理精神凝聚与自由意志的关系?精神凝聚与精神控制的界限在什么地方?高度集中的东西它的必要性是不是还跟以前一样那么强烈,如果必要,它应该集中在什么事情上?我觉得这个问题是值得思考的。

精神凝聚,我认为起码有两个路向,一是宗教意义的凝聚,还有一种是自发共识意义上的凝聚。我们都知道,宗教的某种功能在于通过共同的信仰使得教众实现精神凝聚,从这个意义上讲,精神凝聚就是建立统一性、一致性,因为它所谓的凝聚,一定是有现成的东西了,凝聚在这个现成的东西上面,这个东西来源于神启或者某种伟大人物的创造,因此人们只需要有信仰就够了,不需要进行反思。另外还有一种凝聚,就是凝聚共识,这种共识是没有既定的东西,也不是某种权威的独特创造,而是民众自发形成的较为广泛的一致认同,这类似于集中的民意。

我对谢老师的回应在于,精神凝聚当然是今天的一个重要问题,这和秩序诉求有着紧密的关系,比如文化保守主义的精神凝聚、狭隘民族主义的精神凝聚,其背后都有一种秩序的诉求,特别是诉求于以某种既定的权威来整合不同的利益与思想。在这个意义上,精神凝聚表面上是信仰的问题,但实际上是秩序和自由问题,如何理解秩序和自由的问题。宗教意义上的凝聚,似乎更多强调既定信念对于所有成员的普遍适用性,倡导权威信念主导下构建的秩序;而自发共识意义上的凝聚,则更多的关涉人们的自由意志,主张建立尊重个体自由的秩序。

第二个体会是讲政权和宗教关系的问题。谢老师讲了中国历史上政权打着宗教的旗帜去夺取政权,提到了太平天国,也提到了马克思主义和列宁-斯大林主义和中国现代政权关系的问题。当然我觉得,把马克思主义和列宁-斯大林主义理解成宗教,这种说法可能在某种意义上还须要讨论。

就宗教和政权关系来看,中国古代的政权很少有宗教立国的,可能在夺取政权的过程中借助宗教的力量,但是在建设政权的时候几乎没有以教立国的。可能会尊重各种宗教,比如说,唐朝政权就对道教、佛教等宗教形态保持高度的崇敬。宗教团体是一种组织,通过宗教式的精神掌控,可以集中力量,因此在夺取政权的时候往往被人使用,比如说洪秀全利用拜上帝教发动推翻清朝政权的战争。但是建设政权时,几乎不会再利用这种宗教的形式,因为政权的所有者是天子,是代表所有人的,不是某种教派的代表,世俗化的儒家对于政权建设作用最大,他们也不允许建设宗教意义上的国家政权体系。因此,今天讲宗教意义上的政权,在中国几乎没有历史的参照性。

第三个体会就是讲儒学和宗教关系的问题。曾国藩在《讨粤匪檄》里说:"王道治明,神道治幽。"曾国藩为什么要讲王道和神道的问题,实际上从宗教意义上理解这场与太平军之间的战争,或者是从信仰角度来理解这场战争。曾国藩认为,我们与太平军之间的战争,不仅仅是为了维护清朝政权,也是为了维护文明,维护儒家的生存与尊严;太平军既破坏了王道,又损害了神道。从儒学的意义上讲,不能恪守君臣秩序,是损害王道;从宗教意义上讲,太平军破坏儒家圣贤的木主、神祇,是损害神道。在曾国藩的眼里,他们与太平军的战争,既具有儒家的正统政权的意味,也具有神道宗教之争的意味。这就说明,儒家虽然不是宗教,但也有从宗教意义理解的维度。

儒家的宗教性在民间生活中往往体现为宗族生活。某种意义上讲,宗族信仰表现为祖宗崇拜。我看美国人拍的电影《花木兰》,花木兰参加军队去出征,祖宗祠堂里面派出一个保护神,跟随木兰出征,一是保佑木兰安全顺利,一是见证木兰的光宗耀祖。这里有个"保护神"的概念,可见在西方人的理解中,宗族生活是具有宗教性意味的。从中国人的生活经验中看,宗族的宗祠是一种祭祀场所,宗族有长老,宗族有祖先信仰和崇拜,宗族有族规,宗族有共同的族谱和祖先流传下来的教训,从宗教的构成因素角度来说,儒家的宗族生活的确具有一定的宗教性。这是儒学和宗教的一种生活关联。

当然,儒家的宗教性更体现在深入的理性信仰层面。对于儒家知识分子而言,有两个词比较重要,一个是信念,另外一个是教化。信念是对既定的孔孟之教的信念,相信儒家的先王之道、三代之治一定能够实现,即使是某个儒者自己的理论创造,他也不会说成是自己的独创,而是说揭示了先儒的真义,让遮蔽的思想重新显现出来了,接续了儒家正脉,这些都体现了儒者对于儒家学说特别是往圣先贤的坚定信念;教化是对自己所信仰的信念毫无保留地传播、推广,以影响更多的人来形成信念。儒者这种信念,绝对不是为了自己的满足,不是个体的心性满足,他念头在世间,是要安人、安百姓,得了道还要传教,还要去教化民众,只有把教义传递给社会才能真正地完成修道的过程。在儒家的历史上,也有一个狂热的传教的情绪,儒家学者们其实也有使徒的情怀。当然,儒家这样做不是为了塑造一个人格神,根本目的是在建构一个良好的社会,建构一个人间的王道乐土,实现大同社会的理想。因此,虽然有宗教性,儒学从根本意义上讲还是政治哲学和道德哲学,其目的是要在现世建成良好的社会,塑造良好的个体。

大致归纳一下,我认为当前精神凝聚的必要性及其路径需要慎重思考,而中国古代政权往往不是通过宗教来进行精神凝聚的,儒学的宗教性既体现在宗族生活中,更体现在儒家思想的信念与教化上,从本质上讲是一种政治哲学。

以上,我对谢老师的发言内容做了三个方面的回应,很粗浅,不当之处,请批评指正。

谢遐龄:

我再插几句。我主要想在这里说明一点,就是到了清朝末年和民国有一个重大变化。以前的政权都祭天,就是取得政权以后祭天,把这个职能继承下来了。到了民国就中断了。然后共产党再接下来,中华人民共和国成立不再祭天。祭天是政权最重要的宗教活动。就是向上天报告:本族革命成功。每一个政权,因为它是一个家族,他要祭祖。祖先是从天降下来的,即天命的。革命就是天命转移到他这个家族。所以祭祖必定要祭天——不忘根本。

祭祖是非常重要的宗教活动。或者说,祭祖比祭天有更重要的宗教意义,因为民众都要祭祖,祭祖是普世性的。《周礼》中,祭天在《春官》,是国家的事务;祭祖则是主管教化的《地官》规定基层官员要指导民众的事务。有些宗教学者认为,民众的祖先崇拜是受到统治阶级带动。伊利亚德反对这种看法。他认为,祖先崇拜在新石器时代已经普遍扎根。他的书可以去看看。不过,统治者制定规则、监督指导,也是有的。祭天是天子的特权。国家祭祀跟一般的民众没有关系。大儒王阳明参加过国家的祭天大典吗?即使参与,也只会是工作人员。祭天须以皇帝名义举行。董仲舒那个时候祭天的程序已经搞不大清楚了。

陈纳:

我插一句,这里面两个方面,儒家的仪式和某些具体的儒的代表人物,都是孔儒传统中的一部分。这个传统一脉相承形成中国文化的核心。我们这次上海论坛结束的时候也讲过,所谓文化的问题是提供一套宇宙观、人生态度、人生价值的体系,这套体系是要比我们通常讲的儒家或儒学更宽泛。正因为我们中国文化有自己的这一套传统和体系,形成跟西方不一样的历史和现实。所以,要西方的那套东西来硬套中国,没办法套。

比如说在拿破仑加冕的时候,他把皇冠从教皇手里拿过来,自己加到头上去,体现了宗教与王权之间的微妙关系。欧洲有他们的基督宗教的体系和相关的仪式。而在孔儒传统中,祭天是重要的仪式,寄附着中国传统中天人关系之间的意义。儒的这一套仪式体系,与我们的宇宙观、人生价值,和我们整个社会价值直接相关,它弥漫于中国人的社会文化生活之中。

谢遐龄:

包括每个朝代上朝衣服要换颜色都是宗教的因素。

范丽珠:

我觉得朱老师的第一个问题是我们共同面临的问题。最近我们在写的一篇文章,就是关注认同问题。亨廷顿在《我们是谁》这部著作中,提的一个问题是我们到底有没有国家认定的一个东西。他强调早年美国移民的主体是信新教的盎格鲁-撒克逊族群的白人(即 WASP),但是为什么现在着急了,发现越来越多的非白人的移民进来,美国近几十年来大量拉美移民的持续涌入并挑战了传统白人主导的盎格鲁-撒克逊新教文化认同。还有一个概念是公民宗教,曾经很多学者追捧。中国有的学者甚至建议将儒学作为中国公民宗教的基色。然而到了 20 世纪 80 年代末期,贝拉公开宣称将不再使用"公民宗教"这个概念,而以《圣经》传统和共和主义传统这两个概念来表达。不知道贝拉是否是因为观察到,由于美国人口中增加了越来越多非欧洲白人后裔的基督徒新移民，导致美国出现了各种不同版本的以族群身份为特点的基督宗教社群，这已成为美国不可否认的社会存在。

陈赟：

我们知道，西周社会虽然也是大一统的社会，但是基本上面临的是一个很多地方传统，就是地方文化的问题。各地民族宗教各不相同，在封建社会这个问题依然存在，虽然已经把这个系统植入到地方传统的内部，那个地方的传统依然保留下来。我们为什么不把它当成一个宗教，而是"经"的东西，"经"在多元的系统下的意义是什么？王官学下面还有地方的文化传统，到了春秋战国时代，一旦王官学面临危机的时候，就形成了百家异说的现象，加剧了共识的瓦解，这与我们很多人拥抱的那种所谓的多元价值一样。孔子跟各个地方文化都有一些关系，最后他的教材就成为一个被选择的东西，必须在百家异说的时代确立一个标准，这个标准必须通过孔子，孔子最好地保存了先王之道。

从这个角度来讲，儒学的一个经学化，是先秦出现的，然后被体制化，到了汉代被纳入体制了，但是此前在思想界其实它已经在某种意义上成为某种无法替代的东西，跟当时的中华凝聚力有关系，其实西周本来也是在那个情况下，西周那个时候周公只能达到那个程度，孔子是在思想的层面上建立了一套东西，只不过到汉代的时候，儒家的经学变成了制度化的东西，从这个角度来讲，大一统应该看作一个成就，是一个政治和思想的成就，因为这个成就来得不容易，当时的场景下产生了巨大的政治和教化的问题，加速了中华民族的形成。如果说我们中国的形成和周孔之教联想起来的话，当时产生了政治上面的凝聚力，这是值得注意的方面。

范丽珠：

其实无论是宗教节日还是民俗礼仪制度，仪式是赋予人类活动特别意义的活动，也是民众日常生活的需要。儒家发展出的礼仪制度，其目的是将祭祀视为文明生活的基本内容，并来规范社会行为。但是过去一百多年很多传统仪式性内容被抛弃丢掉，这是我们对传统价值的重新认识需要面对的困境。因为，人们对文化的认同往往来自于社会化的过程，而社会化的内容就包括了在特定场合如何做的日常行为。

郭晓东：

其实儒学是不是宗教的问题，某种意义上讲只是"名"的问题。如果我们简单把儒教的概念做一个历史回溯的话，会发现一个很有意思的现象。对这问题不同的人有不同的想法，比如说刚才范老师说儒教成为问题也是这一百年的事，这话很有道理，甚至可以说得更早一点。"儒教"一词本身没有任何问题，从儒和教本身来讲没有问题，古典文献里一直有"儒教"一词。司马迁在《史记·游侠列传》就说，"鲁人皆以儒教"，即鲁国的人都以儒家学说来教化社会，这是目前最早看到的"儒教"一词。在此之后，后世很多典籍里面这一词也屡见不鲜。又比如，《梁书·儒林传》："魏晋浮荡，儒教渐歇。"即认为魏晋时期玄学占主流地位，儒家学说则慢慢式微。这里的"儒教"跟儒学基本上是同一个概念。另外，唐代封演的《封氏见闻录》中有一段文字，对研究"儒教"比较有参考价值："儒教近而易见，故宗之者众；道意远而难识，故达之者寡。"这里，道教和儒教被相提并论。这里的"教"字做动词用，都是教化的意思。也就是说，在古人看来，"儒教"本身并不构成问题。"儒教"真正成为问题的是基督教进入中国以后的事。明朝利玛窦到中国传教，他们为了能更好地在中国传播基督教，就把儒教的思想和基督教做一个对照，对照之后，在他们看来，儒学是一种他们意义上所认为的"宗教"，这种宗教和基督教被认为是有很多相接近的地方，从而认为中国本有的"儒教"传统有助于基督教在中国的传播。因此，他们要极力说明"儒教"是一种宗教。由此可见，"儒教"是不是宗教的问题，对于最早的传教士来说，是一个有意义的问题，而对于一般的中国人来说，则仍然构不成问题。到了清朝末年以后，随着一系列的对外战争的失败，宗教的开放特别是在所谓的自外法权的保护下，大量的传教士的进入，这个时候这个宗教已经变成了另外一个符号，变成西方文明的符号，变成西方殖民化的符号，变成帝国主义侵略的符号。在中西文化冲突越来越明显的背景下，特别是在西方文明进入中国以后，这样的背景下，儒教是不是宗教，也变成我们必须面对的一个问题。在这样的前提下，儒教是不是宗教的问题，从原本不是我们的问题就变成我们的问题。也是在这样的背景下才有康有为的儒教问题。康有为在这样一个特定背景下所主张的儒教学说，在我看来，所关切与其说是宗教的问题，毋宁说是政治的问题。康有为提倡儒教学说的用心是要适应时代的变化，要凝聚人心，组织力量，使传统中国实现近代化的转型。1895年康有为《上清帝第二书》提出儒教的主张，1898又上《请尊孔圣为国教立教部教会以孔子纪年而废淫祀折》，正式提议以儒教为国教，建立孔教会，但这些努力都没有成功。

康有为的儒教主张没有成功,但他所提出的问题在现代则变成为一个非常重要的问题,自从康有为这个问题提出以后,往后一百年时间里,儒教是否是宗教变为不断争论的问题,诸如章太炎、严复、蔡元培、陈独秀等人都参与了论争,这一论争一直沿继到今天。在20世纪下半叶,有关儒教的争论有两点值得注意,一个就是1978年任继愈提出儒教说,任氏认为,儒教以天为至上神,以孔子为教主,以"天地君亲师"为教条,以儒家六经为经典。儒教有自己的宗教礼仪,即祭天与祭孔仪式;儒教有传法谱系,即道统论;儒教有自己的神职人员,即中央与地方的各级学官,皇帝兼任教皇,神权与政权融为一体;儒教还有宗教的修养工夫与宗教的精神追求,因而儒教无宗教之外在特征,却有宗教的一切本质属性。但是,任氏认为,儒教不是中国文化的优秀传统,而是文化遗产中的糟粕。任继愈这个说法当时引起很大的反响。另外还有一个值得注意的是,20世纪五六十年代以来港台新儒家的说法,他们认为,儒教虽然不具有宗教的外在形式,但它不仅具有作为"日常生活轨道"的意义,而且有作为"精神生活之途径"的意义,因而其实质却有高度的宗教性。近年来的许多儒家学者基本上倾向于认同这一观点。但是,这一说法事实上有把儒学割裂掉的嫌疑,特别是儒家极其重视的丧、祭诸礼,如果只片面取它的精神意义,显然是不充分的,从而儒学的现实意义将被大大地打了一个折扣。

另外,在当代的儒教论说中,还有涉及中华民族文明认同、文化认同等方面的考虑,从而认为儒教史是文明史,认为儒教是区别于其他文明独特的中华文明,所以有人讲儒教重建,认为儒教就应该相当于英国的圣公会之类的。此亦成一家之说。而谢老师刚才讲到民族信仰和民族凝聚力的问题,谢老师的说法与前者有很大不一样。当前讨论儒教问题,首先必须将之置于谢老师所说的列宁-斯大林主义的前提下。在这一基本前提下,如何重建中国人的天道信仰,这也许是我们要进一步深入思考的问题。

谢遐龄:

现在国家有几个举措影响非常大。一个是规定若干传统节日为国定假日——清明节、端午节、中秋节。其中意义最大、最重要的是清明节。把清明节规定为国家节日,对弘扬祭祖传统起了极大的推动作用。精神层面的意义是:开始转向了。还有一个,我现在记不清楚是哪一个政协副主席还是主席去祭黄帝陵。大概还算不上国家行为。地方领导祭拜的案例已经不少了。一旦政协主席去祭、诵读祭文，就是重大的国家行为。如果是国家主席亲临诵读祭文，意义更大。所有这些行为推动力是极大的。我就等着什么时候开始祭天，那就真正恢复中华民族传统了。我想总会有那么一天。祭天的根本意义在于唤醒人们内心深处的天道信仰，让中国人觉悟自己是天命的存在，尊贵无比，从而确立人格尊严，弃绝暴力主义和物质利益至上。中华民族只有立足传统才可能步入新的文明境界。

曾亦（同济大学）：

我接着郭晓东的发言往下讲。晓东具体讲到了儒教问题的由来，包括后来20世纪80年代关于儒教的讨论，由此可见，"儒教"在中国虽然是一个非常古老的名词，但为什么直到传教士来到中国以后才产生关于儒教的争论呢？可以说，直到80年代的儒教争论，学界的认识似乎还没有摆脱传教士的立场。因为他们无论认为中国是否有宗教，其视角都是来自欧洲的基督教，尤其是新教。在此，我先提示一点，不知道诸位是否注意到，很多学者认为蒋庆讲儒教，是因为受了基督教的影响。但在我看来，蒋庆关于儒教的设想，其实更接近伊斯兰教，而不是基督教。

那么，关于儒教的问题，我们可以先从两个角度进行考察：首先，基于信仰的角度，宗教必须有一个信仰的对象，也就是神。而对儒家来说，则除了神之外，还有"天"。其次，人们需要与神沟通，从而形成一套修行方法。而在儒家那里，还包括一套对"天道"的理解。几乎在所有宗教那里，这两个角度都是非常重要的。然而，儒教的讨论者们通常都没有注意到还有另一个角度，即神作为信仰来说，并不是始终必要的，尤其当神留下一套完整的宗教仪轨和法律制度之后，神的存在和信仰就不再是特别重要的了。儒教面临的是"绝地天通"之后的处境，虽没有像犹太教、伊斯兰教形成"唯一神"的观念，但却拥有更为丰富的经典体系，即上古遗留下来的"五经"。正因如此，"五经"的作者是谁，并不值得深究。真正构成这些经典的有效性，只要我们相信是孔子或者前面的某个圣人所作，就足够了。此后剩下的工作才是最重要的，即面对后世种种复杂的处境，对经典进行更具现实有效性的阐释，这就是构成了经典传承中传、注、疏系统。我们透过汉代石渠阁、白虎观这两次经学会议，不难看到世俗皇权对儒家经义及掌握经义诠释权的经师们的重视。

纵观世界几大宗教，尤其是儒教、犹太教和伊斯兰教，其主要的内容都不是提供关于劝善的种种训诫，而是为了规范世俗世界中人类的现实行为，因而提供了一套完备而复杂的律法体系。正因如此,公羊家称孔子为"立法者",视《春秋》为"万世之刑书",这与犹太教、伊斯兰教对圣人和经典的理解,并无根本不同。不过,较之儒教,伊斯兰教的律法体系似乎更为完备,尤其是作为律法诠释者的学者具有更大的独立性,在社会中发挥的作用也更显著,并形成了源远流长的几大律法学派。至于基督教世界的律法体系,则是到了彻底的世俗时代才逐渐发展起来。可以说,包括儒教在内的大多数宗教,本质上就是一种法律,故能够处理和裁断现实中的一切事务。正因如此,清代今文家皮锡瑞推崇"五经"时说道:"以《禹贡》治河,以《洪范》察变,以《春秋》决狱,以三百五篇当谏书,治一经得一经之益也。"此语诚非虚言,实在道出了儒教的现实功能。当然,追求出世目标的佛教与游离于世俗权力之外的新教,这方面的功能则太弱了。

按照这个思路,我们顺便考察一下中国古代的科举制度。宋儒对君王喜欢讲一句话,就是"与士大夫共治天下",那么,这如何可能呢?

我们都知道,中国自隋唐以后,熟读"五经"的儒士通过科举考试进入到政治体制中来。这意味着什么呢?现在很多学者喜欢将西方的科层制与科举制相提并论,其实,似乎从来没有注意这里面有着根本的不同。在我看来,在科层制下,无论官员的入仕还是往后的升迁,似乎都不依赖特殊的专业知识,而仅仅重视通过长期实践来获得治国理政的实际经验和业绩的积累;而在科举制下,实际的行政经验并不是首要的,而更重要的是通过入仕前对儒家经典的学习,即首先成为"儒士",然后才获得进入官僚体制的资格,并运用他们关于经典的掌握去处理种种复杂的现实问题。更简单地说,在中国古代的政治体制中,读书人首先应该成为精通儒家经典的儒士或学者,而不是在实践中逐渐训练成为某种"能员",才能有资格入仕,才能真正有效地解决现实中的各种问题。

显然,现代政治体制对公务员资格的认定和升迁的依据,更看重的是基层的实际经验,至于对政治理论和各种经典的掌握,却非常缺乏,远远没有达到一般学者的水平。反观古代中国,读书人在入仕前,基本上通过科举考试的训练而获得了学者的水准,正因如此,几千年来,大批掌握了儒家经典的读书人进入到官僚体制之中,从而保证了儒家的价值理念得以有效贯彻到社会的各个方面。可以说,无论是儒学,还是儒教,都是通过科举制度,将其价值目标深入到社会的各个方面,从而真正影响和改变了古代中国。

如果我们考察现代的各种政治体制,可能最接近传统儒教国家的,大概算是伊朗了。无论是顶层的专家委员会，还是地方的各级政府，教士和精通律法的学者都发挥着极其重要的作用。在我看来，这些教士和学者最接近中国古代掌握《礼》与《春秋》的经师。

前面谢老师谈到如何理解中国古代的国家宗教问题，我觉得科举制是一个很重要的维度。通过对科举制的考察，我们可以了解熟读儒家经典的儒士或学者是如何进入官僚体制的，而不是像西方社会中的知识分子，仅仅成为政治上单纯的反对者或疏离者，我觉得，这对于理解儒教的宗教性，要更为恰当些。

谢遐龄：

最后，我觉得有必要做个简要的小结。这次讨论会提出的问题是，第一，中国历史上是否存在过一个国家宗教，这个国家宗教在夏商周三代时期形成，延续、发展、走向成熟，存在到清朝末年。第二，儒家与这个国家宗教之间的关系是怎样的：儒家就是这个国家宗教，因而儒家就是儒教，还是儒家为这个国家宗教做理论阐释，培训工作人员。第三，中华民国、中华人民共和国都没有举行祭天仪式，也就是说，都没有继承传统国家宗教。目前，国民大部分都宣称自己没有信仰，但意识深处却仍然信仰天道。唤醒中华民族的天道信仰是必要的。对于中华民族未来的宗教状况和形态需要深入研究，并做出预测。

读书评论

《孝经》中的政治学

——读陈壁生《孝经学史》

陈姿桦

我读陈壁生的书,先是《经学、制度与生活》(2010),之后是《经学的瓦解》(2014),再到眼前这部专治一经的《孝经学史》(2015)。几年来,作者笔耕不辍,迭有佳作,且关怀的重心,前后一贯,可见其沉潜有道。作者曾自述为学历程:"本书写作的最初动机是,2004年我在准备硕士论文的时候,想找一些研究《孝经》的资料,但几乎一无所获,只找到徐复观先生的一篇论文,说《孝经》是被"压歪"的孝道。自此对《孝经》颇为关注,博士论文《经学、制度与生活——〈论语〉'父子相隐'章疏证》也与此经相关。到中国人民大学国学院工作以后,针对国学院课程重视经典细读的特点,我开设了"《孝经》研读"课程,有些年度阅读多种注本,有些年度专读皮锡瑞《孝经郑注疏》,至今不下六七过。本书从2010年开始写作,断断续续,至今已历五载。"[①]作者正是经过如此反复的磨勘贯通,不断从历代注疏中触摸体验《孝经》的演变,真积力久,方有疏通知远的领悟,最后才有了这部《孝经学史》。

近日少暇,得遍读其全篇,深感作为儒家伦理基石的孝道之重要,实在是孔子为后世所立之"恒久之至道,不刊之鸿教"。兹将阅读其书所感,试略言之。

一

我们常常会对人类的某种现象和行为的初始状态产生好奇,因此就会有了很

---

① 陈壁生:《孝经学史》,华东师范大学出版社,2015年,第383页。

多基于人类学、社会学、历史学或是哲学的猜想考证和理论假设。譬如,"孝"到底是一种特定的文化现象,还是一种非特殊的人类现象?

有学者从哲学人类学给出解释:孝意味着子女与(年老)父母和祖先的生存时间在意识层面上的再交汇……这拐点很可能出现于人类子女去养育自己的子女之时。这个与他/她被养育同构的去养育经验,这个被重复又被更新的情境,在延长了的人类时间意识中忽然唤起、兴发出了一种本能回忆,过去父母的养育与当下为人父母的去养育交织了起来,感通了起来。当下对子女的本能深爱,与以前父母对自己的本能深爱,在本能记忆中沟通了,反转出现了,苍老无助的父母让他/她不安了,难过了,甚至恐惧了。于是,孝心出现了。① 还有学者从功能主义社会学给出解释:家庭的基本功能即是抚育,抚育的目的就在使孩子们能自立,所以等到任务完成,这个结构也就失去了它的基本功能。但是在抚育过程中,在这团体里共同生活的分子间却结下了亲密的感情,以及很多合作的习惯。这些感情和习惯,一旦养成却并不因抚育作用的完成而消失。一个长成了的儿子或是女儿固然可以脱离原有的三角结构而去建立一个新的三角,尽管这样独立成家,但是和原来的父母和同胞所具的社会关系总是存在的。凡是需要合作的时候,这些现存的关系就很容易被利用上了。②

这些说法侧重于强调孝是子女对父母养育之恩的报答,具有一定的合理性和解释力,正如《诗经·小雅·蓼莪》所云:"父兮生我,母兮鞠我。拊我畜我,长我育我。顾我复我,出入腹我。欲报之德,昊天罔极!"但若仅将孝的发生解释为这种反思之结果、理智之谋虑,往往或失其真,或失其切。《礼记·中庸》云:"凡有血气者,莫不尊亲。"儒家提倡孝道,所看重者实为人生而有亲,即基于血缘群体而自然生发的"亲亲"之情。在儒家看来,以人情为基础的"亲亲"之情具有真正的普世性。故曾子曰:"夫孝,置之而塞乎天地,溥之而横乎四海,施诸后世而无朝夕。推而放诸东海而准,推而放诸西海而准,推而放诸南海而准,推而放诸北海而准。《诗》云:'自西自东,自南自北,无思不服。'此之谓也。"(《礼记·祭义》)

读书贵知古人之意,对于治经学来说,更是讲求明其究竟、识断之精。《孝经·三才章》:"夫孝,天之经,地之义,人之行,天地之经而民是则之,则天之明,因地之

---

① 张祥龙:《家与孝:从中西间视野看》,生活·读书·新知三联书店,2017年,第105页。
② 费孝通:《乡土中国 生育制度》,北京大学出版社,1998年,第277页。

利,以顺天下,是以其教不肃而成,其政不严而治。"①单看经文,这句话多被理解为,孝是天之经,又是地之义,又是民之行,正因为是天之经、地之义,所以下民法则之。《汉书·艺文志》对这句话,也是如此解之。但作者细读郑注发现:

> 郑注"天之经"为"春夏秋冬,物有死生",注"地之义"为"山川高下,水泉流通",那么"天之经""地之义"便都不是接着"夫孝"作为比喻,而是实说。尤其是下文"民之行",郑注"孝悌恭敬",而不是专指"孝",则"民之行"也不是接着上面的"夫孝"。此三语,皆是连接下文,与"天地之经,而民是则之,则天之明,因地之利,以顺天下"共同构成了一个完整的意思……意为天之自然,是春生夏长,秋收冬藏;地之自然,是山川高下,水泉流通;人之自然,是孝悌恭敬。人生于天地之间,就要顺从天地的自然常道,根据天之四时以行事,根据地之高下以耕种,这样才能使天下大顺……三才者,天、地、人也,而此章言"孝",则是孝通天地人也,孝只是人之行,然其可以通天、地、人者,在于孝乃至顺之道,天、地、人大顺,则天下顺矣。因此,"孝"之为大,不在于孝是天之经,是地之义,是人之行,而在于孝的本性,与天有四时,地有高下,人有德行一样,是自然而然的。②

孝的发生原本即是人性的自然流露。作者对这一段郑注的推敲可谓是抉发隐微,心解神契。

20世纪初兴起的新文化运动,被定义为思想解放运动,解放的其中一项就是"提倡新道德,反对旧道德",而这一矛头直接指向中国的传统礼教。儒家传统思想中的"三纲"和"孝道"等伦理要求,在当时的思想氛围下,全都变成了专制统治、家族本位对个体自由平等和人性独立自尊的限制和压抑。一时间,"走出家庭"的呼声一浪高过一浪。殊不知,无论古今,家庭终究是个体之间生物联系、感情联系和社会联系的基础。生发于家庭的"亲亲"之情实在是天道之自然,人心之自然。孝悌恭敬自然也是人心灵普遍的内在德性。

---

① 陈铁凡:《孝经郑注校证》,台湾"国立"编译馆,1987年,第79—85页。
② 陈壁生:《孝经学史》,华东师范大学出版社,2015年,第132—133页。

二

子曰："为政以德,譬如北辰,居其所而众星共之。"(《论语·为政》)邢昺《论语注疏》云："此章言为政之要。"[1]"德"之古字为"悳",即直心也,即人情之直,即人情之自然生发。周秦之际,宗法社会崩溃,二世、三世小家庭格局成为一种普遍社会结构的基本单位,孔子改制,取殷家质法,尤重亲亲之情。这种生发于家庭的血缘伦理,后遂成为普遍的社会、政治要求。孝遂具有了本根性意义,并形成以孝为基础的道德体系。有子曰："孝弟也者,其为仁之本与!"(《论语·学而》)王若曰："惟孝,友于兄弟,克施有政。"(《尚书·君陈》)为政者需因人情而施以礼乐教化,所以儒家素来讲缘情制礼,称情立文,同时落实在古代政治生活中一系列以孝为基础的政治理念与制度。而这一点正是理解《孝经》的性质和《孝经》学史流变的锁钥。

理解《孝经》一书的性质,向来有两个维度:一为面向政治生活,设计政教秩序的政治书;一为面向个体,培育个体品德的道德书。作者在写作《孝经学史》时,睹末察本,探端知绪。其以考证附事者,辩证清畅;以议论附事者,转折流利;其包括之事虽多,而读之厘然,不觉其多也,可谓知要矣。现据作者之功梳理如下:

全书分为八章。第一章交代了《孝经》名义及其先秦传承。郑玄云:"孝为百行之首,经者不易之称。"《孝经》之经,是在常道意义上言"经"。《孝经》在战国时代的解说与传播,大致有魏文侯《孝经传》、《孟子》外书之《说孝经》、《大戴礼记》等。

第二章是关于《孝经》与汉代政治。汉人以为"孔子在庶,德无所施,功无所就,志在《春秋》,行在《孝经》"。在经学视野下,孔子为六艺教化之主体,《孝经》为五经之根基。汉代今文经学特点是重"义"不重"制",将经义视为政治的价值源头,用以塑造政教。遂有依经立制、引经决事。汉代根据《孝经》义理塑造了郊祀、明堂、辟雍三种国家政教大典。并在构建国家律法的时候,两次引用《孝经》中"天地之性人为贵"的经文,构建其律法体系。

第三、四章分别辨析了郑玄的《孝经》学与魏晋南北朝的《孝经》学。盖自汉末"刘歆—郑玄"重新塑造经学体系,以礼为基础,遍解群经,礼遂成为"经学"的共同价值,礼制才成为治国的范本。郑玄和王肃遂从礼制上注解《孝经》。郑玄《六艺

---

[1] 何晏注,邢昺疏:《论语注疏》,北京大学出版社,2000年,第15页。

论》云:"孔子以六艺题目不同,指意殊别,恐道离散,后世莫知根源,故作《孝经》以总会之。明其枝流虽分,本萌于孝者也。"①郑玄将《孝经》视作孔子作为圣人立法的一个部分。注《孝经·开宗明义章》"先王有至德要道"一句时,将"至德"从道德的维度解释为"孝悌",言孔子立法,必须根植于人心之自然而进行教化。将"要道"从制度的维度解释为"礼乐",言教化活动的展开,必须依赖于政治制度。使人心灵之内在秩序与政治秩序合一。郑玄之后,《周官》兴世,王肃整合经典,对很多问题进行了新的解释,典礼制度也发生相应改变。两晋南北朝,《丧服》之学大盛。以《孝经》通《丧服》,或直接以《孝经》义理为《丧服》制度基础。其时《孝经》虽尚有塑于政治,但其势已微。同时由于魏晋南北朝时佛教的兴盛,《孝经》也以比拟佛经的方式经历了第一次宗教化。整个魏晋南北朝时期,《孝经》之义,对政治的塑造力量,已经远不如汉世,且引用《孝经》,多将之视为人伦之本,教孝教忠。

第五章详述唐明皇御注与《孝经》学的转折。前代儒者注经为发明理想政制,唐明皇以当朝皇帝身份对《孝经》进行改经、重注,抽空制度价值而刊落典礼,转变成"空谈道理",将孝悌从天下政教的层面转化到伦理道德的层面。此一思路影响至宋、元、明、清的《孝经》学。在唐明皇对《孝经》增字改经之前,儒家思想对君臣关系的核心规定是"君臣义合",父子君臣判然有别,忠孝皆然分立。但唐明皇将"君臣""父子"合二为一,如此解释导致人伦上父子、君臣之伦无异;道德上忠、孝无别,屡遭后世诟病。

第六、七章分别详考了在宋明理学、心学兴起的思想背景下,以理学和心学的理论预设为准绳,对《孝经》进行的解读和改造。在宋明儒学的视野中,核心文献从五经转变为《四书》,且对五经进行《四书》化的解读,瓦解了五经中的"圣人之法"而转为探求"圣人之心"。朱子将《孝经》分成"经""传"两个部分,作《孝经刊误》,都是根据自己的一套理论预设对《孝经》进行裁剪,同时也成为其后研究《孝经》的基本预设。《孝经》的道德化而非制度化在所难免。到心学兴起后,象山后学杨简与钱时发明了孝的心学价值;阳明后学罗汝芳进一步借助《孝经》发明其学说。他们对《孝经》的重新解释,造成了《孝经》思想的民间宗教化。

第八章述清代《孝经》学。清代汉学大兴,有清初毛奇龄之《孝经问》批评朱子;有阮福本邢疏作《疏补》发明汉学,发明玄宗之旧义;有臧庸、严可均等辑佚郑注;皮锡

---

① 转引自陈壁生:《孝经学史》,华东师范大学出版社,2015年,第108页

瑞《孝经郑注疏》为集大成者。皮氏沿廖平之余绪,以制度解经学,其制度关怀,即为现实关怀,特别注重选举之法。皮锡瑞解经,对经学制度的关怀贯穿着他的治经生涯,包含着华夏变局中一代经师对以经学为核心的中国文明与中国命运的关怀。

清末民国,虽经学凌夷,但《孝经》新注迭出,有曹元弼,以《孝经》为重建经学之基础者;有顺德简朝亮、宋育仁,重新发明《孝经》之义者;有曹元弼、章太炎、陈伯陶,以《孝经》挽救道德者;有马一浮,以现代理学家眼光重解《孝经》者;有邬庆时、蔡汝堃,以现代学术眼光整理《孝经》历史者,然《孝经》之学至此,已成为哲学、文献学,不复为经学矣。

此八章为读者勾勒了《孝经》几千年来发展之脉络,其中从政治书到道德书的重大转变,大致以唐明皇对《孝经》改经重注为标志。

近现代以来,儒家思想中的家国观、父子观、君臣观、忠孝观常被批判为家国不分、忠孝无别、移忠作孝。作者详考《孝经》中的人伦,分别列:人伦(父子与君臣)、道德(忠与孝)、选举(君子之德)三个条目,并兼引《仪礼·丧服传》斩衰章,子为父斩衰,臣为君亦服斩衰,父、君皆至尊,故皆服斩衰三年。及《礼记·大传》:"服术有六,一曰亲亲,二曰尊尊,三曰名,四曰出入,五曰长幼,六曰从服。郑注:亲亲,父母为首。尊尊,君为首。"[①]辨正道:亲亲言父子之伦,尊尊言君臣之伦,亲亲以合父子,尊尊以合君臣。而《孝经》中的"以孝事君则忠"更不是将君主视为父,而是孝中兼涵"爱敬",以在家中事父的"敬"去事君,便自然而然地能够做到忠,忠是孝子事君的自然表现。而一个人在家中能够做到孝养其亲,这种为人的基本品质在从事政治的时候也能够发挥出来。正如《礼记·大学》中所云:"君子不出家而成教于国。孝者,所以事君也;弟者,所以事长也;慈者,所以使众也。"作者之为书是也,搜罗既勤,又善于持择、善于思考。故其是正前人之处以及申己意者,莫不精确。其例甚多,此处对《孝经》中的人伦关系的梳理发明,尤为最卓。

三

在一个经学传统已经消失的时代,如何书写经学史?如何写才能不落学术史、

[①] 郑玄注,孔颖达疏:《礼记正义》,北京大学出版社,2000年,第1172页。

解释史和文献史的窠臼？这是作者在本书的导言部分首先答复我们的问题。他写道:"单经学史的写作,根本目的不止于梳理一经之史,更在于发明一经之义……只有在经学史的脉络中叙述一经之史,才能发明经义,推动经学的学术总结与义理重构。"①

现代人如果没有深入了解过《孝经》,读起来往往容易走两个极端。未读时,多以为《孝经》只是讲些事亲规仪,仅能算做蒙学读物。读过后,对其中"五等之孝""严父配天"等话又感到高而不切。这是因为现代人对儒家伦理的想象,多半只是理解为一种抽象而无力的道德要求。其实不然,儒家伦理常常体现为一套自上而下完整的制度设计,往往落实在礼制、政治、法律等各个方面。陈寅恪先生在《王观堂先生挽词并序》中尝言:"吾中国文化之定义,具于《白虎通》三纲六纪之说,其意义为抽象理想最高之境……其所依托表现者,实为有形之社会制度,而经济制度尤其最要者。"②这一点在经学上体现尤深,李源澄先生曾说道:"经学可以规定私人与天下国家之理想,圣君贤相经营天下,以经学为模范,私人生活以经学为楷式,故评论政治得失,衡量人物优劣,皆以经学为权衡,无论国家与私人之设施,皆须于经学上有其根据,经学与时王之律令有同等效用,而经学可以产生律令,修正律令。"③

在《孝经》中,儒家所提倡的孝道就通过历代"经师的技艺"而落实在朝聘、郊祀、明堂、辟雍、刑律等一系列国家制度设计上。历史上,发生在明代嘉靖年间的"大礼议"事件,是针对《仪礼·丧服》中"为人后者为之子"和《孝经·圣治章》中"孝莫大于严父,严父莫大于配天"等经学文本,上自天子下至朝臣所展开的一系列的解释和争论,对当时的现实礼制和后来的政治走向都产生了深远的影响。《孝经·五刑章》言"五刑之属三千,而罪莫大于不孝",《睡虎地秦墓竹简·法律答问》记载:"免老告人以为不孝,谒杀,当三环之不？不当还,亟执勿失。"④可见早在秦代,"不孝"作为一种罪名就已经出现了,随后历代更是将不孝罪入律。及至有唐一代标榜以孝治天下,唐玄宗亲自训注《孝经》,颁于天下。"一准乎礼"的《唐律》,更是将不孝作为重罪定性为"十恶"之一,并对不孝的行为予以明确的界定。

儒家讲治世为政,素来重风化雅正。在上者能够从服制、昭穆、称亲等方面尊

---

① 陈壁生:《孝经学史》,华东师范大学出版社,2015年,第13页。
② 陈寅恪:《陈寅恪集·诗集》,生活·读书·新知三联书店,2000年,第12页。
③ 李源澄:《经学通论》,华东师范大学出版社,2009年,第4页。
④ 睡虎地秦墓竹简整理小组:《睡虎地秦墓竹简》,文物出版社,1990年,第117页。

严其父,在下者也能在居室闺门温清奉养之节中孝悌其亲。为政以德,化民以政,无不从者。故子曰:"立爱自亲始,教民睦也。立教自长始,教民顺也。教以慈睦,而民贵有亲;教以敬长,而民贵用命。孝以事亲,顺以听命,错诸天下,无所不行。"(《礼记·祭义》)

整本书读下来,还有一个最大感受是:作者不单单是在对《孝经》进行经学史的书写,更时刻流露着对经学作为一种政治意识的深切关怀。作者在书中屡言"经师的技艺",不免让人想起法国年鉴学派史学家马克-布洛赫那本著名的《历史学家的技艺》,马克·布洛赫曾说,在他年轻时,他的高中老师曾对学生说过这样一番话:"1830年以后已无历史学可言,一切都是政治学。"在此处我们是否也可以套用这个句式:"自民元以后已无经学可言,一切都是中国学术遭遇现代转型后的文学、史学和哲学?"李源澄先生在《经学通论》中写道:"历史之于人生,言其意义,充其量不过知往察来、惩恶劝善而止耳,而经学则有为人生规律之意义。哲学者,言之成理,持之有故而已,而经学非宗教,而有宗教之尊严。故吾谓经学非史学,非子学,而为子史合流之学问,为一特殊之学问,自具独立之精神,而非史与子所能包含。"[1]君子知远之近,知风之自,知微之显,可与入德矣。(《礼记·中庸》)欲求既往以资现在,如今我们是否该走出"后经学时代"而回到经学?所谓回到经学,当然不是回到哪个文本,哪段注疏,也不仅仅是要辨章学术,考镜源流,更重要的是重新构建本民族自身文化价值的连续性,为近而治本国政治社会文化学术种种学问树其基础,尤当为解决当前种种问题提供以活泼新鲜之刺激,这是一种当代意义上的文化政治意识。在这样一个经学不彰的时代,深望有志之经师蹈为之也,我辈定能受惠不浅。

(作者单位:同济大学)

---

[1] 李源澄:《经学通论》,华东师范大学出版社,2009年,第5页。

儒学动态

儒学与时代
——复旦大学上海儒学院首届年会综述

何益鑫

2017年9月23日至24日,复旦大学上海儒学院首届年会在复旦大学光华楼隆重举行。本次年会由复旦大学上海儒学院、复旦大学哲学学院共同主办,来自全国各地各高校及若干境外高校的六十余位学者参加了会议,共收到58篇学术论文。此外,同期举行了"中日韩博士生儒学国际论坛",共有来自海内外七所高校的18名博士生发表了论文报告。

大会开幕式由上海儒学院执行副院长吴震主持。在开幕致辞中,哲学学院院长孙向晨指出"儒学与时代"是儒学发展的一个时代命题,我们应当抱有一种开放的姿态,才能更好地推进儒学的发展;杜维明指出儒学是具有全球意义的地方性知识,应当与世界各大文化传统进行积极对话;张学智指出儒学的发展既包含对传统的继承、阐释和弘扬,也包括对传统的自我批判;朱杰人指出儒学复兴已是大势所趋,儒家学者肩负着任重道远的使命。

随后,上海儒学院院长陈来在《回应后殖民的儒学批评》为题的大会主题演讲中,针对美国学者德里克基于后殖民的立场对儒学复兴的批评进行了反批评,指出:"替代现代性"反映了人们对欧美现代性的不满,谋求既符合自己国情,更符合人类要求的现代性是无可厚非的合理要求;中国现代化的道路选择以及传统文化的复兴,都是出于国情的内部要求和自身的发展逻辑,儒家学者对西方现代性应保持警觉,但也要关注儒学价值资源对解决世界问题、时代问题的意义。

在接下来的两天会议中,与会学者围绕"儒学与时代"的主题,从多方面、多层次展开了热烈的讨论。

儒学与现代化 现代化是我们的时代处境。关于儒学与现代化,黄玉顺认为儒学本然地蕴涵着现代性,儒学的现代性不仅源于中国社会的现代转型,而且基于儒学自身的基本原理。姚新中认为儒学必须经过现代转换,而儒学的复兴与现代性的洗礼是一个双向互动的过程,儒学要成为批判现代性、重塑现代性的有力工具。个体性是现代性的基本特征。孙向晨认为儒家心性之学具有个体自律的思想,若能确立起个体权利的前提意识,则儒学的发展将会更有生命力。吴展良认为现代性的核心特质是将"个体存在"做充分而自由的发挥,由此必产生各种异化问题,然而注重整体的中国文化传统则能充分应对这类问题。

儒学与人文精神 儒学的人文精神是近代以来一直关注的问题。谢遐龄指出儒学研究具有守护中华民族的精神命脉和指引全球各民族的精神安宁的价值,具体表现为中华文化对天道的信仰。董平认为儒学的人文精神体现为一种"类宗教性"的信仰,而孔子的功绩在于重建了价值的人道世界与生活的神圣世界。赵法生认为殷周之际的"宗教突破"极大地推动了西周以来人文精神的发展,并为西周以降的中国传统社会带来了人文主义精神的曙光。

儒家德性与公共理性 对德性的强调是儒学的基本特征。倪培民认为儒家的终极目标是实现具有欣赏性和创造性的审美境界,而道德的实践方法(功法)则是实现这一理想目标的重要途径。林宏星认为道德动机包含道德情感和道德欲求,荀子化性思想所蕴含的道德动机涉及性恶之人的道德转化如何可能的问题。杨泽波认为儒家生生伦理学以内觉为逻辑起点,我们可以以此方式确认自己的智性和欲性。关于儒家德性概念是否具有公共性维度,吴震认为儒家核心价值的"仁"不仅是个体德性的表现,也是构筑社会性道德的基础,而儒家仁学可以成为沟通公德与私德这一"两德论"的哲学基础。高瑞泉指出传统儒家的信德不只是私德,同时也是公德或社会美德,而信德之重建则需从信用、信任、信念、信仰等四个层面展开。范瑞平提出了"重构主义儒学公共理性"的构想,涉及政府与公民的适当关系,以及公民之间以德性为基础的相互关系。

家、国、天下及儒家政治哲学 《大学》"齐家治国平天下"体现了儒学的社会关怀。曾亦依据古代的礼制规定,考察了孔子以孝道为中心对古礼进行了创新性发展,认为儒家孝道的反思或许能找到一条不同于西方的人类发展道路。刘增光指出熊十力区分了道德之孝与政治之孝,进而对儒家孝道思想提出了崭新的理解与诠释,涉及了道德心性与政治生活的根本问题。干春松认为梁启超20世纪20年代开始关注儒家政治哲学的思考,而这些思考对于现代儒家政治哲学的研究具有重要的启发意义。陈迎年指出牟宗三对"社会主义"有持续而深入的思考,反映了他的政治哲学的特殊性,可为今天的社会主义建设提供借鉴。陈赟指出在气化论脉络下气化世界乃是唯一的世界,圣人关注这个人物共处的气化世界,身在其中既是同胞关系又有伦常差等之序。

儒学的国际视野 以他者为镜像可以预示儒学的未来发展。陈卫平指出中国传统的致知之道具有民族性特征,从先秦学到宋明儒学形成了认识活动与德性修养融合为一的传统,是西方意义上的认识论或伦理学的结合。黄勇指出解决从事实推出价值的"休谟问题",美德伦理学是一个好的角度,朱熹通过将仁义礼智确立为人的独特性,给出了儒家式的解决方案。张学智指出阳明的致良知是一个双向结构,王阳明与海德格尔存在主义可以汇通,然而两者在前提与视域上又有所不同。陈乔见指出借助进化论和生物学的研究成果,可以为儒家基于性善论的普遍主义价值论说提供辩护。李晨阳指出儒学研究须具备国际视野和世界关怀,"以中释中"的研究方式已不可取,比较研究正成为一种"准范式"。

儒学新知 首先在先秦儒学及经学方面,方万全批评了芬格莱特的《论语》"无选择说",认为后者更接近于庄子的道德心理学而非孔子。杜保瑞从孟子去齐的分析入手,集中讨论了孟子的为官与入仕之道。朱承认为礼乐制度及其生活由于顺应了天道而具有合法性,又因为是天道的人间体现而具有了必然性。杨少涵认为《中庸》升经不是佛道回流的结果,其原因在于《礼记》的两次升格以及《中庸》自身的思想性。史甄陶指出朱公迁从理学的观点来解释"兴"的问题,为后朱子学的《诗经》研究开出了新的可能性。王阳明研究是一个热点。郭晓东指出阳明心学的《春秋》观在《春秋》学史上独树一帜,对全面认识阳明的学术与思想有所助益。贡华南指出透过王阳明对心、目关系的思考,既可以更好地把握其思维方式,也可以深入理解其心学的内涵。陈畅认为阳明学对主体修养的注重不是对知识的忽视,蕺山学派是阳明心学道问学开展途径的主要代表。李卓从是非无定、无善无恶、重悟轻修等三种流弊,分析了东林学派对王学末流的批评。船山研究方面,孙钦香以船山理一分殊论为例,重新反思了所谓传统儒家政治哲学的泛道德化问题。韩振华围绕毕来德和朱利安的一场争论,介绍了欧美船山学研究的状况。戴震研究方面,吴根友指出戴震在名学上第一次明确提出了表述事实与表述价值的划分,在认识论上提出了"光照论"与"大其心"的认知方式。冯耀明认为儒学研究必有哲学的分析,由此对戴震思想中所谓"知识化"的观念作了批判性的反思。现代新儒学方面,何俊指出马一浮《群经统类》反映了其对传统中国学术的根本认识,提示了理解宋明儒学的别样路径,对于中国传统学术思想的创造性转化具有重要启发意义。李清良认为汤用彤所说的《新唯识论》第四稿即《新唯识论》文言文本的未定稿,校正了熊十力思想发展的轨迹。韩星认为徐复观的形而中学思想继承了先秦心性之学以及宋明心学思想,对于中国文化和儒学的传承创新具有重要的学术意义。徐波考察了现代新儒学思潮中的佛学潜流,认为其在西学东渐背景下对彰显中国传统文化发挥了重要作用。此外,李若晖考察了汉代丧服决狱对传统礼俗的破坏,以此对"法律儒家化"的说法做了重估。周可真认为勇是集中体现君子人格的正义行为方式,也是君子文化的本质特征。张子立认为儒商应当力求商品服务的不断改良与创新,同时做到利以义制、以利行仁。

会议闭幕式及"圆桌论坛"由上海儒学院副院长徐洪兴主持,与会学者结合会议主题,就儒学未来发展、儒学价值与世界意义、儒学如何面对现代社会等等问题,展开了热烈的讨论。最后,陈来院长做了总结,对本次会议的成功召开及其所取得的学术成就给予了高度评价,认为这是近年来以儒学为主题的一次重要会议,对于推动文化复兴必将产生积极影响。

(作者单位:复旦大学)

回顾与展望:"东亚儒学视域中的朱子学与阳明学"国际学术研讨会会议综述

唐青州

2017年10月14日至15日,由复旦大学上海儒学院、复旦大学哲学学院主办的"回顾与展望:东亚儒学视域中的朱子学与阳明学"国际学术研讨会在复旦大学成功举行。来自中、日、韩等国家及台湾地区的27位专家学者齐聚一堂,围绕会议主题,各位学者根据会议组织方事先拟定的题目,采用书评、综述或以专论的方式来撰写论文,会场上出现了互相批评乃至思想碰撞的学术氛围,形成了本次会议的一个显著特色,而与以往的"自说自话"的学术会议形式有所不同。在会议总结阶段,大家一致认为这种会议形式对于深入推动儒学研究的交流和发展具有重要意义。

一、东亚阳明学的总结与深化

阳明学自16世纪初形成以来,曾在东亚地域产生了广泛的影响。**在中国阳明学领域**,中山大学陈立胜教授《阳明学登场的几个历史时刻》一文客观描述了阳明学在"明清之际""清末民初""共和国前后""中国梦时刻"等历史阶段所发生的跌宕起伏的不同面相,特别是针对当今阳明学复兴的过程中出现的某些怪象,提出了深刻的省思。中国人民大学刘增光副教授《启蒙与救亡——近代中国阳明学的二维展开》则以孙中山"心理建设"思想为切入点,从"科学与道德的关系""心理与伦理的交叉""哲学观念本身的反思"等方面,结合救亡与启蒙的时代主题,对近代中国阳明学思潮的发生与发展的历史线索进行了梳理。

在日本阳明学方面,2017年3月逝世的日本中国学研究领域的泰斗荒木见悟教授的研究不仅在日本而且在国际汉学界享有崇高赞誉，日本东北大学三浦秀一教授《荒木见悟先生著〈阳明学的位相〉浅析：良知心学与晚明思潮》一文关注于荒木先生晚年在《阳明学的位相》一书中提出的"包容体"与作为良知的自我异化状态的"异化个体"等关键命题与核心观念，并就相关问题进行了深入的分析和讨论，揭示了荒木先生的一个重要观点：自我良知只有在主客相即的"包容体"前提下才能呈现与发挥自身的积极功能。

复旦大学吴震教授《论"两种阳明学"——近代日本阳明学的问题省思》则关注于近代日本阳明学，借用沟口雄三提出的"两种阳明学"的著名论断，对明治二十年之后的近代日本阳明学进行了深入的剖析，指出近代日本阳明学已经是完全变异的"另一种"阳明学，是为迎合当时的国家主义、国粹主义、民族主义的思潮而出现的一种思想现象，而近代日本阳明学所走过的这段弯路，对于当下中国的儒学复兴也具有重要的警示作用。

在韩国阳明学方面，韩国忠南大学金世贞教授《近代韩国阳明学的回顾与展望》详细介绍了韩国近代李建昌、朴殷植、郑寅普三位学者的阳明学思想及学界研究状况，并提出近代韩国阳明学的哲学研究及其现代意义有待进一步探讨和凸显。在韩国阳明学研究领域中，象山学这一存在面相历来被忽视，韩国成均馆大学高在锡副教授《朝鲜初期道学者对象山学的态度》深入探讨了朝鲜时代象山学的流传、演变及其发展等状况。

二、阳明学著作的书评式研讨

书评论文是此次会议研讨的新模式，引发了争鸣不断、高潮迭起的现象。中山大学张卫红教授《宋明理学的研究范式：超越蕲向、工夫实践与内在辩证》对林月惠教授《诠释与工夫：宋明理学的超越蕲向与内在辩证》一书的理论特色进行了评述，指出作者以工夫实践为基础的解释路径既有本于传统儒学，同时亦兼具现代学术视野；然而围绕"良知坎陷"的问题则提出了疑问，认为良知在事实知识面前无须隐退，而是时刻遍在的。另一方面，林月惠教授《发现工夫——评张卫红〈由凡至圣：阳明心学工夫散论〉》则对张卫红《由凡至圣》一书以工夫进路来开拓阳明后学研究方面所做出的贡献做了充分肯定，同时也针对张教授的有关"良知坎陷"的质疑提出了反批评,指出良知经由"曲通"的方式来开显知识,乃是良知自身"由体显用"的必然要求。

金吉洛《韩国象山学与阳明学》是一部韩国阳明学研究的名著,浙江省社科院钱明研究员对该书进行了深度的解读,针对"'接受期'的阳明学者的定位""李栗谷学术基本立场""'接受期'与'发展期'的区分"等关键议题进行了介绍和评价,并就有关问题提出了疑问。延边大学李红军教授从五个方面梳理了崔在穆《东亚阳明学的展开》一书写作的整体理路,并就如何对待和研究中日韩阳明学的关联性和差异性这一问题提出了新的建议。

新加坡南洋理工大学魏月萍副教授《君师道合:晚明儒者的三教合一论述》是对晚明心学思潮中的"三教合一"论等问题的最新研究成果,清华大学高海波副教授从形式、方法、风格、核心要旨等角度对该著进行了点评,指出晚明时期各种思潮交织,"三教合一"更是晚明思想研究的一个难点,通过对三教合一论的思想背景、义理内涵等问题的深入考察,我们或许可以揭示出晚明儒者三教合一论的特殊意义。

三、朱子学的综述与检讨

朱子学在近世东亚的深远影响已为学界所熟知。以《朱子家礼》传入日本为标志,儒教丧祭礼仪在日本被广泛接受和应用,然而有关的历史研究却意外地少见,日本关西大学吾妻重二教授对于江户时代日本《家礼》的接受、容纳及其转化等历史现象进行了开创性的研究,他呼吁东亚儒学研究应多关注"东亚的儒教礼仪"这一重要课题。吾妻先生的有关《家礼》的主要研究成果经吴震教授编译,在大陆出版了中文版《朱熹〈家礼〉实证研究》,对此,台湾大学田世民副教授发表书评,他从"揭示《家礼》研究的现状及课题""实证研究并订正旧说"两个方面考察了该著的学术特色及其重要贡献,并在江户时代的"深衣""神主及排位"等方面提供了若干珍贵资料照片以作为重要补充,引起了与会者的极大关注。

在朱子哲学研究方面,台湾中正大学陈佳铭副教授《中国朱子学研究述评》一文以"心本具理的诠释系统"与"维护牟宗三先生的诠释系统",以及"朱陆会通的诠释系统"三种诠释系统作为观察视角,探讨了当代朱子学的研究特色。复旦大学郭晓东教授对陈来《仁学本体论》发表书评,认为该著是一部富有哲学创见的重要理论著作,同时,针对陈来以"实体论"来建构朱子"仁体"的观点提出了疑问,认为朱子思想更看重的是道体,而实体与道体这两个概念是否可以互证,则仍有探讨的余地。杭州师范大学张天杰副教授探讨了《清初朱子学发展的意识形态化》的问题,他以陆陇其"独尊朱子"说为例,指出清初"由王返朱"的思想转向对朱子学的再度意识形态化发挥了重要作用。

有关中国的韩国朱子学研究,中国社科院副研究员洪军《韩国朱子学研究述评》一文对其概况进行介绍的同时,提出韩国朱子学以其独特品格在东亚儒学史上占有特殊地位,若能加深韩国朱子学研究,不仅有利于我们开拓朱子学的新认识,也有利于推动中韩学术乃至东亚人文的深层交流。同济大学陈毅立副教授《论中日韩三国的"实学"研究》对东亚三国的"实学"思潮进行了概述,提出朝鲜"实学"与朱子学存在着紧密的学理渊源,然而对于其所使用的"实学"概念,不少学者提醒有必要再进行细致的概念史考察。

四、东亚儒学的多元发展

在近世东亚,儒学对朝鲜、日本以及越南等地产生了广泛影响,然而在这种所谓"影响"的过程中,作为外来文化的中国儒学与东亚地域的本土文化必然产生诸多碰撞、融合乃至转化等现象。就日本而言,儒学传入日本所发生的"日本化"现象之背后,究竟存在怎样的文化机制?对此,日本著名学者丸山真男曾经提出"古层-原型"论来进行解释。

关于丸山真男的思想研究,法政大学名誉教授、丸山真男弟子饭田泰三教授《有关丸山真男的文化接触论·古层论的考察》一文详细介绍了丸山思想的"古层"论,并从文化接触论和古层论(广义称为文化成层论)两个角度系统考察了日本思想文化的特色,提出日本文化是在有选择地吸收外来文化并进行本土化的过程中形成的。近年来随着丸山晚年的论著、讲义录等资料的不断整理出版而开始受到日本以及中文学界的广泛关注,例如吴震教授的《当中国儒学遭遇日本》一书就有专章探讨了丸山思想中"古层-原型"论等重要问题。

针对吴震该书,台湾师范大学张崑将教授在《"儒学日本化"与"日本儒教"》之间》的书评中指出,丸山思想的古层原型论非常重要,对我们了解日本文化传统等问题具有重要意义,然而,在近代日本儒学等问题上,张教授表示不能认同近代日本儒学已经发生"自杀"的观点,他指出近代日本儒学的真正致命伤并不在于西学的冲击,而是鼓吹"国民道德论"或"国体论"的明治至昭和帝国时期的国家权威主义、民粹主义对儒家思想造成的严重的扭曲。日本神户大学绪形康教授《丸山真男日本儒教论述中政治神话之语境》对丸山思想中隐而不显的"政治神话"问题进行了深入的剖析,认为丸山的日本政治思想史研究中对于日本儒教的描述显然有一种"神话"般重构的迹象,而对于丸山的日本研究而言,政治神学具有重要的方法论意义,值得引起我们关注。

关于台湾儒学的研究,复旦大学青年研究员张子立《台湾儒学与当代新儒学的问题省察》以当代新儒学为中心,梳理了近几十年来台湾的中国哲学及儒学的整体脉动及其特质,提出近年来台湾儒学研究整体呈现出专业化、多元化的趋向。台湾东海大学蔡家和教授《台湾韩国儒学研究述评》主要围绕李明辉、杨祖汉、蔡振丰、林月惠四位学者的五本韩国儒学研究专著,对台湾韩国儒学的研究状况进行了概述和评析,提出当代新儒学特别是牟宗三哲学,对于台湾学界的韩国儒学研究具有重要影响,成为台湾韩国儒学研究的一项重要特色。

关于东南亚儒学的历史和现状,新加坡南洋理工大学魏月萍副教授《东南亚儒学的历史发展及其研究现况》追溯了东南亚儒学的发展历史,详细介绍了当今东南亚儒学的生存状况,并指出"跨文化语境下的儒教思想"这一议题值得我们进一步展开深入而全面的研究。日本关西大学佐藤瑞渊讲师《越南流传的中国"家训"文献与〈朱子家训〉》介绍了越南地区朱子《家训》文献的流传情况,并提出《家训》文献对于越南社会有重要影响,而相关研究则有待未来拓展。

五、结语:东亚儒学的未来展望

最后,本次会议举行了以"'儒学在东亚'与'日本的儒学''韩国的儒学'"为主题的"圆桌座谈",吴震教授在总结发言中指出:在当今全球化时代,人文社会科学研究日益呈现出跨国界、跨地域、跨文化、多元性之态势,儒学研究亦应该拓展视野、放眼世界,努力做到"从中国看世界"与"从世界看中国"的双向互动。与会学者畅所欲言,林月惠等学者再度强调,探讨东亚儒学问题的重点是要"去中心化"而绝非"去中国化",由此出发,我们的学术研究才能在平等对话的基础上得以深化,而儒学研究应基于"跨文化研究"与"多元核心"等观点立场才能有真正的未来发展。

总结过去,展望未来,东亚儒学研究这一领域已经有了二十余年的发展历史和研究经验,我们认为未来儒学发展不能再画地为牢、仅限于中国,更应面向世界,积极回应全球性的问题,与全球其他文明传统展开积极对话,为此,我们有必要揭示儒学在文化东亚的历史角色,这才是深入开展东亚儒学研究的意义所在。

(作者单位:复旦大学)

编后记

在近代思想史上,最为复杂又饱受争议者,莫过于康有为。

康有为的复杂性,首先体现在其思想与学术的多变上。就其学术而言,有早、中、晚三期之不同;就其政治立场而言,有中年激进的维新变法思想与晚年保守的保皇思想之不同;即便就其一直尊奉的春秋公羊学而言,不同时期的理解与表述亦多有出入。康有为的复杂性,亦体现在其学术思想与政治主张的具体内容上,一方面是随处可见的真知灼见,但同时亦伴随着诸多遭人诟病的混乱表述与不现实的构想。这些无疑都增加了我们理解康有为的困难。

也正因为如此,时人及后学对康氏之学行的评价亦言人人殊,乃至大相径庭。尊之者誉之为一代圣人,贬之者毁之为无行妄人。站在今文经学立场上,康有为卓然为一代今文大师;而站在古文经学的立场上,康氏之学则被斥为怪诞不经。对于维新时期的康有为,正统史学视之为进步的资产阶级改良主义的代表,而同时期的保守派则斥其以夷变夏;对于辛亥革命之后的康有为,激进的革命派视之为开历史倒车的反动派,而近年对晚年康有为的研究,则更多对其加以同情的理解,并试图从中掘发出积极的意义。此外,具体如康有为的孔教论、康有为的《大同书》等,无不引起纷纷议论,至今依然余波荡漾。

那么,我们应如何理解康有为?

其实,穿过康有为迷雾般的论述,我们还是可以看到,康有为复杂多变乃至自相矛盾的思想背后,始终贯穿着一个基本的问题意识,即在面对三千年未有之变局,在西方世界全面进入中国之背景下,中国应如何建构一个现代民族国家体系,中国应如何走一条中国自己的道路。康有为的所有论述,似乎都是围绕这一点而做出思考,并且给出了许多具体的设计方案。事实上,康有为式的思考在其后一百多年来从来没有断绝过,即便在今天,仍然在我们这代人身上延续下来。当代学者对现代中国诸多问题的思考,无论是试图对现代性反思还是接引,都可以在康有为那里找到源头,获得启迪。一百余年来,康有为的很多观点,特别是许多制度的设计,我们在许多具体的政治实践中都依稀可以找到其影子。当然,不只是正面的影子,也有反面的影子,但反面的影子仍然是康有为的影子。很多后人的具体政治实践,表面上看好像和康有为的是不一样的,但换一视角看,则可以看到它们恰恰是从康有为的问题中引申出来的。也就是说,对康有为问题的解答可能不一样,但其问题意识是一样的。

就今天而言,康有为的问题仍然是有意义的。虽然一百余年后的今天较之康有为的时代已发生了天翻地覆的变化,但是,古今中西之张力在今天仍然没有得到彻底消解,现代民族国家体系的建构在今天仍然存在诸多问题,康有为所担忧的问题,在今天似乎并没有得到全部解决。就此而言,康有为的问题仍然是我们今天的问题。当然,这并不意味着我们要全盘接受康有为的方案,更不是对其个人的盲目推崇。我们可以不喜欢康有为,也可以不接受康有为的方案,但我们无法回避康有为的问题。

本辑选了六篇有关康有为研究的论文,从不同的视角来考察康氏的思想与学术,并谨以此编纪念戊戌变法一百二十周年。

本辑主编　郭晓东
2018 年 7 月 20 日